TARIF

DES

DOUANES DE LA FRANCE

ET DE SES COLONIES

D'APRÈS

LES LOIS ET RÈGLEMENTS EN VIGUEUR

MIS AU COURANT JUSQU'AU 1er SEPTEMBRE 1860

PAR M. DESROCHES

Sous-Chef au Bureau de la législation des douanes, au Ministère de l'agriculture, du commerce et des travaux publics

PARIS

LIBRAIRIE DE FIRMIN DIDOT FRÈRES, FILS ET Cie

IMPRIMEURS DE L'INSTITUT, RUE JACOB, 56

1860

TARIF

DES

DOUANES DE LA FRANCE

ET DE SES COLONIES

D'APRÈS

LES LOIS ET RÈGLEMENTS EN VIGUEUR

MIS AU COURANT JUSQU'AU 1er SEPTEMBRE 1860

PAR M. DESROCHES

Sous-Chef au Bureau de la législation des douanes, au Ministère de l'agriculture, du commerce et des travaux publics

PARIS

LIBRAIRIE DE FIRMIN DIDOT FRÈRES, FILS ET Cie

IMPRIMEURS DE L'INSTITUT, RUE JACOB, 56

1860

TARIF GÉNÉRAL
DES DOUANES DE FRANCE,

D'APRÈS LES LOIS ET RÈGLEMENTS EN VIGUEUR

MIS AU COURANT JUSQU'AU 1er SEPTEMBRE 1860,

par M. DESROCHES,

Sous-Chef au Bureau de la législation des douanes, au Ministère de l'agriculture, du commerce et des travaux publics.

DISPOSITIONS FONDAMENTALES.

DES POUVOIRS DU GOUVERNEMENT EN MATIÈRE DE TARIF.

D'après l'article 34 de la loi du 17 décembre 1814, le gouvernement peut, en cas d'urgence :

1° Prohiber l'entrée des marchandises de fabrication étrangère, ou augmenter les droits de douane à l'importation;

2° Diminuer les droits sur les matières premières nécessaires aux manufactures;

3° Permettre ou suspendre l'exportation des produits français, et déterminer les droits de sortie;

4° Modifier le tarif des sucres étrangers.

Les dispositions ainsi réalisées doivent être ultérieurement confirmées par une loi.

Le gouvernement peut également, en vertu des lois des 28 avril 1816, 7 juin 1820, 2 juillet 1836, 6 mai 1841, suspendre temporairement la prohibition de sortie des bois à brûler, des charbons de bois et de chènevottes, des perches, des écorces à tan, du minerai de fer;

Permettre l'exportation ou l'importation des armes et munitions de guerre, l'admission temporaire des produits étrangers destinés à être réexportés après avoir été fabriqués en France, ou y avoir reçu un complément de main-d'œuvre.

Le gouvernement peut enfin :

Déterminer les bureaux qui sont ouverts au transit, à l'importation et à l'exportation de certaines marchandises (Loi du 5 juillet 1836);

Modifier les tares légales (Loi du 6 mai 1841) ;

Déterminer provisoirement les produits du sol et des fabriques de la Corse, et ceux de l'Algérie qui peuvent être admis sur le continent en exemption de droits (Lois des 26 juin 1835 et 11 janvier 1851).

DE LA PROMULGATION DES LOIS ET DÉCRETS.

La promulgation des lois et décrets résulte de leur insertion au Bulletin des lois; leur mise en application a lieu dans les délais déterminés par l'article 1er du Code civil et par l'ordonnance du 27 novembre 1816. Toutefois, le gouvernement peut hâter la mise à exécution des lois et décrets, et la fixer au jour où la publication en est faite par les préfets, de la manière prescrite par l'ordonnance du 18 janvier 1817.

DES CHANGEMENTS AU TARIF.

Dans tous les cas de modifications au tarif, ce qui détermine l'application des dispositions nouvelles, c'est la date *de l'inscription des déclarations en détail*, pour les marchandises déjà arrivées dans le port ou au bureau frontière. — Cette règle s'applique également aux marchandises en entrepôt, à celles déposées en douane, ou en cours de transit, et que l'on voudrait mettre en consommation.

Pour les marchandises provenant de saisies, elles acquittent les droits en vigueur le jour où elles sont vendues en douane.

Si le dernier jour valable pour appliquer un tarif est un jour férié, les bureaux doivent rester ouverts pour recevoir et enregistrer les déclarations en détail, pendant toute la durée des heures fixées pour la tenue des bureaux.

DE LA PRESCRIPTION.

Les droits perçus par double emploi, suite d'erreurs de calculs ou fausse application du tarif ne peuvent être réclamés par les redevables que dans les deux années de la perception effectuée. — Par contre, l'administration est non recevable à former une demande en payement de droits un an après l'époque à laquelle ils auraient dû être perçus, à moins qu'il n'y ait eu action judiciaire entamée ou convention particulière.

DISPOSITIONS RELATIVES A L'APPLICATION DU TARIF.

Un tarif officiel, tenu au courant, doit être déposé dans chaque bureau de douane, et être mis à la disposition des redevables.

Aucun tribunal, aucune autorité locale, ne peut modifier en quoi que ce soit le tarif, applicable à tous sans exception. Il n'y a de dérogation à cette règle qu'en faveur des ambassadeurs et autres membres du corps diplomatique directement accrédités près le gouvernement de l'Empereur, et qui peuvent, à titre de réciprocité, obtenir quelques immunités particulières pour les objets destinés à leur usage et à celui de leur famille.

Les objets importés ou exportés pour le compte du gouvernement ou des administrations publiques sont soumis aux droits du tarif.

Toute marchandise importée de l'étranger est réputée d'origine étrangère; — toute marchandise provenant de l'intérieur est réputée d'origine nationale. Toutefois, les marchandises françaises invendues à l'étranger peuvent être réadmises sous payement du simple droit de retour(1).

Les produits composés de matières ou substances diversement taxées doivent, lorsqu'ils ne sont pas spécialement tarifés, être soumis au droit qui affecte la partie du mélange la plus fortement imposée.

DES LIEUX D'ACQUITTEMENT.

C'est dans les bureaux, et non ailleurs, que les droits doivent être acquittés.

DES RESTRICTIONS D'ENTRÉE.

Il existe des restrictions d'entrée à l'égard de certaines marchandises, dont la plupart font partie de ce qu'on appelle denrées coloniales de premier ordre; elles ne peuvent être importées que par les ports d'entrepôt, et non par les frontières de terre, à moins que ce ne soit pour le transit, sauf les cas prévus par les traités passés avec la Belgique et avec les Pays-Bas.

Les marchandises tarifées, en principal, à plus de 20 fr. les 100 kil. ne peuvent également être introduites que par certains bureaux. (Voir tableau, page 9)

Sont assujettis à des restrictions d'entrée particulière : grandes peaux brutes sèches d'origine européenne, nacre bâtarde et haliotides, grains, légumes secs et leurs farines, riz du Piémont, importé par terre, fer-blanc, fils de lin et de chanvre, fils de coton du n° 143 et au-dessus, fils de laine dits cordonnets, burail et crépon de Zurich, tapis dits moquettes, châles de Cachemire, livres, gravures et lithographies, musique gravée et cartes géographiques, horlogerie et carillons à musique, machines et mécaniques.

Il est pourvu par des décisions administratives aux exceptions locales qu'exige la position des fabriques situées dans le rayon frontière.

Toutefois les restrictions d'entrée ne s'appliquent qu'aux objets constituant des opérations de commerce, et non aux petites quantités que l'on apporte comme provisions de route ou de ménage.

DES RESTRICTIONS DE SORTIE.

Il n'y a de restriction de sortie que pour les grains, légumes secs et leurs farines, tabacs fabriqués, boissons, ouvrages d'or et d'argent, poudres à tirer, marchandises de primes.

DES RESTRICTIONS DE TONNAGE.

Il y a des restrictions de tonnage à l'importation des marchandises prohibées, ayant été prohibées, ou désignées en l'article 22 de la loi du 28 avril 1816. Elles ne peuvent arriver dans les ports qui leur sont ouverts pour le transit, l'entrepôt ou la consommation, que sur des navires d'un tonnage déterminé.

Il y a également des restrictions de tonnage à la sortie pour la réexportation par mer des marchandises désignées ci-dessus, et pour celles dont le droit d'entrée excède 10 pour 100 de la valeur.

DES RESTRICTIONS D'EMBALLAGE.

Il est interdit, sous peine de confiscation et d'amende, de présenter comme unité dans les manifestes et déclarations plusieurs caisses ou ballots réunis en un seul colis, de quelque manière que ce soit.

Les outils de toutes sortes importés par mer, les toiles, les fils de lin et de chanvre, soumis par leur espèce à des droits différents, doivent être emballés séparément et présentés sans mélange dans un même colis. La librairie est soumise aussi à des conditions particulières d'emballage.— Les livres taxés à moins de 150 fr. les 100 kil. doivent être emballés séparément par espèce, à moins que chaque espèce ne fasse dans l'intérieur des colis une division bien tranchée.

En cas de mélange, le droit le plus élevé est exigé.

DES PROVENANCES.

Les droits différentiels établis par le tarif à l'égard de certaines marchandises importées par mer s'appliquent exclusivement à celles de ces marchandises qui arrivent sous pavillon français. Ces droits portent en général sur la provenance, et non sur l'origine des marchandises, sauf quelques exceptions, que le tarif fait au reste connaître.

Par les mots : de l'Inde, on entend les pays situés à l'est du cap de Bonne-Espérance, à l'ouest du cap Horn; par ceux : côte occidentale d'Afrique, la partie du continent qui s'étend depuis le Maroc jusqu'au cap de Bonne-Espérance; par ceux : des Entrepôts, tous les pays d'Europe.

Les marchandises d'Amérique et des pays situés au delà du cap de Bonne-Espérance chargées dans les ports de la Méditerranée ou de la mer Noire, ou dans les îles de Malte, de Madère, des Canaries, des Açores, sont traitées comme provenant des Entrepôts.

Les certificats d'origine exigés dans certaines circonstances doivent toujours émaner de l'autorité consulaire du port d'embarquement.

DU TRANSPORT DIRECT.

Le transport direct n'est plus exigé impérieusement; mais il faut, pour jouir des privilèges qui y étaient attachés, que les navires français, dans leurs escales de retour, ne chargent aucune marchandise similaire de l'une de celles qu'ils avaient embarquées au port de départ primitif, et que les capitaines prennent dans chaque port où ils font quelque opération un manifeste spécial énonçant les marchandises embarquées. Ces manifestes doivent être visés par le consul de France.

DE LA SURTAXE DE NAVIGATION.

Les marchandises taxées au poids, importées par navires étrangers, sont passibles d'un droit supplémentaire qui se confond avec le droit principal.

Cette surtaxe, toutes les fois que la loi n'en a pas déterminé la quotité, se calcule, conformément à l'article 7 de la loi du 28 avril 1816, en ajoutant au droit principal, savoir : 10 pour 100 sur les premiers 50 fr., 5 pour cent sur le surplus du droit jusqu'à 300 fr. La quotité excédant 300 fr. ne supporte pas de surtaxe.

A moins d'une disposition expresse de la loi, les droits par terre sont les mêmes que ceux imposés aux marchandises importées par navires étrangers.

(1) Voir ci-après, page 3, les conditions de réimportation.

Il y a certaines immunités de surtaxe en faveur du port de Marseille. Elles sont indiquées ci-après.

DU DÉCIME ADDITIONNEL.

Il est ajouté aux droits de douane, en principal, 20 centimes par franc à titre de droit additionnel.

Ne sont pas, par exception, soumis à cette disposition ;

Les droits de magasinage et de garde ;

Les droits de timbre sur les expéditions ;

Les consignations sur les voitures ;

Les droits sur les tabacs de santé ou d'habitude perçus pour le compte des contributions indirectes ;

Le droit de tonnage sur les navires américains ;

La taxe de consommation sur les sels ;

Les taxes sanitaires ;

Le droit du tonnage sur les navires du Danemark et de la Belgique.

DES DÉCLARATIONS.

Toute marchandise qui entre en France ou qui en sort doit être présentée au plus prochain bureau, déclarée en douane, et soumise aux droits.

Les déclarations ne peuvent être faites par anticipation à l'arrivée des marchandises.

Pour faciliter au commerce les moyens de faire exactement ses déclarations, on lui permet d'examiner au préalable les marchandises, et même d'en prélever des échantillons.

Les marchandises doivent être déclarées sous les seules dénominations admises au tarif.

Les déclarations doivent être au moins signées par les déclarants. — Elles sont affranchies du timbre. — Elles doivent contenir toutes les indications nécessaires pour l'application du tarif.

Les déclarations faites et déposées ne peuvent être modifiées qu'en ce qui concerne le poids, le nombre, la mesure ou la valeur. Le commerce n'a que vingt-quatre heures pour faire ces modifications.

Les employés peuvent, s'ils le jugent convenable, liquider les droits sur les déclarations, sans procéder à la vérification des marchandises.

Sont réputées fausses déclarations toutes celles de nature, si elles étaient admises sans contrôle, à frustrer le Trésor ou à éluder une prohibition.

Les déclarations une fois déposées, les droits doivent être acquittés, à moins que l'on ne fasse par écrit abandon des marchandises au profit de l'État.

Toute marchandise non déclarée en détail dans les trois jours de son arrivée doit être mise au dépôt.

DES DÉCLARATIONS DE VALEUR.

La valeur à déclarer en douane est celle qu'ont les marchandises dans le lieu et au moment où elles sont présentées pour être soumises à la visite. Il n'y a aucune distinction à faire pour les déclarations de valeur entre les marchandises destinées pour l'acquittement des droits, l'entrepôt ou le transit.

Les employés doivent chercher, par tous les moyens en leur pouvoir, à s'assurer de l'exactitude des valeurs déclarées. Ils sont autorisés à se faire représenter à cet effet les factures originales, lettres de voiture ou connaissements, etc., tels seulement que les déclarants les possèdent.

Lorsque le service juge que la valeur des marchandises n'a pas été exactement déclarée, il peut les préempter, c'est-à-dire les retenir pour le compte du Trésor, en payant au déclarant, dans les quinze jours de la notification du procès-verbal de retenue, une somme égale à la valeur déclarée de la marchandise, et le dixième en sus.

Les objets dont la déclaration de valeur doit être contrôlée par le comité consultatif des arts et manufactures ne peuvent être préemptés.

Les employés doivent s'abstenir de préempter les marchandises qui ne sont pas taxées à plus d'un quart pour cent de leur valeur ; ils doivent élever d'office la valeur déclarée ; ce n'est qu'en cas de refus du commerce d'adhérer à cette rectification que l'on devrait préempter.

DE LA RÉFACTION DES TARES.

Les marchandises de toute sorte tarifées au poids doivent acquitter les droits sur le poids brut, c'est-à-dire celui du contenu et du contenant en simple emballage.

Il y a exception pour les marchandises imposées à plus de 40 fr. par 100 kil. : celles-ci ne payent que sur leur poids net effectif ou légal. Le poids effectif est celui constaté par la pesée des marchandises, le poids légal celui qui se calcule en déduisant du poids brut des colis la tare accordée par la loi.

Les déclarations doivent énoncer si l'on réclame ou non la tare légale. En cas d'abstention, c'est la tare légale qui est appliquée.

Les déclarations relatives aux tares sont soumises aux mêmes règles que les autres déclarations de poids (Voir au besoin la circul. 2225.)

Pour les marchandises déclarées pour l'entrepôt, le poids net peut n'être constaté qu'à la sortie de l'entrepôt.

Lorsqu'un même colis renferme des marchandises d'espèces différentes, mais toutes taxées *au brut*, le poids de l'emballage se répartit proportionnellement sur chaque marchandise.

Lorsque des marchandises taxées au brut sont réunies à des marchandises taxées sur une autre unité, la taxe n'est perçue au brut que sur les premières de ces marchandises et en proportion de leur poids partiel. Enfin, s'il s'agit de différentes espèces de marchandises taxées au net, le poids net effectif de chaque espèce doit être déclaré et vérifié.

Les marchandises taxées au brut ou au net, importées en vrac, payent sur leur poids réel.

La tare légale ne peut être réclamée que pour les marchandises présentées en colis ayant la forme et l'emballage d'usage.

DES EMBALLAGES.

Les objets servant à l'emballage des marchandises sont admis en franchise, à moins qu'il ne soit notoire qu'il peut y avoir profit à les employer à un autre usage, ou encore lorsqu'ils renferment des objets imposés au brut qui auraient à acquitter des droits inférieurs à ceux que devraient payer lesdits emballages.

Cette règle s'applique notamment aux cruchons de poterie, outres en cuir, bouteilles de verre contenant des liqueurs taxées au poids net ou à la mesure, aux estagnons, aux boites et caisses en fer-blanc, aux sacs, lorsqu'ils sont en toile neuve ou de qualité supérieure à celle employée ordinairement ; aux cercles de fer et aux peaux, lorsqu'ils sont en bon état, aux boîtes et étuis renfermant des montres.

Lorsque des futailles restent vides par suite du remplissage fait dans les cas autorisés à l'égard des marchandises sujettes à coulage, on les assujettit au droit du tarif si elles sont en bon état, à celui de 15 p. 100 de leur valeur si elles sont détériorées.

MARCHANDISES AVARIÉES.

Le commerce est autorisé à faire trier et séparer en entrepôt les marchandises avariées, avec faculté de réexporter ou de détruire, en présence du service, celles qui par leur état de détérioration ne pourraient supporter les droits.

Les oranges et citrons importés en vrac peuvent être triés et vendus immédiatement. Le triage de ces fruits, importés en caisses, peut exceptionnellement avoir lieu à la Douane de Paris, avant l'acquittement des droits.

Les réfactions de droits pour cause d'avaries ne peuvent être réclamés que dans les ports ouverts à l'entrée des marchandises désignées par l'art. 22 de la loi du 28 avril 1816.

DES MARCHANDISES OMISES AU TARIF.

Le régime à leur appliquer est :

A l'entrée, l'assimilation à l'article tarifé le plus analogue ;

A la sortie, 25 c. par 100 kil. pour celles qui à l'entrée sont soumises à une taxe au poids, ou prohibées;

Un quart pour cent de la valeur pour celles taxées à l'entrée autrement qu'au poids.

Les assimilations peuvent être faites par les receveurs, et dans les grandes douanes par les inspecteurs sédentaires, mais elles ne deviennent d'application générale qu'autant qu'elles ont été sanctionnées par l'administration.

DES CONTESTATIONS SUR L'APPLICATION DU TARIF.

Les contestations entre la douane et le commerce sur la nature des marchandises et l'application qui doit leur être faite du tarif ne peuvent être vidées que par les commissaires experts institués par la loi du 27 juillet 1822. Leurs décisions ont force de chose jugée. (Voir, pour les formes à suivre, la circulaire 1910.)

VÉRIFICATION DES MARCHANDISES.

La vérification des marchandises se fait dans les magasins de la Douane ou dans tel lieu convenu avec le commerce, ou sur les quais, mais non dans les magasins des négociants. — La visite se fait en présence des déclarants ; s'ils refusent d'y assister, la Douane peut faire mettre les marchandises en dépôt et les traiter comme marchandises abandonnées. — Les frais de transport, de déballage, de pesage, de réemballage des marchandises, sont à la charge des propriétaires. — La Douane, si elle le juge convenable, peut se dispenser de vérifier l'objet importé, et s'en tenir à la déclaration du consignataire.

DES ENTREPOTS.

Les marchandises de toutes espèces destinées à la réexportation ou à être ultérieurement mises en consommation, peuvent jouir de la faculté de l'entrepôt, ce qui évite l'acquittement immédiat des droits.

L'entrepôt est réel ou fictif, selon que les marchandises restent sous la clef de la Douane ou sont placées dans les magasins du commerce, qui en est responsable; il ne peut en disposer sans déclaration préalable, et doit les représenter à toute réquisition.

La durée de l'entrepôt réel et du prohibé est de trois ans. La durée de l'entrepôt fictif est d'une année seulement, mais des délais de prolongation peuvent être accordés.

L'entrepôt fictif est accordé aux seules marchandises ci-après : sucres, confitures, sirops et mélasses, rhums et tafias, miel, café, cacao, casse confite et canéfice, bois de Campêche, de toutes les colonies françaises; liqueurs de la Martinique seulement ; girofle de la Guiane française et de Bourbon ; *cassia lignea*, poivre et piment, rocou de la Guiane française seulement; bois d'ébénisterie de la Guiane française et du Sénégal ; peaux grandes, brutes et sèches, cire brune, dents d'éléphant, gomme pure, salsepareille du cru du Sénégal, follicules de séné du Sénégal seulement, guano. — Cotons en laine, bois communs pour la construction, mâts, matériaux, esparts et manches de gaffe, bois en perches, en échalas et en éclisses, bois feuillards et bois merrains, osiers en bottes, écorce de tilleul, futailles vides, balais communs, avirons et rames de bateau, ardoises pour toiture, briques, tuiles et carreaux de terre, meules à moudre et à aiguiser, marbres bruts, marbres ouvrés non dénommés au Tarif. — Chanvre filé, peigné et étoupes de chanvre, sparte brut et autres joncs communs, cordages de tilleul, sparte, joncs et herbes, graines de prairie, peaux fraîches, grandes et petites, peaux sèches, petites, potasse importée hors d'Europe seulement, soude et natron, soufre brut ou épuré, poix, galipot, goudron et brai sec, écorces de tilleul ; Grains, farines, lorsqu'ils sont importés par navires français.

DU TRANSIT.

Toute expédition de transit a lieu sous la formule de l'acquit-à-caution. Par cet acte l'expéditeur s'oblige à faire sortir la marchandise par le bureau et dans le délai fixés, et à en justifier en rapportant l'acquit-à-caution dûment revêtu du certificat de sortie et de décharge, sous peine, s'il s'agit d'objets non prohibés, de payer le quadruple des droits d'entrée et une amende de 500 francs, ou la valeur des marchandises et une amende égale au triple de cette valeur, s'il s'agit d'articles prohibés à l'entrée.

Le transit est entièrement aux risques des soumissionnaires, alors même qu'il y aurait eu perte totale ou partielle des marchandises. Seulement, dans le cas de perte, justifiée par un procès-verbal du juge ou d'un officier public, rédigé sur les lieux, et rapporté en temps utile avec l'acquit-à-caution, la Douane ne pourra exiger que le payement du simple droit d'entrée.

Les déficits reconnus à la sortie sur le poids des caisses, ballots et futailles, et qui ne seront pas au-dessus du dixième du poids énoncé dans les acquits-à-caution, ne seront également assujettis qu'au payement du simple droit

Tous les déficits reconnus à la sortie sur le poids des colis seront constatés dans les certificats de décharge, ce qui entraînera le recouvrement des condamnations encourues, si le déficit est au-dessus du dixième du poids énoncé dans l'acquit-à-caution.

Si les denrées déclarées en transit ont été soustraites, ou qu'il y en ait été substitué d'autres, il y a lieu au quadruple droit de consommation et à une amende de 500 francs contre les contrevenants.

Ces peines sont poursuivies au bureau *de départ* contre les soumissionnaires, sauf leur recours contre les auteurs de la fraude. Au bureau de sortie, on saisit les objets substitués pour être confisqués, avec amende de 100 francs s'ils sont tarifés, et de 500 francs s'ils sont prohibés.

Toutes les marchandises exemptes de droits à l'entrée et à la sortie, pour quelque cause que ce soit, sont affranchies en tous points des formalités afférentes au transit.

Celles exemptes de droit à l'entrée, mais imposées à une taxe de sortie, doivent être expédiées avec simple passavant et sans plombage.

Toutes les fois que le commerce en fait la demande, le second emballage et le second plombage peuvent être remplacés par le prélèvement d'un échantillon.

RÉGIMES SPÉCIAUX.

ILE DE CORSE. — ALGÉRIE.

La Corse et nos possessions en Algérie sont soumises à des régimes particuliers, tant pour leurs relations avec la France que pour leurs relations avec l'étranger.

(Consulter les lois des 26 juin 1835 et 11 janvier 1851, et voir les tarifs spéciaux placés à la suite du Tarif général.)

ILES FRANÇAISES DU LITTORAL.

Le Tarif général est applicable dans ces îles ; toutefois, les relations entre elles et le continent français sont soumises aux formalités du cabotage, sauf les restrictions et conditions suivantes, qui ne concernent pas cependant les îles d'Oleron et de Ré :

1° Les objets dont la sortie est prohibée ne peuvent y être transportés du continent qu'en vertu d'autorisations spéciales ;

2° Les produits du cru ou des fabriques de ces mêmes îles, accompagnés de certificats d'origine, sont seuls admis en exemption des droits ;

3° Les marchandises tirées de l'étranger, et ayant acquitté les droits, ne peuvent être importées sur le continent qu'autant que les quittances délivrées sont représentées.

Le commerce direct avec l'étranger est interdit aux îles où le service des douanes n'est pas établi. Les navires étrangers ne peuvent y aborder qu'en cas de détresse et de relâche forcée.

DU PAYS DE GEX, DU FAUCIGNY ET DU CHABLAIS.

Le pays de Gex se trouvant placé en dehors de la ligne des douanes, est soumis aux conditions générales du Tarif dans ses relations avec la France.

Un arrêté du ministre des finances détermine chaque année les quantités de certains produits agricoles et industriels qui peuvent être importés en franchise du pays de Gex, et celles des matières premières qui peuvent y être librement envoyées pour les besoins des fabriques ou de l'agriculture.

DU PORT DE MARSEILLE.

Les denrées et marchandises imposées à l'entrée de l'empire à un droit principal au-dessous de 15 f. par 100 k, sont exemptées dans ce port de la surtaxe de navigation, lorsque la quotité de cette surtaxe n'a pas été spécialement déterminée par la loi, et que d'ailleurs lesdites denrées et marchandises sont de la nature de celles qui proviennent du Levant, de la Barbarie et des autres pays situés sur la Méditerranée.—Les droits sur ces marchandises peuvent être acquittés soit à Marseille même, soit dans les bureaux sur lesquels elles ont été dirigées par mutation d'entrepôt, transit ou transbordement. (Voir au besoin la circulaire n° 2116.)

Les navires étrangers sont exemptés des droits de navigation dans le port de Marseille.

Les marchandises importées par un autre bureau, puis dirigées sur Marseille, y sont soumises, pour l'acquittement des droits, aux conditions générales du Tarif.

DES PRODUITS DE L'INDUSTRIE PARISIENNE.

Assortis et réunis en une même caisse, ils payent en bloc, à la sortie, 2 cent. par kil., lorsque les employés ne jugent pas devoir liquider séparément chaque article et en faire déclarer la valeur.

Cette disposition n'est applicable qu'à la douane de Paris.

DES PROPRIÉTÉS LIMITROPHES.

Consulter pour leur régime, qui n'a qu'une application restreinte, les circulaires n°s 504, 543, 874, 980, 1238, 1632.

DES MARCHANDISES DE PRIMES.

Il est accordé à l'exportation de certains produits fabriqués en France une prime équivalente au montant des droits perçus à l'entrée sur les matières premières employées pour leur fabrication.

Les marchandises auxquelles la prime est accordée sont par cela même affranchies des droits de sortie. Les fabrications destinées à l'exportation, et pour lesquelles on veut se réserver la prime, doivent être vérifiées en douane, et préalablement la déclaration doit indiquer le nombre, l'espèce, les marques et numéros des colis, la nature et la valeur des marchandises, ainsi que les taux de la prime réclamée, qui, lorsqu'elle n'est pas *ad valorem*, est toujours liquidée sur le poids net. Quand la fausseté des déclarations faites pour obtenir une prime quelconque aura été reconnue, soit quant à la valeur, soit quant à l'espèce ou au poids des marchandises, le déclarant sera passible d'une amende égale au triple de la somme que sa fausse déclaration aurait pu lui faire allouer en sus de ce qui lui était réellement dû, et néanmoins la prime légale sera liquidée pour ce qui aura été exporté. Il faut produire, à l'appui de toute déclaration, un certificat d'origine délivré par le fabricant, dont la signature n'est valable qu'après avoir été légalisée par l'autorité locale (A). Cette pièce doit s'adapter en tous points aux marchandises présentées, et indiquer pour tous les tissus, l'espèce, la qualité, les marques et numéros des pièces. Lorsqu'on ne voudra exporter qu'une partie des marchandises décrites en un certificat de fabrique, les receveurs des douanes pourront délivrer des extraits de ce certificat. A l'appui de toutes les déclarations faites pour les produits autres que les tissus, les viandes et les beurres salés, il faut encore déposer en douane une quittance des droits perçus à l'entrée sur la matière brute. Celles relatives aux sucres ne doivent pas avoir plus de quatre mois, et celles relatives aux chapeaux de paille, d'écorce et de sparterie, plus de six mois. Celles de plomb, laiton, cuivre, soufre et peaux, peuvent servir pendant deux ans, mais elles doivent être au nom des fabricants exportateurs lorsqu'il s'agit d'importation par navires étrangers. Pour tous les tissus où la laine domine, le commerce doit fournir des échantillons disposés sur une carte semblable au modèle que délivre l'administration des douanes.

En cas de changement dans la quotité de la prime, c'est la date de l'exportation effective qui détermine seule l'application de la prime.

Les opérations de primes sont exclusivement réservées à certains bureaux.

(Voir, pour les primes, à la Grande Pêche, page 7.)

(A) Les viandes et les beurres salés sont dispensés du certificat de fabrique.

DES MARCHANDISES PROVENANT DE SAISIES.

Elles sont passibles, lors de leur vente, des prohibitions absolues, mais non des prohibitions conditionnelles.

Consulter au besoin, pour le régime des marchandises provenant de saisies, les circulaires 1306 et 1916.

DES MARCHANDISES DE RETOUR.

Les marchandises françaises restées invendues à l'étranger, et dont il est possible de reconnaître d'une manière certaine l'origine, peuvent être réadmises par décisions des directeurs et même des inspecteurs sédentaires délégués, lesquelles ne s'accordent qu'aux seuls fabricants ou négociants pour le compte desquels les marchandises ont été exportées.

Aucune demande de retour ne peut être accueillie après l'expiration des deux années qui suivent la date de l'exportation, à moins d'autorisation spéciale de l'administration. Il faut produire l'acquit de payement des droits de sortie applicables aux marchandises, ou, à défaut de cette pièce, un extrait des livres portant facture, dûment certifié par un officier public. Il y a exception à cette exigence, et à justifier de la nécessité de réimporter les marchandises, lorsqu'elles ont été expédiées par erreur à l'étranger, et qu'elles n'ont pas cessé d'être sous la main de la douane étrangère.

Lorsque des marchandises de retour doivent être expédiées sur une des villes de l'intérieur où, comme à Paris, il existe, outre un entrepôt, un bureau de douane, c'est sur *le bureau* que l'envoi doit être fait, et sous les formalités déterminées par la circul. du 3 février 1836, n° 1526.

Les autorisations ne sont accordées qu'à la charge de payer le droit de 51 cent. par 100 kil. ou 15 cent. par franc de la valeur, au choix du redevable, sauf pour les marchandises rapportées des colonies françaises.

S'il s'agit de marchandises susceptibles d'avoir touché une prime, celle-ci doit être remboursée au moment de la réimportation.

Les produits naturels, d'usine ou de laboratoire, qui peuvent être identiques partout ; les liquides de toutes sortes, sauf les vins de la Gironde, qu'on peut réadmettre dans les deux années de leur envoi à l'étranger, lorsque l'origine en est reconnue et constatée par le jury spécial institué pour cet objet à Bordeaux ; et pour les vins de tous crus indigènes rapportés de nos colonies.

Les objets fabriqués avec des matières premières admises temporairement en franchise à charge de réexportation après avoir reçu un complément de main d'œuvre, ne peuvent être réimportés qu'en payant le droit afférent à la matière brute dont ils sont composés.

Sont exceptionnellement admis au bénéfice de retour :

Les châles et écharpes de cachemire de fabrique étrangère pour lesquels il a été justifié du payement des droits d'entrée ;

Les futailles ayant servi à exporter des vins et eaux-de-vie que l'on aura déclaré vouloir réimporter dans le délai d'un an ;

Les caisses et sacs, dûment estampillés par la douane, ayant servi à l'exportation des grains, du sel, etc., etc., (délai d'un an.) ;

Les estagnons ayant servi à exporter des essences (réserve de réimportation exprimée dans les acquits de sortie qui doivent être représentés) ;

Les bouteilles de verre et de grès dont la sortie primitive est justifiée ;

Les marchandises expédiées sur les foires de Bayonne et de la Suisse ;

Les marchandises nationales rapportées des colonies françaises ;

Les morues de pêche française exportées, sous réserve de retour, en Algérie, en Espagne, en Portugal ;

Les produits français restés invendus en Corse ;

Les livres, gravures, ouvrages d'or et d'argent provenant de l'industrie française.

DES MARCHANDISES ABANDONNÉES.

Nul ne peut être contraint à payer les droits sur les marchandises qui lui sont adressées, ni à les réexporter si ces marchandises sont prohibées, lorsqu'il en fait par écrit abandon à la Douane.

Toutes les marchandises abandonnées à quelque titre que ce soit sont vendues pour le compte du Trésor.

DES ÉCHANTILLONS.

Ne sont considérés comme échantillons, quand il s'agit d'objets fabriqués formant un tout complet, que des articles uniques, dépareillés, et dont la destination se prouve par l'assemblage de choses distinctes les unes des autres.

Les échantillons ayant une valeur marchande, tels que châles, cravates, mouchoirs, doivent être, à l'entrée, coupés ou lacérés, de manière à être mis hors de service.

Les échantillons de prix que l'on ne peut détériorer sont plombés, et leur réexportation est assurée par un acquit-à-caution souscrit par l'importateur.

Ces facilités ne peuvent être accordées que dans les bureaux ouverts à l'entrée des marchandises payant plus de 20 fr. les 100 kil.

Le retour des échantillons français emportés à l'étranger est assuré par un passavant descriptif auquel est annexée, sous le cachet de la douane, une déclaration des objets exportés.

DE L'AVITAILLEMENT DES NAVIRES.

Les provisions de bord de toutes espèces nécessaires à l'avitaillement ou au service d'un navire français, sont chargées en franchise des droits de sortie ; elles peuvent même être prises dans les entrepôts.

Elles ne peuvent être embarquées qu'avec un permis.

Il en est de même des provisions de bord mises à bord d'un navire étranger ; mais si ces provisions sont assujetties au payement des droits de sortie, ceux-ci doivent être perçus avant l'embarquement.

Les navires français qui ont fait des provisions à l'étranger ou dans les colonies françaises, subissent à leur retour pour celles de ces provisions restant à bord les dispositions du Tarif général. Si les provisions encore à bord avaient été primitivement embarquées en France en franchise de droits, elles seraient librement débarquées.

Les vivres et provisions de bord qu'apportent les navires étrangers ne peuvent être débarquées dans nos ports que sous les conditions du Tarif général ; mais il n'est dû aucun droit sur celles qui sont consommées à bord ou sur celles qui sont réexportées.

Les prohibitions de sortie ne s'appliquent pas en général aux objets nécessaires à l'avitaillement des navires, lorsque les quantités embarquées sont en rapport avec les besoins présumés de l'équipage pendant son voyage. (Voir p. 81 et suiv.)

DES COLONIES FRANÇAISES.

On entend par les mots *colonies françaises* les seules colonies à culture, c'est-à-dire la Réunion, la Guyane, Cayenne, la Martinique, la Guadeloupe et ses dépendances, la Désirade, Marie-Galante, les Saintes, et la partie française de l'île Saint-Martin.

Les autres établissements coloniaux de la France sont soumis à des régimes différents que celui des colonies.

Les ports d'entrepôt sont seuls ouverts au commerce avec les colonies françaises. Aucun transport ne peut avoir lieu entre les colonies et la métropole que par navires français de 40 tonneaux au moins. On ne perçoit pas de droits de sortie sur les marchandises expédiées aux colonies.

Les marchandises étrangères dont l'admission directe pour la consommation est interdite dans les colonies des Antilles peuvent être expédiées des entrepôts de la métropole sur les entrepôts de ces colonies, à la condition d'acquitter les droits du Tarif général si elles sont mises en consommation.

Les fers et aciers étrangers non ouvrés extraits des entrepôts français peuvent être expédiés aux Antilles et à la Réunion, en ne payant que le cinquième des droits du Tarif général.

Il résulte de cette disposition que les ouvrages en fer et en acier faits en France avec des métaux importés en franchise en vertu du décret du 17 octobre 1857 sont admis eux-mêmes dans les colonies en ne payant que le cinquième des droits imposés sur la matière brute (fonte ou fer) qui avaient été admis au bénéfice de l'importation temporaire.

DES AUTRES POSSESSIONS FRANÇAISES HORS D'EUROPE.

Les autres possessions françaises hors d'Europe auxquelles il est accordé certains avantages sont : l'Algérie, le Sénégal et ses dépendances, les établissements dans l'Inde, Saint-Pierre et Miquelon ; les îles Marquises, Sainte-Marie de Madagascar, Mayotte et Nossi-Bé, Taïti et Noukahiva.

Tout commerce entre la France et ces possessions ne peut se faire que par navires français.

DU SÉNÉGAL ET DE SES DÉPENDANCES.

Les établissements que possède la France sur la côte occidentale d'Afrique sont : l'île Saint-Louis et les îles voisines, Richard-Tol et Dagana, l'île de Gorée, Albréda, Seghiou, Assinée, Gabon, Grand-Bassam.

Sont exemptes des droits de sortie les marchandises françaises non prohibées expédiées sur le Sénégal. Il en est de même de certaines marchandises étrangères expédiées des entrepôts réels, et qui ne supportent que le droit de réexportation.

Les poutrelles en fer et les fers laminés propres aux constructions civiles sont admis en franchise à Saint-Louis du Sénégal, quelle que soit leur origine, lorsqu'ils y arrivent de France ou de Gorée par navires français.

DES ÉTABLISSEMENTS FRANÇAIS DANS L'INDE.

Les établissements français dans l'Inde sont : Pondichéry et Karikal, Yanaon et Mazulipatam, Mahé et Calicut, Chandernagor, Cassimbazar, Jougdia, Dacca, Ballasore, Patna, Surate.

Aucun privilége particulier n'est accordé en France aux produits importés de ces établissements. Les modérations de droits dont jouissent certains produits sont indiquées au tableau des droits. (Consulter au besoin l'ordonnance du 14 novembre 1847.)

Les marchandises françaises non prohibées expédiées sur ces établissements sont exemptées des droits de sortie.

Les ministres de la guerre et de la marine peuvent, par exception aux prohibitions de sortie, autoriser l'exportation des armes et munitions de guerre pour le commerce de l'Inde.

ILES SAINT-PIERRE ET MIQUELON.

Pas d'autre privilége que celui de recevoir, en exemption des droits de sortie, les marchandises françaises non prohibées à l'exportation et les marchandises étrangères de toutes espèces prises dans nos entrepôts et chargées sur navires français.

ILES DE SAINTE-MARIE DE MADAGASCAR, MAYOTTE, NOSSI-BÉ, TAITI ET NOUKAHIVA.

Les denrées et marchandises expédiées de la métropole sur Mayotte, Nossi-Bé, Sainte-Marie de Madagascar, Taïti, Noukahiva, sont exemptes des droits de sortie. Toutefois, l'immunité n'est pas applicable aux articles suivants : peaux brutes, bourre de soie, cornes de bétail brutes ou autrement préparées qu'en feuillets, bois à construire autres que de pin, de sapin, d'orme; bois de fusil en noyer, achevés ou ébauchés, meules à moudre. — Aucune marchandise prohibée à la sortie ne peut être dirigée sur ces îles.

Certains produits de ces îles jouissent d'un régime spécial à leur importation en France. (Voir, à cet égard, la circulaire 2206.)

On peut y réexpédier, des entrepôts de la métropole, aux conditions générales du Tarif, les marchandises étrangères de toute nature.

DES TRAITÉS DE COMMERCE ET DE NAVIGATION.

La France a conclu avec quelques puissances étrangères des traités de commerce et de navigation qui assurent, soit aux marchandises, soit aux navires de ces pays, des immunités particulières. (Voir, à cet égard, le tableau, pages 78 et 79.)

DROITS ACCESSOIRES PERÇUS PAR LES DOUANES.

Indépendamment des droits sur les marchandises, dits droits de douane, l'administration perçoit les droits accessoires ci-après :

1° *Droits de navigation.* — Sont de plusieurs sortes : les uns affectent le corps des navires, les autres les cargaisons, quelques-uns concernent exclusivement les bâtiments français, d'autres les bâtiments étrangers. (Voir, pour le détail de ces droits, le Tarif des droits de navigation) ;

2° *Droits de réexportation.* — Sur les marchandises sortant des entrepôts maritimes, par mer, 51 c. par 100 kil. brut, ou 15 c. par 100 fr. de valeur, au choix du déclarant. — Sur les marchandises sortant des entrepôts intérieurs ou frontières, 25 c. par 100 kil. brut, sans addition du second emballage, ou 15 c. par 100 fr. de valeur, au choix du déclarant ;

3° *Droits de magasinage pour le dépôt en douane.* — Sur les marchandises *non réclamées* par les propriétaires, ou pour lesquelles il n'a pas été fourni de déclarations en détail en temps utile, 1 pour cent de leur valeur. — Sur les marchandises *provenant de saisie* ou autres qui, après avoir été vendues sous condition de réexportation, ne sont point réexportées par les acquéreurs dans le délai accordé. — Sur les marchandises *nationales en retour*, qui demeurent en dépôt en attendant l'autorisation de leur réadmission, un demi pour cent de leur valeur ;

4° *Droit de retour ou de réimportation.* — Sur les marchandises françaises revenant invendues de l'étranger ou des colonies, 51 cent. par 100 kil. brut, ou 15 c. par 100 fr. de valeur, au choix du redevable;

NOTA. Le droit de magasinage n'est point passible de l'addition des décimes par franc.

5° *Droit de timbre des diverses expéditions.* — Manifestes d'entrée ou de sortie, *exempts*; acquits-à-caution, 75 c. par acte; passavants et congés de circulation, 5 c. par acte. — Quittances de droits au dessus de 10 francs, 25 c. par acte; *id.* de 10 fr. et au-dessous, 5 c. par acte. — Quittances d'escompte des droits de douane et des sels, au-dessus de 10 francs, 25 c. par acte; *id.* de 10 fr. et au dessous, 5 c. par acte. — Permis d'embarquement, navires français ou traités comme tels, 50 c., plus les décimes ; *id.*, navires étrangers, 1 fr., plus les décimes.

6° *Taxe de consommation des sels.* — Les sels récoltés sur les marais salants de l'empire ou fabriqués dans des usines sont assujettis au droit de 10 fr. pour 100 kil., sans addition de décime.

Les sels sont soumis à un régime tout spécial, réglé principalement par les lois des 24 avril 1806, 17 juin 1840, 28 décembre 1848, et par le décret du 11 juin 1806 (les consulter au besoin) ;

7° *Droits de plombage.*—Pour marchandises exportées sous réserve de prime de sortie, par chaque plomb, 50 centimes. — *Non fabriquées*, expédiées en transit, par chaque plomb, 50 centimes. — *Fabriquées*, expédiées en transit ou en mutation d'entrepôt, par terre, 1er plomb, 50 c.; 2e plomb, 25 c. — Réexportées directement par mer, par chaque plomb, 25 c. — Expédiées sur les entrepôts de l'intérieur (celui de Lyon excepté), ou qui en sont extraites, soit pour la réexportation, soit pour être dirigées sur d'autres entrepôts, par chaque plomb, 25 cent. — De prime ou de transit qui, après avoir été vérifiées dans un port ou un bureau de sortie qui ne touche pas immédiatement à l'étranger, doivent être remises sous le sceau des douanes, pour en assurer le passage définitif, soit en haute mer, soit sur le territoire de la domination limitrophe, par chaque plomb, 25 cent. — Grains et farines expédiés en transit, par chaque plomb, 25 cent. — Morue pour les colonies françaises, par chaque plomb, 25 cent. — Le prix des plombs est de 10 cent. seulement : 1° pour les sels expédiés par terre, ou par la voie fluviale, à toutes les destinations, sauf sur les entrepôts de l'intérieur ; 2° pour les sels mélangés (*chlorures de sodium impurs*) obtenus dans les fabriques de produits chimiques et expédiés, par terre ou par mer, à destination, soit des entrepôts, soit des usines ou des établissements autorisés à en faire emploi en franchise des droits.—Marchandises assujetties au plombage *en tous autres cas*, par chaque plomb, 50 cent.

NOTA. Ce droit n'est pas passible de l'addition des décimes. Il comprend la fourniture de la matière première, celle de cordes et ficelles, les frais de main-d'œuvre et d'application des plombs. Toutefois, les frais de cordage et d'emballage continuent d'être à Paris à la charge des expéditeurs.

MODE D'ACQUITTEMENT DES DROITS.

Les marchandises étant le gage des droits, on ne doit les laisser enlever qu'après que ceux-ci ont été acquittés. Ils se payent soit au comptant, en espèces ayant cours légal, soit en effets de crédit.

DU CRÉDIT ET DE L'ESCOMPTE.

Les redevables ayant à payer plus de 600 francs pour droits d'entrée jouissent, s'ils payent comptant, d'un escompte calculé pour 4 mois et réglé à 4 pour 100 par an.

S'ils payent en effets de crédit, ceux-ci doivent être à 4 mois d'échéance au plus, et offrir toutes les garanties de payement désirables. Ils doivent de plus être à ordre, payables au domicile du receveur général du département ou d'un receveur d'arrondissement (excepté pour le papier sur Paris). Aucun effet ne doit être de plus de 10,000 fr. Ils doivent mentionner qu'ils sont souscrits ou endossés valeur en droits de douane.

Il est dû aux receveurs principaux, pour couvrir leur responsabilité, une remise fixe d'un tiers pour cent sur le montant des crédits.

REMBOURSEMENT DES DROITS INDUMENT PERÇUS.

Lorsqu'un droit a été irrégulièrement ou indûment appliqué et perçu, la Douane, à qui l'on doit remettre la quittance de cette fausse perception, établit au dos de cette pièce une nouvelle et exacte liquidation, et l'adresse ensuite au directeur général de l'administration à Paris, pour être autorisée à rembourser le *trop-perçu*.—Si la quittance se trouvait perdue, il faudrait en réclamer *un duplicata*, et, après sa délivrance et sa rectification, souscrire l'engagement cautionné de restituer la somme réclamée, si, dans l'espace de deux ans de la date de la quittance, le porteur de l'acquit original venait à son tour à en réclamer le remboursement.

CABOTAGE.

Le cabotage est la navigation entre deux ports français. On distingue le grand et le petit cabotage ; le premier est celui qui s'effectue d'un port de l'Océan à un port de la Méditerranée, et *vice versa ;* le second, celui qui s'effectue entre deux ports de la même mer.

Le cabotage est exclusivement réservé aux navires français. Cette restriction ne s'applique toutefois ni aux navires nolisés pour le compte du gouvernement, ni aux navires espagnols autorisés à faire le cabotage sur les côtes de France en vertu du Pacte de famille de 1761.

Le cabotage, déplaçant seulement les marchandises sur le sol national, ne donne pas ouverture à l'application du tarif d'entrée ou de sortie. Mais, en raison des facilités qu'il offre à la fraude. la législation a entouré ses opérations de formalités (1) qui ont pour objet d'assurer la réimportation et l'identité des marchandises qu'il transporte.

Au départ les expéditeurs doivent fournir à la douane une déclaration énonçant la nature, la quantité et la valeur des marchandises de cabotage. Cette déclaration est vérifiée par le service, et si la visite des marchandises constate des différences dans la nature, la quantité ou la valeur, les déclarants sont passibles des pénalités édictées par la loi du 8 floréal an XI.

Après l'embarquement et s'il y a lieu le plombage, la douane délivre une expédition. Lorsque les produits sont exempts de droits à la sortie ou frappés d'une taxe qui n'excède pas 50 centimes par 100 kil. ou 1/4 pour 100 de la valeur, l'expédition est accompagnée d'un passavant. Lorsque les droits de sortie dépassent la limite sus-indiquée, que les marchandises embarquées sont prohibées à l'exportation ou appartiennent à la classe des céréales, l'expéditeur doit souscrire un acquit-à-caution par lequel il s'engage, sous les pénalités édictées par la loi, à réimporter les marchandises au lieu indiqué.

Pour les boissons, l'acquit-à-caution des contributions indirectes tient lieu d'acquit-à-caution de douane.

L'identité des marchandises expédiées sous acquit-à-caution ou avec passavant est garantie par le plombage lorsque ces marchandises sont prohibées soit à l'entrée, soit à la sortie, et qu'elles payent un droit d'entrée de plus de 20 fr. par 100 kil. ou 10 p. 100 de la valeur. (Voir plus bas, la liste de ces marchandises.)

Aucun navire ne peut sortir du port sans un manifeste visé par la douane. Pour les navires caboteurs, les capitaines sont autorisés à présenter comme manifestes l'acquit-à-caution ou le passavant qui accompagne leur chargement.

Le transport par cabotage doit être effectué directement. Il est interdit, sauf les cas de relâche forcée dument justifiés, de faire escale dans les ports étrangers et de s'y livrer à aucune opération de commerce. Tout navire caboteur qui enfreindrait cette restriction s'exposerait à voir traiter sa cargaison comme étrangère à l'arrivée au port de destination (2).

Par une décision ministérielle du 12 novembre 1851, les navires caboteurs peuvent, sous certaines conditions, s'arrêter dans les ports d'Algérie pour prendre et déposer des marchandises.

Les navires à vapeur jouissent au départ et à l'arrivée de facilités particulières. Voir plus loin le § spécial à cette navigation.

A l'arrivée au port de destination le capitaine caboteur présente à la douane son manifeste, et dans les trois jours qui suivent le consignataire ou l'armateur doit fournir une déclaration mentionnant la nature, la quantité et la valeur des marchandises. Après le permis de la douane, les marchandises sont débarquées et soumises à la vérification relativement à l'état des cordes et plombs, du nombre des ballots et de la nature des marchandises. Si la visite constatait des changements dans la nature, la quantité ou la qualité des marchandises telles qu'elles sont indiquées sur l'expédition délivrée au port de départ, les conducteurs seraient passibles des pénalités édictées par les lois des 22 août 1791 et 8 floréal an XI.

Les acquits-à caution souscrits au départ pour les marchandises qui y sont soumises sont, après vérification de ces marchandises, déchargés et renvoyés au bureau de départ dans le délai indiqué sur ces mêmes acquits, délai qui ne pourra jamais dépasser six mois.

Les navires à vapeur affectés à un service régulier entre un port français de l'Océan et de la Méditerranée, et *vice versa*, peuvent en vertu d'autorisations spéciales, faire escale dans les ports d'Espagne et de Portugal pour prendre et déposer des voyageurs ou des marchandises, sans perdre le privilége et la nationalité pour les produits pris en France.

D'autres facilités sont également accordées à la navigation à vapeur pour l'expédition des formalités de douane en matière de cabotage. Ainsi, au départ et à l'arrivée ils ne sont pas astreints au tour de rôle pour la visite. Les produits qu'ils embarquent peuvent être vérifiés avant l'arrivée des bateaux ; ils peuvent débarquer leurs marchandises avant la délivrance des permis et en dehors des heures de bureau. Dans ces cas, leurs marchandises doivent être placées, soit dans un magasin particulier dont la douane a la clef, soit dans une tente située sur le quai, soit dans une embarcation pontée dont on puisse au besoin fermer les écoutilles. Ce lieu temporaire de dépôt est considéré comme le navire lui-même, et les marchandises n'en peuvent sortir pour être présentées à la visite qu'après déclaration de détail et permis régulièrement délivré.

Ainsi qu'on l'a dit plus haut, les écritures pour les formalités en matière de cabotage ont été provisoirement simplifiées à partir du 1er janvier 1859 et à titre d'essai. Voici les modifications essayées :

Départ. Une déclaration *double*, dont une remplace l'expédition de douane, est fournie par le commerce, au port d'embarquement, pour toutes les marchandises sans aucune exception chargées en cabotage.

Cette déclaration, imprimée sur un modèle nouveau, est remise gratuitement par la douane aux expéditeurs. Elle est conçue de manière à contenir soumission pour le cas où l'intervention d'une caution est exigée et à servir pour les grains et farines comme pour toute autre espèce de produits ; seulement on biffe, selon qu'il y a lieu, les mots : *acquit-à-caution* ou *passavant*, *grains* ou *marchandises*, imprimés en tête, et on modifie le *libellé de la soumission* suivant qu'il s'agit de produits donnant lieu à l'emploi de l'une ou de l'autre nature d'expédition.

Ces déclarations, qui doivent contenir à l'égard des marchandises les mêmes indications que les déclarations actuelles, sont acceptées par les déclarants *comme expéditions de douane et pour en avoir tous les effets.* L'une, remise en cette qualité au déclarant pour être présentée à la visite, reçoit le permis d'embarquer et accompagne la marchandise ; l'autre est conservée par la douane de départ.

Arrivée. — Le manifeste de sortie collationné au port de départ au vu des expéditions sert de manifeste d'entrée et remplace le registre de transcription en usage sous l'ancien système. Ainsi, sur le simple dépôt de ce manifeste, les permis de débarquer sont immédiatement délivrés au verso même des déclarations ayant servi d'expéditions au départ (3).

Des simplifications d'une autre nature ont été également apportées *au mode d'expédition* des marchandises par cabotage. Elles sont indiquées dans le tableau ci-dessous des marchandises qui doivent être accompagnées d'acquits-à-caution et de celles pour lesquelles il y a lieu seulement de délivrer des passavants. Ce tableau fait connaître en outre quand les produits doivent ou non être plombés.

---

(1) Les écritures de douane pour l'exécution de ces formalités ont été simplifiées à partir du 1er janvier 1859. Mais comme cette modification n'a eu lieu qu'à titre d'essai et sous la réserve de revenir à l'ancien système dans le cas où la pratique du nouveau révélerait des inconvénients sérieux, nous exposons d'abord les règles suivies jusqu'à présent. Le nouveau système est indiqué à la suite.

(2) D'après une décision ministérielle du 4 juin 1859 (circulaire 598), les caboteurs peuvent provisoirement faire escale à l'étranger, y pratiquer des débarquements et y embarquer des produits étrangers de toutes sortes, même similaires de ceux embarqués sur le territoire français ou colonial, moyennant que la cale soit divisée en compartiments séparés, et dans lesquels seront placées distinctement, d'abord les marchandises expédiées de France en France, ensuite les produits chargés dans la métropole pour l'Algérie, et au retour chargés en Algérie pour la métropole ; troisièmement les marchandises embarquées en France ou en Algérie, à destination des ports d'escale étrangers, et les marchandises étrangères prises dans ces mêmes ports à destination de la France ou de l'Algérie.

Les navires dont la cale n'aura pas été divisée en compartiments sont pareillement autorisés à relâcher à l'étranger ; seulement ils ne pourront ni embarquer à l'étranger des produits similaires de ceux pris en France ou en Algérie, ni charger en France ou en Algérie des produits similaires de ceux embarqués d'abord dans les ports d'escale.

Ces dispositions sont communes aux navires à voiles et aux bâtiments à vapeur.

(Voir au besoin, pour les détails d'application, la circulaire 598.)

(3) On voit que dans leur ensemble les opérations se trouvent dégagées des retards qu'entraînait, au milieu de l'affluence d'un grand nombre de déclarations remises à la fois, l'obligation d'attendre que la douane eût pu accomplir un travail d'écritures considérable et délivrer successivement les acquits-à-caution et passavants revenant à chaque expéditeur.

Mais la conséquence forcée de ces modifications au départ est que les capitaines ne peuvent plus employer comme manifeste d'entrée les expéditions (acquits-à-caution et passavants) de douane, désormais remplacées par les déclarations. Ainsi tout navire caboteur, même sur lest, doit au départ être accompagné d'un manifeste qui sera lui-même représenté au port de destination.

Les règlements antérieurs sont maintenus en ce qu'ils n'ont rien de contraire aux prescriptions qui précèdent, notamment en ce qui a été réglé pour la visite des marchandises. (Voir au besoin circulaire 561.)

MODE D'EXPÉDITION

DES MARCHANDISES DE CABOTAGE.

La lettre A indique que l'expédition doit être faite avec acquit-à-caution, sans plomb ; les lettres AP, qu'il faut délivrer un acquit-à-caution, sans plomber les marchandises ; la lettre P, qu'on doit délivrer un passavant ; les lettres PP, qu'il faut délivrer un passavant et plomber.

D'après une décision ministérielle du 30 décembre 1854 les marchandises marquées d'un astérisque dans le présent tableau sont *provisoirement* exemptées de la formalité du plombage pour les opérations de cabotage.

Abeilles (ruches comprises)	P	*Agathes* brutes	P	*Albâtre* sculpté, moulé ou poli *	PP
Acides arsénieux	A	ouvrées *	PP	*Alcalis*, soude et natron *	PP
stéarique ouvré *	PP	*Agrès* et apparaux de navire	P	autres	P
autres	P	*Aiguilles* à coudre	PP	*Alpiste*	P
Agaric de chêne et de mélèze	P	*Albâtre* brut	P	*Ambre* gris	PP

Amidon * . . . PP
Amomes et cardamômes * . . . PP
Amurca . . . P
Animaux non dénommés . . . P
Anate . . . P
Antimoine métallique * . . . PP
autre . . . P
Argent brut, en masses, lingots, etc. (Minerai d') . . . P
battu, tiré, laminé ou filé . . . PP
Armes de guerre . . . AP
de commerce . . . PP
Arsenic (Métal et minerai d') . . . P
Avelanèdes . . . P
Baumes, styrax liquide . . . P
tous autres * . . . PP
Bestiaux, bœufs, vaches, brebis, béliers, moutons et porcs . . . A
tous autres * . . . P
Bêtes de somme, chevaux et ânes . . . P
mulets . . . A
Betteraves . . . P
Beurre . . . P
Bezoards . . . P
Bijouterie . . . PP
Bimbeloterie . . . PP
Bismuth brut, battu et laminé . . . P
ouvré . . . PP
Bitumes . . . P
Blanc de baleine ou de cachalot brut . . . P
pressé ou raffiné* . . . PP
Bleu de Prusse* . . . PP
Bois à brûler . . . A
à construire, de chêne et de noyer . . . A
tous autres . . . P
d'ébénisterie . . . P
en éclisses . . . P
feuillards . . . P
odorants . . . P
de teinture en bûches . . . P
moulus* . . . PP
Boissons distillées, eaux-de-vie . . . P
liqueurs . . . A
fermentées de toutes sortes . . . P
Bonbons * . . . PP
Bougies de blanc de baleine et de cachalot* . PP
Boutons . . . PP
Boyaux frais ou salés . . . P
Brôme . . . PP
Brou de noix . . . P
Bruyères à vergettes . . . P
Bulbes d'asphodèle . . . P
Bulbes et oignons . . . P
Bysssus de pinnes-marines . . . P
*Cacao** . . . PP
Cachou en masse* . . . PP
Cadmium brut . . . P
*Café** . . . PP
Calebasses vides . . . P
*Cannelle** . . . PP
*Cantharides** . . . PP
Caractères d'imprimerie vieux et hors d'usage . . . P
autres . . . PP
Carmin . . . PP
Cartes géographiques . . . PP
Cartes à jouer . . . PP
Carthame (Fleurs de) . . . P
Carton en feuilles, de simple moulage (*pâte à papier*) . . . AP
tout autre . . . PP
*Cassia-lignea** . . . PP
*Castoreum** . . . PP
Cendres bleues ou vertes . . . PP
Cendres et regrets d'orfévre . . . P
Céréales (froment, épeautre, méteil, seigle, maïs, orge, sarrasin, avoine) et leurs farines . . . A
Champignons, morilles et mousserons frais, secs ou marinés . . . P
Chandelles . . . P
Chapeaux de paille, d'écorce, de sparte et de fibres de palmier . . . P
Charbon de bois et de chènevottes . . . A
Chardons cardères . . . A
Cheveux bruts . . . P
ouvrés* . . . PP
Chicorée moulue (*faux café*)* . . . PP
Chiens de forte race . . . A
autres . . . P
Chocolat et cacao simplement broyé* . . . PP
Cigares et autres tabacs fabriqués . . . PP
Cire non ouvrée . . . P
autre, y compris la cire à cacheter* . . . PP
*Civette** . . . PP
Cloportes desséchés . . . P
Cobalt (minerai de) . . . P
vitrifié . . . PP
*Cochenille** . . . PP
Colle de poisson et colle-forte* . . . PP
Confitures . . . P
Coques de coco . . . P
Coquillages nacrés, nacre de perle* . . . PP
haliotides . . . P
Corail brut ou taillé * . . . PP
Cordages neufs ou en état de servir . . . P
hors d'usage* . . . AP
Cornes de bétail, brutes . . . A
Cornes de bétail, préparées . . . AP
en feuillets . . . PP
Cornes de cerf et de snack . . . P
Couleurs non dénommées . . . PP
Coutellerie . . . PP
Crayons simples, en pierre . . . P
composés . . . PP
Crins . . . P
Cristal de roche non ouvré . . . P
ouvré* . . . PP
Cuivre doré ou argenté, et cuivre ouvré ou autrement préparé qu'il n'est dit au *Tableau des droits* . . . PP
autre . . . P
*Curcuma** . . . PP
Cylindres, planches et coins gravés . . . PP
Déchets de fil de coton (*pennes ou coron*)* . . . PP
Dégras de peaux . . . P
Dents d'éléphant, défenses* . . . PP
machelières . . . P
Dents de loup . . . P
Drilles et chiffons, autres que les vieux cordages . . . AP
Eaux minérales . . . P
Ecailles d'ablette . . . P
de tortue . . . PP
Echalas . . . P
Ecorces médicinales, de citron, d'orange et de leurs variétés . . . P
autres* . . . PP
de pin, de grenade, d'aune et de hourdaine, *moulues et non moulues* . . . P
à tan . . . A
Ecossines brutes ou simplement équarries . P
autres* . . . PP
Effets à usage (1) . . . PP
Embarcations . . . P
Encre à dessiner *en tablettes* . . . PP
liquide . . . P
Engrais poudrette . . . P
autres . . . A
Epices préparées . . . PP
*Eponges** . . . PP
Essence de houille . . . P
Etain ouvré . . . PP
tout autre . . . P
Etiquettes imprimées, gravées ou coloriées . PP
Extraits de bois de teinture . . . PP
de viande, *en pains* . . . PP
Fanons de baleine bruts ou apprêtés* . . . PP
Fécules indigènes . . . P
exotiques . . . PP
Fer (Minerai de) . . . A
ouvrages en fer ou en acier, susceptibles d'être emballés . . . PP
de toute autre sorte . . . P
Feuilles médicinales, d'oranger et de lierre, tiges et branches comprises . . . P
autres* . . . PP
propres à la tannerie et à la teinture non dénommées . . . P
Feutres, chapeaux de feutre ou de soie . . . AP
autres . . . PP
Filaments, coton, en laine* . . . PP
en feuilles cardées (*ouate*) . . . PP
tous autres . . . P
Filets neufs ou en état de servir . . . P
Fils de poils de chien, de vaches et d'autres ploes . . . P
tous autres, soit en laine ou poils, soit en végétaux filamenteux . . . PP
Fleurs médicinales, barbotine ou semencine, et fleurs de lavande et d'oranger . . . P
autres* . . . PP
artificielles . . . AP
Fourrages . . . P
Fromages . . . P
Fruits à distiller, anis vert* . . . PP
autres . . . P
médicinaux* . . . PP
oléagineux . . . P
de table . . . P
Garance . . . P
Garancine . . . PP
Garou (Racine de) . . . P
Gaude . . . P
Genestrolle ou genêt de teinturier . . . P
Gibier . . . P
Gingembre * . . . PP
*Girofle** . . . PP
Gommes pures d'Europe . . . P
exotiques* . . . PP
Gousses tinctoriales . . . P
Graines à ensemencer et graines oléagineuses . . . P
Grains durs à tailler . . . P
perlés ou mondés . . . P
Graisses de toutes sortes, *y compris celles de poisson* . . . P
Graphite ou plombagine . . . P
Gravures et lithographies . . . PP
Grignon . . . P
Gruaux . . . P
Hameçons . . . PP

(1) Sont dispensés du plombage lorsqu'ils accompagnent les voyageurs.

Herbes médicinales, gui de chêne et absinthe . . . P
autres* . . . PP
Homards . . . P
Horlogerie . . . PP
*Houblon** . . . PP
Houille . . . P
Huiles, d'olive, de palme, de coco, de touloucouna, d'illipé, de graines grasses, de faîne et de noix . . . P
toutes autres* . . . PP
Huîtres . . . P
Indigo * . . . PP
Indigue, Inde-plate et boules de bleu * . . . PP
Instruments aratoires . . . PP
de chimie, de chirurgie, d'optique, de calcul, d'observation et de précision . PP
de musique, fifres, flageolets, galoubets, flûtes, poches, triangles, sistres, mandolines, luths, psaltérions, tambours, tambourins, timbales, tympanons, cymbales, et harpes . . . P
forté-pianos . . . AP
tous autres . . . PP
Iode . . . PP
Iodure de potassium . . . PP
Iris de Florence ouvré * . . . PP
Jais . . . P
Jarosse (*graine de vesce*) . . . P
Jorres et roseaux exotiques et d'Europe . P
Kermès en grains . . . P
en poudre* . . . PP
Laines, bourre laine et tontissé . . . P
communes, en suint, et pelades à la chaux . . . P
autres* . . . PP
Lait . . . P
Laque en teinture ou en trochisques* . . . PP
Légumes secs et leurs farines . . . P
verts, salés ou confits . . . P
Levûre de bière ou levain . . . P
Lichens de toutes espèces . . . P
Liége ouvré* . . . PP
autre . . . P
Livres en langues mortes ou étrangères, *sauf les almanachs* . . . P
tous autres . . . PP
Lycopode . . . P
Machines et mécaniques (1) . . . PP
Macis . . . PP
Manganèse . . . P
Marbres sculptés, moulés, polis ou autrement ouvrés* . . . PP
autres, *y compris les chiques* . . . P
Marcs de raisin et de rose . . . P
Marne . . . P
Marrons, châtaignes et leurs farines . . . P
Matériaux de toutes sortes . . . P
*Maurelle** . . . PP
Médicaments composés . . . PP
Mélasse . . . P
Mercerie . . . PP
Mercure natif ou vif-argent . . . P
Merrains . . . P
Meubles neufs* . . . AP
ayant servi . . . A
Meules . . . A
Miel . . . P
Millet . . . P
Minerais non dénommés . . . P
Modes (Ouvrages de) . . . AP
Moelle de cerf . . . P
Monnaies de cuivre et de billon, *hors de cours* . . . PP
d'or et d'argent . . . A
autres . . . P
Mottes à brûler . . . P
Moules et autres coquillages pleins . . . P
Munitions de guerre . . . A
*Musc** . . . PP
*Muscades** . . . PP
Musique gravée . . . PP
Myrobolans secs . . . P
Nattes ou tresses de bois blanc, et nattes fines de paille, d'écorce et de sparte* . . . PP
autres . . . P
Nerfs de bœuf et d'autres animaux . . . P
Nerprun (Baies de) . . . P
Nickel pur ou allié d'autres métaux (argentan) ouvré* . . . PP
autre . . . P
Noix de galle . . . P
Noir à souliers et d'ivoire . . . PP
tout autre . . . P
Objets de collection *hors de commerce* . . . P
Œufs de volaille et de gibier . . . A
de vers à soie . . . P
Or, battu en feuilles, tiré, laminé ou filé sur soie . . . PP
brut, en masses, lingots, etc.* . . . PP
minerai d' . . . P
Orcanette . . . P
Oreillons, rognures et dollures de peaux blanches . . . P
autres . . . AP

(1) On dispense du plombage celles qui ne sont pas susceptibles d'être emballées.

Marchandise	
Orfèvrerie	PP
*Orseille**	PP
Os et sabots de bétail	P
Os de cœur de cerf et de sèche	P
Osier en boites	P
Outils	PP
Outremer	PP
Ouvrages en bois, bois de fusil en noyer	A
autres	P
Ouvrages en peau ou en cuir, sellerie grossière (bâts non garnis de cuir)	P
outres vides*	PP
autres	PP
en caoutchouc ou en gutta-percha	PP
Oxydes de plomb, *sauf la litharge**	PP
autres	P
Pain d'épice	P
Pain et biscuit de mer	A
Papier	PP
Parapluies et parasols en soie	PP
en toile cirée ou autre	P
Parfumeries, pastilles odorantes à brûler	P
autres	PP
Pastel, feuilles et tiges de	P
pâte de*	PP
Pâtes d'Italie*	PP
Peaux brutes de chien de mer et de phoque	P
toutes autres	A
Peaux préparées, d'agneau et de chevreau en poils; parchemin et vélin bruts	P
toutes autres	PP
Pelleteries brutes, peaux de phoque *éjarrées*, de renard *teintes*, de renard noir ou argenté, croisé ou bleu; gorges de canard, de fouine, de martre, de pingouin et de renard; queues de carcajou, de fouine, de loup, de martre, de pékan et de renard : morceaux cousus taxés à 5 fr. la pièce*	PP
toutes autres	P
ouvrées	P
Perches	A
Perles fines	P
Pieds d'élan	P
Pierres et terres servant aux arts et métiers	P
Pierres gemmes brutes	P
taillées*	PP
ouvrées chiques	P
autres*	PP
*Piment**	PP
Plantes alcalines	P
Plants d'arbres	P
Plaqués	PP
Plomb ouvré	PP

Marchandise	
autre	P
Plumes à écrire, brutes	P
apprêtées*	PP
à lit*	PP
de parure	PP
métalliques	PP
Poils de toutes sortes, y compris le poil de Messine	P
Poissons	P
*Poivre**	PP
Pommes de terre	PP
Pommes et poires écrasées	P
Poterie de terre grossière et de grès commun	P
autre	PP
Prains	P
Présure	P
Produits chimiques non dénommés	PP
Prussiate de potasse cristallisé	PP
Quercitron	P
Racines de chicorée	P
médicinales, réglisse	P
autres*	PP
à vergettes	P
Rapures de cornes de cerf et d'ivoire	P
Résines indigènes	P
Résineux exotiques	P
Riz	P
Rocou en teinture*	PP
graines de	P
Rogues de morue et de maquereau	P
*Safran**	PP
*Sagou**	PP
*Salep**	PP
Sang de bétail et de bouc desséché	P
Sangsues	P
Sarrette	P
*Savons**	PP
Sels, sel de marais, de saline et sel gemme	A
sel médicinal de Kreutznach, sels de cobalt; nitrates de potasse et de soude; hydrochlorate ou muriate de potasse; borax brut natif; tartrates acides de potasse impur et très-impur; acétates de cuivre brut humide et de fer, liquide; carbonate de baryte natif et de potasse; sulfates de potasse, de soude de fer et de baryte	P
tous autres	PP
Semoules en gruau	A
en pâte*	PP
Sirops	P
Soies en cocons et bourre en masse écrue	A
écrues, grèges et moulinées	P
autres	AP

Marchandise	
Sorbet	PP
Soufre	P
Stil de grain*	PP
Succin	P
Sucre raffiné et autre*	PP
Sucs tanins	P
Sucs végétaux d'espèces particulières, camphre, manne, aloès, opium, jus de réglisse*	PP
autres	P
Sulfures d'arsenic en masses	P
de mercure*	PP
Sumac et fustet	P
Tabac	PP
Tabletterie	PP
Terres pyriteuses, dites cendres noires ou de Tropey	P
*Thé**	PP
Tiges de millet	P
Tissus de coton, dentelles fabriquées à la main; applications sur tulle d'ouvrages en dentelle de fil	P
tous autres	PP
de crin, chapeaux	P
tous autres	PP
d'écorce, de phormium tenax, d'abaca et de jute	PP
de lin ou de chanvre, dentelles	P
autres	PP
de laine, de poil, de soie et de bourre de soie	PP
Toiles métalliques	PP
Tortues	P
Tourbe	P
Tourteaux de graines oléagineuses	A
Truffes	P
*Vanille**	PP
Vannerie (Tissus de)	PP
autre en quelque végétal que ce soit, brut ou pelé	P
coupé*	PP
Vernis	PP
Verres et cristaux, groisil et verres à lunettes ou à cadran, bruts	P
autres*	PP
Vert de montagne	PP
Vessies de cerf et autres, y compris les vessies natatoires de poisson	P
Viandes	P
Vipères	P
Voitures	P
Volaille	P
Yeux d'écrevisse	P
Zinc ouvré	PP
tout autre	P

GRANDES PÊCHES MARITIMES.

LOI DU JUILLET 1860.

PÊCHE DE LA MORUE.

Jusqu'au 30 juin 1871, les primes accordées pour l'encouragement de la pêche de la morue sont fixées ainsi qu'il suit :

Primes d'armement.

1° Cinquante francs par homme d'équipage, pour la pêche avec sécherie, soit à la côte de Terre-Neuve, soit à Saint-Pierre et Miquelon, soit sur le grand banc de Terre-Neuve;

2° Cinquante francs par homme d'équipage, pour la pêche, sans sécherie, dans les mers d'Islande;

3° Trente francs par homme d'équipage, pour la pêche, sans sécherie, sur le grand banc de Terre-Neuve;

4° Quinze francs par homme d'équipage pour la pêche au Dogger-Bank.

Primes sur les produits de la pêche.

1° Vingt francs par quintal métrique, pour les morues sèches de pêche française expédiées, soit directement des lieux de pêche, soit des entrepôts de France, à destination des colonies françaises de l'Amérique, de l'Inde, ainsi qu'aux établissements français de la côte occidentale d'Afrique et des autres pays transatlantiques, pourvu qu'elles soient importées dans les ports où il existe un consul français;

2° Seize francs par quintal métrique, pour les morues sèches de pêche française expédiées, soit directement des lieux de pêche, soit des ports de France à destination des pays européens et des États étrangers, sur les côtes de la Méditerranée, moins la Sardaigne et l'Algérie;

3° Seize francs par quintal métrique, pour l'importation aux colonies françaises de l'Amérique, de l'Inde et autres pays transatlantiques, des morues sèches de pêche française, lorsque ces morues seront exportées des ports de France, sans y avoir été entreposées;

4° Douze francs par quintal métrique, pour les morues sèches de pêche française expédiées, soit directement des lieux de pêche, soit des ports de France, à destination de la Sardaigne et de l'Algérie.

Rogues de morue.

5° Vingt francs par quintal métrique de rogues de morue que les navires pêcheurs rapporteront en France du produit de leur pêche.

Les navires expédiés pour la pêche avec sécherie, soit sur les côtes de Terre-Neuve, soit à Saint-Pierre et Miquelon, soit au grand banc de Terre-Neuve, ainsi que les goëlettes armées à Saint-Pierre et Miquelon pour faire la pêche soit au grand banc de Terre-Neuve, soit au banc de Saint-Pierre, soit dans le golfe de Saint-Laurent, soit sur les côtes de Terre-Neuve, devront avoir un minimum d'équipage qui sera déterminé par un décret de l'Empereur.

Il ne pourra être embarqué à bord des dites goëlettes aucun homme faisant partie de l'équipage d'un navire pêcheur expédié de France.

Les navires expédiés pour la pêche sans sécherie, et non assujettis au minimum d'équipage, devront rapporter la totalité des produits de leur pêche en France.

Ils ne seront autorisés à les déposer momentanément à Saint-Pierre, à la charge de les réexpédier en France, que dans les cas d'avaries dûment constatées, et lorsque l'expédition en sera forcément retardée faute de moyens de transbordement.

Un règlement d'administration publique déterminera dans quelles conditions ce dépôt pourra avoir lieu.

La prime d'armement n'est accordée qu'une fois par campagne de pêche, quand même le navire aurait fait plusieurs voyages dans une même saison.

Elle n'est accordée que pour les hommes de l'équipage inscrits définitivement aux matricules de l'inscription maritime, et pour ceux qui, n'étant que provisoirement inscrits, n'auront pas atteint l'âge de vingt deux ans à l'époque du départ.

Les primes sur les produits de la pêche ne seront acquises que pour les morues parvenues, introduites, et reconnues propres à la consommation alimentaire dans les lieux de destination.

Le transport des morues chargées aux lieux de pêche, pour les destinations susceptibles de primes, pourra être fait, soit par les navires pêcheurs, soit par des navires partis de ports de France pour aller recevoir les produits de la pêche, pourvu que les navires soient commandés par des capitaines au long cours.

Tout marin qui aura fait cinq voyages, dont les deux derniers en qualité d'officier, à la pêche de la morue sur les côtes d'Islande, sera admissible au commandement d'un navire expédié pour cette même pêche s'il justifie de connaissances suffisantes pour la sécurité de la navigation.

PÊCHE DE LA BALEINE ET DU CACHALOT.

Jusqu'au 30 juin 1871, les primes accordées pour l'encouragement de la pêche de la baleine et du cachalot seront fixées ainsi qu'il suit :

1° *Primes de départ.*

Soixante et dix francs par tonneau de jauge pour les armements entièrement composés de Français, et quarante-huit francs pour les armements composés en partie d'étrangers, dans les limites déterminées ci-après.

2° *Primes au retour.*

Cinquante francs par tonneau de jauge pour les armements composés entièrement de Français, et vingt-quatre francs pour les armements composés d'équipages mixtes, lorsque le navire aura fait la pêche, soit dans l'Océan Pacifique en doublant le cap Horn ou en franchissant le détroit de Magellan, soit au sud du cap Horn, à soixante-deux degrés de latitude au moins, soit à l'est du cap de Bonne-Espérance, à quarante-cinq degrés de longitude du méridien de Paris, et à quarante-huit et cinquante degrés de latitude méridionale, si le produit de sa pêche est de la moitié au moins de son chargement, ou si le navire justifie d'une navigation de seize mois au moins.

Il sera alloué, en outre, aux navires spécialement armés pour la pêche du cachalot dans l'Océan Pacifique, et après une navigation de trente mois au moins, pendant laquelle ils se seront élevés au delà du vingt-huitième degré de latitude nord, une prime supplémentaire de quinze francs par quintal métrique, sur l'huile de cachalot et la matière de tête qu'ils rapporteront du produit de leur pêche.

La même prime sera allouée aux navires armés pour la pêche de la baleine sur les quantités d'huile de cachalot et de matière de tête qu'ils pourront rapporter, pourvu qu'ils aient rempli les conditions de navigation énoncées ci-dessus.

Les navires armés pour la pêche de la baleine ou du cachalot pourront prendre des passagers à bord, sous les conditions et formalités qui seront déterminées par un décret de l'Empereur.

Ils pourront également, dans les lieux qui seront ultérieurement déterminés par le gouvernement, et sous les conditions et formalités qui seront prescrites à cet égard, opérer le transbordement de tout ou partie du produit de leur pêche sur des navires français, qui seront tenus d'effectuer directement leur retour en France.

Les navires non pêcheurs qui auront reçu, par voie de transbordement, une partie d'huile, pourront compléter leurs chargements en embarquant dans un port quelconque des marchandises autres que des produits de pêche.

Aucun navire armé pour la pêche de la baleine ou du cachalot n'aura droit à la prime que jusqu'à concurrence du maximum de six cents tonneaux. Il n'est pas dû de prime aux embarcations auxiliaires ou accessoires de l'armement.

Pour avoir droit à la prime, l'équipage mixte ne pourra être composé, en étrangers, que du tiers des officiers, harponneurs et patrons, sans que le nombre puisse excéder deux pour la pêche du Sud et cinq pour la pêche du Nord.

Les armateurs des navires destinés à la pêche de la baleine et du cachalot seront tenus, alors même qu'ils renonceraient à la prime, de confier moitié au moins des emplois d'officiers, de chefs d'embarcations et harponneurs à des marins français, sous peine d'être privés de la jouissance des avantages attachés à la navigation nationale.

Par dérogation aux dispositions législatives sur la navigation, les mousses qu'il est prescrit d'embarquer sur les navires de commerce pourront être remplacés par un nombre égal de novices.

Les marins français adonnés à la pêche de la baleine et du cachalot, qui se présenteront aux examens pour être reçus capitaines au long cours, seront dispensés de l'obligation de justifier de douze mois de navigation sur les bâtiments de l'État, s'ils prouvent avoir fait, avant le 1er janvier 1852, trois campagnes au moins à la pêche de la baleine et du cachalot.

Tout marin âgé au moins de vingt-quatre ans, qui aura fait cinq voyages, dont les deux derniers en qualité d'officier, à la pêche de la baleine, sera admissible au commandement d'un navire baleinier, s'il justifie de connaissances suffisantes pour la sécurité de la navigation.

(Voir les décrets intervenus les 20 août et 29 décembre 1851 afin d'assurer l'exécution de la présente loi.)

TABLEAU INDICATIF *du jour à partir duquel les lois et décrets sont exécutoires dans chaque direction des douanes, quand la promulgation* ***a*** *lieu à Paris le 1er d'un mois.*

DIRECTIONS.	DÉPARTEMENTS.	DISTANCE de Paris au chef-lieu du département. myr.	kil.	JOUR de l'application de la loi ou du décret.
Dunkerque	Nord	23	6	le 6
	Pas-de-Calais	19	3	5
Lille	Nord	23	6	6
Valenciennes	Nord	23	6	6
Charleville	Nord	23	6	6
	Aisne	12	7	5
	Ardennes	23	4	6
Metz	Meuse	25	1	6
	Moselle	30	8	7
	Bas-Rhin	46	4	8
Strasbourg	Bas-Rhin	46	4	8
	Haut-Rhin	48	1	8
Colmar	Haut-Rhin	48	1	8
Besançon	Haute-Saône	35	4	7
	Doubs	39	6	7
	Jura	41	1	8
Bourg	Jura	41	1	8
	Ain	43	2	8
Chambéry	Savoie	58	8	10
	Haute-Savoie	64	6	11
Digne	Hautes-Alpes	75	5	11
	Basses-Alpes	75	5	11
	Var	89	»	12
Nice	Alpes-Maritimes	94	8	13
Toulon	Var	89	»	12
Marseille	Bouches-du-Rhône	81	3	12
Montpellier	Gard	70	2	11
	Hérault	75	2	11
Perpignan	Aude	76	5	11
	Pyrénées-Oriental.	88	8	12
Tarbes	Ariége	75	2	11
	Haute-Garonne	66	9	10
	Hautes-Pyrénées	81	5	12
	Basses-Pyrénées	78	1	11

DIRECTIONS.	DÉPARTEMENTS.	DISTANCE de Paris au chef-lieu du département myr.	kil.	JOUR de l'application de la loi ou du décret
Bayonne	Basses-Pyrénées	71	1	le 11
	Landes	70	2	11
Bordeaux	Landes	70	2	11
	Gironde	57	3	9
	Charente-Inférieur.	46	»	8
La Rochelle	Charente-Inférieur.	46	»	8
	Vendée	43	3	8
Napoléon-Vendée	Vendée	43	3	8
Nantes	Loire-Inférieure	38	9	7
Vannes	Ille-et-Vilaine	34	6	7
	Morbihan	50	»	8
Brest	Finistère	62	3	10
Saint-Brieuc	Côtes-du-Nord	44	6	8
	Ille-et-Vilaine	34	6	7
	Manche	32	6	7
Saint-Lô	Manche	32	6	7
	Calvados	26	3	6
Caen	Calvados	26	3	6
Rouen	Calvados	26	3	6
	Eure	10	4	5
	Seine-Inférieure	13	7	5
Le Havre	Seine-Inférieure	13	7	5
Boulogne	Somme	12	8	5
	Pas-de-Calais	19	3	5
Bastia	Corse	145	5	18
Alger	Algérie	100	»	21
Paris	Seine	»	»	3
Lyon (inspection)	Rhône	40	6	8
Orléans id.	Loiret	12	3	5

TARES LÉGALES ACCORDÉES PAR LA DOUANE POUR LA PERCEPTION DES DROITS.

MARCHANDISES.	ESPÈCES DE COLIS.	TARE.
SUCRE	futailles.. des colonies françaises	13 p. 100.
	futailles.. de l'étranger	12 p. 100.
	caisses	12 p. 100.
	balles ou sacs revêtus de plusieurs enveloppes (1)	5 p. 100.
	dito renfermant la marchandise à nu	2 p. 100.
CAFÉ (2)	en futailles ou caisses	12 p. 100.
	en balles ou en sacs	3 p. 100.
CACAO	caisses ou futailles	12 p. 100
POIVRE OU PIMENT.	balles, ballots ou sacs	3 p. 100.
INDIGO	caisses ou futailles renf. un sac de peau	21 p. 100.
	dito dito un sac de toile	14 p. 100.
	dito dito l'indigo à nu	12 p. 100.
	surons (3)	9 p. 100.
	sacs de toile	2 p. 100.
COTON en laine de Turquie	en ballotins ou ballots formés de deux embal'ages en nattes de jonc ou d'un tissu grossier en poil de chèvre	10 p. 100.
	ballotins ou balles de toute autre espèce, et notamment en tissu léger de crin	Comme les cotons d'autre origine.
» d'autre origine.	ballotins au-dessous de 50 kil.	8 p. 100.
	balles de 50 kil. et au-dessus	6 p. 100.
ANCHOIS	en petits barils pesant 3 kil. l'un	6e de l. poids
SOIES et BOURRE DE SOIE filée ou cardée	en balles revêtues de deux enveloppes	5 p. 100.
	dito revêtues de 2 enveloppes avec doubles cordes ou cercles en fer.	6 p. 100.
	dito renfermant la marchandise à nu.	2 p. 100.
	en caisses	12 p. 100.
RUBANS de velours.	numéro 1 à 20 inclus	30 p. 100.
	numéro 21 à 120 dito	20 p. 100.
	au-dessus du numéro 120 inclus	10 p. 100.
Toutes autres marchandises tarifées au *net*	caisses ou futailles	12 p. 100.
	balles, ballots, sacs, paniers, colis à claire voie	2 p. 100.
	Surons	9 p. 100.

OBSERVATIONS.

(1) A la charge de ne rien soustraire des emballages, et avec réserve, d'ailleurs, des droits que les réglements accordent aux importateurs, soit de faire reconnaître le poids net effectif, s'ils en ont exprimé l'intention dans leurs déclarations primitives, soit, dans ce cas, d'enlever la seconde enveloppe avant la pesée, en se contentant alors de la tare de 2 p. 100.

(2) Lorsque les cafés sont présentés en cerise ou en parchemin, il y a une surtare à déduire du poids net.

	Cérise.	Parchemin.
Bourbon	42 à 48 p. 100.	
Cayenne	36 1/2 p. 100.	21 à 22 p. 100.
Brésil, Sainte-Marthe, Côte d'Afrique, Ile-du-Prince	» »	19 p. 100.
Martinique	» »	17 1/2 à 23 p. 100.
Guadeloupe	» »	20 à 23 p. 100.

S'il arrive des cafés en cerise ou en parchemin dont les tares ne sont point indiquées, on devra en adresser un échantillon à l'Administration, qui statuera.

N. B. Lorsqu'il s'agit de marchandises payant au brut, si le contenant est taxé à un droit plus élevé que le contenu, on doit liquider les droits sur l'un et l'autre séparément.

Les vases contenant les liquides ou matières fluides taxés au poids net, comme les acides, les eaux distillées, les huiles, les confitures, les sirops, etc., payent séparément comme bouteilles ou poterie, suivant l'espèce, ou 10 p. 100 de la valeur si ce sont des estagnons ou des outres.

Il faut toujours que la douane reconnaisse ce poids au moyen de pesées comparatives faites avec d'autres vases semblables. Quant aux flacons de cristal qui pourraient contenir des liquides, ils ne peuvent être admis, en raison de la prohibition qui les frappe à l'entrée, et en outre parce qu'ils formeraient le principal et non l'accessoire.

Les doubles futailles et les doubles emballages que certains genres de transport exigent se déduisent du poids total, même pour les marchandises tarifées au brut.

Lorsqu'un même colis renferme plusieurs espèces de marchandises dont les unes payent au brut, à la mesure, au nombre ou à la valeur, et les autres au net, il n'est fait aucune soustraction de tare, attendu qu'une condition nécessaire de la perception au net est que les marchandises diversement tarifées soient mises en des colis séparés.

Lorsque les marchandises sont destinées pour l'entrepôt réel, on peut, si le poids net effectif a été énoncé dans la déclaration primitive, en différer la reconnaissance jusqu'à la sortie des magasins. La Douane peut encore consentir à suspendre la constatation du poids net quand il s'agit de marchandises qui, à la sortie d'entrepôt réel, sont expédiées en continuation d'entrepôt par mer ; et quand les marchandises expédiées par terre (transit ou mutation d'entrepôt) sont soumises au double emballage et au double plombage.

(3) Le suron est un sac de peau solidement cousu, de forme analogue à celle des sacs de toile, et pouvant comme ceux-ci suffire seul au transport des marchandises. Tout emballage en peau qui ne remplit pas ces conditions rentre dans la catégorie générale des colis autres que caisses, futailles et surons, et ne donne lieu qu'à l'allocation de la tare de 2 pour 100.

TABLEAU

Des bureaux ouverts à l'importation des marchandises payant plus de 20 *francs par* 100 *kilogrammes, ou nommément désignées par l'article* 8 *de la loi du* 27 *mars* 1817. (Les noms en petites CAPITALES indiquent les directions; les bureaux sont en caractères romains.)

DUNKERQUE	Dunkerque. — Dunkerque *par Zuidcoote*. — Armentières, *par la Lys*. — Tourcoing (*station du chemin de fer*). — Roubaix, *par le canal et la station du chemin de fer*. — Gravelines. — Bailleul.
LILLE	*par Halluin et Baizieux et par le chemin de fer pour le commerce par terre, et Bousbeck pour les transports par eau*. — Halluin. — Baisieux.
VALENCIENNES.	Condé. — Blanc-Misseron. — Valenciennes et le chemin de fer. — Maubeuge. — Jeumont. — Jeugnies.
CHARLEVILLE	Rocroy. — Givet. — Charleville. — Sedan, *par Saint-Menge ou par Givonne*. — Vireux.
METZ	Longwy. — (*Station du chemin de fer.*) Apach. — Sierck. (*Pour les seules opérations effectuées par la Moselle*). — Forbach. — Sarreguemines. — Thionville.
STRASBOURG	Wissembourg. — Lauterbourg. — Strasbourg. — L'Ile-de-Paille. — Saint-Louis. — Delle. — Huningue. — Pont-de-Kehl.
BESANÇON	Verrières-de-Joux. — Jougne. — Le Villers. — Les Fourgs.
BOURG	Seyssel. — St-Blaise. — Les Rousses. — Bois d'Amont.
CHAMBÉRY	Frangy. — Pont de la Caille. — Chambéry. — St-Jean de Maurienne. — Lanslebourg.
DIGNE	Larche. — Mont-Genèvre. — Entrevaux.
NICE	Menton. — St-Martin Lanstoca. — Saorgio.
TOULON	Saint-Raphaël. — Toulon. — Antibes. — Cannes. — Saint-Tropez.
MARSEILLE	Marseille. — Arles. — Port-de-Bouc.
MONTPELLIER	Aigues-Mortes. — Cette. — Agde.
PERPIGNAN	La Nouvelle. — Port-Vendre. — Bourg-Madame. — Le Perthus.
BAYONNE	Bedous *par Urdos* et *Lescun*. — Saint-Jean-Pied-de-Port. — Ainhoa. — Béhobie. — Saint-Jean-de-Luz. — Bayonne.
BORDEAUX	Bordeaux. — Blaye.
LA ROCHELLE	Charente. — Rochefort. — La Rochelle. — St-Martin (*Ile-de-Ré*). — Les Sables.
NANTES	Nantes. — Saint-Nazaire.
VANNES	Vannes. — Lorient.
BREST	Quimper. — Brest. — Morlaix.
SAINT-BRIEUC	Le Légué. — Saint-Servan. — Saint-Malo. — Granville. — Binic. — Paimpol. — Pontrieux. — Portrieux.
SAINT-LÔ	Cherbourg. — Carentan.
CAEN	Caen. — Honfleur.
ROUEN	Rouen.
LE HAVRE	Le Havre. — Fécamp. — Dieppe.
BOULOGNE	St-Valéry-sur-Somme. — Abbeville. Boulogne. — Calais.

PORT D'ENTREPOT OU LES MARCHANDISES CI-APRÈS DÉSIGNÉES SONT ADMISSIBLES A UNE MODÉRATION DE DROITS.

Les sucres bruts et terrés; — café; — cacao; — indigo; — thé; — poivre et piment; — girofles; — cannelle et cassia-lignea; — muscade et macis; — cochenille et orseille; — roucou; — bois exotiques de teinture et d'ébénisterie; — coton en laine; — gomme et résines autres que d'Europe; — ivoire, caret et nacre de perle; — Le nankin des Indes et les denrées coloniales admissibles à une modération de droits ne peuvent entrer que par les seuls bureaux de :

Directions.	*Bureaux.*
TOULON	Toulon.
MARSEILLE	Marseille. — Arles.
MONTPELLIER	Cette. — Agde.
PERPIGNAN	Port-Vendres.
BAYONNE	Bayonne.

BORDEAUX . . . Bordeaux.
LA ROCHELLE . Rochefort. — La Rochelle.
NANTES. . . . . Nantes.
VANNES. . . . . Vannes. — Lorient.
BREST . . . . . Brest. — Morlaix.
SAINT-BRIEUC. Le Légué. — Saint-Servan. — Saint-Malo. — Binic.
SAINT-LÔ . . . Cherbourg, Carentan.
CAEN. . . . . . Caen. — Honfleur.
ROUEN. . . . . Rouen.
LE HAVRE . . . Le Havre. — Fécamp. — Dieppe.
BOULOGNE . . . Abbeville. — Saint-Valéry-sur-Somme. Boulogne. — Calais.
DUNKERQUE . . Dunkerque. — Gravelines.

TABLEAU *des bureaux-frontières ouverts à l'importation, à l'exportation des grains, farines et légumes secs.*

Direction de Dunkerque.

L'Étoile, à la sortie seulement.
Bailleul.
Gravelines.
Toufflers.
Dunkerque.
Grivelles.
La Brouckstraete.
Oost-Cappel.
Outkerque, à la sortie seul^t.
Steenwoorde, par Calcanes.
Boeschèpe, à la sortie seul^t.

Direction de Lille.

Sceau, à la sortie seulement.
Pont de Nieppe, *id.*
Armentières.
Pont Rouge.
Pont de Warneton, à la sortie seulement.
Comines.
Wervick.
Lille, par Bousbecque et par le chemin de fer.
Halluin.
Riscontout.
Wattrelos.
Turcoing (station).
Leers.
Baisieux.
Deulemont.

Direction de Valenciennes.

Valenciennes, chemin de fer.
Mouchin.
Maulde.
Mortagne, à l'entrée seulem.
Condé, par Lecoq.
Crespin, à la sortie seulem.
Blancmisseron.
Marchipont.
Sebourg.
Bellignies.
Hergies.
Malplaquet.
Gogniez-Chaussée.
Bettignies.
Vieux-Rengt.
Maubeuge, à l'entrée seul^t.
Jeumont.
Coursolre.
Solre-le-Château.
Wallers.
Feignies.

Direction de Charleville.

Anor.
La Capelle, par Babardennes, à la sortie seulement.
Hirson.
Saint-Michel.
Watignies, à la sortie seul^t.
Signy-le-Petit.
Regniowez.
Rocroi.
Gué-d'Hossus.
Fomay.
Vireux.
Givet.
Hautbutté, à la sortie seul^t.
Les Rivières, *id.*
Gespunsart.
Gernelle, à la sortie seulem.
Bosseval, *id.*
Saint-Menges.
Givonne.
Messincourt.
Le Tremblois.
Pailly, à la sortie seulement.
Le Margut, par Saponne, *id.*
Hargnies.

Direction de Metz.

Fagny, à la sortie seulement.
Ecouviez.
Thonne-la-Long, à la sortie seulement.
Velosne.
Sarreguemines, à la sortie seulement.
Long-la-Ville.
La Malmaison.
Welferding, à la sortie seul^t.
Tellancourt.
Mont-Saint-Martin.
Audun-le-Tiche.
Evrange.
Apach.
Sierck.
Bliesbrucken.
Waldwiesse.
Schreckling.
Rosbruck, à la sortie seul^t.
Troismaisons.
Creutzwald.
Cusigny.
Forbach.
Grosbliderstroff.
Frauenberg.
Wolmunster.
Walschbronn, à l'entrée seulement.
Popwiller.
Sturzelbronn.
Loutzwiller.
Villehoulemont, à la sortie seulement.
Styring.
Neunkirchen.
Merten.
Thionville (station).

Direction de Strasbourg.

Lembach.
Wissembourg.
Lauterbourg.
Maunchaussen.
Seltz.
Beinheim.
Drusenheim.
Hoffendorff.
Fort-Louis.
La Wentzenau.
Le pont du Rhin.
Rhinau.
Marckolsheim.
Bourgfeld, à la sortie seulem.
Artzheim.
L'île de Paille.
Chalampé.
Huningue.
Saint-Louis.
Hegenheim.
Niederhagenthal.
Saint-Blaise.
Wolschwiller.
Winckel.
Courtavon.
Pfetterhausen.
Réchésy.
Courcelles.
Delle.
Croix.

Direction de Besançon.

Brémoncourt, à la sortie seulement
Sainte-Hippolyte, *id.*
Abbevillers.
Montbéliard, par Hérimoncourt, à la sortie seulement.
Villars-sous-Blamont.
Le Villers.
Les Sarrazins.
Morteau, par les Sarrazins.
Les Verrières de Joux.
Les Fourgs.
Pontarlier.
Jougne.
Goumois.
Les Gras

Direction de Bourg.

Bois d'Amont.
Les Rousses.
Mijoux.
Forens, à la sortie seulem.
Seyssel.
Saint-Blaise.
Cordon.

Direction de Chambéry.

Frangy.
Pont-de-la-Caille.
Chambéry.
Saint-Jean-de-Maurienne.
Lanslebourg.

Direction de Digne.

Lelauzet.
Mont-Genèvre.
La Monta.
Maurin, à la sortie seulem.
Saint-Paul.
Larche.
Fours.
Colmar.
Sausses.
La Rochette.
Sallagriffon.

Direction de Nice.

Saint-Étienne.
Saint-Sauveur.
Saint-Martin-Lanstoca.
Saorgio.
Breil.
Sospello.
Castellar.
Menton.
Villefranche.
Nice.

Direction de Toulon.

Lebroc.
Saint-Laurent-du-Var.
Antibes.
Cannes.
Saint-Raphael.
Saint-Tropez.
Salins-d'Hyères.
Toulon.
Bandol.

Direction de Marseille.

La Ciotat.
Cassis.
Marseille.
Pont-de-Bouc.
Les Martigues.
Arles.

Direction de Montpellier.

Aigues-Mortes.
Cette.
Agde.

Direction de Perpignan.

La Nouvelle.
Le Boulon, à la sortie seul^t.
Porta.
Barcarès de Saint-Laurent.
Collioure.
Port-Vendres.
Bagnols, à la sortie seulem.
Laroque, *id.*
Le Perthus.
Céret, à la sortie seulement.
Arles, *id.*
Prats-de-Mollo, *id.*
Saillagousse.
Bourg-Madame.
Carrol.
Osséja, à la sortie seulement.

Direction de Tarbes.

L'Hospitalet, à l'entrée seulement.
Ax.
Tarascon.
Siguer.
Auzat.
Aulus, à l'entrée seulement.
Ustou, *id.*
Salau, *id.*
Saint-Girons.
Lascours.
Sentein, à l'entrée seulem^t.
Fos, à la sortie seulement.
Saint-Béat.
Saint-Mamet.
Bagnères.
Genost.
Arreau, à la sortie seulem^t.
Arragnouet.
Vielle, à la sortie seulement.
Gavarnie.
Pèdre, à l'entrée seulement.
Cuz, à la sortie seulement.
Cauterets.
Argelès, à la sortie seulem^t.
Arrens.

Direction de Bayonne.

Gabas, à l'entrée seulement.
Bedous.
Lescun, à l'entrée seulem^t.
Larrau, *id.*
Lecumbery, *id.*
Saint-Jean-Pied-de-Port.
Les Aldudes.
Ainhoa.
Sare.
Oihette.
Béhobie.
Saint-Jean-de-Luz.
Bayonne.

Direction de Bordeaux.

La Teste.
Pauillac.
Bordeaux.
Libourne.
Blaie.
Mortagne.
Royan.

Direction de La Rochelle.

La Tremblade.
Marennes.
Charente.
Rochefort.
La Rochelle.
Saint-Martin (île de Rhé).
Marans.
Luçon.
Saint-Michel.
L'Aiguillon.
Moricq.
Les Sables.
Saint-Gilles.

Direction de Nantes.

Labarredemont.
Beauvoir.
Bouin.
Noirmoutier.
Bourg-Neuf.
Pornic.
Saint-Nazaire.
Paimbœuf.
Nantes.
Le Pouliguen.
Le Croisic.
Kercabelec.

Direction de Vannes.

Redon.
La Roche-Bernard.
Penerf.
Sarzeau.
Vannes.
Auray.
Hennebont.
Lorient.
Palais en Belle-Ile-en-Mer.

Direction de Brest.

Concarneau, à la sortie seulement.
Quimperlé.
Pontaven.
Pont-l'Abbé.
Quimper.
Audierne.
Camaret.
Port-Launay.
Landerneau.
Brest.
Abrevrach.
Paimpol.
Morlaix.

Direction de Saint-Brieuc.

Lannion.
Perros.
Tréguier.
Erquy, à la sortie seulement.
Lézardrieux.
Pontrieux.
Paimpol.
Portrieux.
Binic.
Le Légué.
Dahouet.
Le Guildo.
Dinan.
Le Vivier, à la sortie seulem.
Saint-Servan.
Saint-Malo.
Granville.
Régneville.
Carentan.

Direction de Saint-Lo.

Saint-Germain-sur-Ay.
Portbail.
Diélette.
Omonville.
Cherbourg.
Barfleur.
Saint-Waast.
Carentan.

Direction de Caen.

Isigny.
Caen.
Honfleur.

Direction de Rouen.

Quillebœuf, à la sortie seulement.
Rouen.
Caudebec.

Direction du Hâvre.

Le Hâvre.
Fécamp.
Harfleur.
Eu.
Saint-Valery-en-Caux.
Dieppe.
Tréport.

Direction de Boulogne.

Saint-Valery-sur-Somme.
Le Crotoy.
Abbeville.
Hourdel, à la sortie seulem.
Etaples.
Boulogne
Calais.

TABLEAU *des restrictions de tonnage relatives aux importations, réexportations et exportations.*

DÉSIGNATION DES PORTS	NATURE DES OPÉRATIONS.	TONNAGE REQUIS. Navires à voiles.	Navires à vapeur.
	IMPORTATIONS.		
Bayonne.	Marchandises prohibées à l'entrée ou dénommées ci-après.	30	18
	Marchandises dénommées en l'art. 23 de la loi du 28 avril 1816, provenant du littoral compris entre le port de Bayonne et le cap Finistère.	20	12
	Marchandises dénommées en l'art. 23 de la loi du 28 avril 1816, provenant d'ailleurs.	30	18
Autres ports de l'Océan	Marchandises prohibées à l'entrée, ou dénommées ci-après, ou dénommées en l'art. 22 de la loi du 28 avril 1816	40	24
Ports de la Méditerranée.	Mêmes marchandises que ci-dessus.	30	18
	Marchandises non prohibées importées des côtes d'Espagne dans la Méditerranée.	20	12
	RÉEXPORTATIONS.		
Bayonne.	Marchandises prohibées ou dénommées ci-après, et celles dénommées en l'art. 22 de la loi du 28 avril 1816, ou dont le droit d'entrée excède 10 pour 100 de leur valeur	30	18
	Mêmes marchandises dans des cas exceptionnels.	20	12
Nantes, en vertu d'autorisations spéciales	Mêmes marchandises que ci dessus à Bayonne.	30	18
Autres ports de l'Océan où il existe un entrepôt	Mêmes marchandises que ci-dessus	40	24
Marseille.	Marchandises prohibées à l'entrée expédiées aux côtes d'Italie ou d'Espagne	30	18
	Dans tout autre cas.	Comme aux 3 art. ci-après.	
Autres ports de la Méditerranée où il existe un entrepôt.	Marchandises prohibées ou dénommées ci-après.	40	24
	Marchandises dénommées en l'art. 22 de la loi du 28 avril 1816, ou dont le droit d'entrée excède 10 p. 100 de leur valeur, expédiées à destination des côtes d'Espagne dans la Méditerranée.	20	12
	Marchandises dénommées en l'art. 22 de la loi du 28 avril 1816, ou dont le droit d'entrée excède 10 p. 100 de leur valeur, expédiées à toute autre destination	30	18
	EXPORTATIONS.		
Tous les ports de l'empire.	Sels de France.	25	15

Marchandises soumises aux restrictions du tonnage.

Acides oléique et stéarique, application sur tulle d'ouvrages en dentelles de fil, baryte (carbonate et sulfate), boutons, autres que de mercerie et de passementerie; brôme, câbles en fer, châles de cachemire, chromates de plomb et de potasse, cuir dit de Russie, cuivre filé sur soie, doré et argenté; débris de vieux ouvrages en fer, dentelles de coton, fils de coton écrus du n° 143 et au-dessus, fils de laine, cordonnets, fonte brute en masse de 15 à 25 kil., foulards, horlogerie montée, ouvrages en caoutchouc combinés avec d'autres matières, ouvrages en cuivre ou laiton simplement tournés, peaux tannées pour semelles, pièces d'intérieur de métiers à tulle, poterie d'étain, quinquina (extraits de), rack, rhum, sulfate double de fer et de cuivre, tafia, tanins artificiels, tapis de pied en laine simples, sans canevas à l'envers et à nœuds, à chaîne autre que de fil de lin ou de chanvre; paques et rabanes, écharpes de cachemire, ferrailles, glaces non étamées, iode, iodure de potassium, pièces détachées de machines, sels de marais et de saline, sel de kreutznach, sel de cobalt, tissus de soie de l'Inde, tissus de phormium tenax, d'abaca et de jute.

TABLEAU *des ports et bureaux de la frontière de terre ouverts au transit.*

DIRECTIONS.	BUREAUX.	DIRECTIONS.	BUREAUX.
Dunkerque	Gravelines, Armentières, Dunkerque*.	Nice.	Nice*, Menton (par Garavano), Saorgio.
Lille	Par le chemin de fer*, Roubaix*, Turcoing*, Lille par Halluin et Baisieux, Halluin, Baisieux.	Toulon	Toulon.
Valenciennes.	Par le chemin de fer*, Blancmisseron*, Jeumont, Valenciennes, Feignies*.	Marseille	Marseille*, Arles (pour l'entrée seulement).
Charleville	Givet, Sedan, Vireux*.	Montpellier.	Cette*, Agde.
Metz	Longwy, Évrange, Sierck. Thionville (station), Apach (pour les seules opérations effectuées par la Moselle), Forbach et Sarreguemines, tous ouverts au transit du prohibé).	Perpignan	Perthus*, Port-Vendres, Bourg-Madame, par Prades, mais pour la sortie seulement.
		Bayonne.	Bedous, par Urdos et Lescun; Saint-Jean-Pied-de-Port, par Arneguy; Ainhoa, Behobie*, Bayonne*.
Strasbourg	Wissembourg, Lauterbourg, Strasbourg, Pont-de-Kehl, Huningue, Saint-Louis (tous ouverts au transit du prohibé); Delle.	Bordeaux	Bordeaux*.
		La Rochelle	Rochefort, La Rochelle.
		Nantes	Nantes*.
		Vannes	Lorient.
Besançon.	Le Villers, Verrières-de-Joux*, les Fourgs*, Jougne*.	Brest	Morlaix.
		Saint-Lô	Le Légué, Binic, Granville, Saint-Servan*, Saint-Malo*, Cherbourg.
Bourg.	Les Rousses, Seyssel, Ste-Blaise, Bois-d'Amont (tous ouverts au transit du prohibé).	Caen	Caen, Honfleur.
		Rouen	Rouen*.
Chambéry.	Frangy, Pont-de-la-Caille*, Chambéry*, Saint-Jean-de-Maurienne*, Lanslebourg*.	Le Havre	Le Havre*, Dieppe.
		Boulogne	Saint-Valery-sur-Somme*, Abbeville, Boulogne*, Calais*.

NOTA. L'* indique les bureaux ouverts au transit des marchandises prohibées et non prohibées.

TABLEAU *des marchandises dont l'expédition en transit ou sur les entrepôts de l'intérieur est interdite ou ne peut avoir lieu qu'à des conditions particulières.* (Consulter au besoin la Circulaire 651.)

DISPOSITIONS GÉNÉRALES.

Toutes les marchandises, *même celles mentionnées au présent Tableau*, qui sont exemptes de droits, *à l'entrée ainsi qu'à la sortie*, soit à titre absolu, soit en raison de leur provenance ou du mode d'importation, sont affranchies, en tous points, des formalités afférentes au transit.

Celles, quelles qu'elles soient, qui sont exemptes de droits à l'entrée, et soumises seulement à des droits de sortie, doivent être expédiées avec simple passavant et sans plombage. L'expédition peut, d'ailleurs, en avoir lieu indifféremment en caisses, balles ou futailles.

Quant aux autres marchandises passibles de droits à l'entrée et à la sortie, et qui ne sont pas désignées ci-dessous, elles sont assujetties aux conditions générales déterminées par les lois du 17 décembre 1814, 9 février 1832 et autres relatives au transit. Elles doivent notamment être mises sous plomb, à moins qu'elles ne soient pas susceptibles d'être emballées (Voir, pour ce dernier cas, l'article 7 de la loi du 17 décembre 1814).

Toutes les fois que le commerce en fait la demande, le second emballage et le second plombage peuvent être remplacés par le prélèvement d'un échantillon (Voir, à cet égard, les *Circulaires* nos 2171 et 2444).

EXPLICATION DES SIGNES ET ABRÉVIATIONS EMPLOYÉS DANS LE TABLEAU.

Le mot *exclu* indique les marchandises dont le transit est interdit. Les lettres D P E désignent les marchandises qui sont soumises au double plombage et au prélèvement d'un échantillon; les lettres D P, celles qui sont seulement soumises au double plombage; la lettre P les produits qui ne sont passibles que du simple plombage; les lettres E P, les marchandises soumises au simple plombage qui doivent être accompagnées d'un échantillon; la lettre E, celles pour lesquelles il y a seulement lieu au prélèvement d'un échantillon, sans plombage des colis.

Un astérisque * placé avant le nom des marchandises indique qu'elles ne peuvent être expédiées qu'en caisse; deux astérisques **, qu'elles ne peuvent être mises qu'en caisses ou balles; le signe +, qu'elles doivent être reçues en caisses ou futailles; le signe °, qu'elles peuvent être expédiées en caisses, balles ou futailles.

Acides, stéarique ouvré . . . . P
autres. V. *Produits chimiques* . . .
+ *Acier* en tôle, filé ou ouvré . . . . . . P
+ *Agates* ouvrées . . . . P
° *Agrès* et apparaux de navires . . . . . P
° *Aiguilles* à coudre . . . . D P
+ *Albâtre* sculpté, moulé ou poli . . . . P
Animaux vivants :
Chevaux de toutes sortes, mules et mulets : sans autre formalité que l'inscription exacte de leur signalement dans les acquits-à-caution . . . . .
Bœufs, vaches, taureaux, taurillons, génisses et veaux ; béliers, brebis, moutons et agneaux ; porcs et cochons de lait : sans autre formalité que l'indication du nombre de têtes de chaque espèce dans l'acquit-à-caution . . . .
Chiens de forte race ; énonciation du nombre dans le passavant . . . . .
* *Argent* battu, tiré, laminé ou filé . . . P
+ *Argentan* laminé, étiré ou ouvré . . . P
Armes de guerre, à moins d'autorisation spéciale . . . . *Exclues.*
* autres (1) . . . . D P
Baumes concrets, à l'exception du storax. E P
Beurre. V. *Fluides et liquides.*
* *Bijouterie* . . . . D P
° *Bimbeloterie* . . . . P
Bismuth. V. *Étain.*
Bitumes. V. *Fluides et liquides.*
Boissons. V. *Fluides et liquides.*
* *Bougies* de blanc de baleine ou de cachalot . . . . P
° *Boutons* . . . . D P
Cacao . . . . P
Café . . . . P
Cannelle . . . . P
Capsules de poudre fulminante propres aux armes de guerre (2). V. *Munitions de guerre.*
+ *Caractères* d'imprimerie . . . . P
** *Cartes* à jouer . . . . D P
géographiques. Voir la note (604) du Tarif de 1844 . . . . P
** *Cartons* . . . . P
° *Chapeaux* de paille, d'écorce, etc., et de fibre de palmier . . . . P
° *Cheveux* ouvrés . . . . P
° *Chicorée* moulue . . . . P
* *Chocolat* . . . . P
* *Cire* blanche, ouvrée . . . . P
° à cacheter . . . . P
Cochenille . . . . E P
Confitures et confiseries liquides. V. *Fluides et liquides.*
* sèches . . . . P
* *Corail* taillé, non monté . . . . P
° *Cordages* . . . . P
Couleurs liquides. V. *Fluides et liquides.*
+ *Coutellerie* . . . . P
+ *Cuivre* pur ou allié, battu, laminé, filé ou ouvré . . . . P
* doré ou argenté, battu, laminé, filé ou ouvré . . . . P
° *Drilles* . . . . P
Écorces médicinales . . . . E P
° *Effets* à usage . . . . P
Engrais non emballés . . . . . . *Exclus* (3).
+ *Étain* et *Bismuth* battu, laminé ou ouvré . . . . P
** *Étiquettes* gravées, imprimées ou coloriées . . . . P
Fer (4) :
Fontes : menues pièces et ouvrages mis en colis . . . . P
non susceptibles d'être emballées.
Pièces de mêmes espèce, qualité et origine . . . . E
Autres (5) . . . . P
Fer étiré (Voir le prélèvement d'échantillons, la *circulaire* n° 2365 . . . . E
+ de tréfilerie . . . . P
* Fer-blanc . . . . E
+ Tôles légères (6) . . . . E
tôles fortes . . . . E
+ fer ouvré, de toutes sortes . . . . P
* *Feutres*, chapeaux et schakos . . . . . P
** à doublage et autres ouvrages . . . P
** *Fils* de coton, de laine et autres prohibés . . . . E P
° autres, de toutes sortes . . . . . D P
Fluides et liquides en fûts :
boissons distillées (1) . . . . E
fermentées . . . .
mélasse, sirops, sorbets, confitures et miel non concret . . . . E
beurre . . . . E
médicaments et produits chimiques . E
couleurs, teintures et vernis . . . . . E
bitumes . . . . E
autres de toutes sortes (2) . . . . . . E
en bouteilles, cruchons ou estagnons, sans distinction d'espèce . E P
Girofle . . . . P
Grains et farines . . . . E P
Graisses concrètes. — Régime général des marchandises non prohibées.
Autres. — Comme *Fluides et liquides.* — Voir ces mots.
Gravures et lithographie. Voir la note (604) du Tarif de 1844 . . . . D P
° *Hameçons* . . . . P
+ *Horlogerie* . . . . P
Houilles non emballées . . . . . *Exclues* (3).
Huiles d'olive, de colza, de coco, de navette, d'œillette, de pavot et de lin en futailles . . . . E
en bouteilles, cruchons, ou estagnons. E P
autres, sauf l'huile de palme concrète, en bouteilles, cruchons ou estagnons . . . . E P
en tous autres récipients. — *Régime des fluides et liquides.* V. ces mots.
Indigo . . . . E P
+ *Instruments* aratoires d'optique, de calcul, d'observation, de chirurgie, de chimie et de musique . . . . P
Ipécacuanha . . . . E P
° *Iris* de Florence ouvré . . . . P
Jalap . . . . E P
Laines . . . . P
Librairie : contrefaçons . . . . . . *Exclues.*
** autre. V. les notes (598) et (600) du Tarif de 1844 . . . . D P
** *Liège* ouvré ; bouchons . . . . D P
autres . . . . P
Limailles non emballées . . . . *Exclues* (3).
° *Machines* et mécaniques . . . . P
Macis . . . . P
+ *Marbres* et écossines sculptés, moulés, polis et autrement ouvrés, y compris les chiques . . . . P
Marchandises atteintes d'avaries . . . E P
Marne non emballée . . . . *Exclue* (3).
Matériaux non emballés, sauf les ardoises (4), lesquelles peuvent d'ailleurs entrer par Saint-Menges, Givet et les Rivières, pour être réexportées par l'un de ces bureaux . . . . *Exclus* (3).
Médicaments liquides. V. *Fluides et liquides.*
* composé à l'état concret . . . . . D P
Mélasse. V. *Fluides et liquides.*
° *Mercerie* . . . . P
** *Meubles* . . . . P
Miel, autre qu'à l'état concret. V. *Fluides et liquides.*
Minerais non emballés . . . . . *Exclus* (3).
* *Modes* et fleurs artificielles . . . . . . P
+ *Monnaies* . . . . P
Munitions de guerre sans autorisation . . . . *Exclus.*
avec autorisations spéciales . . . . . D P
Muscades . . . . P
** *Musique* gravée. V. la note (606) du Tarif de 1844 . . . . P
° *Nattes* et tresses de bois blanc, de paille, d'écorce, etc. . . . . P
* *Or* battu, tiré, laminé ou filé sur soie . . P
* *Orfèvrerie* . . . . P
Orseille . . . . E P
+ *Outils* . . . . P
+ *Ouvrages* en bois . . . . P
° en caoutchouc . . . . P
+ en peau : sellerie . . . . P
** en peau autres . . . . P
Oxydes. V. *Produits chimiques.*
** *Papier* . . . . P
* *Parapluies* . . . . P
** *Peaux* préparées . . . . P
° *Pelleteries* ouvrées . . . . P
Pierres lithographiques brutes emballées. P
non emballées (*Circulaire* n° 87) . . E
+ *Pierres* ouvrées en chiques . . . . . . P
Piment . . . . P
+ *Plaqués* . . . . P
+ *Plomb* battu, laminé et ouvré, autre qu'en balles de calibre . . . . P
° *Plumes* métalliques . . . . P
° *Poissons* secs, salés ou fumés . . . . . P
+ en saumure (1) . . . . P
Poivre . . . . P
+ *Porcelaine* . . . . P
+ *Poterie* de grès fin ou de terre de pipe. P
Produits chimiques liquides. V. *Fluides et liquides.*
à l'état concret . . . .
° Acide citrique cristallisé et stéarique en masse . . . . D P
benzoïque, oxalique, phosphorique et tartrique . . . . . E P
° Oxydes de plomb, sauf la litharge. E P
Sels : ° Acétates de potasse, de soude et de plomb ; alun brûlé ou calciné ; sels ammoniacaux ; arséniate de potasse ; blancs de plomb et d'argent ; borax mi-raffiné et raffiné ; carbonate de magnésie ; oxalate acide de potasse ; sulfate de magnésie ; tartrates de potasse et de soude et de potasse . . . . . E P
Alun autre que brûlé ou calciné ; borax brut ; céruse et sulfate de soude et de potasse . . . E P
° Acétate de cuivre cristallisé ; crème de tartre ; hydrochlorate de potasse et sulfate de cuivre et de zinc . . . . . . D P
* Chromate de plomb et de potasse . . . . E P
Sel de marais, de saline et sel gemme . . . . P
Sulfure de mercure naturel, en pierre . . . . E P
° artificiel et pulvérisé . . . . E P
* non dénommés au Tableau des droits et iode . . . . D P
Résineux exotiques . . . . E P
Rhubarbe . . . . E P
Safran . . . . E P
Salsepareille . . . . E P
* *Savons* de parfumerie et autres . . . . P
Sels. V. *Produits chimiques.*
Séné (feuilles et follicules) . . . . E P
Sirops et sorbets. V. *Fluides et liquides.*
Sucre brut et raffiné . . . . P
Sucs végétaux d'espèces particulières, sauf le jus de réglisse, la glu et la manne. E P
Tabac en feuilles . . . . P
fabriqué ou autrement préparé (2) . . E P
° *Tabletterie* . . . . P
Teintures liquides. V. *Fluides et liquides.*
Thé . . . . P
Tissus de coton, pur ou mélangé ** en pièces (3) et tulle . . . . E P
° bonneterie et passementerie . . . . D P
** de crin et d'écorce . . . . D P
de laine pure ou mélangée ** en pièces (3 . . . . E P
° bonneterie, passementerie et rubannerie . . . . D P
de lin ou de chanvre : ** tulle . . . . . E P
° bonneterie, passementerie et rubannerie . . . . D P
** tous autres . . . . D P
de poil, ° bonneterie . . . . D P
** tous autres . . . . D P
** de soie et de bourre de soie en pièces (3) et tulle . . . . E P
autres . . . . D P
+ *Toiles* métalliques . . . . D P
Vanille . . . . P

---

(1) Voir, pour les pistolets de poche, la *Circulaire* n° 1704.

(2) Les capsules pour armes de chasse peuvent transiter sous le régime du *prohibé* (*Circulaire lithographiée du 1er mars 1852*).

(3) L'exclusion n'est pas applicable aux engrais expédiés en wagons ou en bateaux plombés (*Circulaire* n° 424, du 21 octobre 1856).

(4) On permet l'expédition sur les entrepôts intérieurs, sans plombage ni estampillage, des fers et fontes admissibles aux droits pour lesquels il est renoncé à la faculté de réexportation.

(5) Le poinçonnage peut dans certains cas être substitué au plombage, mais alors on prélève un échantillon qui est renfermé dans une caisse plombée (Voir à cet égard la *circulaire* n° 1796).

(6) Voir la *Circulaire* n° 32, du 24 avril 1852, relativement au mode de prélèvement des échantillons, d'une part pour le fer-blanc et les tôles de faibles dimensions, d'autre part pour les tôles fortes.

(1) Même régime que celui prescrit à l'égard des eaux-de-vie (*Circulaire* n° 113). Voir pour ce régime la *Circulaire* n° 86 du 24 janvier 1853.

(2) Voir la *Circulaire* n° 113, pour les formalités et conditions *spéciales* auxquelles le transit de ces divers produits est subordonné.

(3) L'exclusion n'atteint pas les houilles, les limailles, la marne, les matériaux et les minerais *non emballés*, lorsqu'ils sont expédiés en wagons ou en bateaux plombés ; mais les houilles ainsi admises exceptionnellement au transit ne peuvent être livrées à la consommation intérieure. — Voir, à cet égard, la *Circulaire* n° 424, du 21 octobre 1856.

(4) Les ardoises peuvent être expédiées *en vrac* ; mais les acquits-à-caution doivent en indiquer le nombre et l'espèce d'après les distinctions du Tarif.

(1) L'acquit-à-caution doit stipuler l'engagement de payer les droits sur tout déficit reconnu à la sortie, quelle qu'en soit la cause (*Circulaire* n° 113 du 31 mai 1853).

(2) Le transit du tabac fabriqué est subordonné aux formalités et conditions prescrites à l'égard des marchandises prohibées à l'entrée (*Circulaire* n° 7, du 3 février 1852).

(3) Les rubans et les dentelles de toutes sortes sont affranchis du prélèvement d'échantillons. Il en est de même des châles, mouchoirs, etc. Voir les *Circulaires* n° 1305, 1538 et 1630.

Vannerie . . . . P
Vernis. V. *Fluides et liquides*.
Verres et cristaux : * grands miroirs et verres à lunettes ou à cadran taillés et polis. . . . . P
+ Petits miroirs ; verres à lunette ou à cadran bruts ; verrerie de toute autre sorte, et vitrifications. . . . P
Viandes fraîches, sèches, salées ou fumées. P
+ en saumure (1). . . . . P
Voitures, autres que celles à l'usage des voyageurs, démontées et emballées. . . P

(1) L'acquit-à-caution doit contenir l'engagement de payer les droits sur tout déficit reconnu à la sortie, quelle qu'en soit la cause. (*Circulaire*, n° 113.)

dans tout autre cas (1). . . . . . . P
+ *Zinc* laminé. . . . . P
* ouvré. . . . . P

(1) Le plombage doit être appliqué à l'une des portières et au train. L'acquit-à-caution doit, en outre, contenir le signalement de la voiture (*Circulaire* n° 113).

TABLEAU *des marchandises auxquelles sont accordées des primes d'exportation.*

DÉSIGNATION DES SUCRES RAFFINÉS dont LES PRODUITS SONT ADMIS AU DRAWBACK.	QUOTITÉ DES DROITS par 100 kilogr de sucre non raff. (Le décime non compris.)	QUOTITÉ DES DROITS PAR 100 K. DE SUCRE RAFFINÉ. Mélis ou candi. (Rendement de 76 p. 100.)	Lumps ou tapé. (Rendement de 80 p. 100.)
	fr. c.	fr. c.	fr. c.
SUCRES au premier type, et nuances inférieures (1), importés des colonies françaises au-delà du cap de Bonne-Espérance.	19 00	30 00	28 50
d'Amérique.	22 00	34 73	33 00
d'ailleurs, hors d'Europe, par navires français. . . .	28 00	44 00	42 00

NOTES.

(1) Les certificats d'origine délivrés par les raffineurs doivent, avant d'être admis en douane, être visés par deux membres du jury spécial institué par la loi du 27 mars 1817.

Les quittances ne seront admises

Suite de la Note.

pour la prime qu'autant qu'elles n'auront pas plus de quatre mois de date, et que les droits auront été acquittés pour des sucres importés *en droiture*, par navires français des pays hors d'Europe.

Les primes s'élevant à plus de 600 fr. sont, immédiatement après la liquidation arrêtée par le directeur, payées au moyen de mandats à deux mois, émis par les receveurs principaux des douanes, soit sur leur caisse, soit sur celle d'autres collègues, à la convenance des ayants-droit. Ces mandats sont transmissibles par voie d'endossement.

AUTRES PRODUITS.	UNITÉS sur lesquelles portent les primes.	QUOTITÉ DE LA PRIME.
		Remboursement des droits d'entrée de :
PEAUX (c) ou CUIRS tannés, corroyés ou autrement apprêtés, teints ou vernis.	100 kil.	100 k. de peaux brutes.
mégis, chamoisées ou maroquinées.	id.	200 k. dito.
SAVONS blancs ou marbrés, composés d'alcalis et d'huile d'olive ou de graines grasses, pures ou mélangées de graisses animales (1). . . . 1° L'huile entrant pour moitié au moins dans le mélange des corps gras.	id.	8 f. 20 c.
2° L'huile entrant pour moins de moitié dans le mélange des corps gras.	id.	6 »
SAVONS de graisses animales 3° Pures.	id.	6 »
4° Mélangées de résine.	id.	4 »
SAVONS d'huile de palme ou de coco mélangés de graisses animales ou de résine.	id.	4 »
SAVONS de couleur, composés d'huiles de graines et de graisses animales	id.	6 »
PLOMB battu, laminé ou autrement ouvré.	id.	102 k. de plomb brut.
LAITON battu, laminé ou autrement ouvré.	id.	90 k. de cuivre brut.
CUIVRE battu, laminé ou autrement ouvré	id.	100 k. dito.
SOUFRE (2) épuré ou sublimé.	id.	133 k. 33 de soufre brut.
ACIDE nitrique (a) à 34 degrés.	id.	5 fr. » c.
sulfurique à 64 degrés.	id.	» 20 c.
CHAPEAUX de paille, d'écorce et de sparterie.	le nombre.	les droits d'entrée.
BEURRE salé exporté par mer (3), première classe.	id.	1 20
deuxième classe	id.	0 80
APPAREILS de 100 chevaux au moins (chaque cheval de force estimé à 300 kil. de fonte), placés à bord des navires français employés à la navigation maritime.	id.	4 f. 80 c.
APPAREILS, quelle qu'en soit la force, installés à bord des navires français employés à la navigation internationale maritime.	id.	35 »
		(b) 1re classe. fr. c. — 2e classe. fr. c.
VIANDES salées exportées par mer. . . bœuf ou porc (4), 100 kil.	id.	4 — — 3 —
lard en planches id. . .	id.	3 20 — 2 70
jambons id. . .	id.	3 — — 2 50
SEL ammoniac (b).	id.	16 f. » c.

NOTES.

(1) Il n'est pas nécessaire de produire les quittances des sommes payées à l'entrée sur les matières étrangères.

Sont exclus de la prime les savons contenant plus de 33 p. 100 d'eau, ou plus de 2 p. 100 de matières insolubles.

Cette disposition est applicable aux savons d'huile de palme et de coco.

(2) Les soufres qui jouissent de la prime sont dispensés du plombage.

(3) Les viandes et beurres salés doivent acquitter les droits de sortie, à moins qu'ils ne soient embarqués pour nos colonies ou sur navires français à titre de provisions.

(4) Pour les viandes salées de première classe, la saumure doit être à 25, 26 ou 27 d.; pour celles de deuxième classe, il suffit qu'elle soit à 19 ou 20 d.

(5) Il doit toujours acquitter les droits de sortie.

(*a*) Les acides devront être expédiés directement des fabriques françaises, accompagnés de certificats d'origine réguliers, sur un des bureaux autorisés à recevoir les déclarations de marchandises jouissant de primes.

(*b*) La première classe comprend les viandes embarquées à destination des pays transatlantiques, des colonies et comptoirs français ou la pêche de la morue et de la baleine.—La deuxième

Suite des Notes.

classe, celles embarquées à destination, 1° des pays étrangers d'Europe, les possessions françaises du nord de l'Afrique, le Levant, l'Égypte et les États Barbaresques de la Méditerranée; 2° Les exportations par la frontière de terre des Pyrénées.

(*c*) Les peaux préparées en Corse jouissent du bénéfice de la prime à leur exportation par le bureau de Bastia.

DÉSIGNATION DES PRODUITS.	UNITÉS sur lesquelles portent les primes.	QUOTITÉ DES PRIMES.	NOTES.
Soude brute à 33 degrés au moins	100 kil.	4 f. 35 c.	
Cristaux de soude	id.	4 35	
Sulfate de soude anhydre	id.	6 00	
Sulfite de soude anhydre	id.	6 00	
Sel de soude à 80 degrés	id.	11 00	
Acide hydrochlorique à 20 degrés	id.	3 00	
Chlorure de chaux à 85 degrés au moins	id.	10 00	
Chlorate de potasse	id.	66 00	
— de magnésium	id.	4 00	
Glaces ou grands miroirs	le mètre de s.	1 00	
Gobeleterie, verres à vitres et autres verres blancs	100 kil.	3 20	
Bouteilles	id.	1 25	
Outremer factice	id.	11 00	
Fils et tissus de coton purs ou mélangés de déchets de coton	id.	25 00	
Ouates	id.	25 00	
TISSUS DE LAINE (1).			(1) Ne seront admis aux primes de sortie que les tissus de laine pure ou mélangés dont les quantités donneront ouverture à une allocation de 10 fr. de prime au moins. Les tissus de laine dans lesquels l'emploi du coton ne dépasse pas 5 % sont traités comme tissus de pure laine, sauf déduction du poids du coton. Cette disposition s'applique aux tissus de laine mélangés dans la même proportion de poil de chèvre ou de chameau. La même mesure est applicable à la bonneterie de laine mélangée de soie, sous la défalcation du poids de la soie. Les primes sur les tissus de laine et les vêtements confectionnés cesseront définitivement le 6 octobre 1860. (Loi du 5 mai 1860.)
Tissus feutres, bonneterie et passementerie de pure laine.			
Draps et casimirs, tissus similaires et feutres, — communs, de 4 à 9 f. le kil. inclusivement	id.	70 00	
moyens, de plus de 9 à 18 f. inclusivement	id.	105 00	
fins, de plus de 18 f. le kil.	id.	150 00	
Tissus légers, — communs, de 3 fr. à 8 fr. le kil. inclusivement	id.	60 00	
moyens, de 8 f. à 15 f inclusivement	id.	85 00	
fins, de plus de 15 f. le kil.	id.	110 00	
Couvertures et molletons, — communs, de 2 f. 50 à 6 f. 50 le kil. inclusivement	id.	45 00	
moyens, de plus de 6 f. 50 à 10 f.	id.	55 00	
fins, de plus de 10 f. le kil.	id.	65 00	
Bonneterie orientale, — commune, de 10 à 15 f. le kil. inclusivement	id.	120 00	
moyenne, de plus de 15 à 25 f.	id.	135 00	
fines, de plus de 25 f. le kil.	id.	150 00	
Bonneterie ordinaire, tapisseries fines, passementeries et tapis de pure laine, — communs, de 3 à 8 f. le kil. inclusivement	id.	55 00	
fins, de plus de 8 f. le kil.	id.	100 00	
Tissus mélangés de laine et d'autres matières.			
Tissus de coton ou de fil; de poil de chèvre ou de chevreau, avec ou sans addition de soie, la laine formant plus de moitié du mélange, et valant au moins 3 f. le kil.	id.	35 00	
Tissus de coton seulement, la laine ne formant pas plus de moitié du mélange, et valant au moins 2 f. 50 le kil.	id.	25 00	
Tissus de laine et de soie contenant au moins 75 % de laine	id.	90 00	
Tissus de laine et de bourre de soie contenant au moins 60 % de laine	id.	65 00	
Châles		Comme les tissus dont ils sont formés, avec addition pour les châles brochés de 30 % si le brochage couvre au moins un quart de la surface du tissu, et de 60 % s'il s'étend sur les trois quarts au moins de cette surface.	
Vêtements confectionnés (2)		Comme les tissus de laine purs ou mélangés dont ils sont formés.	(2) Ne sont admis à la prime que lorsque les tissus dont ils sont formés sont en quantité suffisante pour donner ouverture à une allocation de dix francs au moins.

TABLEAU *des marchandises exclues du transit, et qui ne peuvent être dirigées sur les entrepôts de l'intérieur.*

Armes de guerre (à moins d'autorisation spéciale).
Fonte de fer (idem).
Produits chimiques et médicaments.
Contrefaçons en librairie.
Limailles non emballées.
Marne non emballée.
Matériaux non emballés, sauf les ardoises belges.
Minerais non emballés.
Munitions de guerre (à moins d'autorisation spéciale).
Produits chimiques liquides et charrée non emballée.

TABLEAU *des bureaux ouverts aux opérations de primes.*

DIRECTIONS.	BUREAUX.	OBSERVATIONS.	DIRECTIONS.	BUREAUX.	OBSERVATIONS.
PREMIÈRE SECTION. — BUREAUX QUI PEUVENT SEULS RECEVOIR LES PREMIÈRES DÉCLARATIONS ET DÉLIVRER LES EXPÉDITIONS DE SORTIE.					
Dunkerque. . .	Dunkerque. . . . . Bailleul, Armentières.	Y compris les sucres. . . .	Montpellier . .	Montpellier, Agde. Cette	Y compris les sucres.
Lille	Turcoing. Lille. . . . . Roubaix.	id.	Perpignan . . .	Port-Vendres, Perpignan. Vielle, Argelès.	Pour les tissus de coton seulement.
Valenciennes. .	Valenciennes. . . . . . . Feignies. Jeumont.	id.	Tarbes	Toulouse. Ax (Ariége).	Pour les fils et tissus de coton.
Charleville. . .	Givet, Sedan.		Bayonne	Bedoux, Oloron, S.-Jean-Pied-de-Port, Bayonne.	
Metz	Metz. . . . . Longwy, Thionville (station), Apach, Forbach, Sarreguemines, Metz.	id.	Bordeaux. . . .	Bordeaux.	Y compris les sucres.
Strasbourg. . .	Strasbourg, Saint-Louis et Mulhouse. . . . . . Wissembourg, Colmar, Lauterbourg, Delle.	id.	La Rochelle . .	Rochefort. La Rochelle.	id.
Besançon. . . .	Besançon. . . . . Le Villers, Les Pargots, Les Verrières-de-Joux. Jougne.	Les sucres seulement.	Nantes	Nantes, Saint-Nazaire. .	id.
Bourg	Les Rousses, Saint-Blaise.		Vannes	Vannes, Lorient.	
Chambéry. . .	St-Jean-de-Maurienne. . .	Les sucres exceptés.	Brest.	Brest, Morlaix	id.
Digne	Mont-Genèvre, Briançon. Barcelonnette	Pour les draps seulement.	Saint-Brieuc. .	Le Légué, Granville. Saint-Malo	id.
Nice.	Nice.	Les sucres exceptés.	Saint-Lô	Cherbourg.	
Toulon.	Cannes, Antibes . . . . . Toulon	Pour les savons seulement. Y compris les sucres.	Caen	Caen, Honfleur.	id.
Marseille. . . .	Marseille. . . . . Arles.	id.	Rouen	Rouen.	id.
			Le Havre. . . .	Le Havre, Dieppe . . . . Fécamp.	id.
			Boulogne. . . .	Saint-Valery-sur-Somme, Abbeville. Boulogne. . . . . Calais.	id.
			Paris (inspection)	Paris, Lyon, Orléans. . . Nîmes.	id.
DEUXIÈME SECTION. — BUREAUX QUI PEUVENT SEULS CONSTATER LE PASSAGE DES MARCHANDISES DE PRIMES A L'ÉTRANGER.					
Dunkerque. . .	Dunkerque.	Y compris les sucres, le sel ammoniac et les savons d'h[le] de palme et de coco.	Marseille. . . .	Marseille	(Voir Dunkerque.)
Lille	Pont-Rouge, Biscontout. Halluin. . . . . Turcoing, Roubaix, Baisieux.	Y comp. le sel ammoniac.	Montpellier . .	Cette, Agde.	Y compris les sucres.
Valenciennes. .	Condé-par-Lecoq. . . . . Feignies. . . . . Bavay-par-Bellignies. Blancmisseron . . . . . . Valenciennes. . . . . . . Coursolre.	Pour les tissus de laine seulement, non compris la bonneterie. Les sucres exceptés. (Voir Dunkerque.) id. Les tissus de laine seulem.	Perpignan . . .	Port-Vendres. . . . . . . Bourg-Madame et Le Perthus. Osséja.	Y compris les sucres. Les tissus de coton seulement.
Charleville. . .	Givet, Givonne.		Tarbes.	Bagnères-de-Luchon. . . Arragnouet, Gavarnie . . Hospitalet, (Ariége) . . .	id. id. Les fils et tissus de coton.
Metz	Longwy. . . . . Grosbliederstroff, Frauenberg, Thionville (station), Apach. . . . . . Forbach.	Les sucres compris. id. (Voir Dunkerque.)	Bayonne. . . .	Gabas. . . . . Lescun. Larrau, Les Aldudes . . . Urdos, Arneguy, Ainhoa, et Behobie . . . . Olhette, St-Jean-de-Luz. Bayonne	Les fils et tissus de laine de toutes sortes. Les tissus de coton seulement. Y compris les sucres. Y comp. le sel ammoniac.
Strasbourg. . .	Wissembourg, Lauterb., Huningue, île de Paille, La Wantzenau et Saint-Louis. . . . . Delle et Kehl	id. Les sucres compris.	Bordeaux. . . .	Pauillac.	(Voir Dunkerque.)
Besançon. . . .	Le Villers, Verrières-de-Joux, Jougne. . . . Besançon et les Fourgs.	id.	La Rochelle. . .	Rochefort . . . . La Rochelle	Y compris les sucres.
Bourg	Les Rousses, Seyssel, St-Blaise.	id.	Nantes	Paimbœuf, Saint-Nazaire.	(Voir Dunkerque.)
Chambéry. . .	Pont-de-Caille, St-Jean-de-Maurienne.	id.	Vannes.	Vannes, Lorient.	
Digne.	Mont-Genèvre, Larche.		Brest.	Brest et Morlaix	Y comp. les sucres.
Nice.	Menton (par Garavano), Saorgio.	id.	Saint-Brieuc . .	Saint-Malo . . . . Le Légué et Granville.	id.
Toulon.	Cannes et Antibes . . . . Toulon	Pour les savons seulement. Y compris les sucres.	Saint-Lô	Cherbourg.	
			Caen.	Caen et Honfleur.	id.
			Rouen	Quillebœuf.	(Voir Dunkerque.)
			Le Havre. . . .	Le Havre. . . . . Fécamp. Dieppe	id. Y compris les sucres.
			Boulogne. . . .	Saint-Valery-sur-Somme. Boulogne. . . . . Calais.	id. Y compris les sucres et les savons d'huile de palme et de coco.

TABLEAU *des marchandises étrangères qui peuvent être expédiées des entrepôts réels de France à destination du Sénégal, sous le payement du seul droit de réexportation.*

Coreaux ouvrés, couteaux de traite, flacons de verre, verroterie, grosse quincaillerie (1), tabac à fumer du Brésil, toiles dites guinées et autres toiles à carreaux des Indes, lorsque ces toiles ont été importées en France par navires français (2) ; cauris, pipes de Hollande, platilles de Breslau, vases de cuisine venant de Saxe, barbus, moques de faïence bariolées, poterie d'étain, rhum, tafia, féverolles de Hollande, neptunes, bassins, chaudrons, baquettes, manilles, trompettes, cuivre rouge, clous de cuivre, verges rondes et barres plates, plomb de deux points ; gros carton brun de 45 à 49 cent. sur 119 à 130 cent. ; bonnets de laine, grelots, clochettes en métal, baïettes, tabacs en feuilles (3), petits miroirs d'Allemagne, ambre ou suin, fusils et sabres de traite (3) ; fusils de chasse autres que de luxe (4) ; denrées coloniales provenant de nos Antilles, de la Réunion ou de Cayenne ; fers et aciers bruts (5), poudres à tirer (6), sucres bruts étrangers.

(1) Y compris les fléaux de balances les limes communes, les étrilles, étaux grossiers, curiauses.

(2) Celles dans d'autres conditions payent 5 fr. par pièce, quel qu'en soit l'aunage.

(3) Les cigares étrangers jouissent du même privilége.

(4) Les fusils de traite et ceux de chasse autres que de luxe doivent valoir 11 fr. au moins dans les fabriques étrangères. — Quant aux armes de luxe, elles doivent avoir acquitté en France le droit d'importation.

(5) Ces métaux sont admis au Sénégal en franchise lorsqu'ils y arrivent par navires français, n'importe de quelle provenance que ce soit.

(6) Il en est de même des poudres à tirer.

TABLEAU *des villes où sont établis des entrepôts de douanes.*

DIRECTIONS.	VILLES.	NATURE DES ENTREPOTS.	OBSERVATIONS.
		ENTREPOTS MARITIMES.	
Toulon	Toulon	Réel pour les marchandises non prohibées. Fictif.	
	Cannes	Réel. Id.	N'est pas encore ouvert.
Marseille	Marseille	Réel pour toutes marchandises. Fictif.	
	Arles	Réel pour les marchandises non prohibées. Fictif.	Interdiction de réexportation par mer.
Montpellier	Cette	Réel pour toutes marchandises. Fictif.	
	Agde	Réel pour les marchandises non prohibées. Fictif.	
Perpignan	Port-Vendres	Réel. Id. Fictif.	
Pau	Bayonne	Réel pour toutes marchandises. Fictif.	
Bordeaux	Bordeaux	Réel Id. y compris les sucres indigènes. Fictif.	
	Rochefort	Réel pour les marchandises non prohibées.	
La Rochelle	La Rochelle	Réel pour toutes marchandises. Fictif.	
	Saint Martin, île de Ré.	Réel pour les marchandises non prohibées, sauf celles dénommées en l'article 22 de la loi du 28 avril 1816.	La durée de l'entrepôt est limitée à six mois.
Nantes	St-Nazaire	Réel pour toutes les marchandises	N'est pas encore ouvert.
	Nantes	Réel pour toutes les marchandises. Fictif.	
	Vannes	Fictif.	
Vannes	Lorient	Réel pour les marchandises non prohibées. Fictif. Spécial pour les tabacs.	
	Brest	Fictif.	
Brest	Roscoff	Spécial pour l'eau-de-vie de grains dite de genièvre, le tafia des colonies françaises, le thé et le raisin de Corinthe.	
	Morlaix	Réel pour les marchandises non prohibées. Fictif. Spécial (comme Roscoff), plus les tabacs.	
	Le Légué	Réel pour les marchandises non prohibées. Fictif.	
	Binic	Id. Id.	
Saint-Brieuc	Saint-Servan	Réel pour toutes marchandises. Fictif. Id. Id.	
	Saint-Malô	Spécial (comme Roscoff).	
	Granville	Réel pour marchandises non prohibées. Fictif. Id Id.	
Saint-Lô	Cherbourg	Spécial (comme Roscoff), plus les foulards, les croisés des Indes, les crêpes de Chine.	
Caen	Caen	Réel pour toutes marchandises. Fictif.	
	Honfleur	Id. Id. et pour les sucres indigènes. Fictif.	
Rouen	Rouen	Réel pour toutes marchandises. Fictif.	
	Le Havre	Réel pour toutes marchandises, y compris les sucres indigènes. Fictif.	
Le Havre	Fécamp	Réel pour toutes marchandises. Réel pour toutes marchandises. Fictif.	N'est pas encore ouvert.
	Dieppe	Spécial (comme Morlaix).	
	St-Valery-s.-Somme	Réel pour toutes marchandises. Fictif.	
	Abbeville	Réel pour les marchandises non prohibées. Fictif.	
Boulogne	Boulogne	Réel pour toutes marchandises. Fictif.	
	Calais	Id. Id. Spécial (comme Cherbourg.)	
	Gravelines	Réel pour marchandises non prohibées. Spécial (comme Cherbourg).	
Dunkerque	Dunkerque	Réel pour toutes marchandises. Fictif. Spécial (comme Cherbourg).	
		ENTREPOTS A L'INTÉRIEUR ET AUX FRONTIÈRES DE TERRE.	
	Valenciennes	Réel pour toutes les marchandises et pour les sucres indigènes.	
Valenciennes	Douai	Réel pour les sucres indigènes.	
	Saint-Quentin	Réel pour toutes les marchandises et les sucres indigènes.	
Besançon	Besançon	Réel pour toutes les marchandises.	
	Sainte-Marie (B.-P.)	Id. Id.	
Bayonne	Nimes	Id. Id.	
	Avignon	Réel pour les marchandises non prohibées.	
Nice	Nice	Réel pour toutes les marchandises. Fictif.	
Chambéry	Chambéry	Pour toutes les marchandises non prohibées. Fictif.	

TABLEAU DES MARCHANDISES

ADMISES AU BÉNÉFICE DE L'IMPORTATION TEMPORAIRE,

En vertu de l'article v de la loi du 5 juillet 1836, pour recevoir en France un complément de main-d'œuvre, ou y subir même une entière transformation.

NATURE des MARCHANDISES.	ÉTAT dans lequel elles doivent être représentées.	RENDEMENT OBLIGATOIRE.	DÉLAI pour la représentation.	OBSERVATIONS.
Blé, froment, sans distinction d'espèce ni d'origine	farine blutée à 10 p. 100.	90 p. 100.	20 jours.	On ne peut pas entrer moins de 15,000 kil.
	farine blutée à 20 p. 100	80 p. 100.	id.	
	farine blutée à 30 p. 100.	70 p. 100.	id.	Les droits sont acquittés sur les sons.
Carbonate de potasse	prussiate de potasse.	50 kil. prussiate rouge.	6 mois.	Pour 100 k. de potasse importés.
Potasse	cristallisé.	100 kil. prussiate jaune.	6 mois.	Pour 140 k. id.
Chanvres bruts, teillés ou en étoupes.	cordages ou cordes.	poids pour poids.	6 mois.	
Chapeaux de paille grossiers	apprêtés et garnis.	aucun déchet.	6 mois.	
Cylindres en cuivre, unis	cylindres gravés.	id.	40 jours.	Il est alloué 1 k. 1/2 par cylind. p. déch
Débris de vieux ouvrages en fonte, fer ou tôle provenant de machines à vapeur de navires étrangers venant se faire réparer en France	chaudières neuves.	id.	id.	Les déchets constatés à la sortie entraînent le payement du simple droit d'entrée.
Étain brut, en saumon	en lingot de 1 à 2 k.	poids pour poids.	6 mois.	
Fontes brutes, Fers en barres carrées, plates ou rondes. — Aciers en barres. —Cuivre laminé, pur ou allié. —Tôles et cornières.	navires et bateaux en fer, machines et appareils, soit pour l'établissement ou le service des chemins de fer, soit pour les constructions ou fabrications industrielles ou civiles en métaux.	poids pour poids.	6 mois.	Voir et consulter, pour les conditions d'admission qui sont restrictives, pour les obligations imposées aux maîtres de forges, constructeurs et fabricants, pour les conditions de réexportation, le décret du 17 octobre 1857, *Moniteur* du 20 du même mois, et la circulaire nº 504.
Fer laminé	galvanisé.	poids pour poids.	2 mois.	
Foulards de soie écrue	imprimés.	id	3 mois.	
Fruits oléagineux. Arachides	huile.	32 p. 100.	6 mois.	
Garance en racine verte	garance moulue.	14 p. 100	6 mois.	
Garance en racine sèche	id.	80 p. 100.	6 mois.	
Gommes du Sénégal	triées et assorties.	poids pour poids.	4 mois.	Tout manquant excédant 25 p. 100 donne lieu à l'application des pénalités prononcées par la loi du 5 juillet 1836.
Graines de colza	huiles de colza.	36 p. 100.	6 mois.	
Graines de lin	de lin.	30 p. 100.	6 mois	
Graines de sésame	de sésame.	50 p. 100.	6 mois.	
Graines d'œillette	huile.	36 p. 100.	6 mois.	
Graines de navette de Russie, dites graines de ravison	huile.	19 p. 100.	6 mois	
Graines de moutarde blanche	huile.	33 p. 100.	6 mois.	
noire	id.	34 p. 100.	6 mois.	
navette	id	30 p. 100.	6 mois.	
Huiles brutes de graines gr.	épurée.	98 p. 100.	3 mois.	
Huiles brutes d'olives	id.	98 p. 100.	6 mois.	
Iode	raffiné.	100 k.	3 mois.	Par 100 k. d'iode brut introduit.
	iodure de potassium.	127 kil. 440 grammes.	3 mois.	
Liége brut	liége façonné.	80 p. 100	6 mois.	
Marchandises ou objets destinés à être réparés en France			6 mois.	
Montres destinées à être repassées à Paris.				
Ouvrages en fer ou en tôle	galvanisés.	poids pour poids.	2 mois.	
Planches de pin ou sapin	caisses.	id.	2 mois.	
Plomb en saumons	en lingots de 1 à 2 k.	id.	6 mois.	
Plomb brut	litharge ou minium.	105 p. 100.	6 mois.	
Riz en grains, importé des pays hors d'Europe	décortiqué ou nettoyé.	97 p. 100.	2 mois.	On ne peut entrer moins de 1000 k.
Suif brut (graisses de bœuf et de mouton)	bougies stéariques, acide oléique. acide stéarique. chandelles.	soit 100 k. de bougies, soit 50 k. de bougies, et 50 k. d'acide oléique pour 100 k. de suif. 100 k.	4 mois.	Par 100 k. de suif brut admis.
Tartre brut	crème de tartre.	83 k.	6 mois.	
Tartre en cristaux colorés	acide tartrique.	59 k.	6 mois.	
Zinc brut ou en saumon	laminé.	95 p. 100.	3 mois.	

TARIF DES DOUANES FRANÇAISES,

INDIQUANT LA NOMENCLATURE GÉNÉRALE DES MARCHANDISES SOUMISES AUX DROITS D'ENTRÉE ET DE SORTIE ET LE MONTANT DES DROITS A PERCEVOIR SUR CHACUNE D'ELLES.

N. B. Les lettres B et N qui figurent dans la colonne *Unités sur lesquelles portent les droits* ont pour objet d'indiquer si la taxe doit être prélevée sur le poids *brut* ou sur le poids *net*. La première de ces lettres est relative à l'entrée, la seconde à la sortie : ainsi, le double signe BB veut dire que l'objet auquel il se rapporte paye au brut à l'entrée et à la sortie ; le signe NB, qu'il paye au net à l'entrée, et au brut à la sortie ; ainsi de suite.

A la fin du tableau des droits se trouvent, comme appendices au tarif, 1° le Tableau des dispositions relatives à l'île de Corse ; 2° le Tableau des dispositions relatives à l'Algérie ; et 3° celui concernant les États Sardes.

DÉNOMINATION DES MARCHANDISES.	UNITÉS sur lesquelles portent les DROITS.	DROITS D'ENTRÉE par navires français.		DROITS D'ENTRÉE par navires étrangers et par terre.		DROITS de SORTIE.
		F.	C.	F.	C.	F. C.
ABLETTE. *V.* Ecailles d'ablette.						
ABSINTHE. *V.* Herbes médicinales.						
ACACIA (Gomme d'). *V.* Gomme pure exotique (1).						
(Suc extrait du fruit de l'). *V.* Sarcocolle, kino, et aut. sucs végét. desséc. non dén.						
(Gousse d'). *V.* Gousses tinctoriales.						
ACAJOU. *V.* Bois d'ébénisterie.						
(Gomme d'). *V.* Gommes pures exotiques.						
(Noix et pommes d'). *V.* Fruits médic. à dénommer.						
ACÉTATE. *V.* Sels.						
ACIDE arsénieux (arsenic blanc)...............	100 k. BB	1		1	10	
benzoïque des pays hors d'Europe.......	100 k. NB	10		25		
d'ailleurs.................	id.	15		25		
borique............................	100 k. BB		25		25	
citrique, jus de citron et de limon, naturel,						
des colonies françaises	id.	exempt.				
d'ailleurs au-dessous de 35 degrés....	1 k. BB		01		05	
au-dessus de 35 degrés..........	1 k. 12	1	50	1	60	
citrate de chaux...............	id.	0	01	0	05	
cristallisé....................	1 k. NB	1	50	1	60	
hydrochlorique (acide muriatique, acide marin ou esprit de sel)................	100 k. NB	62		67	60	
hydrochloronitrique (acide nitro-muriatique ou eau régale)....................	id.	62		67	60	
nitrique (eau-forte, esprit de nitre).......	id.	90	60	98	60	
oléique (2), de l'Inde	100 k. BB	2	00	8	00	
d'ailleurs....................	id.	5	00	8	00	
phosphorique..........................	100 k. NB	62		67	60	
stéarique en masse.....................	id.	25		27	50	
ouvré......................	id.	35		38	50	
sulfurique (acide vitriolique, esprit ou huile de vitriol) (3)..........................	id.	41		45	10	
tartrique et oxalique...................	id.	70		76		
autres non repris au tarif..............	100 k. B	prohibés.		prohibés.		
ACIER (fer carburé). *V.* Fer.						
ACIER sauvage (fonte de Styrie.) *V.* Fontes brutes.						
ADIPOCIRE. *V.* Blanc de baleine.						
ADRAGANTE. *V.* Gomme pure exotique.						
AGARIC de chêne ou amadouvier, brut..........	100 k. BB	exempt.		exempt.		
préparé (amadou).........	id.	13		14	30	
blanc ou du mélèse....................	id.	exempt.		exempt		
AGATES brutes (4)..........................	id.	exemptes.		exemptes.		
ouvrées, chiques..........	id.	20		23		
autres (5)....................	1 k. NB	2		2	20	
AGNEAUX (6)................................	par tête.		10		10	
AGNUS-CASTUS (Graine d'). *V.* Fruits médicin. à dén.						
AGRAFES en fil de cuivre ou de fer même étamées. *V.* Mercerie commune.						
en cuivre doré ou argenté. *V.* ouvrages en cuivre non dénommés.						
AGRÈS et apparaux de navire. *V.* Embarcations.						
AIGUILLES à coudre, ayant de longueur (7) :						
4 centimètres ou moins........	1 k. NB	8		8	80	
de 4 cent. excl. à 5 cent. inclus.	id.	5		5	50	
plus de 5 centimètres.........	id.	2		2	20	
AIMANT (pierre d'). *V.* Pierres ferrugineuses.						
AIRAIN. *V.* Cuivre allié d'étain (8).						
ALANA ou tripoli. *V.* Pierres servant aux arts et mét.						
ALBATRE brut...............................	100 k. BB	1		3	50	
sculpté moulé ou poli..................	la valeur.	15 p. °/°.		15 p. °/°.		
ALBUMINE. Mêmes droits que la colle-forte.						

NOTES.

(1) La gomme d'acacia comprend toutes les gommes pures qui viennent du Sénégal et des autres parties de l'Afrique et de l'Arabie.

(2) Cette substance a l'apparence d'une graisse fluide, et son odeur approche beaucoup de celle du suif. Sa couleur varie du jaune-paille au jaune-brun. Les employés doivent veiller à ce que sous le nom d'acide oléique on n'importe pas des liquides mélangés de graisses de poissons ou d'huiles de graines grasses. — L'oléine est assimilée à l'acide oléique.

(3) Les acides nitrique et sulfurique jouissent d'une prime de sortie.

(4) Cette dénomination est applicable : 1° aux quartz-agates *dits* calcédoine, cornaline, sardoine *ou* sardonyx, prase *ou* chrysoprase, chatoyant *ou* œil-de-chat, onyx ; 2° aux quartz-résinites *dits* œil-du-monde, opale, girasol *ou* pierre du soleil, à l'exception du girasol d'Orient, qui est un saphir ; 3° enfin au quartz-jaspe, appelé aussi *jaspe fleuri* ou *jaspe agate*. L'argentine, le jade, l'obsidienne et la prime-brute de grenat sont assimilées aux agates.

(5) Il n'est ici question que d'agates non montées ou montées provisoirement en métal commun. Celles montées sur or ou argent sont tarifées comme bijouterie.

(6) Ne sont admis comme agneaux que les jeunes sujets pesant moins de 8 kilogrammes. Lorsque la laine des agneaux se trouve avoir plus de quatre mois de croissance, on perçoit, indépendamment des droits afférents aux animaux, le droit de la laine selon l'espèce.

(7) D'après la tarification établie par la loi du 9 juin 1845, c'est la longueur des aiguilles qui détermine seule le droit à appliquer, sauf toutefois en ce qui touche les aiguilles à emballage, à matelas et à voiles, dites *carrelets*, qui demeurent rangées parmi les *Outils de pur acier*.

(8) Bronze, airain, métal de cloche arco ou potin gris, fonte verte ou polozum, sont des dénominations différentes d'un même alliage de cuivre et d'étain à des proportions différentes.

DÉNOMINATION DES MARCHANDISES.	UNITÉS sur lesquelles portent les DROITS.	DROITS D'ENTRÉE par navires français.	DROITS D'ENTRÉE par navires étrangers et par terre.	DROITS de SORTIE.
		F. C.	F. C.	F. C.
ALCALIS. Potasses (1) par mer des pays hors d'Europe et du crû des pays d'Europe.......	100 k. NB	Exempt.	4	
d'ailleurs	id.	2	4	
par terre de crû des pays d'Europe....	id.	....	Exempt.	
autres......................			4	
soudes (2)........................	100 k. BB	26 50	29 10	
cristaux de soude (2)................	100 k. BB	19	20 90	
natrons (2)........................	id.	21 50	23 60	
cendres végétales vives (3) ou lessivées (charrée)...........	id.	exemptes.	exemptes.	
ALCOOL. *V.* Boissons distillées (4).				
ALIZARI (Racines et tiges d'). *V.* Garance.				
ALLUMETTES. *V.* Soufre épuré (5).				
ALOÈS (Suc d') des pays hors d'Europe (6).......	100 k. NB	5	20	
d'ailleurs..........................	id.	10	20	
ALPISTE (7)............................	100 k. BB	10	11	
ALQUIFOUX et résidu d'. *V.* Plomb minerai.				
ALTO. *V.* Instruments de musique.				
ALUN. *V.* Sels.				
AMADOU. *V.* Agaric.				
AMANDES. *V.* Fruits oléagineux.				
AMBRE gris (8)............................	1 k. NB	62	67 60	
jaune. *V.* Succin.				
AMER ou bitter (9). *V.* Liqueurs.				
AMÉTHYSTES. Mêmes droits que le cristal de roche. *V.* ces mots.				
AMIANTE (sorte de pierre en filets soyeux). *V.* Pierres et terres servant aux arts à dénommer.				
AMIDON..................................	100 k. BB	21	23 10	
AMMONIAQUE. *V.* Sels (10).				
AMOMES et Cardamomes des pays hors d'Europe..	100 k. NB	Exempts	20	
des entrepôts (11)................	id.	10	20	
AMURCA ou marc d'olive.....................	id.	exempt.	exempt.	
ANANAS (Fruits d'). *V.* Fruits frais exotiques à dén.				
ANCHOIS. *V.* Poisson de mer.				
ANES et Anesses............................	par tête.	Exempts.	Exempts.	
ANCRES. *V.* Embarcations.				
ANGÉLIQUE (Herbes, racines, fruits d'). *V.* Herbes, racines, fruits médicinaux à dénommer.				
ANIMAUX rares. *V.* Objets de collection (12).				
non dénommés......................	id.	Exempts.	Exempts.	
ANIS. *V.* Fruits médicinaux, Badiane ou fruits à distiller, Anis vert.				
ANISETTE. *V.* Liqueurs.				
ANNEAUX d'or ou d'argent. *V.* Bijouterie.				
de cuivre. *V.* Ouvr. en cuivre, selon l'esp.				
d'étain. *V.* Ouvrages en étain, Poterie.				
de fer. *V.* Mercerie.				
ANTALE, coquillag. subst. propre à la médecine (13).	100 k. BB	Exempts.	Exempts.	
ANTI-GOUTTE de la Martinique..................	1 k. NB	2 40	2 60	
ANTIMOINE minerai (14), par nav. franç. et par terre.	100 k. BB	Exempt.	....	
par navires étrangers.....	id.	....	1 00	
sulfuré..........................	id.	1	3 00	
métallique (15)	id.	26	28 60	
APPARAUX de navire. *V.* Embarcations.				
APPAREILS à fabriq. les tuyaux de drainage. Mêmes droits que les machines non dénommées.				
ARACHIS ou ARACHIDES, pistache de terre. *V.* Fruits oléagineux.				
huile. *V.* Huiles fixes pures, non dénomm.				
ARÇONS de bât ou de selle, non ferrés. *V.* Ouvrages en bois non dénommés.				
de bât ou de selle, ferrés. *V.* Sellerie.				
ARDOISES. *V.* Matériaux.				
ARÉOMÈTRES. *V.* Instruments de calcul.				
ARGENT faux. *V.* Cuivre argenté, ou ouvrages en cuivre, selon l'espèce.				
ARGENT vif. *V.* Mercure natif.				
ARGENT minerai, par navires français et par terre.	100 k. BB	Exempt.	....	
par navires étrangers (16)......	id.	....	1 00	
brut, en masses, lingots, ouvrages détruits, etc.........................	1 k. NN	05	05	100 k. 25 c.
battu, tiré, laminé ou filé (17)............	1 k. NN	30	33	
ARGENTERIE. *V.* Orfèvrerie.				
ARGILES. *V.* Matériaux.				

NOTES.

(1) La dénomination de *potasses*, quant au tarif, comprend tous les salins obtenus du lessivage des cendres, qu'ils soient liquides, simplement desséchés ou calcinés, tels que potasse perlasse ou cendres perlées, guédasse, védasse, casubes, cendres gravelées ou lie de vin et menu tartre brûlés.

(2) Soudes naturelles, produit de l'incinération des plantes marines; en pains ou morceaux raboteux, d'un gris foncé. Soudes factices, moins compactes que la soude naturelle et de couleur violâtre. — Sels de soude : ont l'aspect de la potasse blanche; leur titre varie de 50 à 80 degrés. — Cristaux de soude, parfaitement blancs; effleuris à l'extérieur, ils offrent une cassure vitreuse; leur titre est d'environ 36 degrés. — Natron, espèce de soude d'un blanc sale, presque jaunâtre, d'une grande dureté; n'est admissible que lorsqu'il a 30 degr.

(3) Par cendres végétales *vives* on entend celles de bois, de tabac, de tiges de colza, de fougère, etc. Si ces cendres étaient frauduleusement surchargées d'alcali, ce qu'il est facile de reconnaître à la saveur, elles devraient être traitées comme *potasses*. On y assimile la suie de cheminée *brute*.

Les cendres de tourbe et de houille, ainsi que la charrée ou cendres de bois lessivées, n'étant propres qu'à amender les terres, suivent un autre régime. Les cendres de tourbe sont assimilées aux engrais. Celles de houille sont spécialement tarifées.

(4) On réduit l'eau-de-vie en alcool pur en multipliant le nombre de litres par le nombre de degrés anciens, et en divisant par 100.

(5) Ce sont les allumettes dont on se sert dans le ménage. Quant aux mèches soufrées, à l'usage des tonneliers, elles sont taxées différemment.

(6) On distingue dans le commerce plusieurs espèces d'aloès : le *sucotrin* vrai, d'un rouge jaunâtre peu foncé, transparent et comme verrnissé; l'*hépatique* vrai, opaque et de la couleur du foie; du cap de Bonne-Espérance, d'un brun noir avec reflet verdâtre; des Barbades, rougeâtre terne, devenant noir à la surface : a une odeur forte; le *caballin*, noirâtre, opaque, mêlé d'impuretés et de sable.

(7) L'alpiste est une graine de couleur paille, luisante, allongée, et pointue à ses deux extrémités.

(8) Est opaque et d'une couleur grise entremêlée de taches jaunes et noires; il a à peu près la consistance de la cire. Cette substance exhale lorsqu'on la frotte une odeur douce et suave.

(9) Infusion d'oranges amères, de gentiane et de rhubarbe dans l'eau-de-vie : c'est le bitter des Allemands et des Hollandais. Si l'amer est présenté en bouteilles, le droit est dû sur le verre.

(10) Le sel ammoniac a droit à une prime de sortie.

(11) Ce sont les fruits ou semences aromatiques de plusieurs plantes de la famille des amomées. Les principaux sont l'*amome* en grappes : coques de la grosseur d'un grain de raisin, blanchâtres, arrondies, à trois côtes saillantes, légères et membraneuses, divisées en trois loges renfermant un grand nombre de semences aromatiques d'un goût âcre et térébenthacé; le petit et le moyen *cardome :* fruits semblables, mais plus triangulaires et allongés; le grand *cardome*, long de 27 à 41 millimètres, à coque brunâtre; la *graine de paradis :* petites graines isolées, anguleuses, arrondies, rugueuses, luisantes, d'une saveur âcre et brûlante.

(12) Les animaux rares et curieux qui sont conduits par les jongleurs passent en franchise de droits, tant à l'entrée qu'à la sortie.

(13) Coquillage vide en tuyau cannelé de la grosseur d'une plume à écrire, courbé en spirale; il servait autrefois en pharmacie. On lui assimile les *cauris* et tous les autres coquillages vides, qui sont présentés en masse pour cette destination.

Suite des Notes.

(14) Le minerai d'antimoine, pour être admis au droit de 1 fr., doit être importé tel qu'il est extrait de la mine, et avant toute préparation. S'il en était présenté dans tout autre état, c'est le droit de l'antimoine sulfuré qui serait applicable.

(15) Est d'un blanc bleuâtre, brillant comme l'argent et l'étain, lamelleux, très-fragile et facile à pulvériser sous forme de pains orbiculaires, dont la surface offre une espèce de cristallisation disposée en étoile ou en feuille de fougère.

(16) Voir la note relative au minerai d'or.

(17) Cette dénomination comprend les feuilles, traits, lames, paillettes, clinquants, argent filé sur soie, ainsi que les cannetilles.

DÉNOMINATION DES MARCHANDISES.	UNITÉS sur lesquelles portent les DROITS.	DROITS D'ENTRÉE par navires français. F.	C.	DROITS D'ENTRÉE par navires étrangers, et par terre. F.	C.	DROITS de SORTIE. F.	C.
ARISTOLOCHE (Racines et graines d'). *V.* Racines ou fruits médicinaux à dénommer.							
ARMES de guerre (1) blanches	....	prohibées.		prohibées.		prohibées.	
à feu portatives	....	id.		id.		id.	
d'affût en bronze ou en fonte.	....	id.		id.		id.	
de chasse, de luxe ou de traite (2) blanches	100 k. NB	400		417	50		
de chasse, de luxe ou de traite (2) à feu	id.	200		212	50		
pistolets de poche (3)	....	prohibés		prohibés.			
ARNICA. *V* Racin., feuil. ou fleurs méd. à dénom.							
ARQUEBUSADE (Eau d'). *V.* Parfumerie, eau de senteur avec ou sans alcool.							
ARROW-ROOT. *V.* Sagou, auquel elle est assimilée.							
ARSÉNIATE de cobalt. *V.* Sels de cobalt.							
ARSÉNIATE de potasse. *V.* Sels.							
ARSENIC (Minerai d'), par navir. franç. et par terre.	100 k. BB	Exempt.		....			
par navires étrangers	id.	....		1	00		
ARSENIC blanc (acide arsénieux)	id.	1		1	10		
métallique	id.	Exempt.		Exempt.			
ARTIFICES (Pièces d'). *V.* Mercerie commune.							
ASPHALTE. *V.* Bitumes solides, purs.							
ASPIC, lavande. *V.* Fleurs et fruits médic. à dén.							
ASSA FOETIDA. *V.* Résineux exotiques à dénommer.							
ATCHARS. *V.* Fruits de table confits sans sucre ni miel (4).							
AUTOUR (Écorce d'). *V.* Curcuma en racines, auquel elle est assimilée.							
AVELINES (espèce de noisette) avec leur péricarpe. *V.* Fruits de table indigènes, frais.							
autrement. *V.* Fruits oléagineux à dénomm.							
AVIRONS et rames bruts, par nav. franç. et par terre.	parm. de l.		02		02		
par navires étrangers	id.	....			04		
façonnés	id.		05		06		
AZUR. *V.* Cobalt.							
BADIANE (anis étoilé de la Chine). *V.* Fruits médic.							
BAGUES en or ou en argent *V.* Bijouterie.							
en cuivre. *V.* Ouvrag. en cuivre, selon l'esp.							
en plomb. *V.* Mercerie.							
en étain. *V.* Ouvrages en étain, Poterie.							
BAIES de bourdaine, de nerprun. *V.* Nerprun.							
de genièvre et de myrtile. *V.* Fruits à distiller.							
BALAIS. *V.* Ouvrages en bois, mercerie commune.							
BALANCES (Fléaux de) pour assortiment. *V.* Outils de fer ou de cuivre.							
montées. *V.* Ouvrages en fer ou en cuivre.							
BALLES de paume. *V.* Mercerie commune.							
de plomb de calibre. *V.* Plomb.							
BAMBOUS. *V.* Joncs et roseaux.							
BANDES de mousseline, de percale et de tulle brodées. V. la note (13), p. 46, relative aux modes.							
BANDES de roues en acier. *V.* Acier.							
BARBOTINE ou semen-contra. *V.* Fruits médicinaux.							
BAS. *V.* Tissus suivant l'espèce, bonneterie.							
BASANES. *V.* Peaux préparées ou ouvrées.							
BASIN. *V.* Tissus de lin ou de coton.							
BASSES. *V.* Instruments de musique.							
BATEAUX en bois. *V.* Embarcations.							
et nacelles de rivière, en fer ou en cuivre. *V.* Machines et Mécaniques.							
BATIMENTS. *V.* Embarcations.							
BATISTE. *V.* Tissus de lin.							
BATS. *V.* Sellerie grossière.							
BAUDRUCHES. *V.* Vessies, autres que de cerf, etc.							
BAUMES (5), benjoin des pays hors d'Europe	100 k. NB	10		25			
d'ailleurs	id.	15		25			
storax naturel sec, rouge ou calamite	id.	41		45	10		
en pains	100 k. BB	17		18	70		
styrax liquide	id.	13		14	30		
de copahu des pays hors d'Europe	id.	15		30			
d'ailleurs	id.	25		30			
non dénommés des pays hors d'Europe (6).	id.	1	50	2	20		
d'ailleurs	id.	2		2	20		
de Riga et sympathique	100 k. NB	150		160			
BÉLIERS (7)	par tête.		25		25		25
BENJOIN. *V.* Baumes.							
BERGAMOTTES. *V.* Citrons, oranges et leurs variétés.							
BESTIAUX des États Sardes. *V.* l'Appendice final, après le tableau des droits.							

NOTES.

(1) Quand le gouvernement accorde des exceptions à la défense d'importer ou d'exporter des armes ou partie d'armes de guerre, les droits ci-après sont exigibles, savoir : pour les armes blanches et à feu portatives, ceux des armes de chasse et de luxe ; et pour celles d'affût en bronze ou en fonte, à l'entrée, les droits établis par la loi du 28 avril 1816.

en fonte, 4 f. et 4 f. 40 | par 100 k. B.;
en bronze, 10 f. et 11 f. |

à la sortie, de 25 cent. par 100 kil. brut.

Les dispositions relatives aux armes de guerre sont applicables aux pièces d'armes de guerre.

Le transit et le cabotage des armes de guerre ne peut avoir lieu qu'après autorisation du ministre.

Les armes de guerre destinées aux navires français doivent être rapportées et déposées au retour dans les magasins de la marine.

Les capitaines étrangers qui ont des armes à bord doivent les déclarer, et on doit s'assurer de la réexportation au départ du navire.

(2) On appelle armes de chasse, de luxe ou de traite, les armes à feu d'un calibre autre que celui adopté en France pour les fusils, carabines et pistolets de guerre ; 2° les armes blanches, comme sabres, épées, etc., soit damasquinées, gravées ou ciselées, ainsi que les autres armes de prix. — Les armes à feu sont du calibre de guerre lorsque la partie du petit diamètre du cylindre de calibrage entre dans le canon : elles sont du calibre de chasse ou de traite lorsque la partie de ce petit calibre ne peut y entrer, ou que celle du gros calibre y entre. Quant aux fusils fins à un coup, et aux canons simples, on ne doit pas s'arrêter aux dimensions du calibre lorsque ce sont évidemment des *armes de luxe*, du prix en fabrique de 60 fr. et au-dessus pour les fusils simples, et de 20 fr. pour les canons.

(3) Les pistolets de poche de 29 mill., et ceux dits *revolvers* ayant moins de 150 mill. de longueur, sont prohibés pour la consomm., mais ils sont admis à transiter et peuvent jouir de la faculté d'entrepôt. — Les revolvers et pistolets d'autres dimensions sont traités comme armes de commerce à feu (circul. 545).

(4) Assaisonnement de table, qui vient de l'Inde. Il se compose de fruits verts, tels que *mangues*, *bilimbis*, *citrons* et autres, ou en légumes, tels que *haricots*, *choux*, *bourgeons de palmiste* ou *de bambou* confits au vinaigre ou dans le suc aigri de différentes espèces de palmier, avec de l'ail, de la moutarde pilée, du gingembre, du piment, etc.

(5) Ce sont particulièrement ceux ci-après :

Baumes d'Amérique ou Indes Orientales, parmi lesquels on distingue : 1° le baume du Canada ; 2° le baume du Pérou, sec ou noir ; 3° le baume de Tolu, appelé aussi de Carthagène, d'Amérique, ou baume dur. Les baumes de Judée, qu'on nomme aussi de La Mecque, d'Égypte ou de Giléad, ou baume vrai. Ceux de Calaba, Houmiri, de peuplier tacamahaca, d'amome et de vanille. — Cette classification ne comprend que les baumes naturels : ceux factices ou de pharmacie sont traités comme médicaments composés non dénommés.

(6) Les baumes *non dénommés* sont particulièrement ceux ci-après : 1° le *liquidambar*, dont il existe deux sortes, l'une liquide, appelée aussi *huile de liquidambar*, qui est d'un jaune doré et transparente ; l'autre molle, blanche et opaque, qui est loin d'avoir la même valeur que la première ; 2° le baume *du Pérou en coque*, qui est mou, grenu, d'une saveur douce et parfumée ; 3° le baume *du Pérou noir*, qui est liquide et d'une saveur très-âcre ; 4° le baume de *Tolu*, nommé aussi baume de *Carthagène*, *d'Amérique* ou *du Pérou* ; il est sec et solide, ou mou et coulant, d'un jaune roux, d'une saveur douce et parfumée ; 5° le baume *de vanille*, très-suave et très-rare, qui découle, par des incisions, des gousses de vanille ; 6° le baume de *Calaba*, dit aussi *baume Marie* ou *baume vert de l'île Bourbon* ; 7° le baume *du Canada* ou *faux baume de Giléad*, sorte de térébenthine très-suave, retirée de l'*abies balsamea* ; 8° le baume *de*

Suite des notes.

Judée, dit aussi baume *de La Mecque*, *d'Égypte*, *de Giléad*, ou *baume vrai*, qui est une autre sorte de térébenthine très-suave, provenant de l'*amyris opobalsamum* ; 9° le baume *Focot* ; 10° le baume *Houmiri*.

(7) Lorsque la laine des béliers se trouve avoir plus de quatre mois de croissance, on perçoit, indépendamment des droits afférents aux animaux, le droit de la laine selon son espèce.

DÉNOMINATION DES MARCHANDISES.	UNITÉS sur lesquelles portent les DROITS.	DROITS D'ENTRÉE par navires français.	DROITS D'ENTRÉE par navires étrangers et par terre.	DROITS de SORTIE.
		F. C.	F. C.	F. C.
BÉTEL (Feuilles de) des pays hors d'Europe.	100 k. BB	Exempt.	20	
des entrepôts.	id.	10	20	
BETTERAVES.	100 k.	0 30	0 30	
BEURRE frais ou fondu.	id.	3	3 30	
BEURRE salé (1).	100 k. BB	5	5 50	
BÉZOARDS (2).	id.	Exempts.	Exempts.	
BIÈRE (3).	l'hectolit.	6	6	
BIJOUTERIE (4) d'or.	1 hect. N.	20	22	
d'argent.	id.	10	11	
BILLARDS. *V.* Meubles.				
BILLES de billard en ivoire. *V.* Tabletterie.				
BIMBELOTERIE (5).	100 k. BB	80	86 50	
BISCUITS de mer (6).	mêmes dr. que les far. sel. l'esp.			50c. 100k.
BISMUTH (étain de glace) brut de l'Inde.	100 k. BB	Exempt.	5	
d'ailleurs.	id.	2	5	
BISMUTH (étain de glace) battu ou laminé.	100 k. NB	60	65 50	
ouvré.	100 k. B	prohibé.	prohibé.	
BITUMES. Houille crue (7) et carbonisée (coke) (8), par la rivière de la Meuse et le département de la Moselle.	100 k. BB	....	0 10	Exempts.
par tous autres points, par navires français et par terre.	id.	....	0 15	id.
par navires étrangers.	id.	....	0 65	id.
Cendres de houille.	id.	....	0 01	id.
BITUMES solides purs (9).	id.	Exempt.	Exempt.	
mêlés de terre.	id.	Exempt.	Exempt.	
Mastic bitumineux.	id.	Exempt.	Exempt.	
fluides, sans distinction de couleur (*naphte, pétrole, malte*) et goudron minéral provenant de la distillation de la houille.	id.	05	1	
BLANC d'argent, de céruse, de plomb. Voyez Carbonates.				
de baleine et de cachalot, de pêche française.	100 k. BB	20	....	
de pêche étrangère, brut (10) de l'Inde.	id.	5	15	
d'ailleurs hors d'Europe.	id.	7 50	15	
des entrepôts.	id.	10	15	
pressé.	id.	20	22	
raffiné.	id.	50	55	
BLANC de zinc. *V.* Oxyde de zinc, blanc.				
BLÉ de Turquie et autres (A). *V.* le Tarif des céréales, page 79.				
BLEU de Prusse (11).	id. NB	50	160	
BLOCAILLE. *V.* Fers, fonte brute (12).	plus 10 p. 100. de la val.			
BLONDES de lin ou de soie. *V.* Tissus selon l'espèce				
BOEUFS (B).	par tête.	3	3	1
BOIS à brûler, en bûches et en fagots.	le stère.	Exempts.	Exempts.	
à construire (13).				

NOTES.

(1) Le beurre salé jouit d'une prime à son exportation par mer.

(2) On nomme *bézoards* des concrétions formées dans le corps de certains animaux. On traite comme bézoards la pierre à serpent, os frontal d'une vipère de l'Inde.

(3) Les boissons en bouteilles payent, indépendamment du droit qui leur est applicable, 15 cent. à l'entrée, par litre de contenance, et 25 cent. par 100 kil. à la sortie.

(4) Les ouvrages d'or et d'argent importés de l'étranger sont envoyés sous plomb et par acquit-à-caution sur le bureau de garantie le plus voisin, pour y être poinçonnés s'il y a lieu, et acquitter le droit de marque.

Sont affranchis de cette formalité comme de tous droits :

1° Les objets d'or et d'argent appartenant aux ambassadeurs et envoyés des puissances étrangères, quand ils les accompagnent ou sont déclarés par eux;

2° Les bijoux d'or et d'argent à l'usage personnel des voyageurs, dont le poids n'excède pas 5 hectog.

Les deux tiers du droit de garantie sont remboursés à l'exportation des matières d'or et d'argent, sur le certificat délivré par la douane de sortie et visé par le directeur.

Voyez aussi *Orfèvrerie.*

(5) La bimbeloterie se compose de tous les jouets d'enfants, même des voitures destinées à promener ceux-ci. Les jouets en écaille, en nacre, en ivoire, font partie de la tabletterie, ceux en bois de la mercerie commune, ceux en poteries suivent ce régime; ceux en or et argent comme bijouterie et orfèvrerie.

(6) Le biscuit de mer pour provisions de navires français et étrangers est exempt de droits de sortie.

(7) Ce que la loi a appelé houille *crue* est la houille *de toute espèce*, telle qu'elle est extraite du sein de la terre.

On y assimile l'*anthracite* et les *lignites*, qui sont également des combustibles minéraux. L'anthracite est plus dur et plus sec, et le lignite plus ligneux que la houille. Les boules ou briquettes de houille, qui sont formées de houille menue et d'argile, ainsi que le poussier et les résidus de houille consumés en partie, mais non réduits en cendres, sont soumis également aux mêmes droits que la houille en nature. Aux termes de l'article 23 de la loi du 2 juillet 1836, les bâtiments à vapeur de la marine française, militaire ou marchande, qui naviguent en mer ou sur les affluents jusqu'au dernier bureau des douanes, peuvent se servir de houilles étrangères, prises dans les entre-

Suite des Notes.

pôts, en payant seulement 15 centimes par 100 francs de valeur.

Les employés ont la faculté d'admettre pour exactes les déclarations pour les importations par mer, lorsque le poids des cargaisons a été calculé à raison de 1,500 k. par ton. de jauge.

(8) On peut admettre pour exactes les déclarations d'entrée par mer, lorsque le poids a été calculé à raison de 1,000 kil. par tonneau de jauge.—Le *patent-coal*, mélange de houille, de coke et de goudron minéral, est assimilé au *coke*.

(9) *Bitumes solides.* Le tarif en reconnaît de trois sortes : les bitumes *purs*, ceux qui sont *mêlés de terre*, et le *mastic bitumineux*. La loi a elle-même rangé parmi les premiers le *bitume de Judée* : c'est la substance qui surnage sur les eaux du lac Asphaltite, qu'on ramasse sur les bords de ce lac, et à laquelle appartient plus particulièrement le nom d'*asphalte*. Tous les autres bitumes solides plus ou moins purs, que leur pureté soit naturelle ou qu'elle soit le résultat d'une main-d'œuvre, suivent le régime du bitume de Judée, quel que soit d'ailleurs le nom sous lequel ils sont importés. — Par bitumes *mêlés de terre*, la loi a exclusivement entendu les terres et pierres bitumineuses telles qu'on les sort de la mine : c'est ce qu'on pourrait appeler le *minerai de bitume*; tels sont, par exemple, les produits bitumineux qu'on extrait des environs de Seyssel et du Val-de-Travers (*Suisse*) et auxquels on a improprement donné le nom d'asphalte. Lorsque, après leur extraction, ces produits ont été pulvérisés ou épurés d'une manière quelconque, ils ne peuvent plus être traités comme bitumes mêlés de terre, sauf en ce qui concerne le menu de bitume en roche, simplement broyé, ou pulvérisé, qui est assimilé au bitume mêlé de terre. — Le *mastic* est la pierre ou terre bitumineuse réduite en poudre et convertie en mastic au moyen d'un mélange avec du goudron minéral ou tout autre bitume fluide.

(10) Le blanc de baleine ou de cachalot brut est une matière cristalline, grenue, jaunâtre, de la consistance du savon noir, et qui ne contient qu'environ un tiers de blanc; celui *pressé* est la même matière, mais dont on a exprimé la graisse. Il est alors en petites écailles solides, d'un brun-jaune et ne tachant presque plus le papier; celui raffiné est très-blanc, en belles lames brillantes et comme nacrées. Le blanc de baleine de pêche française n'est admis qu'à l'état brut.

(11) Composition chimique de couleur bleue foncée, offrant des reflets métalliques ou cuivrés; en morceaux ou fragments irréguliers. Le bleu minéral, celui dit de Berlin, et les tablettes de bleu impur pour les blanchisseurs, suivent le régime du bleu de Prusse.

(12) Les débris d'ouvrages de fonte appelés *têts* et *blocaille* sont admis aux droits de la fonte brute, en vertu de permissions spéciales.

(13) On considère et range parmi les bois à construire le chêne, le mélèze, le cèdre blanc d'Amérique, le teck, le bois de natte, l'érable, le frêne, le cerisier, le houx, et tous les bois blancs.

(A) Un décret du 14 janvier 1850, modifié par celui du 1er juin suivant, autorise, sous des conditions déterminées, l'admission en franchise des droits des blés-froments étrangers, destinés à être moulus en France et réexportés.

(B) Pour les bœufs des États Sardes, voir l'Appendice, après le Tableau des droits.

DÉNOMINATION DES MARCHANDISES.	UNITÉS sur lesquelles portent les DROITS.	DROITS D'ENTRÉE par navires français.	DROITS D'ENTRÉE par navires étrangers et par terre.	DROITS de SORTIE.
		F. C.	F. C.	F. C.
Bois de noyer, sciés en planches ou plateaux, de 1 mètre 46 centimètres ou plus de long., et ayant d'épaisseur plus de 80 millimètres.	le stère.	Exempt.	15	30 100 k.*
de 27 à 80 millimètres inclusivement.	100 m. de l.	Exempt.	1	
dans tout autre état.	comme bois à constr. aut. q. de pin, de sapin et d'orm.			
autres, par terre, bruts ou simplement équarris à la hache..........	le stère.	Exempts	10	
sciés, ayant d'épaisseur plus de 80 millim.........	id.	Exempts.	10	
de 34 à 80 millimètres...........	100 m. de l.	0 05	1	
moins de 34 millimètres, planch. dites chom. et autres.	id.		1	
par mer, bruts ou simplement équarris à la hache et sciés de plus de 80 millim........	100 m. de l.	0 05	0 10	
Mâts et mâtereaux..	Exempts.	Exempts.	Exempts.	
Esparres de 15 centim. inclus. à 25 cent. exclus....	id.	Exempts.	id.	
Pigouilles de 11 centim. inclusiv. à 15 centim. exclusiv........	id.	Exempts.	id.	
Manches de gaffe de 6 centim. inclusiv. à 11 cent. exclusiv. (1).				
id. de fouine et de pinceau à goudron.........	la pièce.	Exempts	id.	
Bois d'ébénisterie				
en billes et bûches sciées à plus de 2 décimètres d'épaisseur, des colonies françaises et du Sénégal...............	Exempts.	Exempts.	....	
des pays hors d'Europe....	Exempts.	Exempts.	6	
des entrepôts...........	100 k. BB	3	6	
sciés à 2 décimètres d'épaisseur au moins, des colonies françaises et du Sénégal.............	Exempts.	Exempts.	....	
des pays hors d'Europe....	100 k. BB	1	7	
des entrepôts...........	id.	4	7	
Bois de teinture en bûches,				
Epine-vinette, bois et racines............	id.	Exempt.	Exempt.	
de fustet............	id.	Exempt.	Exempt.	
Fernambouc, Sapan, Nicaragua, Santal rouge et tous autres, des pays hors d'Europe............	d.	Exempt.	6	

NOTES.

(1) Toutes ces grosseurs se prennent au sixième de la longueur à partir du gros bout.

* Le droit de 30 fr. par 100 kil. à la sortie est applicable aux bois de noyer bruts ou sciés de toutes dimensions. (Décr. du 5 décembre 1857.)

Les feuilles de placage ayant 3 millim. ou moins d'épaisseur sont libres à l'exportation comme marchandises non dénommées.

DÉNOMINATION DES MARCHANDISES.	UNITÉS sur lesquelles portent les DROITS.	DROITS D'ENTRÉE par navires français. F.	C.	DROITS D'ENTRÉE par navires étrangers et par terre. F.	C.	DROITS de SORTIE. F.	C.
Bois de teinture des entrepôts	100 k. B	3		6			
moulus sans dist. d'espèce ni de provenance.	id.	20		22			
Bois en éclisses (1)	les 1000 f.	0	10	2			
Bois feuillard (2)	1000 en n.	0	10	1	50		
Bois odorants, de sassafras des pays hors d'Europe.	100 k. BB	Exempt.		15			
des entrepôts	id.	10		15			
autres (3), des pays hors d'Europe	id.	Exempt.		15			
des entrepôts	id.	10		15			
Boissellerie (4)	id.	4		4	40		
Boissons distillées (5).							
Rhum et tafia des colonies françaises	l'hectolitr.	Exempt.		....			
d'ailleurs	id.	25		25			
Eaux-de-vie de toutes sortes (6)	d'alc. pur.	25		25		0	10
Liqueurs des colonies françaises	l'hect. liq.	15		....		1	
d'ailleurs	id.	150		150		id.	
Boissons fermentées (7).							
Vins ordinaires en futailles, en outres, et en bouteilles	l'hectolit.	0	25	0	25	0	01
Vins de liqueur (8), en futailles, en outres et en bouteilles	de liquide.	0	25	0	25	0	05
Vinaigre de vin, de bois ou de grains (*acide acétique*), en futailles.	id.	10		10			
en bouteilles.	id.	10		10			
Vinaigre de bière, de cidre, de poiré et de pomme de terre	id.	2		2			
Cidre, poiré, verjus	id.	2		2			
Bière	id.	6		6			
Hydromel (*eau miellée, cuite et fermentée*)	id.	25		25			
Jus d'orange, et autres jus de fruits non dénommés des colonies françaises	id.	Exempts.		....			
de l'étranger	id.	25		25			
Boites de bois blanc. *V.* Ouvrages en bois.							
Bol d'Arménie et terre de Lemnos (*)	100 k. BB	Exempts.		1	00		
Bombes. *V.* Munitions de guerre, Projectiles.							
Bonbons (9). Des colonies françaises,							
au delà du cap de Bonne-Espérance	100 k. NB	40 (**)		....			
d'Amérique	100 k. NB	43		....			
de Chine, Cochinchine, Philippines, Siam.	id.	48		68			
des autres contrées de l'Inde	id.	50		68			
d'ailleurs, hors d'Europe	id.	53		68			
des entrepôts	id.	63		68			
Bonneterie (10). *V.* Tissus, suivant l'espèce.							
Bonnets à poil. *V.* Pelleteries ouvrées.							
Borax. Brut, natif de l'Inde	100 k. BB	Exempt.		6			
d'ailleurs	id.	3		6			
artificiel de l'Inde	100 k. NB	50		125			
d'ailleurs	id.	100		125			
mi-raffiné, natif ou artificiel de l'Inde	id.	65		162	50		
d'ailleurs	id.	130		162	50		
raffiné, natif ou artificiel	id.	180		191	50		
brut destiné au raffinage (11)	id.		50	2			
Bottes et bottines. *V.* Ouvrages en peaux ou en cuir non dénommés, pelleteries ouvrées, ou Caoutchouc mélangé (Ouvrages en).							
Bouches à feu. *V.* Armes de guerre.							
Bouchons de liége. *V.* Liége ouvré.							
Boucles de cuivre ou de fer. *V.* Mercerie commune.							
d'étain. *V.* Ouvrages en étain, Poterie.							
Boucs et chèvres (12)	par tête.	Exempts.		Exempts.			
Bougies de blanc de baleine et de cachalot	100 k. NB	220		233	50		
cire jaune	100 k. NB	50		55			
blanche	id.	85		91	70		
Bougran. *V.* Toile écrue apprêtée, de lin ou de chanvre.							
Bouilloires. *V.* Ouvrag. en métaux, selon l'espèce.							

NOTES.

(1) Ce sont les bois pour la boissellerie.

(2) La dénomination de bois *feuillard* comprend les bois de *fente* pour cercles ou lattes, ainsi que les bois sciés pour lattes, lorsque ceux-ci ont au plus 4 à 5 centimètres de largeur sur 16 millimètres d'épaisseur, ou bien, s'ils sont carrés, 34 millimètres sur chaque face. — Les lattes *sciées* dont les dimensions excèdent celles que l'on vient d'indiquer doivent être traitées comme *bois à construire.*

(3) Les bois odorants *non dénommés* sont principalement : les bois d'agra, dit *de senteur*, d'aloès, de baumier de Judée, dit *xylobalsamum*, de camphrier, de cannellier, de Rhodes, de santal blanc et de santal citrin. On assimile aux bois odorants les bois de garou, néphrétique, de quassie amère, dit aussi *de Surinam*, et le bois de tamaris.

(4) Cette dénomination comprend les ouvrages en bois, complets et achevés, tels que les petits barils au-dessous de 10 litres, les boisseaux, pelles, fourches, fléaux, sébilles, cuillers, échelles, chevilles, fuseaux, écuelles non vernies, les instruments aratoires simples en bois, les coffres et malles non garnis, les chaufferettes, marche-pieds, échelles, porte-manteaux, les cadres communs en bois blanc, sans moulures, les fonds de cribles, etc., etc.

(5) Plus, le droit sur le contenant, soit au droit des bouteilles de verre qui est de 15 cent. par litre à l'entrée, et 25 cent. par quintal à la sortie ; soit comme poterie de grès, etc.

(6) On range dans cette classe les eaux-de-vie de grain, de pomme de terre, de fécule, de gentiane, le gin, le wisky, le genièvre. La limonade gazeuse est soumise au même droit : l'extrait de punch paye comme liqueurs. L'alcool fabriqué en Corse ou en Algérie par la distillation de l'asphodèle, des figues, de cactus, etc., est admis en franchise de droits en France.

(7) Les droits imposés à la sortie sur les boissons sont applicables dans tous les bureaux. Mais il existe à l'égard de certaines boissons, fermentées ou distillées, une restriction particulière de sortie qui a été établie dans l'intérêt du service de l'Administration des contributions indirectes. Les vin, cidre, poiré, hydromel, eau-de-vie, esprit-de-vin et liqueurs exportés par la voie *de terre* ne jouissent de l'exemption des droits résultant des articles 5 et 87 de la loi du 28 avril 1816, qu'autant que cette exportation s'effectue par l'un des points suivants :

Direction de Dunkerque. Lille (*chemin de fer*). Oost-Cappel, Zuidcoote, Calcanes, le Sceau, Armentières, Halluin, Turcoing (*chemin de fer*), Roubaix (*chemin de fer*), Baisieux.

Direction de Valenciennes. Bonsecours, Blancmisseron, Valenciennes (*chemin de fer*), Bettignies, Jeumont.

Direction de Charleville. Givet, Gué-d'Hossus, La Chapelle, Sapogne, Vireux.

Direction de Metz. Thonne-la-Long, la Malmaison, Mont-Saint-Martin, Ottange, Évrange, Apach, Guerstling-Niedwelling, les Trois-Maisons, Carlaing, Forbach, Frauenberg, Ecouviez, Thionville (station).

Direction de Strasbourg. Wissembourg, Lauterbourg, la Wantzenau, le Pont-du-Rhin, Rhinau, Artzeinheim, Ile-de-Paille, Saint-Louis, Huningue, Chalampé, Courtavon, Delle.

Direction de Besançon. Abbevillers, Villars-sous-Blamont, Le Villers, Les Verrières-de-Joux, Les Échampey, Glère, Le Gournois, Les Fourgs.

Direction de Bourg. Les Rousses, Seyssel, Port-de-Cordon, Fernay, Pouilly-Saint-Genis, Saint-Blaise.

Suite des Notes.

Direction de Digne. Mont-Genèvre.

Direction de Perpignan. Le Perthus, St-Laurent-de-Cerda, Prats-de-Mollo, Bourg-Madame.

Direction de Toulouse. Fos, Saint-Mamet.

Direction de Bayonne. Urdos, Arnéguy, Ainhoa, Béhobie.

(8) Ce sont notamment les vins d'Alicante, de Calabre, de Calvisson, de Candie, de Canarie, du Cap, de Centaurin ou de Santorin, de Chio, de Chypre, de Constance, les vins cuits grecs, d'Italie, de Lacryma-Christi, de Lesbos, de Loka, de Madère, de Malaga, de Malvoisie, de Marsalla, de Montefiascone, de Montferrat, de Naples, de Paille, de Pakaret, de Piémont, de Rancio, de Rota, de Syracuse, de Ténédos, de Ténériffe, de Tierno, de Tokai, de la Verdée, de Hongrie, de Xérès, etc.

On range dans la même classe les vins mousseux, les vins façon de Champagne, de Lunel, de Frontignan, de Rancio, de Paille, de Malvoisie. Le vin du Rhin est traité comme le vin ordinaire, ainsi que le vin de Porto sec et doux.

Les vins de *Benicarlo* et d'*Alicante*, provenant de la dernière récolte, qu'on importe en futailles par les ports de *Marseille*, *Cette*, *Agde*, *Bordeaux* ou *Nantes*, à la charge d'en assurer la destination pour Marseille, Nantes, Cette ou Bordeaux, où ils doivent être exclusivement employés à des mélanges avec des vins de France, sont admis aux droits de 10 fr. par hectolitre.

(9) On assimile aux bonbons les biscuits, macarons, massepains, nougats, ainsi que les autres pâtisseries sucrées appelées de petit-four, tous les objets du commerce des confiseurs, sauf les sirops et les confitures.

(10) La bonneterie de coton et celle de laine jouissent d'une prime à la sortie.

Sous cette dénomination, on entend les bas, bonnets, gants, bourses, et tous les vêtements tricotés à la main ou au métier. Quant aux tricots qui se coupent à la pièce, ils sont rangés dans la classe des tissus et suivant leur régime.

(11) A charge de réexporter, dans l'année, le même poids de borax naturel raffiné.

(12) Pour ceux des États sardes, *V.* l'Appendice, après le Tableau des droits.

(*) Par terre, exempt.

(**) A dater du 1er juillet 1859 jusqu'au 30 juin 1861, les droits seront portés à 42 et 45 fr.

DÉNOMINATION DES MARCHANDISES.	UNITÉS sur lesquelles portent les DROITS.	DROITS D'ENTRÉE par navires français.	DROITS D'ENTRÉE par navires étrangers et par terre.	DROITS de SORTIE.
		F. C.	F. C.	F. C.
Boulets. *V.* Munitions de guerre, Projectiles.				
Bourdaine (Écorce de). *V.* Ecorces à tan.				
Bourre de soie. *V.* Soies.				
Bourses tricotées. *V.* Bonneterie suivant l'espèce.				
en grains de verre. *V.* Mercerie fine.				
Boutargues. *V.* Poissons de mer.				
Bouteilles de grès. *V.* Poterie de grès.				
de verre. *V.* Verres et cristaux.				
Boutons de passementerie, en coton pur ou mélangé de matières autres que la laine et la soie, unis.....	100 k. NB	100	107 50	
façonnés.	id.	200	212 50	
autres..................	id.	comme pass.	selon l'esp.	
Boutons autres que de passementerie (1), communs.	100 k. NB	100	107 50	
fins... ..	id.	200	212 50	
Bouvillons (2)...........................	par tête.	1	1	
Boyaux frais ou salés....................	100 k. BB	Exempts.	Exempts.	
Brai sec, résidu de distillation.......	id.	5	5 50	
gras et goudron, résine indigène brute de combustion..........................	id.	3 50	5 50	
destinés à la construction des bâtim. de mer..	id.	Exempts.	Exempts	
Brebis. *V.* Moutons.				
Breloques de montre en or et en arg. *V.* Bijouterie.				
autres. *V.* Ouvrages en mét., selon l'espèce.				
Brésillet. *V.* Bois de teinture à dénommer.				
Bretelles en coton. *V.* Tissus de coton, Passementerie.				
Briques en terre cuite. *V.* Matériaux.				
Briquets. *V.* Mercerie commune.				
Brocatelle d'Espagne. *V.* Marbre.				
Broches à tricoter. *V.* Mercerie commune.				
Brodequins. *V.* Peaux ouvrées.				
Broderies (3). *V.* Ouvrages de modes.				
Brome (4)................................	id.	40	44	
Bronze brut. *V.* Cuivre allié d'étain.				
ouvré. *V.* Ouvrages en cuivre.				
Brosserie, pinceaux composés de poils fins ou de cheveux. *V.* Mercerie fine.				
Brou de noix..............................	id.	Exempt.	Exempt.	
Bruyères à vergettes, brutes................	id.	Exemptes	Exemptes	
dépouillées de leur barbe...	id.	50	5	
Bulbes ou oignons de fleurs (5)...............	id.	Exempts	Exempts.	
Bulbes d'asphodèle par nav. franç. et par terre...	id,	Exempts.	....	
par navires étrangers.......	id.	....	1 10	
Burins. *V.* Outils de pur acier.				
Buscs pour corsets de femme, en acier. *V.* Ouvrages en fer et en acier.				
en baleine. *V.* Fanons de baleine apprêtés.				
Cabestans en bois, agrès et apparaux.........	la valeur.	10 p. 100	10 p. 100	
en fer et en fonte...............	100 k. B	....	Comme machines et mécaniques non dénom.	
Cables en végétaux. *V.* Cordages.				
en fer pour la marine. *V.* Embarcations.				
en fer, autres. *V.* Ouvrages en fer.				
Cacao (fèves et pellicules), des colonies françaises.	100 k. NB	40		
des pays situés à l'ouest du cap Horn.......	id.	50	....	
d'ailleurs hors d'Eur..	id.	55	75	
des entrepôts........	id.	65	75	
Cacao simplement broyé ou en pâte............	id.	150	75	
(Huile ou beurre de)..................	1 k. BB	25	160	
Cachemire (Châles de). *V.* Tissus de poil.			25	
Tissus autres que les châles. *Voyez* Tissus de poil.				
Cachou (6) en masse, des pays hors d'Erope. ...	100 k. BB	Exempt.	4	
des entrepôts	id.	2	4	
préparé. *V.* bonbons.				
Cadmie ou tuthie *(oxyde de zinc gris cendré). Voyez* Oxydes.				
Cadmium brut (7).........................	id.	2	2 20	
Café (8) des colonies françaises, des établissements français sur la côte occidentale d'Afrique (9)........................	100 k NB	30	....	
d'ailleurs hors d'Europe....	id.	42	55	
des entrepôts.........................	id.	50	55	
faux, chicorée moulue...................	100 k. B	prohibé.	prohibé.	
Cafetières en fer-blanc ou en cuivre. *V.* Ouvrages en fer ou en cuivre.				
Calamine grillée. *V.* Zinc.				
Calebasses vides.........................	100k. BB	exemptes.	exemptes.	
Calcédoines. *V.* Agates.				
Calicot. *V.* Tissus de coton non dénommés.				

NOTES.

(1) Parmi les boutons autres que de passementerie, sont considérés comme fins les boutons en acier, en ivoire, en nacre, en écaille, en émail, en verre ou cristal taillé, en porcelaine, ainsi que les boutons dorés, argentés, plaqués, estampés, vernis, brunis ou bronzés, et généralement tous les boutons de luxe.

(2) Pour ceux des États sardes, voir l'Appendice, après le Tableau des droits. — On entend par bouvillons les jeunes sujets de 6 à 9 mois ayant des dents de lait.

(3) Cette assimilation n'est relative qu'à la sortie des bandes de mousseline, de percale et de tulle brodées; car toute espèce de tissu de coton est prohibée à l'entrée.

(4) Brôme, corps simple liquide, d'un rouge brun très-foncé. Il a une odeur forte, analogue à celle du chlore. Comme l'iode, le brôme forme sur la peau une tache jaune, qui disparaît assez promptement.

(5) Ce sont les scilles marines, les caïeux de fleurs, les colchiques, renoncules, les aulx et toutes autres bulbes ou *oignons-fleurs*. Les oignons communs de cuisine font partie des légumes verts.

(6) On distingue deux espèces principales de cachou : 1° morceaux irréguliers, extérieur à apparence terreuse, cassures brunes, aspect résineux; 2° cubes réguliers en tous sens de 3 à 4 centim., friables à l'intérieur, de couleur rougeâtre ou nankin très-foncé, qui n'a aucune apparence résineuse : c'est la plus riche en matières colorantes. Toutes deux ont cette saveur astringente avec un arrière-goût sucré qui est un des caractères distinctifs du cachou. C'est un stomachique estimé. On l'emploie beaucoup en teinture. — Le cachou a été pendant longues années désigné sous le nom de *terre du Japon*, parce que les marchands, trompés par la couleur et la friabilité de cette substance, ont cru que c'était de la terre.

L'espèce la plus estimée est celle de Bombay; celle du Bengale vient après. L'analyse a fait reconnaître qu'elles se composent de :

	Cachou de Bombay.	*Cachou du Bengale.*
Tannin	54. 50	.... 48. 50
Extractif	34.	.... 36. 50
Mucilage	6. 50	.... 8.
Matière terreuse	5.	.... 7.
	100.00	100.00

(7) C'est un métal d'un aspect brillant, analogue à celui de l'étain et d'une cassure fibreuse. Il s'extrait du minerai de zinc, et s'emploie comme matière première dans la composition des couleurs.

(8) Les taxes indiquées par le *Tableau des droits* ne sont applicables qu'au café *épluché*, c'est-à-dire à la fève ou semence du cafier dépouillée de toute coque ou pellicule, et telle qu'on la trouve d'ordinaire dans le commerce.

Quant au café importé *en cerise* ou *en parchemin*, une décision ministérielle, en date du 20 août 1823, autorise à déduire du poids *net* de la marchandise le poids des pellicules doubles ou simples dont les fèves sont enveloppées. D'après les expériences faites par l'Administration sur des cafés de diverses provenances, on peut allouer, pour compenser le poids des pellicules, savoir : 40 p. 100, lorsque le café est *en cerise*; et 20 p. 100 lorsqu'il est *en parchemin*. Les substances pulvérisées que l'on nomme *faux café*, de quelque nature qu'elles soient, sont assimilées à la chicorée moulue, et se trouvent par suite prohibées à l'entrée.

(9) Le droit dont il s'agit ici n'est pas applicable aux cafés importés de tous les pays situés sur la côte occidentale d'Afrique, laquelle s'étend depuis le Maroc jusqu'au cap de Bonne-Espérance. La loi a expliqué elle-même que ce droit serait *exclusivement* afférent aux cafés provenant de nos établissements sur cette côte, et pour lesquels par conséquent il serait produit les justifications auxquelles est subordonné le bénéfice des modérations de tarif accordées à notre commerce avec le Sénégal et ses dépendances. Ainsi, pour que ce droit modéré puisse être appliqué, il faut non-seulement que le café soit originaire d'Afrique, mais encore qu'il soit dûment établi qu'il arrive de nos établissements de la côte occidentale du pays. — Les cafés provenant du *Rio-Nuñez* (port libre de la côte de Sénégambie), jouissent de la modération des droits lorsqu'ils sont importés du Sénégal et de Gorée, et que l'origine en est régulièrement constatée. Le même régime est étendu au café venant de Rio-Pongo.

DÉNOMINATION DES MARCHANDISES.	UNITÉS sur lesquelles portent les DROITS.	DROITS D'ENTRÉE par navires français. F.	C.	DROITS D'ENTRÉE par navires étrangers et par terre. F.	C.	DROITS de SORTIE. F.	C.
CAMÉES non montés modernes en coquilles. Mêmes droits que le corail taillé.							
antiques. *V.* Objets de collection.							
CAMELOTS. *V.* Tissus de laine non dénommés.							
CAMPÊCHE. *V.* Bois de teinture à dénommer.							
CAMPHRE brut de l'Inde.	100 k. BN	20		50			
d'ailleurs, hors d'Europe.	100k. NN	30		50			
des entrepôts.	id.	40		50			
raffiné.	id.	150		160			
CANEBERGE (Baies de). *V.* Fruits frais exotiques à dénommer.							
CANEVAS pour tapisserie et pour toile cirée. *V.* Toile de lin ou de chanvre écrue, sans apprêt.							
CANNELLE dite de Chine de l'Inde (1).	1 k. NB		33	1			
d'ailleurs.	id.		66	1			
autre, de la Guiane française	id.		65	....			
de l'Inde	id.	1		3			
d'ailleurs	id.	2		3			
CANNES. *V.* Joncs et roseaux (2).							
CANNES à sucre (3). *V.* Objets de collection.							
CANNETILLES d'or ou d'arg. fin. *V.* Or ou argent tiré.							
faux. *V.* Cuivre doré ou argenté tiré.							
CANONS, bouches à feu en état de servir. *V.* Armes de guerre d'affût.							
(4) vieux, en bronze. *V.* Cuivre allié d'étain.							
en fonte. *V.* Fers et Fontes.							
CANTHARIDES (*mouches desséchées*)	100 k. NB	62		67	60		
CANULES, ouvrages en bois	la valeur.	15 p. °/o.		15 p. °/o.			
CAOUANES de tortue. *V.* Écailles de tortue.							
CAOUTCHOUC et gutta-percha (5), bruts ou refondus en masses, des pays hors d'Europe.	100 k. BB	Exempt.		10			
des entrepôts.	id.	5		10			
(6) ouvré, ouvrages en caoutchouc ou en gutta-percha, autres que les instruments de chirurgie, simplement refondus purs	100 k. NB	20		22			
mélangés avec d'autres matières.	id.	50		55			
combinés ou appliqués sur d'autres matières, sauf les tissus en pièces autres que ceux manifestement destinés à la fabrication des cardes (7).	id.	200		212	50		
(Essence de). *V.* Huiles volatiles, etc.							
CAPARAÇONS pour chevaux. *V.* Sellerie en cuir.							
CAPRES. *V.* Fruits de table confits.							
CAPSULES pour amorces (8).	100 B	prohibées		prohibées			
CARABINES. *V.* Armes de guerre, de chasse ou de luxe.							
CARACTÈRES d'imprimerie neufs en langue franç. (9).	100 k. NB	200		212	50		
en langue allemande.	id.	50		55			
en toute autre langue.	id.	100		107	50		
vieux et hors d'usage.	100 k. BB	5		5	50		
CARAPACES. *V.* Écailles de tortue							
CARBONATE de plomb (10), *céruse*	id.	20		22			
blanc de plomb.	id.	30		33			
très-pur (*blanc d'argent*).	id.	35		38	50		
autres. *V.* Sels -carbonate.							
CARDAMOMES. *V.* Amome et cardamomes.							
CARDES à carder. *V.* Machines et mécaniques.							
CARILLONS à musique. *V.* Horlogerie.							
CARLINE. *V.* Racines médicinales à dénommer.							
CARMIN fin (11).	1 k. NB	58		63	40		
CARMIN commun (11).	100 k. BB	33		36	30		
CARRELETS. *V.* Outils de pur acier.							
CARTELS de pendule en bois, même ceux peints, vernis et dorés. *V.* Ouvrages en bois non dénommés.							
CARTES à jouer (12).	100 k. B	prohibées.		prohibées.			
géograph. de portefeuille et d'ornement (13).	100 k. NB	300		317	50		
CARTHAME (Fleurs de) des pays hors d'Europe.	100 k. BB	Exempt.		6			

NOTES.

(1) Sous le nom de cannelle *de Chine* la loi a voulu désigner la cannelle commune. Celle-ci, dont les morceaux sont plus courts que ceux de la cannelle fine, dite *de Ceylan*, se distingue aussi de cette dernière par son épaisseur, qui est de 1 millimètre à 1 millimètre et demi, tandis que l'écorce fine n'a jamais plus d'un tiers de millimètre. En outre, la cannelle commune se casse comme de la pâte sèche; c'est une écorce simple, formant un tube. La cannelle fine, au contraire, fléchit un peu avant de se rompre, et présente quatre, cinq ou six feuillets minces roulés ensemble. La finesse de l'arome est d'ailleurs un indice qui ne trompe pas ceux qui ont pris le soin de comparer les diverses sortes de cannelles.

(2) Les cannes montées ne sont notamment reprises en aucune loi; ainsi on doit à leur égard procéder par analogie. Celles garnies en ivoire, en ébène, en coco, en autres matières, doivent être traitées comme tabletterie non dénommée, c'est-à-dire prohibées à l'entrée. Celles à pommeaux d'or ou d'argent doivent le droit des joncs, plus le droit de la bijouterie pour les garnitures, et sont en outre soumises au poinçon de garantie.

(3) Les cannes à sucre qui arrivent par petites parties doivent être traitées comme objets de collection; mais s'il en était importé pour en extraire le sucre, alors elles seraient taxées dans la proportion de celui qu'elles contiennent.

(4) Avant d'admettre comme métaux bruts les canons ou autres bouches à feu, on exige qu'ils soient encloués et qu'on brise les tourillons qui les retiennent sur l'affût.

(5) Substance produite par l'épaississement d'un suc laiteux qu'on obtient, par incision, de certains végétaux, et particulièrement d'un arbre d'Amérique, nommé *hevea*. Elle est importée sous la forme des moules d'argile sur lesquels le suc a été reçu et s'est concrété par suite de son exposition au soleil ou au feu. Cette forme est le plus ordinairement celle de bouteilles ou de poires. Le caoutchouc a des propriétés toutes particulières: il est plus élastique, plus extensible qu'aucune autre matière; on ne lui connaît pas d'analogue. Il est appelé aussi *gomme élastique*. Le caoutchouc *liquide*, qui n'est autre chose que le suc dont il est ici question non encore desséché, suit le régime du caoutchouc brut; mais on ne doit pas le confondre avec l'huile essentielle de caoutchouc, qui s'obtient en décomposant le caoutchouc par l'action du feu: celle-ci rentre dans la classe des *huiles volatiles non dénommées*. — On assimile au caoutchouc la *gutta-percha* ou *gétania*. C'est le suc épaissi d'un arbre des Moluques qui a les propriétés principales du caoutchouc.

(6) Les souliers, bottes, bouteilles et autres objets en caoutchouc, quand il s'agit exclusivement de la substance elle-même qu'on a fait coaguler et sécher sur des moules ayant la forme desdits objets, sont admis au droit de la matière brute; mais lorsqu'ils ont reçu une main-d'œuvre ultérieure, et qu'on y a ajouté des ornements ou des accessoires, ils doivent être traités, suivant le cas, comme ouvrages en caoutchouc pur ou en caoutchouc combiné avec d'autres matières. — Les instruments de chirurgie en caoutchouc continuent à payer 10 p. 100 de la valeur. Les tissus en pièces sont traités comme s'ils étaient uniquement formés de la substance textile à laquelle le caoutchouc serait allié. — Les ouvrages en gutta-percha sont assimilés aux *ouvr. en caoutchouc*, selon l'esp.

(7) Ne sont pas considérées comme tissu en

Suite des Notes.

pièces les bandes en caoutchouc ou en gutta-percha combinées avec ou appliquées sur une matière textile quelconque, quand ces bandes n'auront pas une largeur de plus de 20 centim., sauf en ce qui concerne les tissus pour cordonnerie, qui sont prohibés lorsqu'ils contiennent du coton (circul. 605).

(8) Celles pour armes de guerre ne peuvent être exportées ou expédiées en transit qu'avec l'autorisation du ministre de la guerre.

(9) Par caractères en langue française la loi de 1818 a entendu tous ceux dont nous nous servons, et que l'on peut également employer pour d'autres langues. Ainsi les caractères allemands sont spécialement taxés; ceux en toutes autres langues étrangères ne comprennent que ceux polonais, russes, grecs, turcs, et des autres langues orientales, qui diffèrent essentiellement des nôtres.

(10) D'après le traité de commerce et de navigation conclu, le 25 juillet 1840, entre la France et les Pays-Bas, la céruse de *fabrication néerlandaise* ne doit être soumise, à l'entrée, qu'aux *deux tiers* de la taxe indiquée au *Tableau des droits*, soit 13 fr. 33 centimes par 100 kilogrammes, quand d'ailleurs elle est importée *en droiture par mer*, sous pavillon français ou hollandais, d'un port des Pays-Bas en Europe, et que l'on produit, outre les manifestes, connaissements et expéditions régulières de la douane néerlandaise, un certificat d'origine délivré par les expéditeurs et dûment légalisé par l'agent consulaire français au port de départ. Quant à la céruse provenant des États Sardes, voir l'Appendice, après le Tabl. des droits.

(11) Couleur d'un rouge de feu et très-éclatante; se dissout entièrement dans l'ammoniaque. — Le carmin commun s'obtient des résidus des matières dont on a extrait le carmin fin et auxquels on a ajouté du bois de teinture.

(12) Les exportations de cartes à jouer s'effectuent toujours avec expédition des contributions indirectes.

(13) Les cartes géographiques placées dans des ouvrages de librairie et se rapportant au texte acquittent à l'entrée les mêmes droits que les livres.

DÉNOMINATION DES MARCHANDISES.	UNITÉS sur lesquelles portent les DROITS.	DROITS D'ENTRÉE par navires français.		DROITS D'ENTRÉE par navires étrangers, et par terre.		DROITS de SORTIE.	
		F.	C.	F.	C.	F.	C.
CARTHAME (Fleurs de) des entrepôts	100 k. BB	3		6			
CARTON en feuilles, lustré, à presser les draps	100 k. NB	80		86	50		
de simple moulage, ou pâte de papier	100 k. N	150		160		prohibé.	
autre (1)	100 k. NB	150		160			
moulé dit *papier mâché* (2)	100 k. NB	200		212	50		
coupé et assemblé	id.	100		107	50		
CARVI (Graine de). *Voyez* Fruits médicinaux à dénommer.							
CASCARILLE. *Voyez* Écorces médicinales à dénommer.							
CASIMIR. *V.* Tissus de laine non dénommés.							
CASQUETTES de feutre. *V.* Feutres, Chapeaux.							
CASSE sans apprêt des pays hors d'Europe	100 k. BB	Exempts.		20			
des entrepôts	id.	10		20			
CASSE CONFITE (*canéfice*), des colonies françaises, au delà du cap de Bonne-Espérance	100 k NB	19		....			
des colonies françaises d'Amérique	id.	22		....			
d'ailleurs hors d'Europe	id.	28		39			
des entrepôts	id.	34		39			
CASSEROLES en fonte, fer-blanc, cuivre, etc. *V.* Ouvrages en métaux, suivant l'espèce.							
CASSIA-LIGNEA de la Guiane française (3)	1 k. NB		21	....			
de l'Inde	id.		33	1			
d'ailleurs	id.		66	1			
CASSIE (Gousses de). *V.* Gousses tinctoriales.							
CASSONADE. *V.* Sucre brut ou terré.							
CASTINE (A)	100 k. BB	Exempte.			25		
CASTORÉUM (4)	100 k. NB	184		195	70		
CAVIAR. *V.* Poisson de mer.							
CÉDRATS frais. *V.* Fruits frais, Citrons.							
confits au sel. *V.* Fruits confits, Câpres.							
au sucre. *V.* Confitures.							
CÈDRE. *V.* Bois d'ébénisterie.							
CENDRES de bois vives ou lessivées. *V.* Alcalis.							
CENDRES noires, dites cendres de Tropey, etc. *V.* Terres pyriteuses, etc.							
CENDRES bleues ou vertes (*not. vert de schwinfurt*)	id.	164		174	70		
CENDRES et regrets d'orfèvre, par navires français et par terre	100 k. BB	exemptes.		... . . .			
par navires étrangers	100 k. B	1		....			
CERCLES de bois. *V.* Bois feuillard.							
CERCLES de fer séparés des fûts. *V.* Ouvrages en fer.							
de fer adaptés. *V.* Cuveaux, seaux ou futailles vides (5).							
CÉRÉALES. *V.* Tarif des, page 79.							
CERFS vivants. *V.* Gibier. — Cerfs morts. *V.* Gibier.							
CÉRUSE. *V.* Carbonate de plomb.							
CERVELAS. *V.* Viandes salées de porc.							
CHAINES d'or et d'argent. *V.* Bijouterie.							
dorées, argentées ou d'or faux. *V.* Cuivre doré ou argenté ouvré.							
de fer, d'acier ou de cuivre. Comme Ouvrages en fer, en acier ou en cuivre.							
câbl. en fer pour la mar. *V.* Embarcations.							
CHAISES montées. *V.* Meubles.							
CHALES de cachemire. *V.* Tissus de poil.							
CHAMPIGNONS, morilles et mousserons frais, secs ou marinés.	100 k. NB	Exempts.		Exempts.			
CHANDELIERS d'argent ou de vermeil. *V.* Orfèvrerie.							
CHANDELLES communes	100 k. BB	10		11			
CHANVRE teillé et étoupes	100 k.	4		5			
CHAPEAUX de fibres de palmier, fins (6)	la pièce.		75		75		
communs	id.		25		25		
de paille, d'écorce ou de sparte, grossiers (7)	id.		50		50		
fins à tresses cousues	id.	1		1			
à tresses engrenées (8)	id.	1	25	1	25		
de castor, de laine, de poil, de soie. *V.* Feutres.							
de crin. *V.* Tissus de crin.							
chinois. *V.* Instruments de musique.							
de toile cirée. Mêmes droits que les chapeaux de feutre. *V.* Feutres.							
de cuir verni ou non. *V.* Peaux ouvrées.							
CHAPELETS de bois. *V.* Mercerie commune.							
CHARBON de bois et de chenevottes (A)	le m. cube	Exempts.		0	05	prohibés.	
CHARDONS cardières (*dipsacus*), têtes	100 k. BB	Exempts.		Exempts.		3	
(Graines de)	id.		10	1			25
CHARIOTS	la valeur.	15 p. %.		15 p. %			
CHARPIE provenant de vieux linge effilé. *V.* Drilles.							
en feuilles (9). *V.* Fil de lin simple, blanchi.							
CHARRÉE (cendres de bois lessivées). *V.* Alcalis.							
CHATAIGNES (fruits et farines). *V.* Marrons.							

NOTES.

(1) On range dans cette classe tous les cartons en feuilles autres que ceux désignés précédemment, et particulièrement tous les cartons dits *de collage*, lesquels sont formés de feuilles de papier superposées et collées les unes aux autres.

C'est à cette même classe qu'appartiennent : 1° les cartons fabriqués avec de la paille ou du bois triturés; 2° celui que l'on fabrique avec des déchets de peaux agglomérés par un fort encollage et qu'on appelle *carton cuir ;* 3° le carton enduit de céruse et glacé, improprement appelé *papier porcelaine*, avec lequel on fait des cartes de visite et d'autres objets.—Quant aux cartons présentant des dessins coloriés ou en relief, ils suivent le régime des étiquettes imprimées, gravées, etc.

(2) Le carton moulé, dit papier mâché, comprend tous les ouvrages en carton moulés, tels que tabatières, boîtes, pièces d'ornement, objets de l'art plastique et statuaire que l'on fabrique avec une pâte très-collée, et qui sont le plus souvent recouverts d'un vernis colorié. Il comprend aussi le carton imprimé imitant la paille d'Italie, connu dans le commerce sous le nom de *carton-paille*, et avec lequel on fait des chapeaux de femme.—Les poupées et têtes de poupée, et les petites statuettes en carton moulé, destinées aux enfants, font partie de la bimbeloterie.

(3) On traite comme cassia-lignea les écorces de divers lauriers aromatiques provenant de l'Inde, lesquelles sont souvent employées à sophistiquer les cannelles.

(4) Substance de nature résineuse, brune, rougeâtre ou jaunâtre, d'une saveur âcre et amère et d'une odeur forte.

(5) Les cercles de fer employés comme ligaments des balles de tissus de laine et de coton sont assujettis aux droits du fer étiré en barres plates ; mais quand le nombre de ces cercles n'excède pas ce qui est nécessaire pour serrer les balles, ou quand ces cercles brisés ou oxydés sont reconnus impropres à tout autre emploi qu'à la refonte, on peut les admettre en franchise.

(6) Les chapeaux de fibres de palmier fins sont ceux qui présentent 14 tresses ou plus dans l'espace d'un décimètre.

(7) Les chapeaux de paille entière, d'écorce, de bois ou de sparterie qui ont moins de 14 tresses dans l'espace d'un décimètre sont considérés comme grossiers. Un arrêté du 5 décembre 1848, modifié par celui du 18 septembre 1849, autorise l'admission, en franchise de droits des chapeaux de paille grossiers destinés à être apprêtés et garnis en France, et réexportés ensuite.

On traite comme fins :

1° Ceux des mêmes espèces qui ont 14 tresses ou plus dans le même espace ;

2° Les chapeaux de paille coupée et ouvragée, quelle que soit la largeur des tresses.

(8) On assimile aux chapeaux de paille fins à tresses engrenées : 1° les chapeaux formés d'une espèce de tissu dont la chaîne est en rotin et la trame en baleine ; 2° les chapeaux en paille mêlée de soie, crin, fibres d'aloès, abaca, etc.

Les chapeaux en tresses de bois blanc, dits chapeaux *de paille de riz*, ainsi que les chapeaux en osier et en jonc, sont traités comme ceux de paille, d'écorce, etc.

(9) La charpie en feuilles préparée à la mécanique présente un duvet cotonneux fixé à une chaîne sans trame, par le moyen d'un fer chaud. Elle est assimilée au fil de lin simple blanchi, dont elle est principalement composée.

(A) Par terre exempte.

DÉNOMINATION DES MARCHANDISES.	UNITÉS sur lesquelles portent les DROITS.	DROITS D'ENTRÉE par navires français.		DROITS D'ENTRÉE par navires étrangers et par terre.		DROITS de SORTIE.	
		F.	C.	F.	C.	F.	C.
CHATAIGNES de Maragnon. *V.* Fruits exotiques.							
CHAUDIÈRES et chaudrons en cuivre ou en fonte. *V.* Ouvrages en cuivre ou en fonte.							
CHAUX calcinée ou non. *V.* Matériaux.							
carbonate. *V.* Pierres et terres servant aux arts, Craie.							
CHEVAUX	par tête.	25		25		Exempts.	
poulains *de toutes espèces* (1)	id.	15		15			
CHEVEUX	100 k. BB	Exempts.		Exempts			
(Ouvrages en.)	1 k. NB	2		2	20		
CHEVREAUX pesant moins de 8 k	par tête.	Exempts.		Exempts.			
CHÈVRES (2)	id.	Exemptes		Exemptes			
CHICORÉE moulue, ou faux café	100 k. B	prohibée.		prohibée.			
(Racines de) vertes ou sèches. *V.* Racines de chicorée.							
CHIENS de chasse	par tête.	Exempts.		Exempts.			
de forte race, de Dunkerque aux Rousses inclus. (3)	id.	....		....		5	
CHIFFONS. *V.* Drilles.							
imprégnés de couleur bleue. *V.* Maurelle.							
CHIQUES de marbre et de stuc. *V.* Marbres et chiques.							
de pierre ou d'agate. *V.* Pierres ou agat. ouv.							
CHOCOLAT et cacao simplement broyé	100 k. NB	150		160			
CHLORURE de chaux. *V.* Produits chimiq. non dén.							
CHOM (Planches dites). *V.* Bois à construire.							
CHOUCROUTE. *V.* Légumes salés.							
CHROMATES. *V.* Sels.							
CHRONOMÈTRES. *V.* Instruments d'optique.							
CRYSOCALE. *V.* Cuivre doré.							
CHRYSOCALE ou or de Mannheim. *V.* Cuivre allié de zinc doré.							
CHRYSOCOLLE. *V.* Borax (4).							
CIDRE. *V.* Boissons fermentées.							
CIGARES et CIGARETTES, *V.* Tabac fabriqué.							
CINABRE (sulfure de mercure) en pierres, naturel ou artificiel	id.	150		160			
pulvérisé (*vermillon*)	id.	200		212	50		
CIRAGES. *V.* Noir à souliers.							
CIRE non ouvrée jaune et brune (5)	100 k. BB	1		16			
blanche	100 k. NB	2		7			
(Résidus de)	100 k. BB	Exempts.		Exempts.			
ouvrée jaune	100 k. NB	50		55			
blanche	id.	85		91	70		
à gommer, à l'usage des tapissiers. *V.* Cire jaune non ouvrée.							
à cacheter, dite cire d'Espagne	id.	100		107	50		
CISAILLES, gros ciseaux pour couper les métaux. *V.* Outils de fer rechargés d'acier.							
CITRATE de chaux. *V.* Acides, citrique.							
CITRONS. *V.* Fruits de table frais.							
CIVETTE (6)	1 k. NB	123		131	60		
CLARINETTES. *V.* Instruments de musique.							
CLINQUANTS. *V.* Cuivre doré ou argenté laminé.							
CLOPORTES (insectes desséchés)	100 k. NB	Exempts.		Exempts.			
CLOUS de girofle. *V.* Girofle.							
COBALT (Minerai de), par navires franç. et par terre	100 k. BB	Exempt.		....			
par navires étrangers	id.	....		1	00		
vitrifié en masses (smalt)	1 k. NB	c. émail, vi- ou azur, sel.		trif. en mas. l'espèce.			
en poudre (azur) (7)	100 k. BB	30		33			
COCHENILLE des colonies françaises (8)	100 k. B.	Exemptes		Exemptes			
des pays hors d'Europe	id.	Exempt.		15	00		
des entrepôts	id.	10		15	00		
COCO (Noix de) pleines (9). *V.* Fruits frais.							
(coques de) vides ou desséchées. *V.* Coques.							
COCHONS	par tête.		25		25		25
de lait pesant moins de 15 kil.	id.		10		10		
COIFFES à chapeaux, en toile cirée ou non. *V.* Effets à usage, habillements neufs.							
COKE (houille carbonisée). *V.* Bitumes, Houille.							
COLCOTHAR ou vitriol rubifié. *V.* Oxyde de fer.							
COLLE de poisson de la Guiane française	100 k. NB	40		....			
d'ailleurs	id.	160		170	50		
COLLE-FORTE liquide ou desséchée	100 k. BB	25		27	50		
COLOPHANE. *V.* Résines indigènes.							
COLZA. *V.* Graines oléagineuses.							
CONCOMBRES frais. *V.* Fruits de table frais à dén. confits. *V.* Fruits confits.							
CONFITURES au sucre ou au miel (10), des colon. fr.	100 k. NB	22	50	....			
de Chine, Cochinchine, Philippin., Siam.	id.	48		68			
des autres contrées de l'Inde	id.	50		68			
d'ailleurs, hors d'Europe	id.	53		68			

NOTES.

(1) Par poulains on entend les jeunes sujets qui n'ont que des dents de lait.

(2) Pour les chèvres des États Sardes. *V.* l'Appendice après le Tableau des droits.

(3) Les chiens sont réputés de forte race quand ils ont 325 millimètres et plus de hauteur au milieu de l'échine.

La loi n'a nommément taxé à l'entrée que les chiens *de chasse;* mais s'il est importé des chiens de toute autre espèce, à titre d'opérations de commerce, ils sont soumis aux mêmes droits que les premiers.

(4) Le borax *brut* destiné au raffinage peut être importé au droit de 50 centimes ou de 2 francs par 100 kilogrammes brut, selon que le navire est français ou étranger, à charge de réexporter, dans l'année, le même poids de borax naturel raffiné.

(5) La cire dont il est ici question est la cire d'abeilles. On y assimile du reste la cire de myrica, ou cire végétale, connue sous le nom de cire végétale de la Louisiane, ainsi que toutes autres cires végétales.

(6) Matière résineuse, de consistance pâteuse et onctueuse, de couleur fauve ou brune, d'une très-forte odeur.

(7) On le nomme aussi *bleu de cobalt* et *bleu d'émail.* C'est du smalt réduit en poudre. Il en existe dans le commerce plusieurs sortes, qui se distinguent par la nuance et la finesse plus ou moins grande de la poudre. C'est ce qu'on appelle vulgairement azur *de* 1er, 2e, 3e, 4e *feu*, etc. L'azur s'importe habituellement dans des barils, dont les marques indiquent la finesse du produit qu'ils renferment. Le plus fin sert pour la peinture en détrempe. Les qualités inférieures sont employées dans les papeteries : les blanchisseurs en font aussi une grande consommation pour donner au linge un reflet bleuâtre.

(8) Par dérogation à l'art. 22 de la loi du 28 avril 1816, les bureaux de *Bourg-Madame*, *Perthus*, *Béhobie* et *Ainhoa*, sont ouverts à l'importation de la cochenille.

(9) Les petites noix de coco, quoique pleines, qui n'ont que 7 à 10 centimètres de longueur, et celles plus fortes, mais qui ne sont plus mangeables, ne doivent que le droit des coques vides.

(10) Les conserves de toutes sortes dans lesquelles il entre du sucre ou du miel sont des confitures.

DÉNOMINATION DES MARCHANDISES.	UNITÉS sur lesquelles portent les DROITS.	DROITS D'ENTRÉE par navires français.		DROITS D'ENTRÉE par navires étrangers et par terre.		DROITS de SORTIE.	
		F.	C.	F.	C.	F.	C.
CONFITURES des entrepôts	100 k. NB	63		68			
sans sucre ni miel (1)	id.	20		22			
CONTRE-BASSES. *V.* Instruments de musique.							
CONTREFAÇONS (2). *V.* Livres.							
COPAHU. *Voyez* Baumes.							
COPAL et Dammar (résines)	id.						
des pays hors d'Europe	id.	Exempte.		13			
des entrepôts	id.	8		13			
taillé. *V.* Mercerie fine.							
COQUES DE coco des pays hors d'Europe	id.	1		6			
d'ailleurs	id.	3		6			
COQUILLAGES pleins, huîtres, moules, etc. *V.* ces mots.							
vides (cauris). *V.* Antale.							
nacrés. *V.* Nacre de perle.							
CORAIL brut de pêche française	id.	1		....			
de pêche étrangère	id.	20		22			
taillé, mais non monté (3)	1 k. NB	10		11			
monté. *V.* Bijouterie d'or et d'argent.							
en poudre. *V.* Parfumerie, poudres de senteur à dénommer.							
CORBEILLES en quelque végétal que ce soit. *V.* Vannerie à dénommer.							
CORDAGES de chanvre	100 k. BB	25		27	50		
de sparte de tous calibres, fabriqués avec fils ou tresses battues (veltes).	id.	5		5	50		
non battues...	id.	2		2	20		
en fibres de coco (bastings)	id.	5		5	50		
de tilleul et de joncs	id.	2		2	20		
de phormium tenax, d'abaca, de jute, d'aloès, d'agave, et autres non spécialement dénommés	id.	25		27	50		
de crin	id.	5		5	50		
filets neufs ou en état de servir	id.	25		27	50		
vieux ou en charpie. *V.* Drilles.							
CORDONNERIE de toutes sortes. *Voy.* Peaux ouvrées.							
CORIS ou cauris. *V.* Antale.							
CORNALINES. *V.* Agates.							
CORNES de bétail brutes, par navires français et par terre (4)	100 k. BB		10	....		20	
par navires étrangers.	100 k. BB	.... .		1		20	
préparées (5)	id.	25		27	50	id.	
en feuillets, long. 19 à 24, larg. 19 à 22 c.	104 feuill.	8		8			
14 à 16, 11 à 14..	id.	6		6			
11 à 14, 11....	id.	4		4			
au-dessous de 11	id.	3		3			
de cerf, de snake et toutes cornes rameuses et non creuses	100 k. BB	exemptes.		exemptes.			
CORNICHONS. *V.* Fruits de table frais ou confits.							
CORONS ou pennes (6).	mêmes droits que les cotons en laine.						
CORS. *V.* Instruments de musique.							
COTON en laine ou en feuilles cardées et gommées. *V.* Filaments.							
filé. *V.* Fils de coton.							
(Graine de). *V.* Fruits à ensemencer.							
en poudre. *V.* Laine, Bourre, Tontice.							
COULEURS non dénommées (7), sèches ou liquides.	id.	35		38	50		
en pâtes humides	id.	17	50	19	20		
COUPEROSE blanche, bleue ou verte. *V.* Sels, sulfates.							
COUTEAUX de poche et de table. *V.* Coutellerie.							
COUTELLERIE (8)	100 k. B	prohibée.		prohibée.			
COUTIL (9). *V.* Tissus de lin ou de chanvre, toile croisée.							
de coton pur ou mélangé. *V.* Tissus de coton.							
COUVERTURES de pur fil blanches. *V.* Coutil.							
teintes. *V.* Tissus de lin, toile unie, imprimée.							
de laine, de poil, de soie, de fleuret de coton. *V.* Tissus selon l'espèce.							
CRAIE (chaux carbonatée). *V.* Pierres et terres servant aux arts, craie.							
CRAYONS simples en pierre (10)	100 k. BB	10		11			

NOTES.

(1) Parmi les confitures sans sucre ni miel on range le résiné et les autres préparations de fruits analogues.

(2) *Par ordonnance royale du 13 décembre 1842*, les contrefaçons exclues du transit ne peuvent être reçues dans les entrepôts.

(3) Pour celui des États Sardes, *V.* l'Appendice, après le Tableau des droits.

(4) Sont considérées comme brutes les cornes entières, celles tronquées à la pointe ou à la base, celles qui ont été seulement sciées pour séparer la partie creuse de la partie pleine. — Les clapons suivent le régime des cornes brutes.

(5) Les cornes de bétail *préparées* comprennent, à l'exclusion de celles en feuilles, qui sont nommément taxées, les cornes plates à faire des peignes et les cornes débitées à la scie, soit en long pour fabriquer des manches de couteau ou tous autres ouvrages, soit en travers pour faire des disques ou des viroles.

(6) Il s'agit des déchets ou bouts de fil qu'entraînent le dévidage et le tissage. Ils suivent le régime de la matière première dont ils dérivent.

(7) Les couleurs à dénommer présentées en vessies sont imposées au droit intégral; il n'y a que les pâtes humides, c'est-à-dire imprégnées d'eau, et qui alors ont une pesanteur spécifique bien supérieure aux couleurs sèches, qui payent le faible droit. — Les couleurs communes en tablettes et en boîtes destinées à l'amusement des enfants ne sont plus soumises aux droits de la bimbeloterie; elles payent comme les couleurs non dénommées. — Les couleurs *non dénommées* sont entre autres: le bistre, — le bleu de montagne, en tant que c'est une couleur et non du bleu de Prusse commun, — le bronze pulvérisé, — les débris de momie, — l'encre de la sèche en vésicules, dites *sepia*, — le fusain, — le jaune minéral, — le jaune de Naples, — la laque rosette, — l'orpiment *ou* orpin naturel *pulvérisé*, que l'on nomme aussi *jaune de Cassel*, *jaune de roi* ou *jaune royal*, — le mat, préparation dont le nitre fait la base, — le noir minéral liquide ou pétri en trochisques, — la pourpre naturelle ou factice, qui est une couleur liquide, — le talc *pulvérisé*, — le vert minéral de Brunswick et de perroquet, — le vert de vessie, — et généralement toutes les couleurs préparées non spécialement tarifées, qu'elles soient sèches ou liquides, en poudre, en sacs ou vessies, en boîtes, en vases ou en trochisques, sauf les couleurs bleues ou vertes en poudre impalpable, qui suivront le régime des cendres bleues ou vertes. — Par couleurs en pâte humide on entend exclusivement celles qui sont imprégnées d'eau.

(8) On range dans la classe de la *Coutellerie*, outre les couteaux, canifs, rasoirs, ciseaux, etc., les fourchettes en acier, qu'elles soient montées ou non, et les fourchettes en fer emmanchées, autres que d'un travail grossier. Les couteaux à lame d'argent, d'or ou de vermeil, suivent le régime de l'*Orfèvrerie* d'argent ou d'or, selon l'espèce.

(9) Le coutil est une toile croisée et rayée en bleu, dont on se sert pour faire des lits de plume, oreillers, tentes, stores et autres objets de cette espèce.

Les autres toiles croisées comprennent toutes celles de pur fil pour vêtements d'homme et de femme, telles que basin et tissus de fantaisie, appelés vulgairement coutils russes, dont on se sert pour pantalons d'été et habillements de chasse.

Le treillis, espèce de coutil grossier, est assimilé, pour le droit, à la toile de chanvre unie, écrue. Le coutil, comme les autres tissus de lin et de chanvre, peut être importé *par mer* en colis de tous poids, mais sans mélange des espèces payant des droits différents.

Suite des Notes.

(10) Par crayons *simples* on entend la pierre noire, l'ardoise, la sanguine sciée, etc., simplement coupées ou sciées en morceaux pointus ou anguleux. La loi du 17 mai 1826 n'a désigné nominativement parmi les crayons *composés* que les crayons à gaîne de bois blanc et ceux à gaîne de cèdre; mais on doit assimiler à ces derniers : 1° tous les crayons dont la gaîne est formée d'autre bois que le bois blanc; 2° tous ceux dont le bois a été teint et qui sont recouverts extérieurement d'un vernis (*Avis du Comité consultatif des arts et manufactures*, du 17 déc. 1842); 3° les crayons de différentes couleurs, moulés ou arrondis, dont on se sert pour la peinture dite *pastel*, et qui sont faits avec une pâte, soit de mine de plomb (*graphite*), soit de sanguine, de pierre noire, de bistre, soit de diverses compositions. — Les crayons à gaîne de roseau, en raison de l'analogie d'emploi, de composition et de valeur, sont assimilés aux crayons à gaîne de bois blanc.

DÉNOMINATION DES MARCHANDISES.	UNITÉS sur lesquelles portent les DROITS.	DROITS D'ENTRÉE par navires français.		DROITS D'ENTRÉE par navires étrangers et par terre.		DROITS de SORTIE.	
		F.	C.	F.	C.	F.	C.
CRAYONS composés à gaîne de bois blanc	100 k. NB	100		107	50		
à gaîne de cèdre	id.	200		212	50		
CRÈME de tartre. *V.* Sels, tartrates.							
CRÉOSOTE. *V.* Médicaments composés non dénommés.							
CRÊPE. *V.* Tissus de soie.							
CRÊPON de Zurich. *V.* Tissus de laine.							
de soie. *V.* Tissus de soie, étoffes pures unies.							
CRICS. *V.* Instruments aratoires.							
CRINS bruts	100 k. BB	1		5			
préparés, soit frisés, soit en bottes de longueurs assorties	100 k. BB	5		5	50		
CRISTAL minéral ou sel de prunelle. *V.* Nitrate de potasse.							
de tartre. *V.* Sels, tartrate acide de potasse, crème de tartre.							
de roche non ouvré	100 k. NB	Exempt.		Exempt.			
ouvré	100 k. B	prohibé.		prohibé.			
CRISTAUX de toutes sortes. *V.* Verres et cristaux.							
CUBÈBES ou poivre à queue. *V.* Poivre.							
CUDBEARD. *V.* Orseille violette.							
CUIRS. *V.* Peaux ouvrées.							
à rasoir avec ou sans leurs gaînes. *V.* Mercerie.							
CUIVRE (1) minerai (2), par navires français et par terre	100 k. BB	Exempt.		....		....	
par navires étrangers	id.	....		1	00		
pur de première fusion (A), en masses, barres, plaques ou en objets détruits, des pays hors d'Europe	id.		10	3			
des entrepôts	id.	2		3			
laminé en barres ou en planches (3)	100 k. NB	30		33			
battu (4)	id.	80		86	50		
filé, teint en jaune imitant la dorure	id.	286		302	80		
non teint	id.	100		107	50		
monnaies (5)	100 k. BB		20		20		
ouvrages simplement tournés (6)	100 k. NB	(10)		(10)			
allié de zinc (laiton) de première fusion (A), en masses, en barres, plaques ou objets détruits des pays hors d'Europe	100 k. BB		10	3			
des entrepôts	id.	2		3			
laminé en barres ou en planches	100 k. NB	30		33			
battu (4)	id.	80		86	50		
filé, poli, sauf ceux-ci après	100 k. B	prohibé.		prohibé.			
non poli ou poli pour cordes d'instrument	100 k. NB	100		107	50		
propre à la broderie	id.	286		302	80		
ouvrages simplem. tournés (6)	100 k. NB	(10)		(10)			
pur ou allié de zinc, en feuilles, et destiné au doublage des navires (B)	....	Exempt.		Exempt.			
allié d'argent (monnaie de billon) (5)	100 k. BB	1		1	10		
allié d'étain de première fusion (A), en masses, barres plaques ou en objets détruits des pays hors d'Europe	id.		10	3			
des entrepôts	id.	2		3			
doré en lingots (7)	100 k. NB	147		156	80		
battu, tiré ou laminé	id.	286		302	80		
filé sur fil	id.	327		344	50		
sur soie	id.	950		967	50		
ouvré	100 k. B	prohibé.		prohibé.			
argenté en masses ou lingots (8)	100 k. NB	102		109	60		
battu, tiré ou laminé	id.	204		216	70		
filé sur fil	id.	327		344	50		
sur soie	id.	600		617	50		
ouvré	100 k. B	prohibé.		prohibé.			
ouvré ou autrement préparé qu'il n'est dit ci-dessus	id.	id.		id.			
limailles par nav. français et par terre	100 k. BB	exemptes					
par navires étrangers	id.			1			
CURCUMA en racines (9) des pays hors d'Europe	100 k.	exempt.		4			
des entrepôts	id.	2		4			
en poudre	id.	prohibé.		prohibé.			
CYLINDRES, planches et coins gravés	....	15 p. 100 de la val. (11)					

NOTES.

(1) Le cuivre provenant des États-Unis, par navires américains, jouit de l'admission aux droits comme par navires français.

(2) C'est le minerai tel qu'il est extrait de la mine. En tout autre état il est traité comme cuivre de première fusion.—Excepté les mattes de cuivre et autres produits intermédiaires entre le minerai et le cuivre de première fusion, quand ils ne contiennent pas plus de 75 p. 100 de cuivre (Circul. 580).

(3) On range dans cette classe les cuivres de toutes espèces préparés au laminoir, mais n'ayant reçu aucune autre main-d'œuvre.

Les rouleaux de cuivre rouge préparés pour la tréfilerie, et qui ont de 65 à 75 centimètres de longueur sur 92 millimètres de circonférence, sont assimilés au cuivre laminé, lorsque, toutefois, ils ne sont ni dorés ni argentés.

(4) Cette dénomination s'applique à tous les objets en cuivre ou laiton préparés au marteau, tels que les barres forgées, les barres à cheville, les gros clous ou chevilles de cuivre rouge durcis au gros marteau, les clous de cuivre *allié* pour doublage et pentures de gouvernail, et généralement toutes les chevilles propres aux constructions navales; et enfin les cuivres en fonds de casserole, de poêlon, de bassine ou de chaudière, c'est-à-dire relevés et bombés par le martelage, qu'ils soient grattés ou non grattés, pourvu que d'ailleurs ils ne soient ni finis ni même bordés. On range aussi dans cette classe les feuilles de cuivre ou de laiton très-minces imitant l'or (*clinquant de cuivre*), autres qu'à l'état de *livrets de doreur*. *V.* plus bas, Ouvrages en cuivre.

(5) Les monnaies de cuivre et de billon ne peuvent être admises à la consommation qu'après avoir été brisées, coupées ou martelées pour ne pouvoir servir qu'à la refonte comme mitraille. *V.* plus bas, Monnaies.

(6) Par ouvrages simplement tournés on entend ceux qui n'ont reçu d'autre main-d'œuvre que celle qu'on peut leur donner à l'aide du tour; tels sont, dans l'état où d'ordinaire on les importe, les anneaux, bagues, chandeliers et flambeaux communs, chenets, dés à coudre et dés à voilier, robinets, roulettes, viroles et autres objets analogues; mais quand, par une seconde main-d'œuvre, ces objets ont perdu leur caractère primitif, par exemple lorsqu'ils sont dorés, vernis ou bronzés, ils restent soumis à la prohibition.

(7) On entend par *cuivre doré en lingots* les rouleaux de cuivre recouverts d'une feuille d'or qui sont destinés à être battus, tirés, etc., ou à être filés, et par *cuivre doré battu, tiré ou laminé* les feuilles, traits, lames, paillettes, clinquant et canneüilles qui ont été fabriqués avec le cuivre doré. Le régime du cuivre doré est applicable aux diverses compositions imitant l'or qui sont connues dans le commerce sous les noms de *tombac, similor, pinchebec, chrysocale, métal de prince, or de Mannheim, etc.* — Le fil de cuivre teint en jaune, imitant la dorure, et le fil de laiton propre à la broderie payent le droit de *cuivre doré, tiré*.— Les feuilles de cuivre et de laiton très-minces (*clinquant de cuivre*), auxquelles le battage a donné l'éclat de l'or, rentrent dans la classe du *cuivre battu* lorsqu'elles ont quelque consistance et qu'elles conservent encore le caractère de feuilles métalliques. Mais elles sont assimilées au cuivre *doré battu* lorsqu'elles sont à l'état de *livrets de doreur*, c'est-à-dire lorsque, n'ayant plus d'épaisseur appréciable et se froissant sous la main, elles doivent, en raison de leur extrême fragilité, être placées entre des feuilles de papier réunies en forme de livrets. Dans ce dernier état, elles servent dans les dorures communes.—Les débris des *livrets de doreur* sont assimilés au bronze en poudre. Ils sont admis, à ce titre, au droit des *Couleurs non dénommées.*

(8) On traite comme *cuivre argenté* les compositions métalliques imitant l'argent qui

Suite des Notes.

ne sont pas spécialement tarifées, ainsi que les rouleaux ou cylindres dont il est question dans la note précédente, lorsqu'ils sont recouverts de feuilles d'argent au lieu de feuilles d'or.—Le clinquant en plomb verni est assimilé au clinquant argenté. Les cordes en cuivre argenté, qu'elles soient ou non roulées sur bobines, rentrent dans la classe du cuivre argenté étiré.

(9) Racines ovoïdes de la grosseur du doigt, jaunâtres ou grisâtres à l'extérieur, d'un jaune foncé à l'intérieur; odeur aromatique, saveur âcre et amère. On lui assimile l'écorce d'autour.

(10) Mêmes droits que la mercer. selon l'esp.

(11) A déterminer par le comité consultatif des arts et manufact. Sont soumis au régime de la librairie tel qu'il résulte de l'art. 8 de la loi du 6 mai 1841 et de l'ordonn. du 13 déc. 1842.

(A) Cet article comprend non-seulement le laiton et le bronze *de toutes sortes*, coulés en masses brutes, mais encore les plaques ou barres régulières propres au laminage, lorsqu'elles proviennent également d'une première fusion, ainsi que les manchons ou cylindres en cuivre bruts destinés à être préparés pour la gravure. On y assimile la *mitraille*, ou, selon les termes mêmes de la loi, les objets *détruits*, c'est-à-dire les vieux ouvrages brisés, ou que l'on consent à faire briser en douane.

(B) Consulter, pour l'application, la circulaire 433 (1856).

DÉNOMINATION DES MARCHANDISES.	UNITÉS sur lesquelles portent les DROITS.	DROITS D'ENTRÉE par navires français.	DROITS D'ENTRÉE par navires étrangers et par terre.	DROITS de SORTIE.
		F. C.	F. C.	F. C.
CYLINDRES non grav., creux ou pleins en cuivre (1). V. Machines et mécaniques, Pièces détachées en cuivre.				
CYMBALES. V. Instruments de musique.				
DAGUERRÉOTYPES. V. Instruments de calcul.				
DAMMAR (résine). V. Copal et Dammar (résines).				
DATTES. V. Fruits exotiques, secs ou tapés.				
DÉBRIS de cire ouvrée. V. Cire jaune ou cire blanche non ouvrée.				
d'embarcations échouées (2). V. Embarcations, agrès et apparaux.				
DÉCHETS de cornes de bétail brutes. V. Cornes de bétail brutes.				
de soie. V. Soies, bourre en masse.				
de bouts de fil de laine, de lin, de chanvre ou de coton. V. Corons ou Pennes.				
de laine, à l'exception des blouses, comme laines en suint.				
de pierre. V. Matériaux, Moellons.				
DÉFENSES et cornes autres que de bétail, propres à la tabletterie, voir Dents d'éléphant.				
DÉGRAS de peaux, de l'Inde	100 k. NB	2	8	
d'ailleurs	id.	5	8	
DENTELLES. V. Tissus suivant l'espèce.				
DENTS d'éléphant, défenses entières ou en morceaux, des pays hors d'Europe	100 k.	Exempts.	60	
des entrepôts	id.	50	60	
mâchelières, des pays hors d'Europe	id.	Exempts.	10	
des entrepôts	id.	5	10	
de loup et de sanglier	id.	0 10	1	
DENTS en émail. Voyez Vitrification, Émail.				
DÉS à coudre et à jouer, de fer et d'os. V. Mercerie commune.				
d'or, d'argent ou de vermeil (3). V. Bijouterie.				
DESSINS à la main, gouaches, aquarelles, lavis, etc. V. Objets de collection.				
DIAMANTS non montés. V. Pierres gemmes, diamants montés et Bijouterie.				
DOMINOTERIE (4) (gravures en bois ou grossièrement enluminées). V. Mercerie commune.				
DOUPPIONS. V. Soies.				
DRAGE. V. Fourrages autres que le son.				
DRAPS. V. Tissus suivant l'espèce.				
DRILLES et chiffons (5), par navires français et par terre	100 k. B	Exempts.	....	prohibés.
par navires étrangers	id.	....	1	id.
DUVET de cygne, d'oie et de canard	100 k. NB	200	212 50	
d'eyder (édredon) épuré	1 k. NB	5	5 50	
non épuré (6)	id.	1 25	1 30	
de cachemire brut	1 k. B	10	1	
peigné	1k. N	10	11	
cotonneux, du peuplier d'Italie, et autres de même nature. V. Filaments végétaux non dénommés.				
EAU-FORTE. V. Acides.				
EAUX-DE-VIE de vin. V. Boissons distillées.				
de riz. V. Rack.				
de grain, de pomme de terre, de baies d'arbousier, de gentiane, etc. V. Boissons distillées.				
EAUX médicinales. V. Médicaments composés, eaux distillées.				
de senteur. V. Parfumeries.				
de fleur d'oranger. V. Médicaments composés, eaux distillées.				
EAUX minérales gazeuses en cruchons de grès commun (contenu et contenant) (7)	100 k. BB	1		
autres (8)	id.	50	1 10	
ÉCAILLES d'ablette	id.	exemptes.	50	
de tortue, carapaces, onglons et couanes, des pays hors d'Europe	100 k. NB	exemptes.	exemptes.	
des entrepôts	id.	50	60	
rognures (9), des pays hors d'Europe.	id.	exemptes.	60	
des entrepôts	id.	25	30	
ÉCHALAS	1000 en n	25	30	
ÉCHANTILLONS (10).			25	
ÉCHARPES de cachemire (11). V. Tissus de poil, Écharpes de cachemire.				
ÉCORCES de pin non moulues (12)	100 k. BB	exemptes.	exemptes.	
moulues	id.	50	50	
à tan de sapin non moulues	100 k. B	exemptes.	exemptes.	

NOTES.

(1) Un arrêté du 18 décembre 1848 autorise, sous des conditions déterminées, l'admission en franchise des cylindres en cuivre bruts, destinés à être gravés en France et exportés ensuite.

(2) Les débris de navires échoués pouvant tous être réappliqués à la construction ou à l'usage des navires, ont une valeur qui se détermine exactement par la vente qui s'en fait au rivage.

(3) Ceux avec dôme en acier ou en fer sont traités comme orfèvrerie.

(4) La dominoterie comprend non-seulement les images à usage des enfants ou des gens de la campagne, mais encore les adresses gravées, sauf celles en carton dit papier porcelaine, qui doivent comme mercerie fine, les dessins de meubles, de machines, de tricot, les papiers quadrillés en forme de canevas pour la tapisserie, etc.

(5) La dénomination de *drilles* embrasse toutes les matières propres à fabriquer le papier, comme vieux cordages, vieux filets, papier écrit pour épiciers ou pour être réduit en pâte, maculatures et rognures de papier, charpie effilée, linge à pansement, et même les chiffons de laine, de soie et de coton. — Il en est ainsi des végétaux filamenteux préparés pour pâte à papier. — Les morceaux de vieilles étoffes qui pourraient encore servir, et font partie du commerce de la friperie, doivent les droits d'habillement vieux, 51 et 56 fr. à l'entrée, par 100 k. N. — Les drilles ou chiffons venant des échelles du Levant et de la côte septentrionale d'Afrique sont prohibés à l'importation par mesure sanitaire. Ceux de l'Algérie sont admissibles avec des certificats d'origine, délivrés par l'autorité sanitaire du port d'embarquement.

(6) Il faut, pour qu'il soit admissible à ce droit, que le duvet soit importé tel qu'il a été extrait du nid de l'oiseau, c'est-à-dire plus ou moins mélangé de bois, de paille et de parties terreuses.

(7) Les eaux minérales gazeuses, dans des cruchons autres que de grès commun, payent comme autres, sauf le contenant sur lequel on doit percevoir le droit séparément.

(8) Plus le droit sur les vases qui les contiennent.

(9) On ne doit considérer comme rognures d'écaille que les sciures, râclures et déchets d'écaille exclusivement propres à être fondus; tous les morceaux utilisables doivent être traités comme carapaces.

(10) On ne reconnaît pour tels que des articles uniques, dépareillés, ou incomplets, et différents les uns des autres.

(11) Le droit imposé sur les écharpes ne s'applique qu'aux seules écharpes dont la surface n'excède pas celle des châles carrés de 180 centimètres. Les écharpes de dimensions supérieures doivent être assujetties au droit des châles carrés de grande dimension.

(12) Voir pour celles de chêne venant de Corse le décret du 3 août 1853. — Les écorces de pin moulues ou non sont passibles du régime établi sur les écorces à tan, suivant leur état. Il en est de même des écorces de grenade, d'aune et de bourdaine.

DÉNOMINATION DES MARCHANDISES.	UNITÉS sur lesquelles portent les DROITS.	DROITS D'ENTRÉE par navires français.	DROITS D'ENTRÉE par navires étrangers et par terre.	DROITS de SORTIE.
		F. C.	F. C.	F. C.
ÉCORCES de sapin moulues, *tan*.	100 k. B	50	50	prohibées.
autres non moulues.	id.	exemptes.	exemptes.	id.
moulues, *tan*.	id.	50	50	id.
de grenade, d'aune et de bourdaine moulues.	100 k. BB	50	50	
non moulues.	id.	exemptes.	exemptes.	
ÉCORCES médicinales de citron, d'orange, et leurs variétés.	100 k. BB	exemptes.	exemptes.	
de quinquina, des pays hors d'Europe.	id.	exemptes.	20	
des entrepôts.	id.	10	20	
à dénommer (1), des pays hors d'Europe.	100 k. NB	exemptes.	30	
d'ailleurs.	id.	20	30	
d'aliboufier. *V.* Baume, storax en pains.				
de tilleul pour cordages. *V.* Filaments.				
ÉCOSSINES. *V.* Pierres calcaires à cristallisation confuse, etc.				
EFFETS à usage (2), linge uni, ouvragé ou damassé	100 k. NB	(A)		
habillements neufs	....	(B)		
supportés.	100 k. NB	51	56	
pièces de lingerie cousues.	....	(C)		
EMBARCATIONS en état de servir (3), bâtim. de mer, à voiles ou à vapeur.		prohibés.		
bateaux de rivière (4).	id.	20	20	
à dépecer, doublées en métal.	id.	60	60	
non doublées.	id.	25	25	
agrès et apparaux de navire (sauf ceux ci-après).	la valeur.	10 p. o/o.	10 p. o/o.	
voiles de navire.	....	(D)		
ancres de 250 k. et au-dessous.	100 k. BB	15	16 50	
au-dessus de 250 k.	id.	10	11	
draguées de tous poids (5).	id.	1	1	
câbles en fer pour la marine (6).	id.	37 50	41 20	
en fer dragués	id.	1	1	
ÉMAIL en gâteaux ou en baguettes et en poudre. *V.* Verres et cristaux.				
ouvré. *V.* Bijouterie.				
ÉMERAUDES. *V.* Pierres gemmes à dénommer.				
ÉMERI. *V.* Pierres et terres servant aux arts.				
ENCENS commun. *V.* Résines indigènes brutes.				
ENCLUMES. *V.* Outils de fer rechargés d'acier.				
(Plaques d'). *V.* Fer étiré en barres plates de 213 à 458 millimètres inclus.				
ENCRE à dessiner en tablettes.	1 k. NB	1	1 10	
liquide à écrire ou à imprimer.	100 k. NB	60	65 50	
ENGRAIS (fiente d'animaux, poudrette, terreau, fumier, cendres de tourbe) (7), par navires français et par terre.	id.	Exempts.	....	2 25
par navires étrangers.	id.	50	....	id.
guano, par nav. franç., de tous pays hors d'Eur.	id.	Exempt.	....	id.
des entrepôts.	id.	2	....	id.
par navires étrangers.	id.	....	3 00	id.
ÉPEAUTRE. *V.* Froment.				
ÉPICES préparées. Moutarde (Farine ou confection de), sénevé.	id.	25	27 50	

NOTES.

(1) Les écorces le plus habituellement employées en pharmacie, et qui ne se trouvent pas nommément taxées, sont celles : d'acacie virginale, — d'ambavelle, — d'angusture, — de bois de fer à tête de mort, — la cannelle *blanche* et la cannelle *giroflée*, — de câprier, — de carapa, — de cascarille, — de culilawan, — de gaïac, — de garou, — de giroflier, — de magnolier glauque, — de monesia, — d'orme pyramidal, — de prunier de Virginie, — de sassafras, — de simarouba, — de strychnos, — de sureau, — de tamaris, — de winter, — d'yèble, etc.

(2) Le linge *de table* et *de cuisine* et le linge *de lit* ne jouissent pas de l'exemption des droits; toutefois, lorsque dans le bagage des voyageurs il ne s'en trouve que de très-faibles quantités, on peut passer outre, à moins qu'il ne s'agisse de linge neuf.

Les vêtements neufs confectionnés, et autres effets neufs à l'usage des voyageurs (*en tissus en laine ou en autres matières prohibées à l'entrée*), sont admis au droit de 30 p. 100 de la valeur, quand ils ont été déclarés avant la visite, et que la douane reconnaît que ce sont des objets hors de commerce destinés à l'usage personnel des déclarants, et en rapport avec leur condition et le reste de leurs bagages. Les quittances de droits doivent toujours désigner le nom du voyageur importateur.

Les habillements à l'usage des voyageurs sont exemptés de droits à l'entrée.

Cette exemption s'applique aux habits de théâtre qui suivent les acteurs dans leurs déplacements.

Ils sont dispensés du plombage lorsqu'ils accompagnent les voyageurs.

(3) Les bateaux de sauvetage ou d'épaves, ou ceux confisqués, ne sont pas frappés du droit de 20 fr. Si la vente est faite par la marine et que les bateaux soient de 2 tonneaux et moins, le droit est de 10 p. 100. Si le tonnage est plus fort, il faut consulter l'administration.

(4) Il ne s'agit que de la coque des navires. Les mâts, agrès, apparaux, etc., sont soumis au régime qui leur est propre. Toutefois, lorsqu'ils portent des traces évidentes de détérioration, on peut les admettre au droit de 10 p. 100 de leur valeur, et traiter comme ferrailles tous les objets en fer, qui seront préalablement brisés en douane.

Suite des Notes.

(5) Cette modération de droits n'est applicable qu'aux ancres et câbles retirés du fond des ports et rades soit de l'empire, soit des colonies et possessions françaises, par des dragueurs français. Le draguage doit en être constaté d'une manière authentique par les gens de la marine.

(6) Ne sont considérées comme destinées au mouillage des bâtiments que les chaînes de 16 millimètres et au-dessus qui satisfont aux conditions suivantes :

Elles sont composées de maillons armés d'entretoises dites contre-forts ou étais, à l'exception toutefois des chaînes d'un calibre inférieur à 20 millimètres.

Elles ont au moins 150 mètres de longueur.

Elles sont divisées en bouts égaux en longueur entre eux, cette longueur pouvant varier de 25 à 30 mètres.

Tous les bouts de chaîne sont composés uniformément de maillons ordinaires et de mailles d'assemblage pour réunir les chaînons.

Enfin, on ajoute à l'extrémité de la chaîne un chaînon court dans lequel on réunit l'émérillon, ou maille tournante, et la *manille* d'assemblage de la chaîne avec l'organeau de l'ancre.

Les chaînes qui satisferont aux conditions énoncées ci-dessus pourront seules être admises comme câbles en fer pour la marine.

Les chaînes pouvant servir au grément des navires comme manœuvres courantes ou dormantes ne sont point à classer comme câbles pour la marine.

(7) On ne doit considérer comme engrais, pour l'application du tarif, que les seules matières animales ou végéto-animales exclusivement propres à être affectées à cet emploi. Sont admis à ce titre : les fumiers de toutes sortes; la poudrette ou poudre végétative, les fientes d'animaux et particulièrement la colombine. Toutefois, on assimile aux engrais : le terreau, les boues et le produit du curage des étangs et des mares; la poudre anti-carboneuse, qui est un mélange de diverses substances, parmi lesquelles il entre de l'arsenic : elle sert à l'amélioration du sol et des semences, et principalement à préserver les grains de la carie; l'écume sèche de raffinerie de sucre; mais, comme il serait possible qu'on tentât d'importer du sucre mêlé avec cette écume, on ne doit admettre celle-ci comme engrais qu'après s'être assuré que cette fraude n'a pas été pratiquée. La poudrette seule parmi les engrais est exempte des droits de sortie.

(A) Même droit que le tissu dont il est formé, et le dixième en sus.

(B) Comme l'étoffe principale dont ils sont formés.

(C) Mêmes droits que le tissu selon l'espèce, et le dixième en sus.

(D) Même régime que le tissu dont elles sont formées.

DÉNOMINATION DES MARCHANDISES.	UNITÉS sur lesquelles portent les DROITS.	DROITS D'ENTRÉE. par navires français.		par navires étrangers et par terre.		DROITS de SORTIE.	
		F.	C.	F.	C.	F.	C.
Épices préparées à dénommer (1)	1 k. NB	2	·	2	20		
Épinettes. *V.* Instruments de musique.							
Épine-Vinette. *V.* Bois de teinture.							
Éponges communes (2)	100 k. NB	60		65	50		
fines	id.	200		212	50		
Érable (3). *V.* Bois communs.							
Escourgeon. *V.* Grains.							
Esparres. *V.* Bois à construire.							
Espèces monnayées. *V.* Monnaies.							
Esprit de genièvre	1 k. NB	3	60	3	90		
de succin	id.	2	80	3			
de corne de cerf. *V.* Médicaments composés non dénommés.							
de caoutchouc. *V.* Huile de caoutchouc.							
de nitre. *V.* Acide nitrique.							
de sel. *V.* Acide muriatique.							
de soufre et de vitriol. *V.* Acide sulfurique.							
de vin. *V.* Boissons distillées, eaux-de-vie.							
Essaye (4). *V.* Garance.							
Essences médic. *V.* Médicam. composés non dén.							
de houille (5)	100 k. BB	13		14	30		
Étain (Minerai d'), par navires franç. et par terre.	id.	Exempt.		....			
par navires étrangers	id.	....		1	00		
brut de l'Inde	id.	Exempt.		5			
d'ailleurs	id.	2		5			
battu ou laminé	100 k. NB	60		65	50		
(Ouvrages d'), poterie (6)	id.	(A)		(A)			
autres	100 k. B	prohibés.		prohibés.			
Estampes. *V.* Gravures.							
Esturgeons. *V.* Poissons de mer.							
Étamines. *V.* Tissus de laine.							
Ether. *V.* Médicaments composés non dénommés.							
Etiquettes imprimées, gravées ou coloriées	100 k. NB	300		317	50		
Etoupes. *V.* Filaments.							
Euphraise. *V.* Herbes médicinales.							
Éventails (7) montés ou en feuilles. *V.* Mercerie, selon l'espèce.							
Extraits d'avelanèdes et de noix de galle liquides (8)	100 k. BB	5		5	50		
concrets (8)	id.	7		7	70		
d'autres végétaux, liquides (9)	id.		50		50		
concrets (9)	id.	1	25	1	30		
de bois de teinture	100 k. B	prohibés.		prohibés.			
de quinquina du Pérou	1 k. NB	1		prohibé.			
d'ailleurs	100 k. B	prohibé.		id.			
de viandes en pains	1 k. NB	1		1	10		
Faïence. *V.* Poterie.							
Fanons de baleine, bruts, de pêche française (10)	100 k. B.		20				
de pêche étrangère	id.	5		10			
coupés et apprêtés	100 k. NB	60		65	50		
rognures et déchets, comme fanons bruts	....						
Farines de céréales. *V.* le tableau page 79.							
Faucilles, faux. *V.* Instruments aratoires.							
Fécules indigènes (11)	100 k. BB	7		7	70		
exotiques des colonies franç. d'Amérique.	100 k.	0	50	....			
de l'Inde	id.	0	50	20			
d'ailleurs hors d'Europe	id.	10		20			
des entrepôts	id.	15		20			
Fernambouc. *V.* Bois de teinture.							
Fer (Minerai de) (12)	id.	Exempt.		0	25	prohibé.	
Fers étirés en barres, sans distinction de forme, plates de 458 millimètres et plus, la largeur multipliée par l'épaisseur	id.	10	00	11	00		
de 213 millimètres inclusivement à 458 millimètres exclusivement, id. (13)	id.	12	00	13	20		
de moins de 213 millimètres, id.	id.	14	00	15	40		
carrées, de 22 millim. et plus, sur chaq. face.	id.	10	00	11	00		
de 15 millimètres inclusivement à 22 millimètres exclusivement, idem	id.	12	00	13	20		
de moins de 15 millimètres, id.	id.	14	00	15	40		
rondes, de 15 millimètres et plus de diamètre.	id.	12	00	15	20		
de moins de 15 millimètres, id.	id.	14	00	15	40		

NOTES.

(1) Ce sont des extraits liquides, jus, sauces ou sucs épicés pour assaisonnement. La poudre de Kary, qui est composée de plusieurs épices, et toutes les autres substances pulvérisées, soit pures, soit mélangées, dont on se sert exclusivement pour assaisonner les mets, pourvu d'ailleurs qu'il ne s'agisse pas de denrées tarifées simplement réduites en poudre, telles, par exemple, que le poivre, le piment, etc.

(2) La différence entre les éponges fines et les éponges communes consiste dans la finesse des pores et aussi dans la forme de l'éponge elle-même. Les éponges dites *communes* sont plus ou moins rondes et ne laissent pas apercevoir l'endroit par lequel elles adhéraient au rocher, tandis que les éponges *fines* ou *mi-fines* sont coniques, ont à la base un renfoncement en forme de bonnet, et à la pointe une partie dont la couleur est plus sombre et les pores autrement faits qu'au reste de la surface. On traite comme *fines* les éponges dites *fines-dures*, attendu qu'elles se rapprochent plus des éponges fines que des éponges communes. Ce qui les distingue des éponges fines *proprement dites*, c'est qu'elles ont des fibres courtes et rudes au toucher, et qu'elles se trouvent en morceaux ronds ou plats, irréguliers, et qui n'indiquent que par la présence de petites pierres l'endroit par lequel les éponges tenaient au rocher.

(3) Les planches d'érable teintes sont taxées comme bois d'ébénisterie.

(4) Racine qu'on emploie dans les Indes pour teindre en écarlate : elle est assimilée à la garance.

(5) Voir pour la désignation de l'essence de houille la circulaire n° 2035.

(6) La dénomination de *poterie d'étain* comprend tous les ustensiles, instruments et objets quelconques propres aux usages domestiques, ainsi que les ouvrages en étain qui étaient rangés autrefois dans la classe de la *Mercerie*, tels que bagues, anneaux, etc.

Les théières, cafetières, plats, couverts, chandeliers et autres ustensiles de ménage en métal de composition dit *métal anglais*, dont l'étain de Cornouailles forme la principale base, font également partie de la poterie d'étain; mais comme il s'agit d'objets de luxe, on leur applique le droit de la poterie fine.

(7) Sont considérés comme fins ceux dont la valeur est de plus de 1 fr. 50 c. la pièce.

(8) Ceux concrets sont en petits fragments noirs, luisants, cassants, semblables à de la houille concassée.

(9) Cette dénomination ne s'applique qu'aux extraits du châtaignier et du sumac : les premiers viennent du Piémont, les seconds de Sicile.

(10) Consulter au besoin, pour les conditions de leur admission, la loi du 28 avril 1816.

(11) Les fécules indigènes sont celles de pommes de terre et autres d'origine européenne.

(12) La sortie du minerai de fer provenant des mines du département des Pyrénées-Orientales est autorisée sous le payement du droit de 10 c. par 100 kil. Le minerai de fer chromaté peut sortir par les bureaux de Briançon, Saint-Tropez, Cavalaire et Marseille, en payant le droit de 10 c. par 100 kil.

(13) En vertu d'un avis du Comité consultatif des arts et manufactures du 15 février 1816, on assimile au fer étiré en barres plates de 213 millimètres inclusivement à 458 exclusivement, les lames de fer rechargé d'acier *brutes*, destinées à fabriquer des forces à tondre les draps; mais lorsque ces lames sont *confectionnées*, quoique non montées sur leurs anneaux, elles payent, comme les forces mêmes, le droit imposé sur les outils de fer rechargé d'acier.

Les plaques d'enclume sont également assimilées au fer en barres plates de 213 à 458 millimètres. Ce sont des plaques grossières,

Suite des Notes.

composées d'acier forgé et de fer, ayant 160 millimètres de largeur sur 15 d'épaisseur, et 320 millimètres de longueur, dont 120 pour le manche. Elles pèsent environ 5 kilogrammes et sont destinées à être étendues sur les enclumes brutes.

Les fers pour socs de charrue, qui sont des fers plats ayant la forme d'un cœur, doivent être traités comme le fer étiré en barres plates de 458 millimètres et plus. Ils ont 507 millimètres dans leur plus grande longueur, 372 dans leur plus grande largeur et 16 millimètres d'épaisseur. Quant aux socs de charrue *ébauchés* au martinet, on doit leur appliquer la taxe afférente aux fers en barres rondes, d'après leur dimension mesurée à la partie la plus amincie. — Les bandes de roues en fer pour locomotives, tenders et wagons, sont assimilées aux fers étirés en barres plates.

(A) Mêmes droits que la mercerie selon l'espèce. *V.* Ouvrages en étain.

DÉNOMINATION DES MARCHANDISES.	UNITÉS sur lesquelles portent les DROITS.	DROITS D'ENTRÉE par navires français et par terre. F.	C.	DROITS D'ENTRÉE par navires étrangers. F.	C.	DROITS de SORTIE. F.	C.
FERS en barres à rainures dites *rails* et bandes de roues pour locomotives et tenders....	100 k. BB	(A)		(A)			
forgés en massiaux ou prismes (1)........	100 k. B	prohibé.		prohibé.			
FER platiné ou laminé, noir, tôle (C).	100 k. BB	20		22			
étamé, plombé, cuivré, zingué (2).	100 k. NB	40		44			
FERS (D) de tréfilerie, fil de fer, même étamé (3), même recouvert d'autres métaux......	100 k. NB	30		33			
cordes métalliques blanches pour instrum. (4).	id.	70		76			
ouvrés ou ouvrages en fer, tôle ou fer-blanc..	100 k. B	prohibé.		prohibé.			
acier en barres de toute espèce, y compris les bandes en acier pour roues de locomotives, de tenders et de wagons, et les massiaux, blocs ou prismes, de forme plus ou moins ramassée ou irrégulière................	100 k. NB	30		33			
laminé en bandes ou feuilles blanches ou brunes, non polies ni trempées, ayant :							
plus de 1 mill. d'épaisseur, quelle que soit la largeur..................	id.	50		55			
1 mill. ou moins d'épaisseur, et 15 cent. ou plus de largeur.............. ..	id.	75		81	50		
1 mill. ou moins d'épaisseur, et moins de 15 cent. de largeur................	id.	110		118			
polies, bleuies, trempées ou non, roulées ou droites...........................	le kil.	5		5	50		
filé, de toute espèce, même blanchi pour cordes d'instruments (5)..........	100 k. NB	70		76			
ouvré.	100 k. B	prohibé.		prohibé.			
limailles et pailles......................	100 k. BB	Exempt.			25		
FER, ferraille (débris de vieux ouvrages en fer) (6)	id.	8		8	80		
mâchefer, par mer.......................	id.		80		88		
par terre.......................	id.	....			80		
FERRAILLE en fonte, en masses pesant 15 k. ou plus, par mer........	id.	4		4	40		
par terre........	id.	....		4			
FERS à cheval. *V.* Ouvrages en fer.							
à cheveux, à repasser et à gauffrer.........	100 k. NB	50		55			
à rabot..........................	id.	125		133	70		
FEUILLES propres à la tannerie et aux teintures, à dénommer (7).							
médicinales, d'oranger et de lierre (tiges et branches comprises)...........	100 k. BB	exemptes.		exemptes.			
non dénommés (8), des pays hors d'Europe..........................	100 k. BB	exemptes.		20			
des entrepôts........	id.	10		20			
de palmier..........................	id.		05		50		
FEUTRES, chapeaux fins ou communs, même ceux en soie..............................	la pièce.	1	50	1	50		
shakos sans garniture...............	id.	1	50	1	50		
garnis avec cuir, etc...........	100 k. B	prohibés.		prohibés.			
à doublage..........................	100 k. NB	100		107	50		
autres ouvrages, *Feutres à filtrer, semelles* (9)........................	id.	400		417	50		
FIBRES d'aloès. *V.* Filaments (végétaux).							
FICELLES. *V.* Cordages.							
FIFRES. *V.* Instruments de musique.							
FILAMENTS, écorces de tilleul pour cordages......	100 k. BB	exemptes.		exemptes.			
chanvre, en tiges brutes, vertes, sèches ou rouies..............	id.		40		40		
teillé et étoupes..........	id..	8		8	80		
peigné..................	id.	15		16	50		
lin, brut en tiges vertes............	id.		50		50		
sèches............	id.		60		60		
rouies............	id.		75		80		
teillé et étoupes, cotonisées ou non.	id.	5		5	50		
peigné....................	id.	15		16	50		
cotons en laine, par mer,							
des colonies françaises............	100 k. NB	exempts.		....			
des pays hors d'Europe............	id.	id.		3			

NOTES.

(1) Ce sont des masses oblongues et prismatiques de fer affiné, mais non étiré. Elles ont ordinairement 32 à 43 centimètres de longueur et pèsent au moins 35 kil.

(2) Le fer-blanc ne peut entrer que par les bureaux principaux.

(3) On ne considère comme *fil de fer* que celui qui a moins de 7 millimètres de diamètre. Le fer ayant 7 millimètres *ou plus* de diamètre rentre dans la classe des fers en barres.

(4) Les cordes métalliques blanches *pour instruments* étant en fil de fer, elles doivent, quand elles sont roulées *en couronnes*, le droit du fer de tréfilerie.

Celles roulées en *bobines* sont soumises, à l'entrée, au droit de 70 ou 76 fr. par 100 k. Lorsqu'il sera déclaré à l'importation des cordes métalliques non *roulées sur bobine*, on doit les soumettre au droit dont est passible la matière filée dont elles sont composées, c'est-à-dire, au droit du fil de fer ou du fil d'acier, suivant les cas.

On assimile aux aciers en barres les massiaux d'acier naturel et de cémentation et les lingots d'acier fondu.

(5) On ne considère comme acier filé que les fils passés à la filière.

(6) La ferraille provenant des colonies françaises peut être admise en franchise par les directeurs, lorsqu'elle est portée sur les expéditions de la colonie. — Celle provenant de l'Algérie est admise en franchise. — Ne laisser entrer comme ferraille ni tout ouvrage encore entier, même de rebut ou oxydé, ni aucune partie de fers neufs, sous quelque forme et dimension que ce soit.

(7) Les feuilles tinctoriales à dénommer sont particulièrement : 1° les feuilles d'épine-vinette, de henné, de houx, de myrte, de noyer, de tournesol dit *morelle*, et autres propres à la teinture et aux tanneries; 2° la *mortina*, qui est un mélange de feuilles sèches, dont celles de myrte forment la plus grande partie. Il faut que les feuilles dont il est ici question soient entières. Si elles étaient *moulues*, on les traiterait comme le sumac dans ce dernier état.

(8) Les feuilles médicinales à dénommer sont particulièrement celles : d'ambavelle, — d'argentine, — d'arnica, — d'aya-pana, — de baccante visqueuse, — de balais de savane, — de basilic, — de belladone, — de bétoine, — de bois immortel, — de bourrache, — de cannellier, — de dent-de-lion ou pissenlit, — de dictame de Crète, — de faam ou faon, — de gombo, — de guaco ou huaco, — de guimauve, — d'hysope, — de laurier franc (*branches comprises*), — de malabathrum, — de maté, dit *thé du Paraguay*, — de mélisse, — de menthe, — de morelle, — de pêcher, — de raisin d'ours, — de romarin, — de rue, — de sabine, — de sassafras, — de scolopendre, — de vanillier, — de véronique, l'herbe de schoenaute; les feuilles de bétel, de girofle et de séné entières ou en grabeau, etc., etc.

(9) On range parmi les ouvrages de l'espèce le feutre à filtrer, les semelles en feutre, le feutre verni et peint pour tapis ou surtouts de table, celui qu'on emploie pour faire des visières, les *galettes*, qui sont les carcasses en feutre grossier sur lesquelles on monte les chapeaux de soie, les pantoufles en feutre avec ou sans bordure en laine.

Quant aux étoffes en laine fabriquées comme les feutres et qui, obtenues par le foulage seu-

Suite des Notes.

lement, n'ont ni chaîne, ni trame, et ne présentent par conséquent ni filure, ni croisure, elles restent soumises à la prohibition générale qui atteint les ouvrages en laine non spécialement tarifés. Il y a exception toutefois : 1° pour le feutre destiné à garnir les marteaux de piano, lequel est admis, par exception, au droit des ouvrages en feutre *non dénommés*, lorsqu'il est découpé en lanières qui ne dépassent pas 1 mètre 20 centimètres de longueur sur 60 centimètres de largeur ; 2° pour les manchons *sans couture* employés dans les fabriques de papier à la mécanique ; ces derniers sont assimilés à la toile à blutoir.

(A) Mêmes droits que les fers étirés, selon leur dimension.

(C) L'importation en franchise de droits, à charge de réexportation, des tôles, cornières et autres pièces en fer destinées à la construction des bateaux en fer et des chaudières pour machines à vapeur, a été autorisée par ordonnance du 28 mai 1843.

Le fer laminé, ainsi que les ouvrages en fer ou en tôle, destinés à être *galvanisés* en France pour l'étranger, peuvent être admis en franchise, à charge d'être réexportés dans le délai de deux mois, lorsqu'il y a possibilité dûment reconnue de constater l'identité des objets ainsi introduits temporairement. Toutefois, sont exclues de cette faculté, les armes *dites* de guerre, et toutes celles dont le port et la circulation sont interdits dans le royaume. (Ordonnance du 23 août 1841.)

On doit considérer comme tôle les pièces de fer autres que les barres qui auront en largeur de 20 à 35 cent. inclusivement, et en épaisseur 5 millim. et au-dessous ; ou plus de 35 cent. en largeur et en épaisseur 3 cent. et au-dessous. (Circ. 319).

(D) Les ouvrages en fer et en acier susceptibles d'être emballés sont soumis au plombage.

DÉNOMINATION DES MARCHANDISES.	UNITÉS sur lesquelles portent les DROITS.	DROITS D'ENTRÉE par navires français. F.	C.	DROITS D'ENTRÉE par navires étrangers et par terre. F.	C.	DROITS de SORTIE. F.	C.
FILAMENTS, coton en laine provenant des entrepôts	100 k. NB	3		3			
par terre	id.	....		3			
non égrené (1), des pays hors d'Europe, par mer	id.	0	07	....			
des pays hors d'Europe	id.	0	07	1	50		
des entrepôts	id.	0	02	1	50		
par terre	id.	....		1	50		
en feuilles cardées et gommées, ouate	id.	100		107	50		
FILAMENTEUX (VÉGÉTAUX) (A), tiges ou filasse de bananier, fibres d'aloès, chanvre de Manille (abaca), phormium tenax et autres non spécialement dénommés, bruts, ou n'ayant subi qu'une préparation analogue au teillage, des colonies françaises	100 k. BB		10	....			
d'ailleurs, hors d'Eur.	id.		40	10			
des entrepôts	id.	8		10			
peignés	id.	15		16	50		
FILS de phormium tenax, d'abaca et de jute, écrus.	100 k. NB	60		65	50		
blanchis.	id.	81		87	50		
teints.	id.	80		86	50		
FILS de lin et de chanvre, sans distinction de ceux d'étoupes mesurant au kil. (2).							
simples, écrus, 6000 mètres, ou moins	100 k. BB	38		41	80		
plus de 6000	100 k. NB	48		52	80		
plus de 12000	id	80		86	50		
plus de 24000	100 k. NB	125		133	70		
plus de 36000	id.	165		175	70		
blanchis, à quelque degré que ce soit, 6000 mètres, ou moins	id.	54		59	20		
plus de 6000	id.	66		71	80		
plus de 12000	id.	106		113	80		
plus de 24000	id.	163		173	60		
plus de 36000	id.	212		225	10		
teints, 6000 mètres, ou moins	id.	58		63	40		
plus de 6000	id.	70		76			
plus de 12000	id.	106		113	80		
plus de 24000	id.	160		170	50		
plus de 36000	id.	200		212	50		
retors, écrus, 6000 m., ou moins (3)	id.	44		48	40		
plus de 6000	id.	60		65	50		
plus de 12000	id.	104		111	70		
plus de 24000	id.	167		177	80		
plus de 36000	id.	225		238	70		
blanchis à quelque degré que ce soit, 6000 m., ou moins	id.	61		66	50		
plus de 6000	id.	81		87	50		
plus de 12000	id.	136		145	30		
plus de 24000	id.	215		228	20		
plus de 36000	id.	287		303	80		
teints, 6000 m., ou moins	id.	70		76			
plus de 6000	id.	86		92	80		
plus de 12000	id.	134		143	20		
plus de 24000	id.	205		217	70		
plus de 36000	id.	260		275	50		
de mulquinerie	100 k. B	....		....			
FILS de coton écru du nº 143, système métrique, et au-dessus (4), simples	1 k. NB	7		7	70		

NOTES.

(1) On ne considère pas comme coton non égrené celui qui aurait quelques graines échappées à l'action de la meule ou du cylindre, mais celui-là seul qui présente toutes ses graines.

(A) Ceux préparés pour pâte à papier sont assimilés aux drilles (Circul. 584).

(2) On ne considère pas comme *fils* les mèches d'étoupes grossières n'ayant subi d'autre main-d'œuvre qu'un léger tors à la roue de cordier, et dont on se sert pour la fabrication de grosses toiles d'emballage. Ces mèches suivent le régime de la ficelle, laquelle fait partie des cordages.

Aux termes d'une disposition spéciale de la loi du 6 mai 1841, les fils de lin et de chanvre *de toute sorte* ne peuvent être importés que par les bureaux que cette loi a elle-même désignés à cet effet. Ces bureaux sont : 1° les ports d'entrepôt réel, savoir : Abbeville, Agde, Arles, Bayonne, Binic, Bordeaux, Boulogne, Caen, Calais, Cannes, Cette, Cherbourg, Dieppe, Dunkerque, Granville, Gravelines, le Havre, Honfleur, le Legué, Lorient, Marseille, Morlaix, Nantes, Port-Vendres, la Rochelle, Rochefort, Rouen, Saint-Malo, Saint-Servan, Saint-Valery-sur-Somme et Toulon ; 2° les bureaux de la frontière de terre ci-après, savoir : Armentières, Baisieux, Blancmisseron, Condé, Entre-deux-Guiers, Forbach, Halluin, Lille, Pont-de-Beauvoisin, Saint-Laurent-du-Var, Sierck, Strasbourg et Valenciennes.

Ils doivent être présentés en paquets séparés, ne contenant chacun que du fil passible du même droit. A défaut de cette séparation, la douane doit percevoir le droit du fil du numéro le plus élevé contenu dans le paquet.

VÉRIFICATION DES FILS. — Les fils de lin ou de chanvre sont filés à la main ou à la mécanique. Aucune règle particulière n'est suivie pour le dévidage et l'empaquetage des fils provenant du filage à la main. Ceux qui ont été filés à la mécanique sont, au contraire, habituellement empaquetés d'une manière uniforme, et ils portent alors un numéro qui, s'élevant en raison du degré de finesse des fils, en indique la longueur pour un poids donné. Pour les fils anglais, par exemple, le numéro indique combien de fois on doit trouver, dans le poids d'une livre anglaise, une longueur de 274 mètres 32 centimètres (300 *yards*). Ainsi les fils du numéro 10 mesurent 2,743 mètres (3000 *yards*) à la livre anglaise, ce qui correspond à 6,048 mètres par kilogramme.

Dans le système anglais, les fils sont ordinairement dévidés en échevettes d'un périmètre de 2 mètres 286 millim. (2 *yards* 1/2). L'échevette a le plus souvent 120 tours ; elle mesure alors exactement 300 yards ou 274 mètres 32 centimètres, soit la longueur qui est le point de départ du numérotage : 12 de ces échevettes ou 6 échevettes de 240 tours forment un écheveau. Les écheveaux sont empaquetés en bottes de 100, 50, 25 ou 12 écheveaux 1/2, selon le plus ou le moins de finesse du fil. Quelquefois l'échevette a 100 tours au lieu de 120, 200 tours au lieu de 240 ; quelquefois aussi le périmètre en est de 1 yard 1/2 ou de 3 yards (1 *mètre* 3716 ou 2 *mètres* 7432 *dix-millimètres*), au lieu de 2 yards 1/2 ; mais cela est fort rare.

Suite des Notes.

En France, c'est d'après le système métrique que se règle le numérotage des fils. Le numéro 1 répond à 1,000 mètres au demi-kilogramme ; le numéro 10, à 10,000 mètres, etc.

Le rapport approximatif des numéros métriques aux numéros anglais est représenté par la fraction 3/10. Ainsi le numéro 10 anglais répond à peu près au numéro 3 métrique, soit à 3,000 mètres au demi-kilogramme ou à 6,000 mètres au kilogramme.

(3) Cette dénomination s'applique à tous les fils ayant subi un retordage quelconque. Pour l'application du droit, multiplier le nombre de mètres que mesurera un kil. de fil déclaré par le nombre des bouts de fil simple dont il sera composé. Le produit détermine la classe à laquelle ce fil appartient.

(4) Les cotons filés des numéros admissibles aux droits ne peuvent être importés qu'en paquets de deux livres anglaises (0,91 décag.) au moins, et pour la consommation, par les seuls bureaux du *Havre*, de *Boulogne*, de *Calais*, de *Dunkerque* et de *Rouen*.

Au moment de l'acquittement des droits, ils reçoivent une marque, à défaut de laquelle ils sont saisissables dans l'intérieur, conformément à la loi du 28 avril 1816. Les formes et les conditions de cette marque sont déterminées par des ordonnances du roi.

La livre anglaise est égale à 453 grammes 5 décigrammes. Deux livres anglaises correspondent à 907 grammes.

Le numéro 143 (*système métrique*) est représenté par le numéro 170 du système anglais.

Dans les deux systèmes, le numéro exprime le nombre d'écheveaux nécessaires pour former un poids donné. Ce poids, dans le système métrique, est le demi-kilogramme ; dans le système anglais, la livre anglaise.

D'après l'ordonnance royale du 8 avril 1829, l'écheveau du système métrique mesure 1,000 mètres ; ainsi le numéro 10 (*système métrique*) contient 10 écheveaux ou 10,000 mètres au demi-kilogramme. L'écheveau est lui-même divisé en 10 échevettes, chacune de 100 mètres de longueur totale, et qui sont formées de 70 tours de 1 mètre 428 millimètres de développement.

Dans le système anglais, l'écheveau mesure 840 yards (768 *mètres* 10 *centimètres*) ; par conséquent le numéro 10 *anglais* contient 10 écheveaux de 840 yards (7,681 *mètres*) par livre anglaise. L'écheveau se compose de 7 échevettes, chacune de 120 yards (102 mètres 72 centimètres) et ayant 80 tours de 1 yard 1/2 (1 *mètre* 371 *millimètres*) de développement.

Dans l'un et l'autre système, le nombre d'écheveaux se réduit à moitié, au tiers, au quart, etc., s'il s'agit de fils retors à deux bouts, à trois bouts, à quatre bouts, etc.

On trouve le nombre de mètres par demi-kilogramme, soit le numéro du système métrique auquel correspondent les numéros anglais, en multipliant par 846 mètres 85 centimètres le chiffre exprimant ces numéros.

Pour être admissibles, c'est-à-dire, pour être au moins du numéro 143 (*système métrique*), les fils de coton *simples*, dévidés d'après le système anglais, doivent peser au maximum, savoir : l'écheveau, 2 grammes 68 centigrammes ; 10 écheveaux, 26 grammes 8 décigrammes ; 20 écheveaux, 53 gramme 7 décigram-

DÉNOMINATION DES MARCHANDISES.	UNITÉS sur lesquelles portent les droits.	DROITS D'ENTRÉE par navires français.	DROITS D'ENTRÉE par navires étrangers et par terre.	DROITS de SORTIE.
		F. C.	F. C.	F. C.
FILS de coton retors	1 k. NB	8	8 80	
tous autres *sans distinction d'espèces ni de numéros*	100 k. B	prohibés.	prohibés.	
de laine longue peignée, *écrus, retors, à un ou plusieurs bouts, dégraissés et grillés* (1).	1 k. NB	7	7 70	
tous autres	100 k. B	prohibés.	prohibés.	
de poil de chien	100 k. BB	1	1 10	
de poil de chèvre (2)	id.	20	22	
de poil de vache et d'autres ploes	id.	9	9 90	
de tous autres poils à dénommer	100 k. B	prohibés.	prohibés.	
FIL de fer même recouvert d'autres métaux (3)	100 k. NB	30	33	
FLAGEOLETS. *V.* Instruments de musique.				
FLANELLE. *V.* Tissus de laine non dénommés.				
FLANS à monnaie en cuivre (4). *V.* Cuiv. ou laiton brut.				
FLÉAUX de balances en bois. *V.* Ouvrages en bois, Boissellerie.				
en fer ou cuivre *V.* Outils de pur fer ou de cuivre.				
FLEURS médicinales de lavande et d'oranger, même salées	100 k. BB	exemptes.	exemptes.	
barbotine ou semencine	id.	exemptes.	id.	
à dénommer (5), des pays hors d'Europe.	id.	exemptes.	20	
d'ailleurs	id.	10	20	
FLEUR de benjoin (acide benzoïque). *V.* Acides.				
de soufre. *V.* Soufre sublimé.				
FLEURS artificielles (6)	la valeur.	12 p. 100	12 p. 100	1/4 p. 100 valeur.
FLEURET. *V.* Soies, Bourre filée.				
FLEURET (lames de). *V.* Mercerie fine.				
FLINT-GLASS en tables brutes. *V.* Vitrificat. en masse.				
taillé et poli pour verres à lunettes. *V.* Verres et Cristaux.				
autrement ouvré. *V.* Verres et cristaux, verrerie.				
FLUTES. *V.* Instruments de musique.				
FOIN. *V.* Fourrages.				
FOLLICULES de Séné. *V.* Feuilles médicinal., de séné.				
FONTES BRUTES (7) en masses pesant chacune au moins 15 kil., importée par mer	100 k. BB	4 00	4 40	
par terre	id.	....	4	
destinée à la construction des bâtiments de mer	id.	Exempte.	exempte.	
FONTE épurée dite mazée, en masse pesant 15 kil. ou plus (8)	id.	7	7 70	
moulée pour projectiles de guerre	....	prohibée.	prohibée.	prohibée.
en quelque autre forme que ce soit	100 k. B	id.	id.	
ouvrée de toute autre espèce	id.	id.	id.	
FORCES à tondre les draps (9). *V.* Outils de fer rechargés d'acier.				
les moutons. *V.* Instruments aratoires.				
FORTÉ-PIANO. *V.* Instruments de musique.				
FOUETS. *V.* Mercerie.				
(manches de). *V.* Ouvrages en bois non dénommés.				
FOULARDS. *V.* Tissus de soie.				
FOURCHES en bois (10). *V.* Ouvr. en bois, boisseller.				
en fer. *V.* Instruments aratoires.				
FOURNITURES d'horlogerie *V.* Horlogerie.				
FOURRAGES, foin, paille, herbes de pâturage, de toute sorte, par nav. fr. et par terre.	100 k. BB	Exempts.	....	
par navires étrangers	id.	....	50	
FOURRURES *V.* Pelleteries.				
FRANGES. *V.* Tissus suivant l'espèce, passementerie.				
FRISONS peignés. *V.* Soie, bourre cardée.				
FROMAGES (11) blancs de pâte molle	id.	6	6 60	
autres	id.	15	16 50	

NOTES.

Suite des Notes.

mes; 100 écheveaux, 268 grammes, etc. Ces poids sont doubles, triples, quadruples, etc., quand il s'agit de fils retors à deux bouts, trois bouts, quatre bouts, etc.

(1) Les fils de laine longue peignée, écrus, retors, à un ou plusieurs bouts, dégraissés et grillés, dits *cordonnets*, peuvent entrer par les seuls ports de Calais, Boulogne, Dunkerque, et le Havre, au droit de f. 7 le k., pour être dirigés, sous plomb, et par acquit à-caution, sur la douane de Paris. Ils sont ordinairement à deux ou à trois bouts, mais il en existe aussi à un bout, et ce sont ces derniers qu'il importe de bien distinguer des autres fils de laine. Les cordonnets sont communément en paquets de 5 à 10 livres anglaises, disposés comme ceux de coton filé. Ce qui les distingue surtout, c'est la force de la torsion, l'égalité du fil, et la pureté de la surface obtenue par le mouillage et le grillage au gaz. Ils se reconnaissent aussi à la couleur que le roussi leur donne.

Les fils traités de la même manière et faits avec des poils de vigogne, lama, alpaga, etc., assimilés au régime de la laine par la loi du 17 mai 1826, sont également admis au droit de 7 fr. et sous les mêmes conditions que les fils de laine longue, peignée, écrus, retors, etc. (Décision du 17 mai 1859, Circul. 590.)

(2) On traite comme bourre de soie filée, les fils de poils de chèvre mélangés d'un fil de soie et retors.

(3) Ne sont considérés comme fils de fer que ceux passés à la filière.

(4) Les flans à monnaie sont des plaques métalliques circulaires, destinées à faire des monnaies, des jetons, des médailles. — Lorsque leur destination n'est pas justifiée, on doit leur appliquer le droit du cuivre laminé.

(5) *Fleurs non dénommées.* Les fleurs qu'on doit particulièrement ranger ici sont celles : d'ambavelle, d'arnica, de bouillon-blanc, de bourrache, de camomille, de cannellier, de centaurée, de chardonnette *ou* cardonnette d'Espagne, de chouan, de gallium blanc et jaune, de grenadier, de guaco *ou* huaco, de guimauve, d'immortelle, de mauve, de mélisse, de muguet, d'ortie blanche, de pavot rouge, de pêcher, de pivoine, de roses sèches, de souci, de stéchas *ou* stœchas, de stramoine, de sureau, de tanaisie, de thé, de tilleul, de tussilage et de violette.

(6) Il n'y a pas à distinguer entre les fleurs artificielles fabriquées avec telle ou telle matière. Ainsi les fleurs en papier, en étoffes de toute sorte, en cire, en baleine, en baudruche, etc., sont passibles des mêmes droits. Seulement les fleurs en coquillage font partie de la *mercerie fine*, et celles en bois blanc ou en paille pour ornements de chapeaux, suivent le régime des *nattes* ou *tresses fines*, selon l'esp.

(7) On importe des Provinces Rhénanes des fontes blanches d'une espèce particulière, destinées à la fabrication de l'acier, et auxquelles on donne le nom de fontes *miroitantes*, en raison des lames planes et brillantes que présente leur cassure : elles font partie des fontes brutes.

Les fontes brutes destinées à être converties, en France, en machines et mécanique; pour la réexportat. seront admises temporairement en franchise des droits, sous les conditions déterminées par la loi du 5 juillet 1836. (Déc. du 17 oct. 1857). La même immunité temporaire est étendue, sous les mêmes condit., aux fontes brutes destinées à être converties en ouvrag. de fonte moulée pour la réexport. (Même décret.)

Les débris d'ouvrages en fonte appelés *tets* et *blocailles* sont admis aux droits de la fonte brute, en vertu de permissions spéciales, délivrées sur la demande du ministre du commerce, quand ils ne sont évidemment plus propres qu'à la refonte et sont destinés pour les forges situées dans un rayon frontière.

(8) C'est la fonte qui a subi une seconde fusion dans les feux d'affinerie.

(9) Les lames de fer rechargé d'acier, *brutes*,

Suite des Notes.

destinées à la fabrication des forces à tondre les draps, sont assimilées au fer étiré en barres plates de 213 mill. inclus. à 458 exclus.

(10) La boissellerie n'embrasse que des objets ouvrés : ainsi des fourches qui n'auraient reçu aucune main-d'œuvre devraient comme bois à brûler.

(11) Les fromages de pâte molle ou de pâte dure, provenant des troupeaux français qui pacagent à l'étranger, peuvent, avec des autorisations spéciales de l'administration, être affranchis des droits d'entrée.

Les fromages de pâte molle sont ceux de fabrication récente qui ne pourraient évidemment supporter, sans se corrompre, un transport lointain.

Voir pour les fromages de Hollande le tarif spécial, page 77.

Les fromages de lait de brebis fabriqués en Corse sous le nom de *Bruccio* sont admis en franchise à leur importation en France

DÉNOMINATION DES MARCHANDISES.	UNITÉS sur lesquelles portent les DROITS.	DROITS D'ENTRÉE par navires français.	DROITS D'ENTRÉE par navires étrangers et par terre.	DROITS de SORTIE.
		F. C.	F. C.	F. C.
FROMENT. *V.* le Tableau des céréales, p. 78.	100 k. BB	20	22	25c. 100k.
FRUITS à distiller. Anis vert	id.	20	22	
Baies de genièvre, de myrtille et figues de cactus (A)	id.	exemptes.	1 10	
FRUITS à ensemencer, graines de jardin et de fleurs de pastel et de chardons cardières forest. et de prairie, de coton et de garance	id.	10	1	25
FRUITS de table (B), frais, citrons, oranges et leurs var.	id.	10	11	id.
noix de coco (1)	id.	Exempts.	4	id.
carrobes ou *carouges* (2)	id.	0 25	1	id.
à dénommer, exotiques (3)	id.	Exempts	4	id.
indigènes (4)	id.	Exempts	2	id.
secs ou tapés, pistaches	100 k. NB	16	17 60	id.
raisins secs	id.	0 25	2	id.
à dénommer (5)	100 k. BB	16	17 60	id.
confits, cornichons et concombres	id.	17	18 70	id.
olives et picholines (6)	id.	36	39 60	id.
câpres, piment compris	100 k. NB	60	65 50	id.
à l'eau-de-vie	id.	98	105 40	id.
au sucre ou miel. *V.* Confitur.				
conservées sans sucre ni miel, des colonies françaises	id.	Exempt.	....	id.
d'ailleurs	id.	20 00	22	id.
FRUITS médicinaux. Casse sans apprêt des pays hors d'Europe (7)	id.	Exempts	20	
des entrepôts	id.	10	20	
Casse confite (canéfice) :				
des colonies françaises au delà du cap de Bonne-Esp.	100 k. NB	43	....	
des colonies franç. d'Amériq.	id.	43 (*)	......	
de la Chine, de la Cochinchine, des Philippines et de Siam.	id.	48	68	
des autres contrées de l'Inde.	id.	50	68	
d'ailleurs hors d'Europe	id.	53	68	
des entrepôts	id.	63	68	
Tamarins, gousses et pulpes (8), des pays hors d'Europe	100 k. BB	exempts.	20	
des entrepôts	id.	10	20	
confits dans le sucre.	100k. NB.	62	67 60	
Myrobolans confits	id.	62	67 60	
Badiane, anis étoilé de l'Inde	100 k. BB	15	40	
d'ailleurs (9).	id.	30	40	
Non dénommés, des pays hors d'Europe	id.	Exempts	20	
des entrepôts	id.	10	20	
FRUITS oléagineux.				
Arachides, touloucouna, faînes et juvia ou châtaignes du Brésil (noix de) par mer, des colonies françaises	id.	1	....	
des établissements français de l'Inde	id.	1	3	
de la côte occidentale d'Afrique	id.	1	3	
d'ailleurs	id.	2 50	3	
par terre	id.	....	3 50	
Amandes cassées ou en coques (10)	id.	1	3	
Noix, noisettes, avelines	id.	1	3	
Olives fraîches, du pays de production.	id.	2	3	
d'ailleurs	id.	2 60	3	
Graines oléagineuses.				
de sésame (11), par mer, des établissements français dans l'Inde (C).	id.	40	....	
des autr. part. de l'Inde.	id.	2 00	7 00	
des colonies françaises.	id.	80	....	
de la côte occid. d'Afr.	id.	2 00	7 00	
des pays situés sur la mer blanche, la Baltique, la mer Noire, ou la Méditerr. au-delà des caps (D) Ra-				

NOTES.

(1) Les noix de coco dont l'intérieur n'est plus mangeable payent comme coques de coco. Les pulpes impropres à servir pour la table suivent alors le régime des graines oléagineuses non dénommées.

(2) Fruit en gousses aplaties, recourbées, contenant des semences plates.

(3) Tels qu'ananas, bananes, goureaux, grenades, pacanes, pommes de grenadille, etc.

(4) Les fruits frais indigènes *non dénommés* sont les abricots, azerolles, baies d'épine-vinette, cerises, coings, concombres, cornichons, fraises, framboises, groseilles, melons, mûres, nèfles, pêches, poires, pommes, prunes, raisins frais, etc.

Les fruits frais indigènes apportés, à dos d'homme, des lieux voisins de la frontière sont exempts de droits, en tant qu'il ne s'agit que de provisions qu'on ne peut considérer comme marchandises proprement dites.

(5) Parmi les fruits secs *ou* tapés *non dénommés*, il faut ranger les cerises, les dattes soit en grappes, soit égrappées, les figues, gengeoles ou jujubes, jubis, picardats, poires, pommes, prunes, pruneaux, etc. Toutefois, par une exception particulière motivée sur le peu de valeur, les pommes et poires sèches, qui ont encore leur pellicule et leurs pepins, sont admises à l'entrée au même droit que les *légumes secs*, dont elles tiennent lieu dans les campagnes.

(6) Les olives auxquelles on a substitué un morceau d'anchois au noyau, et qui sont confites à l'huile, suivent le régime des poissons de mer marinés à l'huile.

(7) Fruit en gousses dures, longues, d'une couleur noirâtre, et dans lequel se trouvent séparées par des cloisons transversales des graines d'odeur fade et de saveur sucrée. Les gousses de cassie, improprement appelées gousses de casse, et qui sont plus petites, font partie des gousses tinctoriales.

(8) Gousses noires ou rouges, longues de 8 à 11 cent. sur 2 à 3 cent. de diamètre, renfermant des semences dures et une pulpe qui sert en médecine.

(9) Les graines de jatropha, de pastèques, de laitue, les pepins de calebasse ne font plus partie des fruits médicinaux. Ils sont assimilés aux graines oléagineuses. Mais il faut ranger dans cette classe : l'acaja (*prune desséchée du spondias-monbin*), les anacardes, les baies d'alkékenge *ou* coqueret officinal, celles de laurier, de morelle *et* de viorne, le baobab, vulgairement appelé *pain-de-singe*, les calebasses pleines, le carpobalsamum, les coloquintes, les coques du Levant, les fèves de S.-Ignace, le gombo, les noix *et* pommes d'acajou, les noix *ou* semences de ben, les noix de cyprès, les noix vomiques, les pignons doux, les pommes du pin à pignons, le sabler, les sébestes.

Et les *graines* d'abelmosch, d'ache, d'agnus castus, d'alliaire, d'ammi, d'aneth, d'angélique, d'apocyn, d'aristoloche, de bangue, de calageri *ou* calagira, calebasse (*pepin de*), de carvi, de catapuce *ou* épurge, de cévadille, de chardon argentin *ou* chardon-marie, de chardon bénit, de cédron, de chouan, citrouille, coing, concombre *et* courge (*pepins de*), de coriandre, de cumin, de daucus de Crète, de dolics de toute sorte, de fenouil, de garou, de grémil non mondé, de jusquiame, de laitue, de lavande, de livêche, melons (*pépins de*), de nhandirobe, dite *noix-de-serpent*, de nigelle, de persil de Macédoine, de pivoine, de pourpier, de saxifrage, seigle ergoté, de séséli, de staphisaigre, de stramoine, de sureau *et* de tatanaisie.

(10) Ces fruits ne sont considérés comme *fruits oléagineux* que lorsqu'ils sont dépourvus de leur enveloppe première.

(11) Les graines de sésame ont environ 3 millim. de longueur sur 2 millim. d'épaisseur. Elles sont arrondies au sommet et fortement comprimées. Leur couleur varie du blanc jaunâtre, et même du blanc mat, au jaune olivâtre et au brun noir, selon les pays d'où elles proviennent.

Suite des Notes.

(A) La franchise est acquise également aux importations par terre.

(B) Pour les fruits de table frais des États Sardes et de la principauté de Monaco, voir l'Appendice après le Tableau des droits.

(C) Celles chargées à terre, ce qui doit être justifié par certificats des autorités locales, sont admises comme si elles étaient originaires desdits établissements.

(D) Les caps Razat et Matapan, qui, d'après le système de tarification établi sur les graines oléagineuses par la loi du 16 Juillet 1855, déterminent, pour les provenances de la Méditerranée, deux zones distinctes, sont situés, le premier, sur la côte de Barbarie, dans l'État de Tripoli, latitude N., 32° 55′ 56″, longitude E., 19° 18′ 39″; le second, à l'extrémité méridionale de la presqu'île de la Morée, latitude N., 36° 22′ 35″, longitude E., 20° 7′ 30″. Tous les ports de l'Archipel, de l'Asie-Mineure, de la Syrie et de l'Égypte, étant au delà de ces deux caps, se trouvent compris dans la zone méditerranéenne dont les provenances sont favorisées.

(*) A dater du 1er juillet 1859, jusqu'au 1er juin 1861, ces droits seront portés à 42 et 45 fr.

DÉNOMINATION DES MARCHANDISES.	UNITÉS sur lesquelles portent les DROITS.	DROITS D'ENTRÉE par navires français	DROITS D'ENTRÉE par navires étrangers et par terre.	DROITS de SORTIE.
		F. C.	F. C.	F. C.
zat et Matapan.....	100 k. BB	4 00	7	
d'ailleurs.........	id.	5 00	7	
Gr. de sésame par terre, des pays limitrophes (1).	id.	....	5 00	
d'ailleurs..........	id.	....	7 00	
d'œillette, de colza et de ricin, par mer, des établis. français dans l'Inde.	id.	20	....	
des autres part. de l'Inde.	id.	1 00	5	
des colonies françaises..	id.	40	....	
de la côte occidentale d'Afrique.	id.	1 50	5	
des pays situés sur la mer Blanche, la Baltique, la mer Noire, ou la Méditerranée au-delà des caps Razat et Matapan (A)...	id.	2 00	5 00	
d'ailleurs............	id.	3 00	5 00	
par terre, des pays limitrophes (1).	id.	....	3 00	
d'ailleurs............	id.	....	5 00	
de lin, de moutarde et autres (2), par mer, des établissements français dans l'Inde..........	id.	10	....	
des autres part. de l'Inde.	id.	75	4 50	
des colonies françaises..	id.	20	....	
de la côte occidentale d'Afrique............	id.	1 00	4 50	
des pays situés sur la mer Blanche, la Baltique, la mer Noire, ou la Méditerranée au-delà des caps Razat et Matapan (A)...	id.	1 50	4 50	
d'ailleurs............	id.	2 50	4 50	
par terre, des pays limitrophes (1).	id.	....	2 50	
d'ailleurs............	id.	....	4 50	
Graines à ensemencer	id.	10	1	25
Fusils de calibre, de chasse, de luxe ou de traite. V. Armes à feu.				
Fustet (écorces, brindilles et feuilles de). V. Sumac.				
Futailles vides, montées ou démontées. V. Ouvrages en bois.				
avec un cercle en fer à chaque extrémité. V. Ouvr. en bois, futailles cerclées en fer.				
Futaine. V. Tissus de coton.				
Gaïac (bois de). V. Bois d'ébénisterie.				
Gaînerie (3). V. Mercerie.				
Galène. V. Plomb, minerai.				
Galipot. V. Résines indigènes.				
Galle (noix de). V. Noix de galle.				
Garance (4) en racine verte..............	id.	5	5 50	
sèche ou alisari..........	id.	8	10	
moulue ou en paille............	id.	20	22	
(graine de). V. Fruits à ensemencer.				
(résidu de). V. Garance moulue.				
Garancine (extrait de garance) (5)............	....	Prohibée.	Prohibée.	
Gargousses (6). V. Poudre à tirer.				
Garnitures de cardes. V. machines et mécaniques.				
Garou (racine de) (7)	....	Exempte.	Exempte.	
Gaude, herbe à jaunir......................	....	Exempte.	Exempte.	
Gaze. V. Tissus suivant l'espèce.				
Gazettes et journaux (8). V. Livres.				
Gedda (gomme de) (9). V. Gommes pures exotiques.				
Gélatine d'os. V. Viande (extraits de) en pains.				
Genestrolles ou genêt des teinturiers.........	id.	exempt.	exempt.	
Génisses	par tête.	1	1	
Gentiane. V. Racines médicinales à dénommer.				
Gétania. V. Gutta-percha.				
Gibier..................................	100 k. BB	Exempt.	Exempt.	
Gingembre,				
des pays hors d'Europe............	id.	exempt.	20	
des entrepôts.....................	id.	10	20	
en poudre. V. Médicam. composés non dén.				
confit. V. Confitures.				
Ginseng. V. Racines médicinales à dénommer.				
Girofle clous (fleurs) (10) des colonies françaises..	100 k. BB	30	....	
de l'Inde	id.	1	3	
d'ailleurs hors d'Europe...	id.	1 80	3	
des entrepôts...........	id.	2	3	
griffes (pédoncules) des colon. franç.....	id.	0 07	....	
Girofle, griffes (11), de l'Inde..............	id.	25	75	
d'ailleurs hors d'Europe	id.	45	75	

NOTES.

(1) Il faut pour les importations par terre justifier de l'origine des graines par des certificats des autorités locales et par les acquits de payements de sortie des douanes étrangères.

(2) On range principalement dans cette classe : les graines de cameline, de chanvre *dite* chènevis, d'hélianthe annuel *dit* tournesol *ou* grand soleil, de navette, d'olivetier *ou* d'argan, de rabette, et celle de teel *ou* till ou plutôt de ram-teel *ou* ram-till, qui vient de l'Inde; la graine dite de sicoude *ou* de seifesum, celle de carthame, de jatropha (gros pignon d'Inde), de pastèque et de laitue.

Les graines de lin pour semences, importées directement en fûts enrobés et par navires français des pays situés sur la mer Blanche et sur la mer Baltique et de la Zélande, sont admises en franchise des droits.

(3) Comme cornets à jouer, fourreaux d'épée, gibecières, poires à poudre et autres fourniments.

(4) On assimile : 1° à la garance *en racine* la racine d'oldenlande, connue dans le commerce sous le nom de *chayaver*; l'écorce de paraguatan (*macronemum tinctorium*), arbuste de la famille des *rubiacées*, qui croît en Amérique dans les régions de l'Orénoque; l'essaye, racine d'une plante des Indes; 2° à la garance *moulue*, les feuilles de henné *pulvérisées*.

L'importation temporaire en franchise des droits des racines de garance destinées à être moulues est autorisée, à charge de réexportation. (Ordonn. des 28 novembre 1846 et 2 février 1848.)

(5) La garancine est atteinte, à l'entrée, par la prohibition applicable aux extraits de bois de teinture.

(6) Aux termes de l'ordonnance du 19 juillet 1829, l'administration des contributions indirectes délivre, sous certaines conditions, des permis d'exportation de poudre à tirer : on perçoit, dans ce cas, le droit de sortie de 25 cent. par 100 k. B.

(7) On assimile au garou : 1° le mézéréon, la thymélée et la lauréole, qui appartiennent au même genre et jouissent de propriétés identiques; 2° la racine de gypsophile ou saponaire d'Orient, l'écorce de quillai ou de quillaja, et la coque ou péricarpe *desséché* du fruit du savonnier.

(8) Les gazettes et journaux importés en collection payent comme livres.

(9) C'est la gomme arabique.

(10) On appelle clous les fleurs cueillies avant l'épanouissement et que l'on a fait sécher au soleil.

(11) Les griffes sont les pédoncules brisés du girofle, petites branches menues, grisâtres, d'une odeur forte.

(A) V. page précéd., à ce renvoi la note D.

DÉNOMINATION DES MARCHANDISES.	UNITÉS sur lesquelles portent les DROITS.	DROITS D'ENTRÉE par navires français.	DROITS D'ENTRÉE par navires étrangers et par terre.	DROITS de SORTIE.
		F. C.	F. C.	F. C.
GIROFLE des entrepôts	1 k. NB	50	75	75
(feuilles de). V. Feuilles médicinales non dénommées.				
antolfes, mêmes droits que les clous.				
(bois de). V. Bois odorants à dénommer.				
(écorce de). V. Écorces médicinales à dén.				
(huile de). V. Huiles volatiles ou essences.				
GLACES (1) sans tain. V. Verres et cristaux, verrerie de toute autre sorte.				
étamées. V. Verres et cristaux, miroirs.				
d'optique. V. Instruments d'optique.				
GLU	100 k. BB	Exempte.	exempte.	
GOMBO (feuilles de). V. Feuilles médicinales à dén. (2).				
(feuilles de) pulvérisées. V. Médicaments composés non dénommés.				
GOMMES pures d'Europe (3)	100 k. B	exemptes	exemptes	
exotiques (4) du Sénégal	id.	id.	id.	
de l'Inde	id.	id.	5	
d'ailleurs	id.	3	5	
élastique. V. Caoutchouc.				
copale. V. Copal.				
GOUDRON. V. Résines indigènes.				
GOUSSES et graines tinctoriales : libidibi, baies de nerprun, graines de rocou, myrobolans secs, etc. ; entières, ou simplement concassées, des pays hors d'Europe	id.	Exempts.	4	
des entrepôts	id.	3	4	
libidibi moulu	id.	15	16 50	
GRAINES à ensemencer, de jardin, de pastel et de chard. card., de coton et de garance, forestales et de prairie	100 k.	10	1	25
médicinales. V. Fruits médicinaux.				
GRAINES oléagineuses. V. Fruits oléagineux.				
de vesce ou jarosse. V. Jarosse.				
d'écarlate. V. Kermès.				
jaunes, dites d'Avignon, de Perse, d'Andrinople et de la Valachie. V. Nerprun.				
de vers à soie. V. Œufs.				
de rocou. V. Rocou.				
de ricin ou de Palma-Christi. V. Fruits oléag. (graines).				
GRAINS. V. Tarif des céréales, page 79.				
GRAINS durs à tailler (5), des pays hors d'Europe.	100 k. BB	1	6	
des entrepôts	id.	3	6	
perlés ou mondés	id.	12	13 20	
d'acier, de cuivre, à broder ou pour bijout. fausse. V. Acier, cuivre, id. doré selon l'espèce.				
de verre. V. Verres et cristaux, vitrifications.				
GRAISSES de toutes sortes (6).				
de l'Inde	id.	2	8	
d'ailleurs	id.	5	8	
de poisson, de pêche étrangère, de l'Inde.	id.	10	30	
d'ailleurs hors d'Europe	100 k. NB	15	30	
des entrepôts	id.	20	30	
de pêche française	id.	15	....	
GRAPINS. V. Embarcations, ancres.				
GRAPHITE (carbure de fer dit mine de plomb noire ou plombagine) (7)	100 k. BB	1	3	
GRAVURES et lithographies de portefeuille et d'ornement (8)	100 k. NB	300	317 50	
GRUAUX importés sous tous pavillons et quelle que soit la provenance	100 kil.	7	7 70	

NOTES.

(1) *Glace* signifie une table de verre d'une forte dimension, soit coulée, soit soufflée. — Une glace étamée devient *miroir* ; cependant on lui conserve encore son nom dans l'usage pour indiquer que c'est un miroir de prix.

(2) On admet, par exception, comme légumes secs, les petites parties de feuilles de gombo pulvérisées que des passagers apportent avec eux.

(3) Les gommes sont des sucs végétaux concrets, solubles dans l'eau ou formant avec elle un mucilage plus ou moins épais ; non solubles dans l'alcool ni dans les huiles ; insipides et inodores ; brûlant presque sans flamme ; toutes sorties, par exsudation, de certains arbres. — Il n'y a pas à distinguer, pour l'application du tarif, entre les gommes *en sorte*, c'est-à-dire, salies, opaques et mélangées de matières hétérogènes, et les gommes *triées* ou de choix. — Les gommes d'Europe sont toutes produites par des arbres rosacés, à fruits à noyau, tels que les abricotiers, les cerisiers, les pruniers et les pêchers. On leur assimile la gomme d'olivier, bien que ce ne soit pas une véritable gomme et qu'elle contienne un principe particulier nommé *olivile.*

(4) Les principales gommes exotiques sont : 1° les gommes d'Arabie (*thurique* ou *acacia*), du Sénégal, de Galam, de Barbarie, de l'Inde, de la Nouvelle-Hollande, provenant toutes de différentes espèces d'acacia : ces gommes sont d'autant plus estimées qu'elles se dissolvent plus complétement dans l'eau ; la gomme de Barbarie est la moins soluble ; 2° — la gomme adragante, vermiculée ou plate, produite, dans le Levant et la Perse, par divers *astragalus*, arbustes épineux ; cette gomme forme avec l'eau un mucilage bien lié et très-épais, bleuissant par l'iode ; — 3° la fausse gomme adragante, nommée par quelques personnes gomme de *Bassora* et aussi gomme de *Sassa*, se gonflant dans l'eau moins que la gomme adragante, s'en précipitant lorsqu'elle est étendue, et se colorant en bleu très-foncé par l'iode ; — 4° la gomme de Bassora ou *gomme kutera*, produite, à ce qu'on présume, par une espèce de *mesembryanthemum*. Elle se gonfle considérablement dans l'eau, mais s'y divise en flocons non cohérents et isolés ; ne se colore pas par l'iode. On range aussi parmi les gommes exotiques celles d'acajou, de Monbin et de Géluph.

(5) Cet article comprend les frétilles, les graines d'abrus, de balisier et de panacoco non percées, et autres grains durs que l'on emploie ordinairement à faire des colliers, chapelets ou breloques.

Sont assimilés aux grains durs à tailler : 1° les pepins d'orange et de citron ; 2° les noix dites *de corozo* ou *d'aroira*, qui sont les fruits de deux espèces différentes de palmier : ces noix, en se séchant, deviennent d'une grande dureté ; on en fait de petits ouvrages de tabletterie qui ont l'apparence de l'ivoire ou plutôt de l'albâtre ; 3° les noix d'*arec*, autrefois rangées parmi les *fruits médicinaux* et qui servent également pour la tabletterie ; 4° les *orangettes*, et les fruits de palmier nain.

(6) On ne doit entendre par graisses que des matières tirées du règne animal, et le suif végétal provenant de l'arbre porte-suif. Les

Suite des Notes.

cretons, produits de la fonte des graisses, sont traités comme tourteaux.

(7) Le graphite est luisant et d'un bleu tirant sur le noir ; il est très-doux au toucher ; il salit les doigts et laisse sur le papier un trait noirâtre. On fait, au moyen du graphite réduit en poudre et pétri avec de la graisse, une sorte de *cambouis* propre à adoucir le frottement des roues et engrenages des machines, et auquel, à l'entrée, le droit du suif est applicable.

(8) Le régime de la librairie, tel qu'il résulte de la loi du 6 mai 1841 et de l'ordonnance du 13 décembre 1842, est applicable de tous points, sauf les modifications indiquées ci-après, aux gravures, lithographies, etc.

Les dessins, gravures, lithographies et estampes, avec ou sans texte, ne peuvent entrer, soit pour l'acquittement des droits, soit pour le transit, que par les seuls bureaux qui sont ouverts à l'importation de la librairie en *langue française*, savoir : Lille *par Halluin* et *Baisieux*, Valenciennes *par Blancmisseron*, Strasbourg, les Rousses, Pont-de-la-Caille, Saint-Jean-de-Maurienne, Chambéry, Nice, Marseille, Bayonne, le Havre et Bastia. Toutefois il a été convenu avec le département de l'intérieur que provisoirement, mais en ce qui touche le transit seulement, cette restriction d'entrée ne s'appliquera pas aux gravures, lithographies, etc., placées dans des ouvrages de librairie *en langues mortes ou étrangères*, et qu'elles pourront, comme ces ouvrages mêmes, transiter par tous les autres bureaux ouverts à l'entrée de la librairie.

On peut importer aussi par ces derniers bureaux les gravures, lithographies, etc., destinées pour Paris.

Aux termes de la loi du 27 juillet 1822, les gravures ou lithographies placées dans des *ouvrages de librairie*, et se rapportant au texte, ne payent que le droit imposé sur ce texte.

Les gravures ou lithographies *encadrées* et recouvertes de verres ou glaces suivent le régime des *meubles*.

On considère comme *objets de collection* les gravures ayant plus de cinquante ans de publication. Les épreuves de daguerréotype sur papier sont assimilées aux *gravures et lithographies*.

Les dessins imprimés sur tissus suivent le régime des tissus mêmes.

DÉNOMINATION DES MARCHANDISES.	UNITÉS sur lesquelles portent les DROITS.	DROITS D'ENTRÉE par navires français. F. C.	DROITS D'ENTRÉE par navires étrangers et par terre. F. C.	DROITS de SORTIE. F. C.
GRÈS commun ou fin. *V.* Poterie.				
(pierres de). *V.* Matériaux à dénommer.				
GRIGNON (marc d'olive entièrement sec)........	100 k. BB	exempt.	exempt	
GROISIL ou verre cassé.				
par navires français et par terre........	id.	exempt.	....	
par navires étrangers..................	id.	....	1	
GROISON (pierre crayeuse blanche, très-fine, servant aux mégissiers), par navire français et par terre.	id.	Exempt.	1	
GRUME (bois en). *V.* Bois à construire bruts.				
GUANO. *V.* Engrais.				
GUITARES. *V.* Instruments de musique.				
GUTTA-PERCHA brut ou ouvré. *V.* Caoutchouc.				
GYPSE (pierre à plâtre). *V.* Matériaux, plâtre.				
cristallisé. *V.* Albâtre.				
HABILLEMENTS. *V.* Effets à usage.				
HACHES. *V.* Outils de fer rechargés d'acier.				
HACHISCH (*préparation de chanvre indien*).......	1 k. NB	2 40	2 60	
HAMACS de chanvre ou d'autres végétaux, sauf le coton. *V.* Cordages, Filets en état de servir.				
de coton. *V.* Tissus de coton non dénommés.				
HAMEÇONS..............................	100 k. NB	200	212 50	
HARENGS. *V.* Poissons de mer.				
HARICOTS. *V.* Légumes suivant leur état.				
HARMONICAS. *V.* Instruments de musique.				
HARNAIS, objets de harnachement ou de sellerie. *V.* Sellerie.				
HERBES médicinales, gui de chêne et absinthe (artemisia), capillaire.......	100 k. BB	exemptes.	exemptes.	
non dénommées (1), des pays hors d'Europe...............	id.	exemptes.	20	
d'ailleurs..............	id.	10	20	
HOMARDS de pêche française (2).............	....	exempt.	....	
de pêche étrangère..............	100 k. BB	1	1 10	
HORLOGERIE, ouvrages montés (3).				
Montres à boîte d'argent ou de métal autre que l'or.				
Mouvements simples à roues de rencontre.........................	la pièce.	1 10	1 10	
de toute autre sorte.	id.	1 80	1 80	
Répétitions, réveils ou autres genres...	id.	1 80	1 80	
à boîtes d'or, mouvements simples, à roues de rencontre...............	id.	3 10	3 10	
de toute autre sorte...............	id.	4 40	4 40	
répétitions ou réveils à roues de rencontre.........................	id	4 40	4 40	
de toute autre sorte...............	id.	6	6	
Secondes fixes indépendantes et chronomètres de poche...............	id.	6	6	
sans boîtiers........................	la valeur.	10 p. %.	10 p. %.	
mouvements de toute sorte..........	id.	id.	id.	
carillons à musique................	1 k. NB	5	5 50	
horloges en bois avec mouvement en métal.........................	la pièce.	2	2	
autres avec mouvements en bois	id.	1	1	
fournitures (4).................	1 k. NB	5	5 50	
HOUBLON..............................	100 k. NB	45	49 50	
HOUILLE. *V.* Bitumes-Houille.				
HUANO ou GUANO. *V.* Engrais.				

NOTES.

(1) Les principales sont : l'angélique, l'argentine, le basilic, les bourgeons de sapin, le caille-lait, la centaurée, le chardon bénit, la ciguë, le gallium blanc et jaune, la germandrée, l'héliotrope ou herbe aux verrues, l'hysope, la jusquiame, la lavande, la livèche, la marjolaine, le marum, la mélisse, la menthe, l'origan, la pariétaire, les pensées, le phlomis de Ceylan, le pouliot, le psyllium, le romarin, la sabine, la saponaire, la sauge, la saxifrage, la scabieuse, le schœnante, la soldanelle, la spigélie de Maryland, la spilanthe salivaire, la stramoine, la tanaisie, le thym et les vulnéraires. — On doit traiter comme herbes les tiges entières auxquelles les fleurs, feuilles ou graines seraient encore pendantes.

(2) Voir page 54, la note 11, relative au poisson de pêche française, indiquant le titre justificatif de l'exemption des droits d'entrée.

(3) On entend, pour l'application du tarif, par *ouvrages d'horlogerie montés* : 1° les montres ; 2° les mouvements de montres sans boîtiers ; 3° les carillons à musique ; 4° les horloges en bois ; 5° les autres mouvements d'horlogerie de toute sorte. Quant aux pendules, qui sont également des ouvrages d'horlogerie montés, mais à l'égard desquels la loi n'a pas nommément disposé, le régime à leur appliquer dépend de la nature de la cage ou cartel qui renferme le mouvement. Si ce cartel est admissible aux droits, on le soumet à la taxe particulière qui lui est afférente, en même temps qu'on perçoit sur le mouvement qu'il contient le droit de 10 pour 100 de la valeur. Si, au contraire, le cartel rentre par sa nature dans la classe des objets prohibés à l'entrée, par exemple, s'il est en cuivre ou en bronze ouvré, l'admission de la pendule doit être refusée, l'importateur restant libre d'ailleurs de séparer le mouvement de la cage, s'il désire importer celui-là.

D'après la loi du 2 juillet 1836, les ouvrages d'horlogerie montés ne peuvent entrer que par les bureaux qui sont ouverts au transit des marchandises prohibées, savoir : Bayonne, Béhobie, Bellegarde, Blancmisseron, Bordeaux, Boulogne, Calais, Cette, Delle, Dunkerque, Forbach, Frauenberg, Grosbliedersdorff, le Havre, Huningue, Jougne, Lauterbourg, Lille *par le chemin de fer*, Longwy, Marseille, Nantes, les Pargots, Perpignan *par le Perthus*, Pont de Beauvoisin, les Rousses, St-Blaise, St-Louis, St-Malo, St-Servan, St-Valery-sur-Somme, Sierck, Strasbourg, Trois-Maisons, Valenciennes *par le chemin de fer*, Verrièrres-de-Joux, Wissembourg, et, à titre provisoire, Roubaix et Tourcoing (*stations du chemin de fer*). Il y a exception pour les horloges en bois, dont l'entrée est autorisée par tous les bureaux qui sont ouverts à l'importation des marchandises taxées à plus de 20 fr. pour 100 kilog.

Le droit établi sur les montres comprend à la fois le mouvement et la boîte dans laquelle il est renfermé. Les mouvements *sans boîtiers* doivent être soumis à la taxe particulière qui leur est afférente. Il en est de même des boîtes sans mouvements : celles-ci, lors-

Suite des Notes.

qu'elles sont importées séparément, suivent, selon leur espèce, le régime de l'orfèvrerie ou de la bijouterie.

La tarification des montres, telle qu'elle résulte de la loi du 9 juin 1845, est d'une application facile : il s'agit seulement de vérifier si elles sont à mouvements simples ou de toute autre sorte, et, pour les montres à mouvements simples, si elles sont ou non à roues de rencontre.

En ce qui touche les montres *à boîtes d'or*, la loi distingue aussi les montres à secondes fixes indépendantes et les chronomètres de poche. Par montres *à secondes fixes indépendantes*, on entend exclusivement celles dans lesquelles il se trouve un mécanisme distinct, affecté à marquer les secondes. Les montres dites *à secondes courantes* ou *trotteuses*, qui n'ont qu'un seul système de mouvement, font partie des montres à mouvements simples.

La même distinction n'existe pas à l'égard des montres à boîtes d'argent ou de tout autre métal que l'or. Les montres de l'espèce à secondes fixes indépendantes, ainsi que les chronomètres de poche à boîtes autres que d'or, rentrent dans la classe des *répétitions, réveils* ou *autres genres*.

Quant aux grands chronomètres dont on se sert en mer, et que l'on nomme *montres marines*, ils font partie des instruments de calcul.

Par suite d'une décision ministérielle du 21 mai 1838, on range dans la classe des montres *à boîtes d'argent, etc.*, les montres en vermeil, celles qui sont plaquées en or et les montres à médaillons, galons ou charnières en or lorsque le surplus de la boîte est en tout autre métal que l'or.

Après l'acquittement des droits d'entrée, les montres doivent être dirigées, sous double plomb et par acquit-à-caution, sur l'un des six bureaux de garantie de Paris, Marseille, Lyon, Besançon, Toulouse, Bordeaux et Strasbourg, pour y être essayées et marquées et y acquitter le droit de garantie (*Lois des 2 juillet* 1836 et 11 *juin* 1845). Cette disposition n'est pas applicable aux montres à l'usage personnel des voyageurs ; et même, lorsque ceux-ci n'ont sur eux, pour leurs besoins, qu'une montre, on peut s'abstenir de la soumettre au droit d'entrée, quand, par sa nature et sa valeur, elle est en rapport avec la position sociale de la personne qui en est porteur.

(4) Les fournitures d'horlogerie s'entendent des pièces qui se vendent séparément à la grosse, spécialement les ressorts, chaînes de fusée, roues de rencontre, aiguilles, spiraux, pignon, cadrans bruts ou achevés, clefs et canons de clef et autres pièces nécessaires à la composition des montres et des pendules.

DÉNOMINATION DES MARCHANDISES.	UNITÉS sur lesquelles portent les DROITS.	DROITS D'ENTRÉE par navires français.		DROITS D'ENTRÉE par navires étrangers et par terre.		DROITS de SORTIE.
		F.	C.	F.	C.	F. C.
HUILES fixes pures, d'olives, des pays de production (1)	100 k. BB	10		15		
d'ailleurs	id.	13		15		
de graines grasses	id.	10		15		25c.100k.
de palme, de coco, de touloucouna et d'illipé, des colonies et établissements français dans l'Inde (a)	id.	1	50	....		
des autres parties de l'Inde.	id.	2	50	....		
de la côte occidentale d'Afrique	id.	1	50	10		
d'ailleurs hors d'Europe.	id.	5		10		
des entrepôts	id.	8		10		
autres	1 k BB		25		25	
aromatisées (2)	1 k. NB	1		1	10	
HUILES volatiles ou essences, de rose et de bois de Rhodes	1 k. NB	40		44		
de girofle, muscade, macis, cannelle, sassafras, fenouil, anis, carvi, cajeput, camomille, valériane, amandes amères, badiane et cassia lignea	id.	5		5	50	
d'orange, de citron et de leurs variétés	id.	4		4	40	
toutes autres (3)	id.		75		80	
HUILES d'absinthe. *V.* Huiles volatiles ou essences, toutes autres.						
ambre. *V.* Produits chimiques non dénomm.						
aspic. *V.* Huiles volatiles ou essent., toutes autres.						
baleine. *V.* Graisses de poisson.						
ben. *V.* Huiles fixes, autres, pures.						
cacao. *V.* Huiles fixes, autres, pures.						
caoutchouc. *V.* Huiles volatiles non dénomm.						
cire (4). *V.* Médicaments composés non dénommés.						
HUILES corne de cerf. *V.* Médicaments composés non dénommés.						
coton (5). *V.* Huiles fixes de graines grasses.						
de dégras de peaux. *V.* Dégras de peaux.						
faîne. *V.* Huiles fixes, autres, pures.						
jais. *V.* Produits chimiques non dénommés.						
karabé. *V.* Prod. chimiques non dénommés.						
lin. *V.* Huiles fixes de graines grasses.						
noix. *V.* Huiles fixes, autres, pures.						
palma-christi. *V.* id.						
poisson. *V.* Graisses de poisson.						
ricin. *V.* Huiles fixes, autres, pures.						
suif. *V.* Acide oléique.						
térébenthine. *V.* Résines indigènes distillées.						
vipère. *V.* Médicaments composés non dénommés.						
vitriol. *V.* acide sulfurique.						
HUÎTRES fraîches de pêche française	1000 en n.	exemptes.		....		
de pêche étrangère	id.	1	50	5		
marinées de toute pêche	100 k. BB	25		27	50	
HYDRIODATE de potasse. *V.* Iodure de potassium.						
HYDROMEL, eau miellée cuite et fermentée. V. Boissons fermentées.						
ICHTYOCOLLE. *V.* Colle de poisson.						
IGNAME (racine d') (6). *V.* Légumes secs.						
IMAGES, imprimées sur papier. *V.* Dominoterie.						
INDIGO (7), par mer, de l'Inde et autres pays où il est récolté	100 k. NB	exempt.		28		
d'ailleurs	id.	25		28		
par terre	id.	....		28		
INDIGOE, Inde-plate et Boules de bleu, mêmes droits que l'indigo	....	....		....		
INSTRUMENTS aratoires (8), faux	100 k. NB	120		128	50	
faucilles et tous autres.	id.	80		86	50	
de chimie et de chirurgie (9)	la valeur.	10 p. °/o.		10 p. °/o.		
de musique (10), fifres, flageolets et galoubets	la pièce.		63		63	
flûtes, poches et triangles	id.		75		75	
sistres, mandolines, psaltérions, luths,						

NOTES.

(1) Les huiles d'olive pourront, sous les conditions déterminées par l'ordonnance du 10 mars 1846, être importées, ou extraites temporairement, des entrepôts de douane pour être épurées, en France, et réintégrées ensuite en entrepôt ou réexportées dans le délai de six mois. (Ordonn. royale du 18 juillet 1846.)

(2) Ce sont les huiles d'iris, de jasmin, de lis, de narcisse, de tubéreuse, de violette et de toutes autres qui se composent d'un parfum fugace fixé sur une huile limpide et inodore, comme l'huile d'olive ou celle de ben. On traite de même l'huile dite *ambrée*. Quant à l'huile d'ambre proprement dite, qui est le produit de la distillation du succin, elle continue à être rangée parmi les *produits chimiques non dénommés*.

(3) Les huiles volatiles non dénommées sont principalement celles d'absinthe, d'aneth, d'angélique, d'aspic *ou* de spic, de barbotine, de bouleau, de cade, de caoutchouc, de catakonti, de cèdre, dite *cédria*, le clynopode, de coriandre, de culilawan, de cumin, de dictame de Crète, d'estragon, de feuilles de laurier, de gaïac, de genévrier *ou* de genièvre, de gingembre, d'hysope, d'impératoire, de lavande, de marjolaine, de mélisse, de menthe, d'origan, d'oxycèdre, de poix, de pouliot, de romarin et autres labiées non dénommées, de rue, de sabine, de santal, de sauge, de serpolet, de stécas *ou* stœchas, de thym, de winter, de winter-green, etc.

(4) Les médicaments composés dont ces huiles font partie, et dont l'école de pharmacie reconnait la nécessité et l'utilité, sont admis par dérogation à la prohibition, moyennant le droit de 20 p. °/o de la valeur.

(5) *Huiles de coton*: s'il en était importé des quantités considérables, il en serait référé à l'administration.

(6) Les prohibitions qui pourraient intervenir à l'égard des légumes secs ne devront pas atteindre *la racine d'igname*, attendu qu'elle ne leur est assimilée que pour l'application des droits.

(7) L'indigo jouit, aux termes de la loi, d'une modération particulière de droits quand il est *directement* importé de l'Inde ou des autres pays où il est récolté. Mais l'application de ce tarif modéré est subordonnée à la production de certificats d'origine délivrés par nos agents consulaires aux lieux d'embarquement, ou, à défaut, par les autorités locales, certificats qui doivent constater que les indigos auxquels ils se rapportent ont été récoltés sur le territoire des pays d'où ils sont importés. Toutefois, on peut ne pas exiger de certificats de l'espèce pour les indigos venant de l'Inde; il suffit qu'il soit dûment établi par le rapport de mer et la vérification des papiers de bord que l'importation en a été directe.

D'après un avis du Comité consultatif des arts et manufactures, en date du 17 avril 1820, la *pâte d'anil*, c'est-à-dire, la pâte préparée avec des feuilles d'anil (*indigofera tinctoria*, Lin.), broyées et desséchées, doit être assujettie aux mêmes droits que l'indigo.

On doit également traiter comme indigo, lors même qu'on les déclarerait sous la dénomination de *couleurs*, les pâtes, tablettes ou trochisques bleues (autres que d'outremer ou de bleu de Prusse), attendu que ces produits ne peuvent payer moins que la substance principale qui entre dans leur composition.

(8) Les instruments aratoires peuvent entrer par les bureaux de mer en colis de tous poids, mais sans mélange d'espèces payant des droits différents.

Par la désignation d'instruments aratoires, on n'entend que les instruments *simples* nécessaires à l'industrie rurale; les instruments de l'espèce, *entièrement en bois*, tels que râteaux,

Suite des Notes.

fourches, etc., sont traités comme ouvrages en bois (Boissellerie). Quant à ceux à combinaison, comme charrues, extirpateurs, hache-navets, hache-paille, herses, semoirs, ventilateurs, ils font partie des machines et mécaniques pour l'agriculture.

(9) Les seringues à injection en étain en font partie.

(10) Il y a exemption de droits pour les instruments portatifs qu'importent ou exportent les voyageurs pour leur usage personnel.

(a) Un décret du 14 mai 1856 autorise l'importation à ce droit des huiles chargées à terre, suivant certificat des autorités, que ces huiles soient ou non produits de nos établissements.

DÉNOMINATION DES MARCHANDISES.	UNITÉS sur lesquelles portent les DROITS.	DROITS D'ENTRÉE. par navires français.	par navires étrangers et par terre.	DROITS de SORTIE.
		F. C.	F. C.	F. C.
tambours, tambourins, tymbales, tympanons, cymbales (la paire)...	la pièce.	1 50	1 50	
altos, violes, violons, bassons, guitar., lyres.	id.	3	3	
cors, serinettes (1), serpents, trompes, trompettes, trombones, accordéons.	id.	3	3	
clarinettes et hautbois.	id.	4	4	
vielles simples.	id.	5	5	
basses, contre-basses, chapeaux chinois, grosses caisses et tam-tam...	id.	7 50	7 50	
épinettes, harmonicas, vielles organisées et orgues portatives.	id.	18	18	
harpes	id.	36	36	
forté-piano (2) carrés	id.	300	300	1/4 p. 100
forté piano à queue ou en buffet.	id.	400	400	id.
orgues d'église	id.	400	400	
non dénommés.	mêmes	droits que	leurs anal.	
d'optique, de calcul, d'observation et de précision, montres marines et gazomètres de petite dimension (3).	valeur (A)	30 p. °/o.	30 p. °/o.	
IODE brut ou raffiné (B).	1 k. NB	5	5 50	
IODURE de potassium, ou hydriodate de potasse (4).	id.	5	5 50	
IPÉCACUANHA. V. Racines médicinales.				
IRIS de Florence. V. Racines médicinales.				
IVOIRE. V. Dents d'éléphant. — ouvré. V. Tabletterie. — râpé. V. Râpures d'ivoire. — fossile, de toute sorte, comme dents d'éléphant.				
JAIS brut.	100 k. BB	exempt	....	
travaillé. V. Mercerie commune.				
JALAP (racine de). V. Racines médicinales.				
(résine de). V. Résineux exotiques à dénommer.				
JAROSSE et LUPIN par navire français et par terre.	id.	exempte.	....	
par navires étrangers	id.	....	50	
JAUNE de chrôme. V. Sels, chromates de plomb.				
de Cassel, minéral, de Naples, de roi *ou* jaune royal. V. Couleurs à dénommer.				
JETONS d'ivoire, de nacre. V. Tabletterie. — d'os. V. Mercerie commune. — de métal (5). V. Objets de collection.				
JOAILLERIE. V. Bijouterie.				
JONCS et roseaux exotiques: bambous, joncs forts, rotins, Ways, et autres: des pays hors d'Europe.	....	exempts.	20	
des entrepôts	....	10	20	
d'Europe, des jardins.	id.	exempts.	exempts.	
sparte en tiges, brutes (6).	id.	0 05	50	
battues.	id.	0 05	1 10	
presle (feuilles et tiges de).	id.	exemptes.	exemptes	
autres (7).	id.	id.	id.	
JOUJOUX d'enfant. V. Bimbeloterie.				
JOURNAUX confondus dans la correspondance par suite d'abonnement. Exempts. — autres. V. Livres.				
JUJUBES, fruits. V. Fruits de table secs à dénommer.				
(pâte de). V. Bonbons.				
JUMENTS. V. Chevaux.				
JUS de réglisse	100 k. NB	48	52 80	
d'ananas. V. Boissons fermentées, jus d'orange.				
de cerises. V. Boissons distillées, kirchwasser.				
de citron et de limon. V. Acide citrique.				
d'orange. V. Boissons fermentées.				
KAOLIN. V. Pierres et terres servant aux arts, perle.				
KARABÉ (succin). V. Succin.				
KARY (poudre de). V. Épices préparées à dénommer.				
KERMÈS en grains ou graine d'écarlate.	100 k. BB	exempt.	exempt.	
en poudre, des pays hors d'Europe.	1 k. N	4	6	
des entrepôts.	id.	5	6	
KINA ou quinquina. V. Écorces médicinales.				
KININE (sulfate de). V. Produits chimiques non dénommés.				
KINO (gomme). V. Sarcocolle, Kino, etc.				
KIRCHWASSER. V. Boissons distillées, eau-de-vie de cerises.				
LABDANUM. V. Résineux exotiques.				
LACETS. V. Tissus, passementerie suivant l'espèce.				
LAINES en masse (C),				
par mer, des pays hors d'Europe.	100 k. BB	exemptes.	8	

NOTES.

(1) Les serinettes adaptées à des horloges en bois doivent en outre le droit du tarif sur les horloges.

(2) Les forté-piano, qui n'appartiennent ni à l'une ni à l'autre des espèces tarifées, sont assimilés à ceux carrés, si leur valeur n'excède pas 1200 francs.

(3) Les instruments d'optique, de calcul, etc., sont ceux employés en astronomie, mathématiques, navigation, optique et physique, et, en général, tous ceux nécessaires à des travaux scientifiques. Ils doivent, comme les machines et mécaniques, être accompagnés du plan colorié, et sur échelle, de leurs formes, dimensions, etc. Mais lorsqu'ils sont destinés pour Paris, on abrége toutes ces formalités, en les expédiant sur la douane de cette ville, sous double plomb et par acquit-à-caution.

(4) Résulte de la combinaison de l'acide hydriodique avec la potasse. Il est blanc et cristallisé en cubes. En traitant ce sel par l'acide sulfurique, l'iode devient libre et se dégage en vapeur abondante d'un beau violet.

(5) L'arrêté du 5 germinal an XII défend aux Français de faire frapper des jetons et pièces de plaisir ailleurs qu'à l'hôtel des monnaies; dès lors ce qui proviendrait de l'étranger pour le commerce est défendu. Il n'y a d'exception que pour les objets de science, qui se distinguent en ce qu'ils sont de formes différentes et en petit nombre de chaque espèce.

(6) Le sparte, appelé aussi *battin*, est une espèce de jonc, une plante graminée qui croît sur les bords de la mer dans le midi de la France, en Espagne, etc. Il est en fibres longues, menues, et si tenaces, qu'après les avoir rouies et battues comme le chanvre, on en fait des cordages, des ficelles, des nattes, des coffins, des tapis de pied à longs brins ou peluchés, et autres ouvrages de cette nature.

(7) Ce sont ceux de marais que l'on emploie à faire des balais de cheminée, de petits ouvrages de vannerie, des siéges, etc.

(A) La valeur, à déterminer par le Comité consultatif des Arts et manufactures.

(B) Un arrêté du 5 mars 1849 autorise, sous des conditions déterminées, l'admission en franchise, à charge de réexportation, de l'*iode brut*, destiné à être raffiné ou à être converti en *iodure de potassium*.

(C) Celles des États du Zollwerein, importées par convois internationaux, sont considérées comme provenant des pays limitrophes.

Les poils d'alpaga, de vigogne, etc., sont assimilés aux laines. Il en est de même des déchets de laine, de la bourre, des blouses, des débourrures des cardes, des laines provenant du défilage et de l'effilochage des étoffes ou tricots, des lisières de draps et des découpures d'étoffes (Circulaires 302, 578).

Les fabriques voisines de la frontière, auxquelles leur éloignement de l'un des bureaux désignés pour l'importation des laines ne permettrait de tirer leur approvisionnement qu'au moyen d'un circuit onéreux, peuvent être temporairement autorisées à recevoir cet approvisionnement par le bureau de la route directe, conformément à l'article 21 de la loi du 28 avril 1816.

DÉNOMINATION DES MARCHANDISES.	UNITÉS sur lesquelles portent les DROITS.	DROITS D'ENTRÉE par navires français.	DROITS D'ENTRÉE par navires étrangers et par terre.	DROITS de SORTIE.
		F. C.	F. C.	F. C.
LAINES en masse (suite),				
du crû des pays d'Europe.....	100 k. BB	3	3	
par terre, du crû des pays d'Europe.....	id.	exemptes.	exemptes.	
autres.....	id.	id.	3	
peignées.....	id.	70	80	
teintes de toute sorte.....	id.	100	115	
Bourre entière (déchets de) (1).....	mêmes dr. que les laines selon l'espèce.			
Bourre lanice, tontice et cot. en poud. (déch. destin. à entrer dans la fab. du pap. (2).	id.	Exempte.	Exempte.	
filées. V. Fils de laine.				
(pennes de). V. Corons ou pennes.				
fines de cachemire ou duvet soyeux que le poil de chèvre recouvre. V. Poils propres à la chapellerie et à la filature, Duvet de cachemire.				
LAIT animal et crême.....	id.	3	3 30	
LAITON. V. Cuivre allié de zinc.				
coulé en plaq. V. Cuivre allié de zinc laminé.				
LAMES de sabre pour enfants. V. Bimbeloterie.				
autres (3). V. Armes blanches.				
d'épée. V. Armes blanches.				
LAMINOIRS à l'usage des orfèvres et des bijoutiers. V. Machines et mécaniques à dénommer.				
LAMPES. Comme les matières ouvrées dont elles sont formées.				
LAQUE en teinture ou en trochisques (4), des pays hors d'Europe.....	100 k. NB	Exempte.	10	
des entrepôts.....	id.	5	10	
LARD. V. Viandes.				
LAUDANUM. Médicaments composés à dénommer.				
LAVANDE. V. Herbes, fleurs, fruits médicin. à dénom.				
(huile de). V. aussi Huiles volatiles, etc., non dénommées.				
LAVES de volcan ouvrées. V. Pierres ouvrées autres que chiques.				
LAZAGNES. V. Pâtes d'Italie.				
LAZULITE. V. Pierres gemmes non dénommées.				
LÉGUMES verts.....	100 k. BB	Exempts.	Exempts.	
salés ou confits.....	id.	9	9 90	25c.100k.
secs et leurs farines (5).....	id.	10	11	
LENTILLES. V. Légumes secs.				
LEVURE de bière.....	id.	Exempte.	Exempte.	
LIBIDIBI moulu.....	id.	15	16 50	
LICHENS tinctoriaux (6) des pays hors d'Europe...	id.	Exempts.	3	
des entrepots.....	id.	1	3	
autres que ceux propres à la teinture (7)..	id.	Exempts.	Exempts.	
LIE de vin liquide ou desséchée. V. Sels, tartrates, acide de potasse très-impur.				
brûlée. V. Alcalis, potasse.				
de porter. V. Présure.				
d'huile. Mêmes droits que leurs huiles.				
LIÉGE brut, revêtu de sa croûte gercée (8).....	id.	50	5	
LIÉGE râpé en planches, ou fragments de toute dim..	id.	9	9 90	
ouvré (bouchons).....	100 k. NB	54	59 20	
brûlé (noir d'Espagne).....	100 k. BB	1	3	
LIMAILLES. Elles sont taxées à l'entrée comme leurs minerais.....	100 k. NB	.....	.....	
LIMES et râpes (9) à grosses tailles dites communes.	id.	75	81 20	
à polir dites fines de 17 cent. de longueur (10).....	id.	180	191 50	
ayant moins de 17 cent...	id.	225	238 70	
LIMONS, variété du citron. V. Fruits de table.				
LIN en tiges, taillé ou peigné. V. Filaments.				
filé. V. Fils.				
(graine de). V. Fruits oléagineux.				

NOTES.

(1) La dénomination de bourre entière comprend : 1° la bourre provenant du peignage de la laine brute ; 2° la bourre provenant du filage de la laine peignée ; 3° les laines provenant du défilage ou de l'effilochage des étoffes ou tricots ; 4° tous autres déchets qui ne rentrent pas dans la classe des Bourres lanice et tontice.

Les déchets de laine importés des pays d'Europe par navires français ou par terre sont dispensés de la justification d'origine (Décision du 16 juillet 1860 ; Circ. 660).

(2) La bourre lanice est le déchet que produit le battage des laines sur la claie ou le peignage des étoffes. Elle ne sert qu'à la sellerie. La bourre tontice provient de la tonte des draps et des châles. Elle ne peut servir qu'à la fabrication des papiers de tenture.

(3) Les tronçons de lames de sabre, propres à faire des rogne-pieds pour les chevaux, sont assimilés aux outils de pur acier.

(4) La loi n'a entendu reprendre sous cette dénomination que les extraits colorants qu'on prépare avec la laque naturelle et qui servent pour la teinture en rouge ; ils sont connus dans le commerce sous les noms de *lac-lack*, *lac-dye* et *extrait de lac-dye*. Le *lac-lack* s'importe en petits pains très-durs, ou en carreaux de 20 à 25 millimètres en carré, souvent irréguliers ; il en arrive aussi en grains. Celui en pains et en carreaux est violet à l'extérieur avec efflorescence rose ; sa cassure est résineuse et d'une couleur très-foncée. Le *lac-dye* est une autre variété de la laque préparée, peu différente du lac-lack, mais plus estimée. Ce qui le distingue principalement, c'est qu'il est en tablettes rectangulaires de 6 à 7 centimètres en carré sur 1 à 2 centimètres d'épaisseur.

(5) D'après l'ordonnance du 17 janvier 1830, les légumes secs et leurs farines ne peuvent entrer que par certains bureaux. (Voir p. 10)

(6) Il s'agit des lichens propres à la fabrication de l'orseille. Ce sont : 1° les *roccella tinctoria* et *fuciformis* des îles Canaries et du Cap-Vert ; 2° le lichen *tartareus*, qui vient le plus ordinairement de Suède et de Norwége ; 3° le lichen *parellus*, semblable à celui qui croît sur les montagnes d'Auvergne et que les gens du pays appellent *pérelle*. Le lichen décrit par Hoffmann et de Candolle sous le nom d'*umbilicaria pustulata*, et qui est très-commun en France, doit également suivre le régime des lichen *tinctoriaux*.

(7) Ces lichens sont : 1° le lichen d'Islande ; 2° la pulmonaire de chêne ; 3° l'usnée, espèce de mousse à longs filaments, d'un vert jaunâtre, qui participe des propriétés et de l'odeur des arbres sur lesquels elle naît.

On assimile aux lichens médicinaux, pour l'application du tarif, la coralline blanche et la mousse de Corse.

(8) Le liége *brut* est celui qui est encore revêtu de sa croûte raboteuse et gercée. Dans cet état, il est tel qu'il provient de l'arbre, ou tel qu'il se trouve après avoir été aplati au moyen du feu, dont il porte alors des traces. Toutefois, lorsqu'on s'est borné à enlever au liége les aspérités les plus fortes, et qu'il conserve encore la plus grande partie de

Suite des Notes.

sa croûte, il y a lieu de le considérer comme *brut*. — Le liége *râpé* est celui qui a été dépouillé de sa croûte gercée à l'aide d'une râpe ou d'une racle, et qui peut être mis immédiatement en œuvre. — Le liége taillé en petits cubes ou carrés, à l'égard duquel la loi du 2 juillet 1836 avait établi une tarification spéciale, est aujourd'hui soumis aux mêmes droits que le liége brut ou râpé, suivant son état.

Les liéges bruts, destinés à être réexportés après avoir été façonnés en France, sont admis, sous des conditions déterminées, en franchise des droits. (Ordonn. royales des 18 janvier 1847 et 2 février 1848.)

(9) Les limes peuvent être importées par les bureaux de mer, mais à condition que le même colis ne renfermera pas de limes soumises à des droits différents. On comprend sous la dénomination de limes *communes* toutes celles qui ont 8 tailles ou moins au centimètre. Les limes *fines* sont celles qui ont plus de 8 tailles au centimètre. La mesure doit être prise perpendiculairement au trait du burin. Cette disposition est également applicable aux râpes.

(10) La longueur des limes se mesure sur la partie de l'outil qui est taillée ou poinçonnée, sans comprendre la partie réservée pour l'emmanchement. La partie *réservée pour l'emmanchement* ne s'entend que de *la soie* proprement dite, c'est-à-dire, du bout destiné à entrer dans le manche, et ne comprend pas, par conséq., la partie lisse ou polie qui se trouve entre le manche et le commencement de la taille.

Les *râpes à pain* sont traitées comme les râpes communes.

Les taille-crayons, petits instruments composés d'une lime montée sur métal ou incrustée dans du bois, sont assimilés aux limes fines de moins de 17 centimètres de longueur. Il en est de même des limes à ongles, lesquelles sont ordinairement en acier poli et se terminent, d'un côté, par une pointe, et, de l'autre, par un tranchant légèrement évidé.

DÉNOMINATION DES MARCHANDISES.	UNITÉS sur lesquelles portent les DROITS.	DROITS D'ENTRÉE par navires français.	DROITS D'ENTRÉE par navires étrangers et par terre.	DROITS de SORTIE.
		F. C.	F. C.	F. C.
LIN (huile de). V. Huiles fixes de graines grasses.				
LINGE en coton ou en fil de lin. V. Tissus.				
ourlé, neuf ou supporté V. Effets à usage.				
usé, déchiré ou à pansement. V. Drilles.				
de table en pièce. V. Tiss. de lin, linge de table.				
LINGOTS, comme le métal brut.				
d'argent doré. V. Or brut en lingots.				
LINON V. Tissus de lin ou de chanvre.				
LIQUEURS. V. Boissons distillées.				
LISIÈRES de drap. V. Tissus de laine non dénommés.				
LITHARGE, oxyde de plomb demi-vitreux. V. Oxydes.				
LITHOGRAPHIES. V. Gravures.				
LIVRES en langues mortes ou étrang. (1), almanachs.	100 k. NB	100	107 50	
autres (2).	100 k. BB	10	11	
en langue franç. (mémoires scientifiques)(3).	100 k. NB	50	55	25c. 100k.
autres, publiés à l'étranger.	id.	100	107 50	id.
réimprimés sur éditions françaises.......	id.	150	160	id.
LIVRES impr. en France et réimp. dans les 5 ans (4).	100 k. BB	1	1 10	id.
contrefaçons (5).....................	....	prohibées	prohibées	prohibées
LOCOMOBILES. V. Machines à vapeur fixes.				
LOQUES. V. Drilles.				
LUMACHELLES. V. Marbre.				
LUNEMENT, mèches d'étoupes. Mêmes droits que les fils de lin ou de chanvre blanchis.				
LUTHS. V. Instruments de musique.				
LUNETTES en écaille. V. Tabletterie non dénom.				
LYRES. V. Instruments de musique.				
LYCOPODE (soufre végétal) et poussière de pin...	100 k BB	Exempt.	Exempt.	
MACARONI. V. Pâte d'Italie.				
MACHEFER. V. Fer.				
MACHINES et mécaniques, appareils complets (6)				
à vapeur, fixes..........................	100 k. NB	25	27 50	
pour la navigation	id.	35	38 50	
locomotives sans tenders.........	id.	40	44	
autres qu'à vap., pour la filature............ ..	id	40	44	
pour le tissage..........	id.	15	16 50	

NOTES.

(1) Il n'y a pas à distinguer, pour l'application du tarif, entre les livres reliés, brochés ou en feuilles, sauf en ce qui touche les livres en langue française, lesquels ne sont admissibles pour l'importation, la réimportation et le transit, que lorsqu'ils sont reliés ou brochés.

On ne distingue pas non plus, sous le rapport des droits, entre les livres dits *illustrés* et les autres, lorsque la corrélation entre le texte et les gravures, dessins, etc., qui ornent l'ouvrage, est dûment établie.

Lorsqu'il s'agit d'ouvrages dans lesquels la traduction est en regard du texte, c'est la langue de la version qui détermine la taxe qui doit être perçue; ainsi, un ouvrage anglais présentant en même temps un texte français est considéré comme librairie française. Les dictionnaires et les grammaires sont classés d'après la langue dans laquelle est faite la définition des mots ou l'explication des règles.

Les avis, affiches, prospectus et autres imprimés analogues, ainsi que les modèles ou exemples d'écritures *gravés*, suivent le régime de la librairie. Lorsque ces écrits sont à la fois en français et en langue étrangère, c'est le droit des livres en langue française qui doit être appliqué. On admet aussi au droit des livres les coupons d'actions des sociétés industr.

Les gazettes et journaux sont traités comme librairie. Cette disposition ne concerne que les *collections* de gazettes et de journaux étrangers importés comme *objets de commerce*, et, par conséquent, en dehors des conditions de l'importation ordinaire et journalière des publications de l'espèce. Quant aux gazettes et journaux apportés par les courriers de la malle et confondus dans la correspondance de chaque jour *par suite d'abonnements*, ils ne sont passibles d'aucun droit d'entrée et ne peuvent être visités qu'aux bureaux des postes.

Les livres français ou étrangers, dont l'impression date de plus de 50 ans, sont admis au

Suite des Notes.

droit des *Objets de collection*. Ces anciennes éditions sont soumises, comme les livres modernes, au régime de la librairie.

Lorsque les livres composant la bibliothèque particulière des personnes qui viennent s'établir en France portent des traces de service, et qu'il n'y a qu'un seul exemplaire de chaque ouvrage, on les admet en franchise, après l'accomplissement des formalités auxquelles est subordonnée l'importation de la librairie. Mais cette disposition exceptionnelle n'est appliquée qu'en vertu d'une autorisation spéciale, que l'administ. n'accorde qu'autant qu'il s'agit de livres qui ne doivent pas entrer dans le commerce.

Les livres, en petit nombre, que les voyageurs ont avec eux pour leur usage, peuvent être admis aux droits dans tous les bureaux ouverts à l'importation des marchandises taxées à plus de 20 fr. par 100 kil.; à moins qu'il n'y ait à leur égard présomption de contrefaçon ou de prohibition à tout autre titre; on peut même les laisser passer librement quand ils sont reconnus porter des traces de service.

D'après les dispositions combinées de la loi du 27 mars 1817 et de l'article 7 de l'ordonnance royale du 13 décembre 1842, les livres taxés à moins de 150 francs par 100 kilogrammes doivent être emballés séparément par espèce, c'est-à-dire qu'ils doivent être importés dans des colis différents, à moins que chaque espèce ne fasse, dans l'intérieur des colis, l'objet d'une division bien tranchée. En cas de mélange, le droit le plus élevé doit être exigé sur le tout, ou, si les livres sont déclarés pour le transit, l'expédition doit en être refusée.

Les livres *en langue française* imprimés à l'étranger, et les dessins, gravures, lithographies et estampes *avec* ou *sans texte*, ne peuvent entrer, pour l'acquittement des droits ou pour le transit, que par les bureaux suivants : Lille *par Halluin* et *Baisieux, et par le chemin de fer*, Valenciennes, *par Blancmisseron*, Strasbourg, Pont-de-Caille, St-Jean-de-Maurienne, Chambéry, Nice, Marseille, Bayonne, le Havre et Bastia.

Les livres en langue italienne ne pourront être importés, pour l'acquittement des droits ou pour le transit, que par les bureaux ouverts à l'entrée des livres en langue française.

Sont ouverts à l'importation et au transit des livres *en langues mortes ou étrangères*, outre les bureaux désignés au paragraphe précédent, ceux de Dunkerque, Forbach, Sierck, Wissembourg, Saint-Louis, Verrières-de-Joux, les Rousses, Perpignan, *par le Perthus*, Béhobie, Bordeaux, Nantes, Caen, Rouen, Dieppe, Boulogne, Calais, Ajaccio, Trois-Maisons, St-Malo, Perthus, Fraüenberg, Pont-de-la-Caille, Saint-Jean de Maurienne, Chambéry et Nice. Cependant, les livres en langue portugaise ne pourront être importés que par les bureaux de Lille, Valenciennes, Strasbourg, Marseille, Bayonne, Bordeaux, Nantes, le Havre et Bastia (Corse). L'importat. des livres en langue anglaise ne pourra également s'effectuer que par les bur. ouverts à l'entrée des livres en langue française, et par les bur. de Bordeaux, Nantes, St-Malo, Grandville, Dieppe, Boulogne, Calais et Dunkerque. Les mêmes bureaux sont ouverts à l'importation des livres et autres ouvrages de la presse anglaise, en quelque langue qu'ils soient imprimés (Circ. 596). Toutefois, lorsque le texte de la librairie en langues mortes ou étrangères est accompagné de gravures, lithograph., etc., cette librairie ne peut entrer, pour l'acquittement des droits, que par les bureaux réservés à l'admission de la librairie en langue française; mais le transit peut en être permis.

Les droits d'entrée peuvent être acquittés, dans les entrepôts intérieurs, sur les livres qui ont été régulièrement importés par les bureaux ouverts à ces opérations, et qui y ont été soumis à la vér. des agents du minist. de l'int.

Les coins gravés, les clichés, les pierres lithogr. couvertes de dessins, gravures ou écritures, et les planches gravées de toute sorte, sont assujettis comme les livres à la vérificat. des agents spéciaux du ministère de l'intér.

Par dérogation aux restrictions d'entrées indiquées ci-dessus, et conformément à l'art. 4 de l'ordonnance royale précitée, les livres destinés pour Paris, quelle que soit la langue dans laquelle ils sont imprimés, peuvent être importés par tous les bureaux ouverts à l'entrée de la librairie. Dans ce cas, les colis doivent être expédiés sous double plomb et acquit-à-caution à la destination du ministère de l'intér.

(2) Aux termes des conventions littéraires conclues d'une part avec la Saxe, de l'autre avec la ville de Hambourg, les ouvrages provenant de ces pays ne sont imposés qu'aux droits ci-après :

Imprimés en langue française, 100 k. 20 fr.
En langues étrangères, id. 1 fr.

que l'importation ait lieu par mer ou par terre.

Ce tarif est applicable aussi aux livres en langue française provenant du canton de Genève (Circul. 570).

(3) Ne sont considérés comme mémoires scientifiques que ceux publiés sous les auspices d'un corps savant.

(4) Il faut une autorisation spéciale pour réimporter au droit de 1 fr. ou 1 fr. 10 centimes dans les cinq ans les livres imprimés en France. *Voyez aussi* Contrefaçons.

(5) Les contrefaçons sont exclues du transit accordé aux marchandises prohibées. Tous les livres en langue française, dont la propriété est établie à l'étranger, ou qui sont une édition étrangère d'ouvrages français tombés dans le domaine public, continueront de jouir du transit, et seront reçus à l'importation, en acquittant les droits et sous la condition de produire un certificat d'origine relatant le titre de l'ouvrage, le lieu et la date de l'impression, le nombre des volumes, lesquels doivent être brochés ou reliés, et ne pourront être présentés en feuilles.

Dans le cas où des présomptions, soit de contrefaçon, soit de condamnation judiciaire, seront élevées sur les livres présentés, l'admission sera suspendue, les livres seront retenus à la douane, et il en sera référé au ministre de l'int., qui devra prononcer dans un délai de 40 j.

Les dispositions contenues en cet article sont applicables à tous les ouvrages dont la reproduction a lieu par les procédés de la typographie, de la lithographie ou de la gravure.

Nulle édition ou partie d'édition imprimée en France ne pourra être réimportée qu'en vertu d'une autorisation expresse du ministre de l'intérieur, accordée sur la demande de l'éditeur, qui, pour l'obtenir, devra justifier du consentement donné à la réimportation par les ayants droit. (Art. 8, loi du 6 mai 1841.)

Lorsque des livres présentés pour le transit seront retenus à la douane, c'est sous le timbre de la 2e division qu'il devra en être rendu compte à l'administration. Il est entendu que la restriction qui fait l'objet du 3e paragraphe de l'article précité ne concernant que l'*entrée*, les livres expédiés pour le transit pourront, comme par le passé, être réexportés par tous les bureaux ouverts au transit des marchandises non prohibées. (Circul. 1831.)

(6) Les bureaux par lesquels les machines et

DÉNOMINATION DES MARCHANDISES.	UNITÉS sur lesquelles portent les DROITS	DROITS D'ENTRÉE par navires français.	DROITS D'ENTRÉE par navires étrangers et par terre.	DROITS de SORTIE.
		F. C.	F. C.	F. C.
MACHINES : cardes non garnies	100 k. NB	30	33	
métiers à tulle	id.	60	65 50	
machine à fabriquer le papier continu et à imprimer	id.	30	33	
pour l'agriculture (1)	id.	15	16 50	
wagons de terrassement avec caisse en bois et roues en fonte.	id.	20	22	
tenders, bateaux et nacelles de rivière, chaudières, gazomètres, appareils à distiller, à évaporer, à cuire les sirops, et pour le chauffage à la vapeur, grands calorifères : en fer.	id.	30	33	
en cuivre	id.	60	65 50	
non dénom. pes. : 100 k. ou moins	id.	65	70 70	
de 100 k. exclus. à 200 k. inclus.	id.	45	49 50	
de 200 k. exclus. à 1000 k. exclus.	id.	35	38 50	
de 1000 k. exclus. à 2.500 k. incl.	id.	30	33	
de 2,500 k. excl. à 5,000 k. incl.	id.	25	27 50	
plus de 5,000 k.	id	20	22	
Pièces détachées (2) :				
Plaques et rubans de carde de toute espèce.	id.	200	212 50	
Peignes de tissage	id.	200	212 50	
Navettes de toute sorte	id.	200	212 50	
de machines purement agricoles, en fonte ou fer pur ou rechargé d'acier (A)	100 k. N.	15	16 50	
Autres en fonte, pesant 25 k. ou moins	100 k NB	80	86 50	
de 25 k. exclus. à 50 k. inclus.	id.	65	70 70	
de 50 k. inclus. à 100 k. inclusiv.	id.	55	60 20	
de 100 k. exclus. à 200 k. inclus.	id.	45	49 50	
de 200 k. exclus. à 1,000 k. incl.	id.	35	38 50	
de 1,000 k. exclus. à 2,500 k. incl.	id.	25	27 50	
de 2,500 k. excl. à 5,000 k. incl.	id.	20	22	
plus de 5,000 k.	id.	15	16 50	
en fer, pesant 5. k. ou moins	id.	100	107 50	
de 5 k. exclus. à 25 k. inclusiv.	id.	80	86 50	
de 25 k. exclusivem. à 50 k. incl.	id.	70	76	
plus de 50 k.	id.	60	65 50	
en cuivre	id.	200	212 50	
en acier	id.	150	160	
MACIS, de la Réunion et de la Guiane française (3).	id.	1	....	
de l'Inde	1 k. NB	1 50	4	
d'ailleurs	id.	2 50	4	
MACULATURES de papier. *V.* Drilles.	id.			
MAGNÉSIE *V.* Sels carbonates.				
(sulfate de) *V.* Sels sulfates.				
MALLES non garnies. *V.* Ouvr. en bois, boissellerie.				
MALLES garnies. *V.* Mercerie commune.				
MANCHES de gaffe, de fouine, de pinceaux à goudron. *V.* Bois à construire.				
MANCHONS. *V.* Pelleteries ouvrées.				
MANCHONS ou cylindres en cuivre, bruts. *V.* la note (A), à l'article CUIVRE.				
MANDOLINES. *V.* Instruments de musique.				
MANGANÈSE, par navires français et par terre	100 k.	Exempts.	....	
par navires étrangers	id.	....	1	
MANIOC (fécule de). *V.* Gruaux et fécules.				
MANNE	id.	80	86 50	
MARBRE blanc statuaire, originaire et importé d'Italie ou de Grèce.			(4)	
en blocs, simpl. équarris ou ébauchés.	id.	2	2 70	
en tranches, ayant d'ép. 16 cent. ou pl.	id.	2	2 70	
moins de 16 cent. et plus de 3.	id.	3	3 70	
3 cent. ou moins	100 k. BN	4	5 50	
d'ailleurs, en blocs, simpl. équarris ou ébauch.	id.	9	11 00	
en tranches, ayant d'ép. 16 c. ou plus.	id.	9	11 00	
moins de 16 cent., plus de 3.	id.	15	16 50	
3 cent. ou moins	id.	22	24 20	
MARBRE blanc (5) autre que statuaire, bleu turquin, bleu fleuri, brocatelle.				
en blocs, simplem. équarris ou ébauchés.	100 k. BB	4	5 50	
en tranches de moins de 16 et de plus de 3 centimètres d'épaisseur	id.	8	9 90	
de 3 centimètres ou moins	id.	12	14 80	
de 16 centimètres ou plus	id.	4	5 50	
MARBRE blanc statuaire, jaune de Sienne, vert de mer dit *serpentine*, et porte-or.				
en blocs simplement équarris ou ébauchés.		9	11	

NOTES.

Suite des Notes.

parties de machines peuvent être exclusivement importées sont, sur la frontière maritime : Toulon, Marseille, Cette, Bordeaux, Nantes, Brest Morlaix, St-Malo, Rouen, le Havre, Dieppe, Boulogne, Calais, Dunkerque, Rochefort, Lorient, Cherbourg, Honfleur, Abbeville et St-Valéry-sur-Somme. Sur la frontière de terre : Lille, Valenciennes, Forbach, Strasbourg, St-Louis, Bellegarde, Sierk et Verrières-de-Joux.

Ne sont considérés comme appareils complets que les seules machines pourvues de tous les organes nécessaires pour qu'elles puissent fonctionner.

(1) Les machines à fabriquer les tuyaux de drainage sont assimilées aux machines pour l'agriculture.

(2) Seront considérées comme parties détachées de machines toutes les pièces dont la réunion ne forme pas une machine complète.

Les parties détachées formées de métaux différents suivront le régime de la partie la plus fortement taxée.

Les déclarations relatives aux machines et mécaniques seront, après l'acquittement des droits, soumises au Comité consultatif des arts et manufactures, pour être contrôlées par lui quant à la nature de l'objet déclaré.

Les droits sur les machines ou parties de machines seront perçus au net.

Les pièces détachées de machines purement agricoles en fonte ou en fer pur ou rechargé d'acier, ne payeront que 15 fr. par 100 kilogr., à charge par les importateurs de produire à l'appui de leur déclaration des dessins coloriés sur échelle des machines agricoles auxquelles les pièces sont destinées; ces dessins indiqueront les points où lesdites pièces devront être appliquées.

(3) Enveloppe membraneuse de la muscade rouge lorsqu'elle est fraîche; elle jaunit en vieillissant, devient cassante et a la transparence de la corne.

(4) Les marbres en blocs simplement équarris ou ébauchés et en tranches, quelle qu'en soit l'épaisseur, importés par terre, ne sont soumis qu'aux droits des marbres importés par navires français.

(5) On entend par marbre *blanc autre que statuaire* tous les marbres blancs parsemés de taches, ou traversés par des veines noires ou grisâtres plus ou moins régulières. Ces marbres, connus dans le commerce sous les noms de *blanc clair*, *blanc veiné*, *etc.*, sont principalement employés dans les travaux d'architecture, et pour les ouvrages de marbrerie, tels que cheminées, dessus de table, etc.

(A) Les importateurs doivent produire, à l'appui de leurs déclarations, des dessins coloriés sur échelle des machines agricoles auxquelles les pièces sont destinées. (Consulter au besoin le décret du 5 janvier 1859, et la circulaire 568.)

DÉNOMINATION DES MARCHANDISES.	UNITÉS sur lesquelles portent les DROITS.	DROITS D'ENTRÉE par navires français.		DROITS D'ENTRÉE par navires étrangers et par terre.		DROITS de SORTIE.	
		F.	C.	F.	C.	F.	C.
MARBRES en tranches de 16 centimètres ou plus d'épaisseur	100 k. BB	9		11			
de 3 centimètres ou moins	id.	22		24	20		
de moins de 16, et plus de 3 centimètres.	id.	15		16	50		
autres (1).							
en blocs simplement équarris ou ébauchés.	id.	2		2	70		
en tranches de moins de 16 et de plus de 3 centimètres d'épaisseur	id.	3		3	70		
de 3 centimètres ou moins	id.	4		5	50		
de 16 centimètres ou plus	id.	2		2	70		
sculptés, moulés, polis ou autrement ouvrés, sans distinction de marbre	id.	40		44			
chiques, sans distinction de marbre	id.	15		16	50		
antiques	la valeur.	1 p. 100.		1 p. 100.			
sculpté par des Français attachés à l'École de Rome	id.	id.		id.			
MARC d'olives, amurca	100 k. BB	Exempts.		Exempts.			
entièrement sec, grignon	id.	Exempts.		id.			
de raisins	id.	Exempts.		id.			
de roses	id.	Exempts.		id.			
MARCHANDISES non dénommées (2).							
MARLY de pur fil (toile gommée). *V.* Toile de lin croisée grossière. Treillis.							
MAROQUIN. *V.* Peaux préparées.							
MARRONS, châtaignes et leurs farines	id.	1		3			
MATS, mâtereaux. *V.* Bois à construire.							
MATÉ (faux thé). *V.* Feuilles médicinales à dénomm.							
MATELAS ayant servi. *V.* Meubles.							
neufs. *V.* Le droit de la laine et du coutil suivant l'espèce.							
MATÉRIAUX, chaux (3), pierres brutes, par navires français et par terre	id.	Exempts.		....			
par navires étrangers	id.	....		1			
éteinte ou en pierres calcinées ou broyées (A)	id.		01	1			
plâtre brut ou pierre à plâtre	id.		10		10		
préparé, soit moulu, soit calciné, par les bureaux d'Abbevillers, Villars-sous-Blamont, Vaufrey, Delle, Courcelles, Croix, Réchesy et Saint-Laurent-du-Var	id.	....			10		
par tous autres bureaux	id.		50		50		
ardoises pour toiture (*), par mer et de la mer à Baisieux exclusivement, au-dessus de 19 centim. de larg., de plus de 27 cent. de larg.	1000 en n.	46		46			
de 22 exclus. à 27 inclus. de larg.	id.	30		30			
de 19 excl. à 22 inclus. de larg.	id.	14		14			
par les autres frontières de terre et de toutes dimensions	id.	7	50	7	50		
de 19 centimètres de largeur et au-dessous, soit *par mer*, soit *par terre*, n'ayant pas plus de 30 centimètres de longueur ou plus de 3 millim. d'épaisseur, de Belgique	1000 en n.	5	80	5	80		
d'ailleurs	id.	7	50	7	50		
au-dessus de ces dimensions	id.	15		15			
de Belgique.	id.	11	60	11	60		
d'ailleurs	id.	15		15			
en carreaux ou en tables (4)	le 100 en n	30		30			
briques (5)	1000 en n.	4		4			
tuiles plates	id.	4		4			
tuiles bombées (6)	1000 en n.	10		10			
faîtières	id.	25		25			
tuyaux de drainage et leurs manchons.	100 k.		50		50		
carreaux de terre (7)	1000 en n.	10		10			
sable commun pour la bâtisse, par navires français et par terre	id.	Exempts.		....			
par navires étrangers	100 k.	....		1			
moellons et déchets de pierre	100 k. BB	Exempts.			01		
pavés de grès	id.	Exempts.			01		
autres que de grès, par navires français et par terre	id.	Exempts.		....			
par navires étrangers	id.	....		1			
MATÉRIAUX non dénommés (8), par navires français et par terre	id.	Exempts.		....			
par navires étrangers	id.	....		1			

NOTES.

(1) Parmi les marbres *non dénommés*, on doit ranger particulièrement : le noir antique, le grand antique, le brayelle ou petit antique, le Sicile, la brèche de Vérone, le noir de Flandre, le Saint-Anne, le petit granit, le choin de Savoie, les lumachelles, les griotes, le vert de Gênes, etc.

On y assimile, eu égard à leur destination, différentes pierres dures, telles que le serpentin, le granit, le porphyre, le jaspe, sauf celui appelé jaspe *agate fleuri*, qui suit le régime des agates, etc.

Le marbre pulvérisé avec lequel on moule des vases et autres objets d'ornement est également assimilé aux marbres bruts non dénommés.

Il en est de même des débris de marbre, à moins qu'ils ne soient en morceaux assez gros pour être ouvrés. Dans ce dernier cas, ils doivent être traités comme marbres *bruts*, selon l'espèce.

(2) Les marchandises non dénommées ne peuvent être importées que par les bureaux principaux de douane où le droit le plus analogue leur est appliqué. Si le consignataire de la marchandise le veut, on suspendra la perception jusqu'à ce que l'administration ait décidé. On joindra au rapport un échantillon des produits qu'il s'agit d'assimiler.

(3) La chaux, en quelque état qu'elle soit, est traitée comme engrais lorsque l'on justifie qu'elle est destinée à l'amendement des terres situées dans le rayon des douanes.

(4) Plus, le droit de la boissellerie sur les cadres de celles qui sont encadrées.

(5) Ce droit n'est applicable qu'aux briques propres à la bâtisse.

(6) On assimile les tuyaux en terre cuite aux tuiles; mais comme chaque corps de tuyau, s'il était partagé en longueur, donnerait deux tuiles bombées, on applique le droit de mille tuiles bombées pour 500 tuyaux.

(7) Ce sont les carreaux communs; ceux vernissés, avec émail, blancs ou coloriés doivent être traités comme faïence ou grès fin selon l'espèce.

(8) On comprend dans cette classe toutes les pierres, argiles, terres glaises et autres terres employées pour la bâtisse, et à l'égard desquelles il n'existe pas de tarification spéciale, notamment les pierres de taille *brutes*, la pouzzolane, les pierres et terres réfractaires, les pierres meulières *brutes*, le résidu du mâchefer ou crassin de forge qui a été bocardé, l'ardoise en poudre grossière, etc.

(*) Voir pour celles de la Belgique le tarif spécial à certains produits de ce pays.

(A) Par terre, comme par navires français.

DÉNOMINATION DES MARCHANDISES.	UNITÉS sur lesquelles portent les DROITS.	DROITS D'ENTRÉE par navires français.	DROITS D'ENTRÉE par navires étrangers et par terre.	DROITS de SORTIE.
			F. C.	F. C.
MAURELLE (loques ou chiffons imprégnés de couleur bleue)...............	100 k. BB	25	27 50	
MÉCANIQUES propr. aux arts et métiers. V. Machines.				
produisant des airs de musique. V. Horlogerie.				
MÈCHES de coton en fil. V. Fil de coton.				
tissées. V. Tissus de coton.				
d'étoupes dites lunement. V. Fils de chanvre ou de lin blanchis.				
soufrées comme soufre sublimé.				
MÉCHOACAN comme rhubarbe. V. Racines médicinales.				
MÉDICAMENTS composés, eaux distill. alcooliques (1).	100 k. NB	150	160	
sans alcool..	id.	100	107 50	
extraits de quinquina (2).	1 k. B	prohibés.	prohibés.	
non dénommés (3).......	id.	id.	id.	
MÉLASSES importées pour être transformées en alcool (3 bis) des colonies françaises.	100 k. BB	Exemptes	....	
ayant une autre destination..........	id.	12	....	
étrangères, pour être converties en alcool, de l'Inde, de l'Amérique méridionale et des Antilles (3 bis)................	id.	exemptes.	3	
d'ailleurs............................	id.	2	3	
ayant une autre destination..........	id.	prohibée.	prohibée.	
MERCERIE commune (4)......................	id.	100	107 50	
fine (5)...........................	id.	200	212 50	
MERCURE natif ou vif argent.................	100 k. BB	1	5	
(sulfure de). V. Sulfures.				
MÉRINOS en laine. V. Tissus de laine.				
MERRAINS de toute espèce (6)................	1000 en n.	10	1 50	
MESURES (7)...............................	....	prohibées	prohibées	
MÉTAL de cloche. V. Cuivre allié d'étain.				
anglais (8). V. Étain (ouvrages d'), poterie.				
mixte, dit appareils protecteurs pour le doublage des navires. V. Cuivre selon son état (9).				
MEUBLES de toute sorte (10).................	la valeur	15 p. ‰.	15 p. ‰.	
MEULES à moudre..........................	la pièce.	exemptes.	exemptes.	4
à aiguiser............................	id.	10	30	20
MIEL (11)................................	100 k. BB	1	6	
MIL ou millet (12).........................	100 k. BB	0 25	0 25	
(tiges de). V. Tiges de millet.				
MINE de plomb noire. V. Graphite.				
rouge (minium). V. Oxyde de plomb rouge.				
MINE-ORANGE (oxyde de plomb rouge divisé). V. Oxydes.				
MINERAI. V. Fer, cuiv., plomb, zinc, cobalt ou soufre.				
aurifère et argentifère (A)............	100 k. BB	Exempt.	1	
de fer chromaté. V. Fer (minerai de).				
MINERAIS non dén., par navires franç. et par terre.	100 k. BB	Exempt.	....	
par navires étrangers........	id.	....	1 00	
MINIUM. V. Oxydes.				
MIROIRS. V. Verres et Cristaux.				
MITRAILLE. V. Fer, cuivre ou tout autre métal.				
MODES (ouvrages de) (13)...................	la valeur	12 p. ‰.	12 p. ‰.	
MOELLONS. V. Matériaux.				
MOELLE et vessies de cerf..................	100 k. BB	exemptes.	exemptes.	1/4 p. ‰.
MOLLETONS. V. Tissus de laine non dénommés.				
MOMIES, corps embaumés, entières. V. Objets de collection.				
MONNAIES, quel qu'en soit le type (14), d'or........	1 hect. NN	01	01	01
d'argent.......	id.	01	01	id.
de cuivre pur ayant cours légal en France.	100 k. BB	20	20	
hors de cours..	100 k. B	prohibées	prohibées	

NOTES.

(1) Les eaux non spiritueuses se reconnaissent à ce qu'elles fondent le sucre et ne peuvent s'enflammer. La dénomination générique d'eaux distillées ne dispense pas de déclarer le nom propre de chacune de celles importées

(2) Par dérogation à la prohibition dont sont frappés à l'entrée les extraits de quinquina, on admet, au droit de 1 fr. le kil., l'extrait de quinquina *concret* ou *pulvérulent*, quand il est importé du Pérou par navires français.

(3) Les médicaments composés *non dénommés*, dont l'école de pharmacie reconnaît la nécessité ou l'utilité, et dont elle détermine alors le prix commun, sont admis, par dérogation à la prohibition, moyennant le droit de 20 p. 0[0 de la valeur. Sont admis dès à présent : anti-goutte de la Martinique, le kil. net, 2 fr. 40 c.; esprit de genièvre, le kil. net, 3 fr. 60 c.; de succin, le kil. net, 2 fr. 80 c.; les tablettes d'hockiac, le kil. net, 9 fr.; l'hachisch, le kil. net, 2 fr. 40 c.; la créosote, 3 f. 60 c. le kil. net.

(3 bis) Le rendement minimum des mélasses en alcool est fixé à 33 litres par 100 k. La mélasse est un résidu visqueux, d'un brun rougeâtre plus ou moins foncé; pèse d'ordinaire à l'aréomètre 40 à 44 degrés à la température de 15 degrés du thermomètre. Ne pas la confondre avec les sucres en pâte connus dans le commerce sous le nom de *sucre plaque*.

(4) Sont traités comme *mercerie fine*, tous les objets rangés dans la classe de la mercerie *commune*, auxquels un travail plus parfait a ajouté une valeur indépendante de leur utilité première (et qui ne sont pas destinés à être vendus communément dans les foires de campagne), ainsi que les ouvrages en fer ou acier que le vif ou l'éclat de leur poli distingue de ceux de la mercerie commune, lesquels ne sont ordinairement polis qu'au brunissoir, procédé qui n'est généralement employé que pour les objets communs.

(5) La mercerie fine en *soie* ou en *fleuret* qui comprend les mouchoirs, les bourses à cheveux et les mouches, est soumise, à l'entrée, au même droit que l'espèce de soierie dont elle est formée.

(6) Bois blancs destinés à faire des barriques pour les marchandises sèches. Les gournables sont assimilées aux merrains. Ce sont des bois de 49 à 98 cent. de longueur sur 34 à 68 mill. carrés, destinés à faire des chevilles.

(7) L'entrée des mesures anciennes est prohibée; celle des mesures établies d'après le système métrique l'est également par le fait des lois et règlements qui assujettissent la fabrication des poids et mesures à une marque d'étalonnage; et d'ailleurs les poids et mesures, soit anciens, soit nouveaux, rentrent dans les ouvrages de fonte, de cuivre ou d'étain, prohibés à l'entrée.

(8) Les cafetières, théières et autres ouvrages semblables en métal anglais et dont l'étain de Cornouailles forme la principale base, sont admis au droit de la poterie d'étain.

(9) Le métal mixte dont il s'agit doit être immédiatement appliqué au doublage sous la surveillance de la douane, qui limite les quantités à délivrer à ce qui est nécessaire pour le navire en construction, et fait placer le reste en entrepôt réel.

(10) Les objets *de toute nature* composant le mobilier des étrangers qui viennent s'établir dans le royaume, ou des Français qui rentrent dans leur patrie, peuvent être admis, à titre d'exception, au même droit que les meubles, sur la simple autorisation des chefs locaux, quand, notoirement destinés à l'usage des im-

Suite des Notes.

portateurs et de leur famille, ces objets sont reconnus porter des traces évidentes de service; mais on ne peut en effectuer l'importation que par l'un des bureaux qui sont ouverts à l'entrée des marchandises taxées à plus de 20 francs par 100 kilogrammes.

Les matelas sont rangés dans la classe des meubles.

Les meubles de Boule, qui sont des meubles antiques, chargés d'ornements en cuivre incrustés, font partie des objets de collection. Les marbres adaptés à des meubles suivent le régime de ceux-ci. Les petits meubles en sel gemme ou en ouvrage de Spa, sont considérés comme mercerie.

Les meubles dont l'origine française est établie et qui portent des traces de service peuvent être réimportés en franchise.

(11) Lorsque le miel est importé en rayons, dans des ruches dont les abeilles ont été chassées, le droit se perçoit *au net*.

(12) Le millet est un grain rond de la grosseur d'une tête d'épingle, et de couleur jaune-paille.

(13) Cet article comprend, outre les ouvrages de mode proprement dits : 1° les fleurs artificielles; 2° les bandes de mousseline, de percale et de tulle brodées, mais pour la sortie seulement, attendu que les tissus de coton sont prohibés à l'entrée; 3° les carcasses servant à monter les bonnets.

(14) Les monnaies de cuivre et de billon, hors de cours, qui auront été brisées, coupées et martelées de manière à ne pouvoir servir que pour la refonte, seront admises sous le payement des droits afférents à la matière dont elles sont formées.

(A) Par terre, comme par navires français.

DÉNOMINATION DES MARCHANDISES.	UNITÉS sur lesquelles portent les DROITS.	DROITS D'ENTRÉE par navires français.	DROITS D'ENTRÉE par navires étrangers et par terre.	DROITS de SORTIE.
		F. C.	F. C.	F. C.
Monnaies de cuivre allié d'arg. (bill.) ayant cours légal en France.........	100 k. BB	1	1 10	
hors de cours.	100 k. B	prohibées	prohibées	
Montres. V. Horlogerie.				
Moquette. V. Tissus de laine, tapis.				
Morelle. V. Feuilles médicinales à dénommer.				
Morilles. V. Champignons.				
Morue. V. Poissons de mer.				
Moscouades. V. Sucre brut.				
Mottes à brûler..........................	1000 en n.	exemptes.	exemptes.	
Mouchoirs. V. Tissus suivant l'espèce.				
de fil de lin mélangé de coton. Prohibés (ceux avec encadrement en coton sont admissibles aux droits des tissus de pur lin quand le liséré n'excède pas un centimètre.)				
Moules et autres coquillages pleins, de pêche franç.	100 k. B	exempts.	....	
de pêche étrang.	100 k. BB	1	1 10	
Moules de boutons en bois. V. Ouvrages en bois.				
en fer, verni ou non et en os V. Mercerie commune.				
Mousseline et mousselinette. V. Tissus de coton.				
Mousserons. V. Champignons.				
Moutons de toute espèce (1), béliers, brebis et moutons.......	par tête.	25	25	25
agneaux.............	id.	10	10	
Mouvements de montre. V. Horlogerie.				
Mules et mulets (*).........................	id.	15	15	2
Munitions de guerre, poudre à tirer (2)..... ...	....	prohibées	prohibées.	prohibées.
capsules de poudre fulmin. (3).	100 k. B	id.	id.	
projectiles : balles de calibre (4).		id.	id.	prohibées
autres...		id.	id.	id.
Muriate d'ammoniaque. V. Sels ammoniacaux.				
de potasse. V. Sels, muriate de potasse.				
Musc pur et pastilles odorantes à bijoux.	1 k. NB	100	107 50	
vésicules pleines......................	id.	65	70 70	
vides........................	id.	10	11	
queues de rats musqués................	id.	25	27 50	
Muscades (5) sans coques de la Réunion et de la Guiane française.......	id.	1	....	
de l'Inde...............	id.	1 50	4	
d'ailleurs...............	id.	2 50	4	
en coques, de la Réunion et de la Guiane fr.	id.	66	....	
de l'Inde...............	id.	1	2 66	
d'ailleurs.............	id.	1 66	2 66	
Musique gravée (6) (vocale et instrumentale)....	100 k. NB	300	317 50	
manuscrite.........................	la valeur.	1 p. %.	1 p. %.	
Myrrhe. V. Résineux exotiques à dénommer.				
Myrobolans confits, comme fruits médicinaux.				
Nacre de perle, sans distinction de la nacre dite *franche* ou *bâtarde*, en coquilles brutes, de l'Inde..............	100 k. NB	Exempte.	25	
d'ailleurs........	id.	15	25	
sciée ou dépouillée de sa croûte, de l'Inde................	id.	Exempte.	50	
d'ailleurs...............	id.	30	50	
haliotides dites *oreilles-de-mer*... ...	100 k. BB	exemptes.	3	
Nacelles en bois. V. Embarcations.				
de rivière, en fer ou en cuivre. V. Machines et Mécaniques.				
Nankin. V. Tissus de coton.				
Nankinet (tissu de coton imitant le nankin). V. Tissus de coton.				
Naphte. V. Bitumes fluides, sans distinct. de couleur.				
Nard indien. V. Racines médicinales à dénommer.				
Natrons. V. Alcalis.				
Nattes ou tresses (7) de bois blanc de plus de 7 mill. de largeur.................	100 k. NB	70	76	
de 7 mill. ou moins..........	id.	190	202	
ouvragées.................	id.	190	202	
de paille, d'écorce, de sparte de plus de 3 bouts, grossières pour paillassons.......	100 k. BB	2	2 20	
pour chapeaux...	id.	5	5 50	
Nattes ou tresses de paille fines.............	1 k. NB	5	5 50	
de sparte à 3 bouts, exclusivement destinées à la fabrication des cordages (8)...	100 k. BB	2	2 20	
Navires. V. Embarcations.				
Nécessaires de toilette et de voy. V. Tabl. non dén.				
Nerfs de bœuf et d'autres animaux...........	id.	exempts.	exempts.	
Néroli. V Huile volatile ou essence d'orange.				

NOTES.

(1) Lorsque la laine des moutons, béliers, brebis et agneaux, se trouve avoir plus de 6 mois de croissance, on perçoit, indépendamment des droits afférents aux animaux, le droit de la laine selon son espèce. — Pour les moutons des Etats-Sardes, V. l'Appendice après le Tableau des droits.

(2) Les cartouches et gargousses sont assimilées à la poudre.

(3) L'exportation ne peut avoir lieu qu'avec l'autorisation du ministre de la guerre lorsqu'il s'agit de capsules pour armes de guerre.

(4) Lorsque le gouvernement permet d'en importer ou exporter, on perçoit dans le premier cas 4 fr. ou 4 fr. 40 c. par 100 kil., et dans le second cas 0 fr. 25 c.

(5) Les fèves *pichurin*, nommées à tort noix de sassafras, suivent le régime des muscades sans coques. Le fruit du *ravensara* de Madagascar et le brou de cette noix, sont assimilés aux muscades en coques.

(6) La musique gravée ne peut être importée que par les seuls bureaux ouverts à l'entrée des livres en langue française, sauf en ce qui concerne les expéditions sur Paris, lesquelles peuvent avoir lieu par tous les bureaux ouverts à l'importation de la librairie, dont la musique gravée suit sous tous les rapports le régime.

Il n'y a pas à distinguer entre la musique gravée et la musique lithographiée.

La musique pour chants d'église, dite *plain-chant*, est passible des mêmes droits que toute autre musique ; mais lorsque la musique de l'espèce n'est pas gravée et qu'elle est imprimée comme le texte, c'est-à-dire, au moyen de caractères mobiles ou de clichés, elle ne doit payer que comme librairie, selon la langue dans laquelle est composé le texte.

Une disposition de la loi des finances du 16 juillet 1840 ayant affranchi les œuvres de musique de la formalité du timbre, il n'y a plus lieu, comme l'a expliqué la circulaire n° 1843, de diriger par acquit-à-caution sur un bureau de timbre la musique importée de l'étranger.

La musique *manuscrite* est traitée comme *objets de collection hors commerce*.

Celle éditée depuis plus de cinquante ans, est admise au droit de 1 pour 100 de la valeur.

Le papier rayé pour musique paye le même droit que le papier blanc.

(7) Les nattes, considérées sous le point de vue du tarif, ne sont point des tissus, mais bien des tresses destinées à les former.

(8) Le droit d'entrée établi sur les tresses de sparte à trois bouts, exclusivement destinées à la fabrication des cordages, est applicable, à titre d'assimilation, aux tresses de sparte à *deux* bouts, ayant la même destination.

(*) Pour ceux des Etats-Sardes, V. l'Appendice après le Tableau des droits.

DÉNOMINATION DES MARCHANDISES.	UNITÉS sur lesquelles portent les DROITS.	DROITS D'ENTRÉE par navires français.	DROITS D'ENTRÉE par navires étrangers et par terre.	DROITS de SORTIE.
		F. C.	F. C.	F. C.
NERPRUN (baies de) et Rocou (graines de) (1).				
des pays hors d'Europe	100 k. BB	exemptes.	2	....
des entrepôts	id.	1	2	....
NICKEL métallique de première fusion	id.	exempt.	exempt.	
allié d'autres métaux (argentan).				
en masse	100 k. NB	1	2	
laminé ou étiré	id.	100	107 50	
ouvré	id.	prohibé.	prohibé.	
NITRATES de potasse et de soude (2). *V.* Sels, nitrates.				
NITRE. *V.* Sels, nitrate de potasse.				
NOIR à souliers	id.	123	131 60	
animal, d'ivoire	id.	62	67 60	
d'os de cerf et autres	100 k. BB	7	7 70	25c.100 k.
d'imprimeur en taille-douce, dit d'Allem. (3).	id.	7	7 70	
d'Espagne (liége brûlé) et noir de fumée	id.	1	3	
minéral naturel, par nav. franç. et par terre.	id.	exempt.	....	
par navires étrangers	id.	....	1	
NOIX et noisettes. *V.* Fruits oléagineux.				
(huile de). *V.* Huiles fixes, autres pures				
des Barbades. *V.* Fruits médicinaux à dénomm.				
de coco. *V.* Fruits de table frais.				
pulvérisées (4).				
de galle, et avelanèdes entières ou simplement concassées, des pays hors d'Europe	id.	exempt.	4	
des entrepôts	id.	3	4	
de touloucouna. *V.* Fruits oléagineux.				
NOUGAT. *V.* Bonbons.				
NOYAUX. *V.* Fruits oléagineux, noix, noisettes, etc.				
NUMÉRAIRE. *V.* Monnaies.				
OBJETS de collection hors de commerce (5)	la valeur.	exempts	exempts.	
de l'industrie parisienne (6)	100 k. B.	....	....	2
OCRES. *V.* Pierres et terres servant aux arts				
jaune broyé à l'huile. *V.* Couleurs à dénom.				
ŒILLETTE ou Oliette. *V.* Graines oléagineuses.				
ŒUFS de volaille et de gibier	id.	exempts.	exempts.	2
de vers à soie	id.	exempts.	exempts.	
OIGNONS de fleurs indigènes et exotiques. *V.* Bulbes.				
OLIVES confites (7). *V.* Fruits de table confits.				
fraîches. *V.* Fruits oléagineux.				
(huile d'). *V.* Huiles fixes, d'olive.				
OPIUM (8)	100 k. NB	200	212 50	
OR, minerai aurifère (9), par nav. franç. et par terre.	100 k. BB	Exempt.	....	
par navires étrangers	id.	....	1 00	
brut en masses, lingots, barres, poudre, bijoux cassés, etc.	1hect. NN	25	25	25c.100k.
battu en feuilles	id.	30	33	
tiré ou lamé (traits, lames, paillettes et clinquants)	id.	10	11	
filé sur soie	id.	10	11	
(monnaies d')	id.	01	01	01
(ouvrages d'). *V.* Orfévrerie, bijouterie.				
faux ou de Manheim. *V.* Cuivre doré.				
en coquilles (mat). *V.* Couleurs à dénommer.				
(médailles d') en petit nombre d'espèces différentes (10). *V.* Objets de collection.				
ORANGER (feuilles et tiges d'). *V.* Feuilles médicinales.				
(fleurs d'). *V.* Fleurs médicinales.				
ORANGER (eau de feuilles, de tiges ou de fleurs d'). *V.* Médicaments composés, eaux distillées sans alcool.				
ORANGES fraîches, sèches ou amères. *V.* Fruits de table.				
ORCANETTE (racine rouge)	100 k. BB	exempte.	exempte.	
OREILLES-DE-MER (haliotides). *V.* Nacre de perle, coquillages nacrés.				

NOTES.

(1) Les baies ou graines de nerprun varient entre elles de grosseur et de couleur; mais en général elles sont de la grosseur d'un gros grain de poivre, d'un vert jaunâtre, ridées à leur surface et divisées à l'intérieur en plusieurs cases renfermant des semences convexes d'un côté et plates de l'autre. Leur saveur est amère et désagréable.

(2) Les nitrates de potasse et de soude, expédiés en transit, doivent porter, sur une planchette attachée aux sacs et non à la corde des plombs, les marques et numéros des sacs. Cette mesure a été prise dans l'intérêt du commerce qui, s'il ne s'y soumettait pas, se verrait exposé à payer les droits sur les déficits, de quelque importance qu'ils soient d'ailleurs. Les acquits-à-caution doivent indiquer si les numéros sont ou non sur des planchettes.

(3) Ce noir se distingue de celui de fumée en ce qu'il est d'une nuance plus rousse ou plus grisâtre, moins léger, et qu'il laisse une plus grande proportion de cendres après sa combustion complète.

(4) Les substances médicales pulvérisées sont, d'après l'usage et différentes décisions ministérielles et l'avis de l'école de pharmacie, traitées *à l'entrée* comme médicaments composés non dénommés, à cause des facilités qu'elles offriraient à la fraude. Quant *à la sortie*, elles payent le droit des substances dont elles proviennent.

(5) La loi même indique qu'il faut comprendre dans cette classe :

1° *Les échantillons d'histoire naturelle*, comme plantes et animaux rares, vivants ou empaillés, œufs vides, coquillages vides, autres que ceux qui servent à l'industrie ou à la médecine, à moins qu'ils ne soient en petit nombre; les plantes desséchées ou herbiers, les minéraux choisis, etc., sauf les pierres gemmes, les pétrifications, les coquilles fossiles, etc.

2° *Les objets de curiosité*, comme momies, et autres antiquités égyptiennes, grecques ou romaines, vieilles armures, armes anciennes ou en usage ailleurs qu'en Europe, manuscrits de toute sorte, meubles de Boule, meubles en vieux laque chinois.

3° *Les objets d'art*, comme bronze et marbres antiques, vases étrusques, mannequins, miniatures, tableaux sans cadres, dessins à la main, soit gouaches, aquarelles, lavis, etc.

Les verres à peintures fines et les vieux vitraux sont traités comme peintures sur toile, bois, cuivre ou marbre; mais les verres qui recouvrent les uns ou les autres doivent entrer dans l'estimation des cadres ou bordures, passibles du droit de 15 pour 0/0.

Les verres grossièrement peints sont rangés dans la mercerie commune.

4° Tout ce qui se recueille pour la science numismatique, comme médailles, vieilles monnaies, pierres gravées antiques, de formes différentes et en petit nombre de chaque espèce, les pierres taillées dont elles sont formées, etc. Quant aux médailles, jetons et pièces de plaisir, il résulte de l'arrêté du 5 germinal an XII, qui défend aux particuliers de France d'en frapper ailleurs qu'à l'hôtel des Monnaies, que ce qui proviendrait de l'étranger, pour le commerce, est défendu, et qu'il n'y a d'exception que pour les objets de science, qui se distinguent en ce qu'ils sont de formes différentes et en petit nombre de chaque espèce.

Suite des Notes.

Ceux de ces objets qu'on importe pour les musées impér. sont entièrement affranchis de droits, mais il faut que la destinat. soit justifiée.

Les animaux rares, curieux ou savants, conduits par des jongleurs, sont exempts de droits à l'entrée comme à la sortie.

Les objets de collection, lorsqu'ils seront adressés aux ministres ou aux administrat. du Jardin des Plantes, seront expédiés sur la douane de Paris, sous simple plomb et simple emballage.

(6) Ce droit ne peut être perçu qu'à la douane de Paris seulement, sur les articles divers de l'industrie parisienne assortis en une même caisse.

(7) Les olives auxquelles on a substitué un morceau d'anchois au noyau, et qui sont confites à l'huile, suivent le régime du poisson de mer mariné à l'huile.

(8) On en connaît deux sortes principales : l'opium *de Turquie* ou *du Levant*, et l'opium *de l'Inde*.

L'opium *du Levant*, que l'on distingue en opium *de Smyrne*, opium *de Constantinople* et opium *d'Égypte*, est compacte, pesant, opaque, d'une couleur brune rougeâtre à l'intérieur : il est ordinairement recouvert à sa surface de feuilles de pavot ou de semences d'un rumex : toutefois, la surface de l'opium d'Égypte est généralement propre et luisante. L'opium du Levant arrive en petits pains orbiculaires aplatis, ou en masses irrégulières pesant de 25 à 50 décagrammes environ. — L'opium *de l'Inde* ne vient pas habituellement en Europe. Sa couleur est plus foncée et sa saveur plus amère que celle de l'opium du Levant.

(9) Les *minerais* d'or et d'argent ne sont considérés comme tels, pour l'application du tarif, que lorsqu'ils sont importés à leur état naturel, c'est-à-dire, sans que les métaux qu'il contiennent aient été séparés, soit de leur gangue, soit des sables dans lesquels ils se trouvent mêlés. Tout minerai aurifère ou argentifère qui a été lavé, ou qui a subi une autre préparation quelconque, doit être traité comme or ou argent *brut*, selon l'espèce. L'or et l'argent *natifs* suivent également le régime de la matière brute.

(10) Les médailles d'or, importées pour les musées nation., sont entièrement affranchies de droits. Quant aux médailles qui proviendraient de l'étranger *pour le commerce*, elles sont prohibées.

DÉNOMINATION DES MARCHANDISES.	UNITÉS sur lesquelles portent les DROITS.	DROITS D'ENTRÉE par navires français.		DROITS D'ENTRÉE par navires étrangers et par terre.		DROITS de SORTIE.
		F.	C.	F.	C.	F. C.
ORFILLONS (1)	100 k. BB		10	1		prohibés.
ORFÈVRERIE (2) d'or ou de vermeil	1 hec. NN	10		11		(1)
d'argent	id.	3		3	30	
ORGANSIN. *V.* Soies écrues, moulinées.						
ORGUES d'église et orgues portatives. *V.* Instruments de musique.						
ORPIMENT. *V.* Sulfures d'arsenic.						
ORSEILLE naturelle (lichens tinctoriaux) (3)	100 k. BB	1		1	10	
violette ou cudbéard	100 k. NB	200		212	50	
bleu cendré ou tournesol en pâte	id.	100		107	50	
OS et sabots de bétail, par nav. franç. et par terre	100 k. BB		10	1		20
de cœur de cerf et de sèche	100 k. NB	exempts.		exempts.		
OSIER en bottes, brut	id.	exempt.		exempt.		
ouvré. *V.* Vannerie.						
OUATES de coton. *V.* Filaments. — Coton en feuilles, etc						
autres. *V.* Filamenteux (végétaux), Tiges ou Filasses, etc						
OUTILS (4) de pur fer	100 k. NB	50		55		
de fer rechargé d'acier	id.	125		133	70	
de pur acier	id.	175		186	20	
de cuivre ou laiton	id.	150		160		
OUTRES en cuir, vides (5)	la valeur.	10 p. %.		10 p. %.		
OUTREMER	1 k. NB	2	50	2	70	
OUVRAGES en bois (6).						
futailles vides, montées, cerclées en bois	l'hectolit.		25		25	
cerclées en fer (7)	id.	2	20	2	20	
démontées (8)	la valeur.	10 p. %.		10 p. %.		
balais communs (de bouleau, bruyère, genêt, millet, etc.)	100 en n.		25		25	
boîtes de bois blanc	100 k. BB	31		34	10	
moules de bouton	id.	13		14	30	
avirons et rames, bruts, par nav. franç. et par terre	p. mèt. de l.		02		02	
par navires étrangers	id.	....			04	
façonnés	id.		05		06	
sabots en bois non garnis de fourrure, communs	100 k. BB	12		13	20	
peints ou vernis	id.	25		27	50	
boissellerie	id.	4		4	40	
bois de fusil en noyer, achevés ou ébauchés (*)	la valeur.	15 p. %.		15 p. %.		30f. 100 k.
manches d'outil avec ou sans virole	id.	id.		id.		
non dénommés (9)	id.	id.		id.		
OUVRAGES en peaux ou en cuirs non dénommés (10).	100 k. B	prohibés.		prohibés.		
OUVRAGES de modes. *V.* Modes.						
en filasse d'aloès. *V.* Chapeaux de paille à tresses engrenées.						
en ivoire. *V.* Tabletterie.						
en métaux.						
en fonte	id.	id.		id.		
en fer : tubes de tous diamètres, droits ou courbés, avec ou sans raccord (**),						

NOTES.

(1) La dénomination d'oreillons s'applique à toutes les matières propres à la fabrication de la colle. Les rognures de peaux préparées qui pourraient être utilisées pour des ouvrages quelconques ne pourraient être traitées comme oreillons. On appelle dollures les parties de chair que les mégissiers enlèvent avec la doloire à la surface des peaux. — Les rognures et dollures de peaux blanches peuvent être exportées au droit de 25 c. par 100 kil.

(2) Sous le rapport des douanes, on entend par *orfèvrerie* les grands ouvrages d'or ou d'argent, tels que vases, aiguières, plats, assiettes, soupières, réchauds, théières, flambeaux, gobelets, cuillers, fourchettes et autres ustensiles de table et de ménage; les chandeliers, croix, lampes, calices et tous autres objets affectés au service des églises. On range aussi dans la classe de l'orfèvrerie les boîtes de montre *brutes* ou *finies*, lorsqu'elles sont séparées de leurs mouvements, excepté toutefois les boîtes guillochées ou émaillées, lesquelles font partie de la bijouterie.

Les boîtes de montre en vermeil, celles qui sont plaquées en or et les boîtes en argent ou en métal commun avec médaillons, gallons ou charnières en or, suivent le régime des boîtes d'argent.

La dénomination de *bijouterie* et celle de *joaillerie* s'appliquent aux petits ouvrages de luxe, précieux par le travail ou par la matière, et servant à la parure des personnes de l'un et de l'autre sexe. Sont considérés comme tels les colliers, peignes, bagues, anneaux, bracelets, pendants d'oreilles, épingles, cachets, breloques, boucles, clefs et chaînes de montre, tabatières et, sans exception, tous les joyaux ou bijoux en or ou en argent enrichis ou non de pierres, perles ou autres matières précieuses, soit vraies, soit de composition.

Les boîtes de montre *guillochées* ou *émaillées*, qu'elles soient finies ou simplement ébauchées, font partie de la *bijouterie*.

Par application de ce qu'a réglé la loi pour l'orfèvrerie de vermeil, et conformément d'ailleurs à la règle générale relative aux *produits mélangés*, la bijouterie de vermeil suit le régime de la bijouterie en or.

On traite de même comme orfèvrerie ou bijouterie d'or, l'orfèvrerie et la bijouterie en platine (*loi du 28 avril* 1816).

(Voir la note *Bijouterie*.)

(3) Le cudbéard teint en rouge : il n'est formé que de lichens. Le tournesol teint en bleu : ce dernier est toujours en pâte humide ou séchée en petits carreaux que l'on nomme *pierres de tournesol*.

(4) Les outils peuvent entrer par mer en colis de tout poids, mais sans mélange d'espèces payant des droits différents. — Les outils qu'apportent, pour leur propre usage, les ouvriers qui viennent s'établir en France, sont admis,

Suite des Notes.

par exception, au droit de 15 pour 100 de la valeur, lorsqu'ils sont importés par les bureaux ouverts à l'entrée des marchandises taxées à plus de 20 fr. par 100 kil., et qu'il est dûment reconnu qu'ils portent des traces évidentes de service : par tout autre bureau une autorisation de l'administration est nécessaire. Quand les outils sont neufs, les droits du tarif doivent, dans tous les cas, être appliqués.

(5) La loi n'a spécialement taxé que les outres *vides*; elle ne s'est pas occupée des outres *pleines*. Celles-ci sont soumises aux mêmes droits que les liquides qu'elles contiennent, lorsque ces liquides sont taxés *au brut*. Quand ils sont tarifés au poids *net* ou à la mesure, les outres dans lesquelles ils sont contenus suivent le même régime que les outres vides.

(6) Le commerce peut importer, en exemption des droits, des futailles étrangères destinées à la réexportation de liquides ou de marchandises sèches d'origine française.

On peut aussi réimporter les futailles vides françaises ayant servi à des exportations (consulter à cet égard les Circulaires nos 267, 1323, 1395, 1879).

(7) Les futailles contenant moins de 3 hect. ne doivent pas avoir plus de 4 cercles; celles de plus grande dimension plus de 6 cercles. Il y a toutefois exception pour les foudres : faire enlever les cercles, les faire briser, et les admettre ensuite au droit de la ferraille, ou repousser les barriques comme prohibées à cause du fer ouvré qui est prohibé.

(8) Sans les cercles en fer.

(9) OUVRAGES EN BOIS *non dénommés*. Avant d'appliquer la taxe afférente à cet article, on doit s'assurer que les objets présentés n'appartiennent à aucune autre classe du tarif.

Sont rangés parmi les ouvrages en bois *non dénommés* : les arbalètes et arcs autres que ceux antiques ou de curiosité, ainsi que les assortiments de flèches; les bâtons vernissés ou non, mais non garnis; les bois d'arçons pour selles ou bâts, et les bois de colliers d'animaux; les bois préparés pour baguettes de fusil; les bois de fusils et de pistolets autres que de guerre, sauf les bois de fusil *en noyer* qui sont spécialement tarifés à la sortie; les bois ouvrés pour le pavage des rues; les bois sculptés, autres que les meubles; les boîtes ou barils à vis servant à mettre du sel; les cabinets ou cartels de pendule, qu'ils soient ou non peints, vernis ou dorés, mais à l'exclusion de ceux qui sont ornés d'incrustations; les cadrans en bois pour horloges; les pièces de charpente façonnées avec tenons, mortaises, etc.; les pièces de charronnage achevées ou ébauchées pour voitures, telles que brancards, jantes, moyeux, rais de roue, etc.; les châssis non garnis, les cuves, cuveaux et seaux, même ceux avec cercles en fer, mais en proportion convenable; les dos et pieds de chaises; les écuelles en bois *vernies*; les embauchoirs de bottes; les formes de chapeau et de soulier; les manches de brosse et de fouet, en bois communs; les manches d'écouvillon; les planches en bois blanc, qui sont façonnées pour instruments de musique : les pompes exclusivement composées de bois; les poulies, même celles montées sur un axe en fer; les semelles en écorce de bouleau ou d'autres bois blancs; les sciures de bois d'acajou et de buis; les ailettes en bois avec ou sans crochet en fer; le bois coupé pour allumettes et tresses de chapeaux; les jas d'ancre, les roulettes et autres ouvrages grossiers en buis.

(10) On range dans cette classe : 1° les bottes, souliers, brodequins et autres ouvrages de cordonnerie, sans distinguer entre ceux à l'usage des hommes ou des femmes; 2° les gants, bas, culottes, gilets, chapeaux et autres étoffes d'habillement, sauf ceux en peaux garnies de fourrure, lesquels font partie des pelleteries ouvrées qui sont l'objet de la note 3 (page 49) : 3° les objets d'équipement militaire, comme buffleteries, gibernes, baudriers, ceinturons, havre-sacs, etc.; 4° les malles, valises, portemanteaux, nécessaires et boîtes à chapeau ou autres, fabriqués en cuir; 5° les objets en cuir bouilli qui servent à divers usages domestiques. Du reste, la prohibition sur les ouvrages en peau ou en cuir *non spécialement tarifés* est générale; il n'y a d'exception que pour quelques articles, tels que ceux de gaînerie, les portefeuilles, qui sont classés dans la mercerie.

(*) Ceux en autres bois, bruts, comme ouvrages en bois non dénommés; ceux achevés, comme pièces d'armes de guerre.

(**) Toutes les fois que le poids des tubes sera égal ou inférieur à 3 kil. par mètre courant,

DÉNOMINATION DES MARCHANDISES.	UNITÉS sur lesquelles portent les DROITS.	DROITS D'ENTRÉE par navires français.		DROITS D'ENTRÉE par navires étrangers et par terre.		DROITS de SORTIE.
		F.	C.	F.	C.	F. C.
ayant intérieurement un diamètre de plus de 25 millimètres........ ...	100 k. N	40		41		
25 millimètres ou moins.............	id.	60		65	50	
autres...........................	100 k. BB	prohibés		prohibés.		
en tôle et fer-blanc	100 k. B	id.		id.		
en acier..........................	id.	id.		id.		
(A) en cuivre pur ou allié, simplement tournés, communs..	100 k. NB	100		107	50	
fins.....	id.	200		212	50	
autres..........	100 k. B	prohibés		prohibés.		
en plomb.....	100 k. BB	24		26	40	
(B) en étain, poterie commune.......	100 k. NB	100		107	50	
fine...............	id.	200		212	50	
autres...................	100 k. B	prohibés		prohibés.		
en zinc et autres métaux non dénommés.	id.	id.		id.		
OXYDES (1) de fer (colcotar) (C)..............	100 k. BB	exempt.		1		
d'étain............................	id.	exempt.		exempt.		
de cobalt, purs ou siliceux (safre), d'urane et de chrôme.....................	id.					
de plomb jaune (*massicot*)...............	id.	37		40	70	
demi-vitreux rougeâtre ou jaunâtre (*litharge*)...............	id.	10		11		
rouge (*minium*)............	id.	24		26	40	
rouge divisé (*mine-orange*)......	id.	35		38	50	
de zinc blanc (*pompholyx*)............	100 k. BB	13		14	30	
gris cendré (*tuthie* ou *cadmie*).	id.	exempt.		exempt.		
de cuivre (*æs-ustum*).......	id.	id.		id.		
PAILLE. *V.* Fourrages.						
de fer. *V.* Fer, Limaille.						
PAIN d'épices..........................	id.	13		14	30	
et biscuit de mer (2). Mêmes droits que les farines selon l'espèce.						
PAPIER (3) d'enveloppe à pâte de couleur........	100 k. NB	80		86	50	
blanc (4) ou rayé pour musique...........	id.	150		160		25c.100k.
colorié (5), en rames ou mains, pour reliure.	id.	90		97		
peint en rouleaux pour tentures	id.	125		133	70	25c.100k
soyeux, dit papier de soie, papier de Chine, papier joseph et autres de la même espèce.	id.	100		107	50	
mâché. *V.* Carton moulé.						
PARAPLUIES (6) et parasols en soie............	la pièce.	2		2		
en toile cirée ou autres...	id.		75		75	
en coton...............	100 k. B	prohibés.		prohibés.		
PARFUMERIES, eaux de senteur (7) alcooliques.	100 k. NB	150		160		25c.100k
sans alcool (8).	id.	100		107	50	id.
vinaigres parfumés...............	id.	100		107	50	id.
pâtes liquides ou en pains (9).....	100 k. BB	25		27	50	id.
savons liquid., en poud., pains et boul.	100 k. NB	164		174	70	id.
poudres à poudrer...............	100 k. BB	25		27	50	id.
de senteur (10) de Chypre.	1 k. NB	9		9	90	id.
à dénommer....	100 k. NB	184		195	70	id.
pommades de toute sorte (11)......	id.	123		131	60	id.
fards, blancs...................	id.	98		105	40	id.
rouges	1 k. NB	17		18	70	id.
pastilles odor. à brûler, des pays hors d'Europe.................	id.	exemptes.		13		id.
des entrepôts...................	id.	8		13		id.
PARCHEMIN. *V.* Peaux préparées.						
PASSEMENTERIE (12). *V.* Tissus suivant l'espèce.						
PASTEL (feuilles et tiges de)...................	100 k. B	exemptes.		exemptes		
(pâte de), grossière (13)...............	id.	id.		id.		
autre, dite indigo pastel...............	id.	mêmes droits que l'indigo.				

NOTES.

le droit de 60 fr. leur est applicable, quel que soit le diamètre.

Ne sont considérés comme *raccords* que les manchons, les mamelons et les boîtes à diminution à vis intérieures ou extérieures.

Les raccords ne peuvent s'importer qu'avec les tubes et dans des proportions déterminées; c'est-à-dire qu'on admet deux raccords pour un tube, trois raccords pour deux tubes et ainsi de suite en comptant toujours un nombre de raccords supérieur d'une unité à celui des tubes. Les raccords excédant cette proportion doivent, comme ceux qui sont importés isolément, payer les droits des pièces détachées des machines.

(1) Oxydes : de *cobalt* : on le reconnaît en le traitant par l'acide hydrochlorique porté à une chaleur modérée; il le colore en bleu, puis la dissolution passe au rose lorsqu'on y ajoute de l'eau. *D'urane* : s'importe en poudre d'un beau jaune. *De plomb* : ne pas confondre le *minium* avec le *mine-orange*, sur préparation de plomb moins rouge et moins pesante que le minium, mais qui a plus d'éclat. *De zinc* : fixe, blanc, très-léger, floconneux ou laineux. *Tuthie* ou *cadmie* : en écailles de différentes grandeurs et épaisseurs; offre la couleur de la cendre commune.

L'oxyde de chrôme est assimilé à l'oxyde d'urane.

(2) Les biscuits destinés à l'avitaillement des navires français et étrangers sont exempts de tous droits de sortie. — Le pain nécessaire à la nourriture des voyageurs est également dispensé de droits, tant à l'entrée qu'à la sortie, pourvu que la quantité dont chaque voyageur est pourvu n'excède pas celle dont il peut avoir besoin pendant quatre jours.

(3) Il n'y a pas à distinguer, pour l'application du tarif, entre le papier de chiffons et celui qui est fabriqué avec d'autres matières, telles que la paille, le maïs, les chènevottes, etc.

Les papiers à écrire ornés de dessins ou d'encadrements coloriés ou en relief sont traités comme *étiquettes imprimées, gravées, etc.* Il en est de même des enveloppes à lettres revêtues de semblables ornements. Les enveloppes *unies* ne sont passibles que de la taxe afférente au papier avec lequel elles ont été confectionnées.

Le papier *gaufré*, qu'il soit ou non doré ou argenté, ainsi que les bordures et autres ornements pour cartonnage fabriqués avec ce même papier, rentrent dans la classe de la *dominoterie*, qui suit le régime de la *mercerie commune*.

Les petits cahiers de papier découpés à l'usage des fumeurs, dit *papier à cigarettes*, doivent être soumis au même droit que le papier dont ils sont formés. On assimile au papier d'enveloppe à pâte de couleur les feuilles de maïs préparées pour servir au même emploi que le papier à cigarettes.

Les vieux papiers écrits et les maculatures ou rognures de papier font partie des *drilles*.

Les préparations qu'on appelle *papier à cautère* et *papier anti-rhumatismal* sont des produits de pharmacie, qui appartiennent à la classe des *médicaments composés non dénommés*, et elles sont par conséquent prohibées à l'entrée. On traite de même comme *médicaments composés* un papier préparé avec de l'arsenic, qu'on emploie dans certains pays pour détruire les mouches.

Suite des Notes.

(4) Cette classe comprend les papiers à écrire ou à dessiner, même ceux dont la pâte a été colorée, ainsi que les papiers pour l'impression, et généralement tous les papiers collés ou non collés.

On assimile au papier blanc ou rayé pour musique : 1° le papier imprimé pour registres et généralement tous les imprimés dans lesquels il existe des blancs ou interlignes destinés à être remplis à la main; 2° les papiers, soit blancs, soit colorés, soit découpés, tels que ceux dont se servent les confiseurs pour garnir les boîtes de dragées; les papiers rendus transparents par un corps gras et dont on se sert pour calquer des dessins.

(5) Le papier doré et argenté est assimilé au papier colorié, ainsi que celui enduit de caoutchouc.

(6) Les carcasses de parapluies importées séparément acquittent le cinquième du droit sur les parapluies en soie. Si ces montures étaient en fer, elles seraient prohibées comme ouvrages en fer.

(7) Indépendamment du droit sur les eaux de senteur, celui des bouteilles ou cruchons est exigible. Les eaux de senteur non alcooliques se distinguent en ce qu'elles fondent le sucre et ne peuvent s'enflammer. — Il ne faut pas confondre avec les eaux de senteur les esprits, essences et quintessences tarifées à l'article *huiles*, ni les liqueurs reprises à l'art. *boissons*.

(8) Les parfumeries liquides de l'Algérie sont admises en France en franchise des droits. (Décision ministérielle du 21 juillet 1853.)

(9) Ces pâtes comprennent seulement celles d'amandes et de pignon. Ce qu'on appellerait *pâte de savon* serait également traité comme savons de parfumerie.

(10) Toutes les poudres de toilette parfumées sont comprises sous cette dénomin., notamm. les poudres dentifrices sèches ou en opiats.

(11) Sous la dénomination de *pommades*, on entend des graisses parfumées pour la toilette, et non des médicaments composés, plus connus sous les noms d'*onguent*, etc.

(12) La passementerie comprend les franges, galons, tresses, ganses, cordons, cordonnets, sangles, lacets, torsades, jarretières, aiguillettes, boutons, etc.

La passementerie de coton et celle de pure laine jouissent d'une prime à la sortie.

(13) La pâte grossière est faite avec les feuilles broyées. Lorsqu'elle est desséchée et qu'elle a été pressée dans des moules, elle est sous forme de petites boules ou petits pains d'un vert grisâtre. — L'indigo-pastel, fécule obtenue aussi des feuilles, s'importe ordinairement en petits pains quadrangulaires.

(A) *V.* CUIVRE, p. 29, note 6. Par ouvrages simplement tournés, etc.

(B) *V.* ÉTAIN (ouvrages d'), p. 32, note 6. La dénomination, etc.

Les importations par terre sont assimilées aux importations par navires français.

(C) Par terre, exempt.

DÉNOMINATION DES MARCHANDISES.	UNITÉS sur lesquelles portent les DROITS.	DROITS D'ENTRÉE par navires français. F.	C.	DROITS D'ENTRÉE par navires étrangers et par terre. F.	C.	DROITS de SORTIE. F. C.
PASTILLES odorantes à brûler. *V.* Parfumeries.						
PATES d'Italie et autres pâtes granulées (1)......	100 k. BB	20		22		
PAVÉS. *V.* Matériaux.						
PEAUX brutes (2) fraîches, grandes (3), par mer, des pays hors d'Europe..................	id.		10	4	50	(11)
d'ailleurs..................	id.	3	50	id.		
par terre, du cru des pays limitrophes.....	id.		10		10	
autres..................	id.	4	50	4	50	
petites, de bélier, brebis et mouton, revêtues de leur laine (4)..................	100 k. B	moitié du droit des laines, selon leur valeur.				
d'agneau (5), revêtues de leur laine, pesant plus d'un kilogramme..................	id.	id.		id.		
pesant un kil. ou moins..................	id.		10	1		
dépouillées de leur laine..................	id.		10	1		
de chevreau..................	100 k. BN		10	1		
autres..................	100 k. BB		10	1		
sèches grandes. des pays hors d'Europe...	id.		10	10		
du Brésil par nav. brésilien	id.	....		5		
des entrepôts..................	id.	5		10		
par terre (6) d'origine européenne..................	id.	....		5		
de toute autre origine.....	id.	....		10		
petites de bélier, brebis et mouton, revêtues de leur laine..................	100 k. B	2 tiers du droit des laines, selon leur valeur.				
d'agneau, revêtues de leur laine, pesant plus d'un kilogramme..................	......	id.		id.		
pesant un kilogr. ou moins..	id.		10	1		
dépouillées de leur laine.....	id.		10	1		
de chevreau..................	id.		10	1		
autres petites non dénommées..................	100 k. BN		10	1		
PEAUX préparées (7) — au tan — simplement tannées, pour semelles ou pour toute autre destination. — de porc..................	100 k. BN	200		212	50	25c. p. %.
autres grandes..................	id.	45		49	50	id.
petites..................	id.	120		128	50	id.
corroyées pour tiges de bottes, avant-pieds, derrières et devants..................	id.	200		212	50	id.
autres..................	id.	100		107	50	id.
à l'alun, hongroyées..................	id.	40		44		
mégissées..................	id.	50		55		
PEAUX, parchemin et vélin (8) bruts..................	100 k. BB	1		1	10	
et achevés..................	id.	25		27	50	
de cygne, d'oie ou d'agneau pour éventails..................	100 k. NB	612		629	50	
cuir de veau odorant, dit de Russie, propre à la reliure (9).	la pièce,	5		5		
PEAUX de chien de mer brutes de toute pêche (10), fraîches ou sèches...	100 k. BB		10	5		
de phoque brutes, de pêche française..................	id.		01	....		
de pêche étrangère.......	id.	....			20	
PELLETERIES (12) :						
PEAUX de lapin brutes..................	100 k. BN	Exemptes		Exemptes		
apprêtées..................	le 100	1		1		
de lièvre brutes..................	100 k. BN	Exemptes		Exemptes		
apprêtées..................	le 100	4		4		
de blaireau brutes..................	la pièce.		15		15	
apprêtées..................	id.		15		15	
de castorin, brutes et mégies..................	le 100	3		3		
éjarrées.....	id.	15		15		
teintes.....	id.	25		25		
de phoque mégies..................	id.		20		20	
éjarrées avec ou sans lustre...	id.	3		3		
teintes et lustrées..................	id.	1		1		
brutes ou apprêtées, de chameau, jaguar, léopard, once, panthère, tigre.	id.	1	20	1	20	
d'ours et d'ourson..................	id.	1	05	1	05	
de lion, lionne et zèbre..................	id.		60		60	
de renards noirs ou argentés.....	id.	2	40	2	40	
croisé ou bleu......	id.		90		90	

NOTES.

(1) Pâtes dont la farine de froment est la base. Les plus connues sont le vermicelle, le macaroni, les lazagnes. — Le tapioca et les autres pâtes granulées non dénommées sont assimilées aux pâtes d'Italie.

(2) Cet article ne comprend que les peaux sans fourrure, qui ne peuvent être destinées qu'aux tanneries ou mégisseries. Les peaux à fourrure sont reprises à l'article Pelleterie. — Il n'y a pas de distinction à faire entre les peaux brutes qui sont salées et celles qui ne le sont pas. — Pour les peaux brutes, petites, fraîches ou sèches des États-Sardes, V. l'Appendice après le Tableau des droits.

(3) Par *grandes*, on entend les peaux de bœuf, vache, taureau, taurillon, bouvillon, génisse, cheval, âne, buffle, bison, aurochs ou bœuf sauvage et mulet;

Et par *petites*, celles de veau, mouton, brebis, bélier, agneau, chèvre, chevreau, cerf, chevreuil, chamois, daim, gazelle, élan, renne, cochon, sanglier, vigogne, lama, et cabiai ou cochon d'eau douce. — Les peaux revêtues de leur laine ne peuvent entrer que par les bureaux ouverts à l'importation des laines. — Les peaux qui jouissent de modérations de droits lorsqu'elles proviennent des pays limitrophes doivent être accompagnées de certificats d'origine, et des quittances de droits de sortie payés aux douanes étrangères.

(4) La loi n'a pas établi pour les peaux de mouton *revêtues de laine* la même distinction que pour les toisons des mêmes animaux vivants; ainsi la moitié ou les deux tiers du droit des laines doivent être appliqués à ces peaux selon qu'elles sont fraîches ou sèches, et sans égard au degré de croissance de la laine. Toutefois, il y a exception : 1° pour les peaux fraîchement tondues, connues dans le commerce sous le nom de *rezons* : ce sont celles dont la tonte est tellement récente que la croissance de la laine n'y est point encore sensible; 2° pour les peaux d'agneau *entières* dont le poids n'excède pas un kilogramme, lesquelles, aux termes de la circulaire n° 1189 et ainsi que cela est indiqué au *Tableau des droits*, sont admissibles, quelle que soit la longueur de la laine, au droit de 1 franc ou 1 franc 10 cent. par 100 kilogrammes; 3° pour les peaux dites *d'Astracan*, qui font partie des *pelleteries*.

(5) Les peaux d'agneau, revêtues de leur laine, *du poids de plus d'un kilogramme*, sont les seules auxquelles soit applicable la tarification ci-contre.

(6) Les grandes peaux *brutes* et *sèches* d'origine européenne ne peuvent être importées par terre que par les bureaux ouverts aux marchandises payant plus de 20 fr. le quintal, et par les bureaux de Blancmisseron, Évrange, Frauenberg, Grosbliederstroff, Maubeuge, Givet, Longwy, Sierck, Forbach, Strasbourg, Saint-Louis, les Rousses, Bellegarde, Valenciennes, Sarreguemines, Wissembourg, Jeumont.

(7) Les peaux préparées au tan ont toujours une teinte gris-rougeâtre. Les peaux de porc se reconnaissent par l'empreinte des soies : ne sont considérées comme petites peaux que celles pesant moins d'un kil. — Les peaux préparées à l'alun sont d'un blanc plus ou moins pur; celles hongroyées sont des cuirs d'une grande dimension, blanchâtres à l'intérieur; celles mégissées sont celles destinées à la ganterie et les cuirs blancs.

(8) On assujettit au même droit le parchemin et le vélin neufs ou écrits, soit entiers ou coupés en bandes. Les rognures qui ne peuvent servir qu'à la fabrication de la colle doivent être traitées comme oreillons. Le parchemin brut a moins l'apparence d'une peau que d'une feuille, toutes les extrémités irrégulières ont été coupées; il est sec, il a quelques pouces de plus que la peau passée qu'on y a employée; il est plus mince, plus blanc, plus flexible, moins gras et moins transparent.

(9) Il s'agit exclusivement ici du *cuir propre*

Suite des Notes.

à la reliure, traité à l'écorce de saule ou de bouleau, à l'exclusion de celui dont on se sert pour faire des semelles.

(10) Les peaux d'anguilles sont assimilées aux peaux de chiens de mer, connues aussi dans le commerce sous la dénomination de peaux de chagrin et de *roussette*.

(11) Les peaux brutes fraîches ou sèches payent à la sortie, par 100 kil. : celles grandes de vaches (*), 10 fr.; — de bœuf et autres, 2 fr.; — celles petites de chevreaux, 20 fr.; — toutes autres, 2 fr.

(12) On doit considérer et traiter comme pelleteries toutes les peaux ou fractions de peau susceptibles d'être employées en vêtements ou en meubles. — On entend par brutes les peaux telles qu'elles ont été arrachées de dessus l'animal; par éjarrées, celles dont le revers a été écharné jusqu'à la plante du jarret; par apprêtées et mégies, celles qui ont été purifiées et assouplies.

(*) Seront considérées comme peaux de vaches les peaux dont le poids ne dépassera pas 35 kil. à l'état frais et 15 kil. à l'état sec.

DÉNOMINATION DES MARCHANDISES.	UNITÉS sur lesquelles portent les DROITS.	DROITS D'ENTRÉE		DROITS de SORTIE.
		par navires français.	par navires étrangers et par terre.	
		F. C.	F. C.	F. C.
PEAUX de renard blanc, jaune et gris argenté de Virginie	le 100	20	20	
teintes	id.	2 40	2 40	
autres	id.	10	10	
de chacal, de chinchilla et de fouine	la pièce.	10	10	
d'agneaux dits d'Astracan (1) et de carcajou	id.	20	20	
de loutre	id.	45	45	
d'hyène, de loup cervier et de bois	id.	40	40	
de chèvres d'Angora et de castor	id.	35	35	
de butor, cygne, eyder, glouton, marte, pekan, raton, vautour et blaireau	id.	15	15	
de chat-tigre et cervier	id.	15	15	
sauvage et domestique (en nombre)	le 100	3	3	
de civette, genette et putois même tigré	id.	3	3	
de grèbe, marmotte, d'oie et vison	id.	6	6	
de belette, berveski, chien, écureuil, mulot ou hamster, palmistes des Indes, petit-gris, rats musqués et autres, et taupe	id.	2	2	
de chikakois, d'hermine, kolynsky ou kulonok et lasquette	id.	3 75	3 75	
dos et ventres de fouine, lièvres blancs, martre, petit-gris, renard, etc.	....	(A)		
gorges de canard, de fouine, marte, pingouin et renard (en nombre)	le 100	2	2	
queues de carcajou, de fouine, loup, marte, pekan et renard	id.	2	2	
d'écureuil, d'hermine, de kolynsky ou kulonok, de petit-gris, de putois même tigré et vison	id.	25	25	
morceaux cousus (2) en peaux d'agneaux dits d'Astracan, d'hermine, de kolynsky ou kulonok, de lasquette, de martre, putois même tigré, et en dos et ventres de petit-gris	la pièce.	5	5	
en peaux de fouine, dos et ventres de chat-tigre et cervier, d'écureuil, dos, ventres et gorges de berveski, renard et vigogne	id.	1 50	1 50	
en peaux d'agneau ordinaires, de castor, mulot ou hamster, rat musqué, taupe, dos et ventres de lapin et lièvres blancs, pattes ou autres fractions de peaux quelconques non dénommées au présent	id.	1	1	
PEIGNES à pointes d'acier. *V.* Serans ou peignes.				
à pointes de fer. *V.* Serans ou peignes.	-			
PELLETERIES ouvrées (3)	la valeur.	15 p. °/o.	15 p. °/o.	
PEINTURES (4). *V.* Objets de collection.				
PENDULES. *V.* Horlogerie, ouvrages montés.				
PENNES ou corons (5). *V.* Corons ou pennes.				
PERCHES	le 1000	25	25	
PERLES fines de toute pêche (6)	1 k. NB	exemptes.	exemptes	
fausses. *V.* Mercerie fine.				
PETROLE. *V.* Bitumes fluides sans distinction de couleur.				
PHOSPHORE. *V.* Produits chimiques non dénommés.				
PIANOS. *V.* Instruments de musique.				
PIASTRES. *V.* Monnaies d'argent.				
PICHOLINES. *V.* Fruits de table confits.				
PIÈCES d'intérieur de métier à tulle (chariots, guides, bobines, etc.). *V.* Machines et mécaniques. Pièces détachées.				
PIEDS d'élan	le 100	exempts.	exempts.	1/4 p. °/o.
PIERRES et terres servant aux arts et métiers.				

NOTES.

(1) Dans cette classe rentrent toutes les peaux d'agneau *frisées*, propres à être employées en fourrures, qu'elles proviennent d'Astracan même, de Crimée, Perse, Pologne, Russie et autres lieux. On doit observer toutefois que les petites peaux d'Italie ou des Alpes, quoique un peu frisées, ne servant pas comme parure, restent dans la classe des autres peaux communes.

(2) Dans le commerce, on appelle *sacs*, *nappes* ou *touloupes* de *pelleterie*, des peaux ou parties de peau cousues ensemble pour former un tout plus facile à voir et à transporter. Les sacs ont le plus souvent 1m20 à 1m30 de hauteur, 1m20 à 1m35 de largeur à leur base, et 75 à 80 centimètres à leur tête. — Les nappes ont les mêmes dimensions que les sacs, avec cette différence qu'il faut en faufiler deux ensemble pour former un sac; ainsi on comptera deux nappes pour un sac lors de la perception. — Les touloupes ont la forme des grands wildschouras à manches, et il entre dans leur confection environ un sac et demi ou trois nappes; mais il n'y a aucune distinction à en faire pour la perception, attendu qu'ils doivent payer comme les sacs entiers.

(3) Ce qui s'entend des vêtements ou parties de vêtement, comme pelisses, manchons, garnitures, rochets, palatines, boas, aumusses, bonnets, bottes, et en général toutes les fourrures taillées, doublées ou assemblées par des coutures, autrement que pour former les ballotins appelés sacs, nappes ou touloupes.

(4) Les verres ou glaces qui recouvrent les peintures doivent entrer dans l'estimation des cadres ou bordures passibles du droit de 15 p. °/o.

(5) Les corons, c'est-à-dire, les déchets ou bouts de fil de laine, de lin, de chanvre ou de coton, qu'entraîne le décordage ou le tissage, et qui ont de 108 à 270 millim. de longueur, suivent le régime de la matière brute dont ces déchets dérivent.

(6) Les perles en nacre faites au tour, et recouvertes d'une légère couche d'écailles d'ablette, sont assimilées aux perles fines. Les perles fabriquées avec de la cire, et auxquelles on donne l'apparence de perles fines en les recouvrant d'un enduit à la colle de poisson coloré avec des écailles d'ablette, sont rangées dans la classe de la *mercerie fine* sous la dénomination de *perles fausses*.

(A) La moitié du droit des peaux.

DÉNOMINATION DES MARCHANDISES.	UNITÉS sur lesquelles portent les DROITS.	DROITS D'ENTRÉE par navires français.	DROITS D'ENTRÉE par navires étrangers et par terre.	DROITS de SORTIE.
		F. C.	F. C.	F. C.
PIERRES, briques à écurer	100 k. BB	Exemptes	1 00	
à lithographier	id.	id.	1 00	
ferrugineuses, émeri ou pierres brutes	id.	50	2 00	
préparé en grains ou en poudre	id.	8	8 80	
à dénommer (1)	id.	Exemptes	1	
calcaires à cristallisation confuse, dites *écossines*, brutes ou simplement équarries autrement que par le sciage, de la mer à Blancmisseron *exclusivement* (2)	id.	....	10	
par tous autres points	(A)			
ouvrées en pièces préparées pour la bâtisse et non polies (3)	la valeur.	15 p. %.	15 p. %.	
carreaux de pavage taillés dans des feuilles ou lames schisteuses d'extract. naturelle (3)	id.	id.	id.	
sciées	100 k. BB	(B)		
sculptées, moulées, polies ou autrement ouvrées	id.	(B)		
PIERRES gemmes (4), diamants, bruts	1 hect. NB	exemptes.	exemptes.	
taillés	id.	1	1 10	
à dénommer (5), brutes	id.	exemptes.	exemptes.	
taillées	id.	50	50	
ouvrées, chiques	100 k. BB	10	11	
autres (*)	la valeur.	15 p. %.	15 p. %.	
calaminaires. *V.* Zinc.				
à chaux. *V.* Matériaux.				
(déchets de). *V.* Matériaux, moellons.				
PIERRES infernale (nitrate d'argent). *V.* Médicaments composés non dénommés.				
lithographiée (6). *V.* Pierres ouvrées autres.				
de touche. *V.* Pierres et terres servant aux arts et métiers.				
PIMENT des colonies françaises	100 k. NB	10	....	
de l'Inde	id.	45	115	
d'ailleurs	id.	90	115	
confit au vinaigre. *V.* Fruits de table confits, câpres.				
au sucre. *V.* Confitures.				
PIN (bois et écorce de). *V.* Bois à construire ou écorce de pin.				
poussière de pin ou soufre végétal (7). *V.* Lycopode.				
PINCEAUX de poils fins ou de cheveux. *V.* Mercerie fine.				
PINNES MARINES (byssus de) ou poil de nacre	1 k. BB	05	05	
PIPES à fumer de faïence. *V.* Poterie de terre, faïence.				
de porcelaine ou d'écume-de-mer. *V.* Mercerie fine.				
PISTACHES (fruits du pistachier). *V.* Fruits de table secs.				
PISTOLETS. *V.* Armes à feu.				
de poche (8).				
PLANCHES gravées pour l'impression sur toile ou sur papier. *V.* Cylindres, planches et coins gravés.				
non gravées en cuivre. *V.* Cuivre laminé.				
de bois (**). *V.* Bois sciés.				
PLANTES alcalines (fucus)	100 k. BB	10	10	
PLANTS d'arbres	id.	exempts.	exempts.	
PLAQUÉS (9) (ouvrages en métaux communs, vernis, plaqués, dorés ou argentés)	100k. B	prohibés.	prohibés.	

NOTES.

(1) On range notamment parmi les pierres et terres *non dénommées* : l'écume-de-mer, l'amiante, les briques à polir les couteaux, les pierres et terres savonneuses, et notamment celles dites *pierres-de-lard*, les pierres lithographiques *brutes*, c'est-à-dire, sans dessins, les pierres à filtrer, les pierres à moulages, les terres à foulon, la terre moulard, la terre *dite* de Patna *et* le sable coloré pour bureaux, les pierres à aiguiser brutes, et les autres pierres dénommées en la Circulaire 307.

(2) On considère comme brutes, quelle qu'en soit la forme, les écossines ayant 16 cent. ou plus d'épaisseur qui ont été seulement sciées sur deux faces.

(3) Ce sont celles seulement ouvrées en pièce : 1° pour la bâtisse, qui ne sont point sciées en tranches de moins de 16 c. ni polies : 2° celles taillées en cubes ou en parallélipipèdes, ainsi les auges, goulots et autres objets analogues, creusés par la taille ; 3° les chambranles de porte, appuis de fenêtre et marches d'escalier, le tout simplement piqué, c'est-à-dire, travaillé à la pointe ou au ciseau ; les carreaux de pavage taillés de même à la pointe et au maillet dans des feuilles ou lames schisteuses d'extraction naturelle.

(4) On entend par *gemmes*, quant à l'application des droits de douane, toutes les pierres à reflet, dites *pierres précieuses*, que l'on monte en joyaux ou en bijoux, ou dont on fait des objets de curiosité.

Il ne s'agit ici que des pierres non montées, ou de celles qui ont une monture provisoire en métal commun. Celles montées en or ou en argent rentrent dans la bijouterie.

(5) Ce sont particulièrement les rubis, saphirs, émeraudes, hyacinthes, topazes, aventurines, spaths adamantins, zircons, péridots, tourmalines, jargons, aigues-marines, astéries, grenats, sauf la *prime-brute* de grenat, qui est un grenat sans couleur ou très-peu coloré : celle-ci, à raison de sa faible valeur, est assimilée aux agates.

On range également dans la classe des pierres gemmes *non dénommées* ;

1° La *lazulite* ou *lapis-lazuli*, pierre fine d'espèce particulière, d'un beau bleu clair, dure, rayant le verre et faisant feu avec l'acier. C'est avec la lazulite *pulvérisée* que l'on fabrique l'outremer naturel ;

2° La *marcassite* de choix pour bijoux (*pyrite* ou *sulfure de fer*), qui est en cristaux polis, jaunes, éclatants et offrant l'aspect de l'or ;

3° Les *chrysolithes* dont on connaît quatre espèces, savoir, la chrysolithe *d'Espagne* ou chrysolithe ordinaire, qui est une chaux phosphatée ou apatite, d'un jaune verdâtre ; la chrysolithe *du Brésil*, qui est une *cymophane* parfois chatoyante ou opaline ; la chrysolithe *de Saxe*, qui est une variété de topaze verdâtre ; et enfin celle *de Sibérie*, qui est une aigue-marine ou une émeraude jaunâtre. Quelques lapidaires donnent aussi le nom de *chrysolithes* à des espèces de péridots d'un vert faible et jaunâtre.

(6) On entend par pierres lithographiées, celles qui sont revêtues de dessins et prêtes à être mises sous presse.

On traite également comme pierres *ouvrées* les pierres *lithographiées*, c'est-à-dire, les pierres chargées de dessins, de gravures ou d'écriture. Il ne faut pas les confondre avec les pierres *lithographiques*, qui n'ont pas reçu la main-d'œuvre dont il vient d'être parlé : celles-ci sont rangées parmi les *pierres servant aux arts et métiers non dénommées.*

Suite des Notes.

(7) On assimile au lycopode la poussière de pin, c'est-à-dire la poudre fécondante de la fleur du pin, laquelle sert aux mêmes usages que le lycopode.

(8) Les pistolets de poche sont prohibés pour la consommation ; mais ils sont admis au transit, et peuvent jouir de la faculté d'entrepôt.

(9) La prohibition prononcée par la loi du 10 brumaire an V atteint les plaqués *de toute sorte* ; elle s'applique aussi aux ouvrages en cuivre doublé d'or ou d'argent, comme à ceux en fer plaqué en argent ; elle s'étend, en un mot, à tous les ouvrages en métaux communs recouverts d'une lame ou feuille d'or ou d'argent. Il y a exception, toutefois, à l'égard des boutons en plaqué, qui, rangés par la loi du 6 mai 1841 dans la classe des boutons fins, sont à ce titre admissibles aux droits.

(A). Mêmes droits que les marbres non dénommés.

(B) Le droit des marbres selon leur état.

(*) Les importations par terre sont assimilées à celles effectuées par navires français.

(**) Une ordonnance royale du 11 novembre 1847 autorise, sous des conditions déterminées, l'importation temporaire, en franchise des droits, des planches de pin et de sapin destinées à la confection des caisses propres à l'emballage des œufs, fruits, légumes et autres produits naturels.

DÉNOMINATION DES MARCHANDISES.	UNITÉS sur lesquelles portent les DROITS.	DROITS D'ENTRÉE par navires français.		DROITS D'ENTRÉE par navires étrangers et par terre.		DROITS de SORTIE.
		F.	C.	F.	C.	F. C.
PLAQUES de cheminée. *V.* Ouvrages en fonte.						
d'enclume (1). *V.* Fer étiré en barres plates, de 213 à 458 millimètres.						
PLATINE, métal. *V.* Or.						
PLATRE brut ou préparé. *V.* Matériaux.						
moulé ou coulé. *V.* Pierres ouvrées.						
PLOCS. *V.* Poils.						
PLOMB (2), minerai de toute sorte, y compris les scories, par nav. fr. et par terre.	100 k. BB	Exempt.		....		25c.100k.
par navires étrangers.......	id.	....		1	00	id.
allié d'antimoine.(3)................	id.	26	00	28	60	
métal brut(4)..................	id.	5		7		
limaille, par navires français et par terre.	....	Exempt		....		id.
par navires étrangers.........	id.	....		1		
en balles de calibre..................	100 k. BB	prohibé.		prohibé.		prohibé
battu ou laminé....................	id.	24		26	40	
ouvré de toute sorte..................	id.	24		26	40	
(acétate et chromate de). *V.* Sels.						
(carbonate de). *V.* Carbonates.						
(oxyde de). *V.* Oxydes.						
PLUMES de parure (5), de coq et de vautour, sans distinction de couleur..	100 k. NB	Exemptes		Exemptes		
autres, blanches............	id.	Exemptes		Exemptes		
noires..............	id.	Exemptes		Exemptes		
de toute autre couleur.	id.	Exemptes		Exemptes		
à écrire, brutes......................	100 k. BB		10	10		
apprêtées...................	100 k. NB	240		254	50	
à lit, duvet de cygne, d'oie, de canard..	id.	200		212	50	
d'eyder, édredon épuré.....	1 k. NB	5		5	50	
non épuré (6).	id.	1	25	1	30	
autres..........................	100 k. NB	60		65	50	
métalliques autres qu'en or et argent (7).	1 k. NB	4		4	40	
POIDS en état de servir (8).						
POIL de Messine (9)........................	1 k. BB	exempt.		exempt.		
POILS de chameau, d'autruche et de phoque, de vache et autres, poils de lièvre et de lapin, bruts......................	100 k. BB		10	1		
peignés et en bottes de longueurs assorties. .	id.	10		11		
de chèvre et de chevreau : Duvet de cachemire brut.	id.		10	1		
peigné....	id.	10		11		
de chevron brut......	id.		10	1		
peigné....	id.	10		11		
autres bruts......	id.		10	1		
peignés....	id.	10		11		
de castor, de blaireau bruts..	100 k. BN		10	1		
et autres non dénommés, peignés et en bottes, de long. assorties....	id.	10		11		
POILS de porc et de sanglier (déchets de). *V.* Poils de vache, etc.						
de nacre. *V.* Pinnes marines.						
d'alpaga, de paco, de guanaco, de glama, comme laine en suint.						
POINTES d'acier p. peignes (10). *V.* Outils de pur acier.						
POIRÉ. *V.* Boissons fermentées.						
POIRES. *V.* Fruits de table.						
écrasées. *V.* Pommes écrasées.						
à poudre, gaînerie. *V.* Mercerie commune.						
en cuivre bronzé. *V.* Mercerie fine.						
POISSONS d'eau douce de toute pêche, frais, compris le saumon, les éperlans, les aloses et les mulets (A).	100 k. B	Exempts.		Exempts.		
préparés..	id.	40		44		
POISSONS de mer (11), de pêche française, frais, secs, salés ou fumés.	.. ..	exempts.		exempts.		
de pêche étrangère (12), frais, de Givet à Mont-Genèvre *inclus.*	100 k. B.	....		11		

NOTES.

(1) Plaques grossières de 160 millim. de largeur sur 15 d'épaisseur et 320 de longueur, dont 120 pour le manche. Elles pèsent environ 5 kil., consistant en 1/4 d'acier forgé et 3/4 de fer, et sont destinées à être étendues sur les enclumes brutes.

(2) Le plomb brut venant des États-Unis peut être admis à jouir des bénéfices de la convention du 24 juin 1822, c'est-à-dire, au droit par navires français.

Les scories doivent être au préalable examinées par l'École des mines, pour apprécier leur richesse en plomb.

(3) Cet alliage est composé d'environ 80 à 85 parties de plomb et de 15 à 20 parties d'antimoine : on y mêle parfois quelques centièmes de cuivre. On doit traiter, pour l'application du tarif, comme plomb *allié d'antimoine*, tout plomb en métal brut qui contient plus de 10 pour 0/0 d'antimoine.

(4) On range ici, outre la matière, plus ou moins pure, provenant de la fusion du minerai et qui est importée en masses de différentes formes dites *saumons*, les mitrailles ou ouvrages *détruits*, les vieux plombs de toute espèce, purs ou faiblement oxydés, qu'on peut ramener par la fusion à l'état de métal. On peut admettre comme plomb *brut* tout plomb qui ne contient pas plus de 10 pour 0/0 d'antimoine, et l'on doit soumettre, au contraire, au droit du plomb *allié d'antimoine* le plomb en métal brut dans lequel l'antimoine excède cette dernière proportion.

(5) On range dans la classe des plumes de parure les plumes d'autruche, de héron, d'oiseaux de paradis, de marabout, de paon, de coq, de vautour, et généralement toutes celles qui ne peuvent être considérées comme plumes à écrire ou à lit. Les peaux d'autruche et d'oiseaux de paradis, *garnies de leurs plumes*, suivent le même régime.

(6) Il faut, pour qu'il soit admissible à ce droit, que le duvet soit importé tel qu'il a été extrait du nid de l'oiseau, c'est-à dire, plus ou moins mélangé de bois, de paille et de parties terreuses.

(7) Quand des porte-plumes, prohibés à l'entrée, accompagnent comme accessoires des plumes métalliques, on les admet au droit de ces plumes. — Les cartons imprimés ou chargés de dessins sur lesquels les becs de plumes sont fixés, sont défalqués du poids des plumes et admis comme étiquettes.

(8) L'entrée des poids anciens est prohibée; celle des poids établis d'après le système métrique l'est également par le fait des lois et règlements qui assujettissent la fabrication des poids et mesures à une marque d'étalonnage; et, d'ailleurs, les poids et mesures, soit anciens, soit nouveaux, rentrent dans les ouvrages de fonte, de cuivre ou d'étain, prohibés à l'entrée.

(9) Le poil de Messine, connu sous le nom de *crin de Florence* ou *pitre*, ressemble à du crin, mais est moins flexible et présente un reflet brillant.

(10) Lorsque ces pointes ou broches sont importées en assortiment, et destinées alors pour la revente, elles doivent être considérées comme outils de pur acier. Si elles sont apportées pour les besoins particuliers des fabricants, l'administration peut en autoriser l'admission au droit de 15 p. 0/0 de la valeur.

(11) Les poissons de pêche française peuvent être admis par tous les bureaux. Toute-

Suite des Notes.

fois, lorsqu'il y a lieu à l'allocation d'une prime, soit pour l'armement, soit pour les produits de pêche rapportés par un navire français, les retours doivent toujours s'effectuer dans un port où il existe un agent de la marine qui puisse concourir à la rédaction des certificats exigés en pareil cas. — Doivent être traités comme provenant de pêche étrangère et soumis au droit de 40 francs par 100 kilog., conformément à l'art. 9 de la loi du 6 mai 1841, *les harengs salés* apportés dans nos ports depuis le 15 janvier jusqu'au 1er août de chaque année, ainsi que *les harengs frais* que, dans le cours de cette même période, des pêcheurs rapporteraient après avoir été absents d'un port de France *pendant plus de trois jours.* — Les cétacés et autres poissons qui échouent sur nos côtes sont assimilés aux produits de la pêche française. Il en est de même de la graisse qu'on peut en tirer.

(12) Aux termes de la loi du 17 décembre 1814, on doit appliquer le droit de 40 ou de 44 fr. par 100 kilog. *brut* à tous les poissons de mer de *pêche étrangère*, qu'ils soient frais, secs, salés ou fumés.

Les poissons pêchés sur les côtes des départements du Var, des Bouches-du-Rhône et de l'Hérault, par les pêcheurs catalans ou autres espagnols qui y sont domiciliés ou stationnaires, sont affranchis de tous droits d'entrée, en vertu de la loi du 12 décembre 1790; mais, aux termes de la même loi, il faut, pour qu'il y ait lieu de les faire jouir de cette immunité, d'une part, que les pêcheurs espagnols soient soumis à la même juridiction que les français; et, de l'autre, qu'ils soient inscrits au bureau des classes, qui leur délivre un rôle où la composition obligée de l'équipage se trouve déterminée. — Les pêcheurs sardes et napolitains que, par tolérance, l'on a depuis longtemps admis à participer, sous ce rapport, aux mêmes avantages que les espagnols, sont provisoirement maintenus dans la jouissance de l'immunité. — Les sardines *fraîches* ou *en vert*, provenant d'Espagne, et qui sont importées par les bureaux de Béhobie et d'Andaye ou par le port de Saint-Jean-de-Luz, son assimilées aux poissons d'eau douce.

(A) Peuvent être transportés par les paquebots affectés au transport des voyageurs, et par les paquebots-poste, sans que ceux-ci soient assujettis à un autre droit de tonnage que 1 tonn. par 500 kil. de poisson apporté. (Circul. 441.)

DÉNOMINATION DES MARCHANDISES.	UNITÉS sur lesquelles portent les DROITS.	DROITS D'ENTRÉE par navires français.	DROITS D'ENTRÉE par navires étrangers et par terre.	DROITS de SORTIE.
			F. C.	F. C.
POISSONS de mer par tout autre point..........	100 k. B	40	44	
secs, salés ou fumés	id.	40	44	
marinés ou à l'huile (1), de toute pêche, des colonies françaises..	100 k. N	10	....	
d'ailleurs............	id.	100	107 50	
POIVRE des colonies françaises...............	100 k. NB	10		
de l'Inde..............................	id.	40	105	
d'ailleurs.............................	id.	80	105	
POIX blanche ou jaune. *V.* Résines indigènes brutes d'exsudation.				
de Bourgogne. *V.* Résines indigènes brutes d'exsudation.				
POMMADES. *V.* Parfumeries.				
POMMES de terre..............................	100 k. BB	exemptes.	exemptes.	25 c. 100 k.
et poires écrasées (2)................	id.	exemptes.	exemptes.	
POMPES en bois. *V.* Ouvrages en bois non dénomm.				
à vapeur. *V.* Machines et mécaniques.				
POMPHOLYX (oxyde de zinc blanc). *V.* Oxydes.				
PORCELAINE (3). *V.* Poterie.				
PORCS................................	par tête.	25	25	25
PORTEFEUILLES de maroquin, et porte-monnaie en peau ou en cuir vernis, avec ou sans garnit. de métal. *V.* Mercerie fine.				
POTASSE. *V.* Alcalis.				
POTERIE de terre grossière (4)..................	100 k. BB	6	6 60	id.
faïence (5).................	100 k. NB	49	53 90	id.
de grès commun (6), ustensiles d'arts et métiers..................	100 k. BB	10	11	
vaisselle de table ou de cuis.	id.	15	16 50	
fine ou de terre de pipe...........	100 k. B	prohibée.	prohibée.	
porcelaine (7) commune.............	100 k. NB	164	174 70	25 c. 100 k.
fine..................	id.	327	344 50	25
d'étain (théières, cafetières et autres). *V.* Ouvrages en étain.				
chinoise (8). *V.* Pot., porcel. comm..				
d'étain. *V.* Étain (ouvrages d').				
POUDRE à tirer (9)............................	....	prohibée.	prohibée.	prohibée.
POUDRES d'albâtre. *V.* Albâtre brut.				
médicinales (10).				
d'or. *V.* Or brut.				
à faire de l'encre. *V.* Encre à dessiner en tablettes.				
POULAINS..................................	par tête.	15	15	
POULIES en bois (11). *V.* Ouvrages en bois non dénom.				
PRAISS (sauce de tabac)........................	100 k. BB	1	1 10	
PRÊLE. *V.* Joncs et roseaux d'Europe.				
PRÉSURE et levure de bière....................	id.	Exempte.	Exempte.	
PRESSES (12). *V.* Machines et mécaniques à dénomm.				
PRODUITS chimiques non dénommés (13)........	100 k. B	prohibés.	prohibés.	
PROVISIONS de route et autres objets importés par des voyageurs, ne faisant que traverser la France (A).				

NOTES.

(1) Pour ceux des États-Sardes, *V.* l'Appendice après le Tableau des droits.

(2) On leur assimile les fruits de table indigènes *de toute autre espèce*, sauf les raisins écrasés par une manipulation quelconque pour être convertis en boisson ou dans tout autre but ; les baies d'épine-vinette tenues en macération dans de la bière aigre.

(3) Toute porcelaine importée de l'étranger doit, selon qu'elle est fine ou commune, les droits du tarif, qu'elle soit vieille ou neuve. La loi ne dénommant pas les vieilles porcelaines parmi les objets de collection, le droit de 1 p. 0/0 ne doit jamais être perçu ; mais lorsqu'il s'agit d'objets antiques dépareillés, de figurines et autres statuettes analogues, qui portent des traces évidentes de service, les importateurs peuvent solliciter auprès de l'administration l'autorisation de les admettre comme meubles au droit de 15 p. 0/0 de la valeur.

(4) Les poteries de toute sorte auxquelles on a adapté des garnitures, pieds, couvercles ou autres ornements en métal, suivent à l'entrée le régime des ouvrages fabriqués avec ce même métal, lorsque d'ailleurs, par leur nature, ces poteries ne sont ni soumises à la prohibition, ni passibles de droits plus élevés que ceux qui sont afférents auxdits ornements. Ainsi, par exemple, si l'on présentait à l'importation des vases en grès fin ou en porcelaine fine garnis de couvercles en étain, dit *métal anglais*, il est entendu que les premiers sont repoussés et que les autres doivent acquitter la taxe de la porcelaine fine, sans aucune déduction pour le poids des couvercles ou garnitures. On considère comme prohibées, et on refuse d'admettre des porcelaines montées sur bronze ou sur cuivre doré.

On applique le régime de la poterie grossière aux *alcarazas*, vases poreux et non vernissés, dont on se sert dans le Midi, et principalement en Espagne, pour rafraîchir l'eau.

On admet, par exception, au droit de 15 pour 0/0 de la valeur, comme *meubles*, les poteries de toute espèce portant des traces évidentes de service, lorsqu'il est reconnu qu'elles font partie du mobilier ou de la vaisselle de ménage des individus qui viennent s'établir dans le royaume.

(5) On soumet au droit de la faïence les carreaux *de terre commune* recouverts, d'un côté, d'un vernis blanc ou chargé de dessins, qu'on emploie soit pour carrelage ou à la construction de poêles ou fourneaux, soit pour revêtement de murs ou d'intérieurs de cheminée.

(6) La loi a divisé la poterie de grès commune en deux classes. La première comprend, les pots, jarres, cruches, cruchons, bouteilles, creusets et autres objets de même nature, qui servent d'ustensiles aux arts et métiers, ou de récipients pour le transport des liquides : c'est le grès de l'espèce la plus lourde ; il n'a reçu

Suite des Notes.

qu'un simple vernis, produit par le sel marin qu'on a projeté sur les pièces pendant leur cuisson. La seconde classe se compose de poteries assez légères, mais communes, qui sont façonnées pour la table et la cuisine, notamment d'une poterie de grès rouge très-grossière, couverte à l'intérieur seulement d'un vernis transparent, et qui s'importe d'Italie.

(7) La porcelaine *commune* est celle non dorée qui n'a que la couleur de la pâte, soit blanche, grise ou jaune, ou qui ne porte que des dessins d'une seule couleur, sans paysages ni figures.

La porcelaine *fine* est celle à fond uni de couleur bleue, dorée ou non ; celle dorée, quelle que soit la couleur de la pâte ; celle peinte ou imprimée, décorée, sculptée, etc.

La porcelaine de Chine ou du Japon est soumise aux droits du tarif, à moins d'une autorisation spéciale de l'administration.

La porcelaine garnie en cuivre doré est prohibée.

Toute porcelaine décorée seulement en camaïeu, et quelle que soit d'ailleurs la nature des sujets représentés par les dessins, doit être considérée comme porcelaine *commune*.

Les *vieilles* porcelaines, même celle de Chine du Japon ou de Saxe, ne sauraient être rangées parmi les objets de simple curiosité dont l'entrée est permise au droit de 1 pour 0/0 de la valeur. Tout ce qu'on peut faire, c'est de les admettre par exception au droit de 15 pour 0/0, comme *meubles*, quand il est reconnu qu'elles portent des traces évidentes d'usage.

(8) La poterie qui vient en droiture de Chine n'est pas de la terre de pipe ou grès d'Angleterre, la seule que la loi du 10 brumaire an V frappe de prohibition ; c'est une espèce particulière à laquelle on applique le droit de la porcelaine commune.

(9) Les armateurs français et étrangers peuvent obtenir de l'administration des poudres et salpêtres des permis d'exportation pour la poudre de guerre et de traite qu'elle leur fournit, tant pour la défense de leurs bâtiments que pour leurs échanges à l'extérieur. Ces poudres acquittent à leur sortie le droit de 25 c. par 100 k. brut ; toutefois, ce droit n'est pas exigible sur les poudres de guerre qui sont embarquées à bord des navires français comme munitions, ni sur celles qu'on exporte comme marchandises à destination des colonies ou des comptoirs français.

(10) Les poudres médicinales sont prohibées à l'entrée, mais elles peuvent sortir en payant comme les substances dont elles proviennent.

(11) Les poulies en métal suivraient le régime des métaux ouvrés avec lesquels elles auraient été formées. Il en serait de même pour celles en faïence ou en porcelaine commune.

(12) Ce sont principalement les presses à emballer, d'imprimerie, de lingère, lithographiques, de pharmacie, de relieur et à tabac.

(13) On considère comme produits chimiques non dénommés tous ceux qui ne figurent pas au tarif ; à l'exception de ceux de ces produits qui appartiennent à la classe des couleurs, et de quelques articles dont l'assimilation à des produits chimiques tarifés avait été prononcée antérieurement à la prohibition prononcée par la loi du 17 mai 1826.

(A) Les provisions de route, les effets neufs, les petites parties de cristaux et de tabac, les tissus de fantaisie, les menus objets soit de tabletterie, soit de mercerie, accompagnant les voyageurs, sont admis à la consignation des droits, pour ceux tarifés, ou de celui de 30 %, lorsque la valeur de l'importation des objets prohibés n'excédera pas 200 f. par importateur.

DÉNOMINATION DES MARCHANDISES.	UNITÉS sur lesquelles portent les DROITS.	DROITS D'ENTRÉE par navires français.	DROITS D'ENTRÉE par navires étrangers et par terre.	DROITS de SORTIE.
		F. C.	F. C.	F. C.
PRUSSIATE de fer. *V.* Bleu de Prusse (1).				
de potasse cristallisé................	100 k. NB	210	223	
PSALTÉRIONS. *V.* Instruments de musique.				
QUERCITRON (2) par mer, des pays hors d'Europe.	100 k. B	exempt.	4	
des entrepôts..........	id.	2	4	
par terre....................	id.	....	4	
QUEUES de billard. *V.* Tabletterie non dénommée.				
de rats musqués. *V.* Musc.				
QUINCAILLERIE (3).				
QUINQUINA. *V.* Ecorces médicinales.				
RABOT (fers de). *V.* Outils de fer rechargés d'acier.				
(bois de) (4). *V.* Ouvrages en bois non dén.				
RACINES à vergette.........................	id.	exemptes.	exemptes.	
de chicorée, vertes	id.	50	50	
sèches, non torréfiées......	id.	2 50	2 70	
médicinales, ipécacuanha des pays hors d'Europe..	1 k. NB	1	3	
des entrepôts.	id.	2	3	
rhubarbe (5) de l'Inde....	100 k. NB	35	65	
des autres pays hors d'Europe......	id.	45	65	
des entrepôts..........	id.	55	65	
salsepareille (6), des pays hors d'Europe............	id.	exempte.	4	
des entrepôts.........	id.	2	4	
jalap (racine de), des pays hors d'Europe.........	100 k. NB	80	100	
d'ailleurs..............	id.	90	100	
iris de Florence..........	100 k. BB	5	5 50	
travaillé en pois ou boules...	100 k. NB	200	212 50	
réglisse................	100 k. BB	exemptes	2	
à dénommer (7), des pays hors d'Europe.........	id.	exemptes.	20	
des entrepôts............	id.	10	20	
RACINES de bois commun. *V.* Bois à brûler en bûches.				
de buis. *V.* Bois d'ébénisterie, buis.				
de garou. *V.* Garou.				
RACK. *V.* Boissons distillées, eau-de-vie de riz.				
RAILS. *V.* Fer étiré en barres à rainures.				
RAISINS. *V.* Fruits de table frais ou secs à dénom.				
écrasés en cuve (8). *V.* Boissons fermentées, vins ordinaires et de liqueur.				
RAMES de bateau. *V.* Ouvrages en bois.				
RAPATELLE, toile à tamis. *V.* Tissus de crin.				
RAPURES de corne de cerf et d'ivoire (9)........	100 k. BB	exemptes.	exemptes.	
RASSADES. *V.* Verres et cristaux, vitrifications en grains percés.				
RATAFIAS de toute sorte. *V.* Boissons distillées, liqueurs.				
RÉGLISSE. *V.* Racines médicinales.				
en poudre. *V.* Médicaments composés non dénommés (jus de). *V.* Jus.				
REGRETS d'orfévrerie. *V.* Cendres et regrets.				
RÉSIDUS (10) de noir animal, par navires français et par terre.......	100 k. BB	Exempts.	....	2 25
par navires étrangers.	id.	....	50	id.
RÉSIDUS d'acide sulfurique non lessivé (11). *V.* Sels, sulfate de potasse.				
de cire. *V.* Cire non ouvrée.				
RÉSINES indigènes (12), brutes, d'exsudat., molles, poix ou galipot, de combustion.	id.	5	5 50	

NOTES.

(1) Le *bleu minéral* suit le même régime que le bleu de Prusse. Ces deux produits sont composés des mêmes éléments, avec cette différence seulement que le premier contient beaucoup plus d'alumine et d'amidon que le second, ce qui lui donne une nuance plus claire approchant du bleu de ciel. Il en est de même du bleu dit *de Berlin*, qui n'est aussi qu'une variété du bleu de Prusse. Le bleu de Berlin s'importe en petits pains formant des parallélipipèdes réguliers, compactes, durs et d'un bleu fortement nuancé de reflets violets ou rougeâtres.

Sont également assimilées au bleu de Prusse, les tablettes de bleu impur servant aux blanchisseurs de linge, ainsi que les diverses préparations tinctoriales dans la composition desquelles le bleu de Prusse entre pour une fraction quelconque.

On ne doit pas confondre avec le bleu de Prusse le *bleu de montagne*, qui est du carbonate de cuivre porphyrisé et formé en petites masses pour la peinture, lequel, en raison de cette destination, est rangé parmi les *couleurs non dénommées*.

(2) Ecorce de chêne d'Amérique. On lui assimile les écorces de clavalier, de colpachi et de manglier rouge, ainsi que la racine de mango.

(3) Cette dénomination indéterminée, et qui fait double emploi avec celle de *fer, d'acier et cuivre ouvrés*, ou avec les ouvrages en *métaux vernis plaqués*, et quelques articles de *mercerie*, les *instruments aratoires, limes, râpes*, etc., n'est admise ni dans les déclarations, ni dans les expéditions.

(4) Si les bois de rabot étaient garnis de fer, d'acier ou de cuivre, alors ils seraient traités comme outils de fer, d'acier ou de cuivre, selon l'espèce.

(5) Médiocrement compacte, jaunâtre à l'extérieur, rougeâtre et marbrée de blanc à l'intérieur. Le rhapontic et le méchoacan, racines d'un liseron venant du Mexique, très-blanches à l'intérieur et d'une saveur peu marquée, sont assimilés à la rhubarbe.

(6) C'est une souche ligneuse, munie de radicules longues, cannelées, blanches intérieurement et d'une saveur amère. Les salsepareilles les plus ordinairement importées sont celles de Honduras, du Brésil, du Pérou et de la Virginie.

(7) On range dans cette classe les racines désignées ci-après, savoir, celles

D'ache, d'acore odorant, d'actée en épi, d'angélique, d'anthore, d'argentine, d'aristoloche, d'armoise, d'arnica, d'arum, d'aspérule odorante, d'astragale, d'athamante, d'aunée, de bardane, de belladone, de bétoine, de bistorte, de bryone, de cabaret *ou* asarum, de caïnca, de calaguala, de canne (*arundo donax*), de câprier, de carline, de chardon-roland, de chélidoine, de chiendent, de chiravita, de colombo, de consoude, de contra-yerva, de costus arabique, dit aussi costus *indien* ou *syriaque*, de dent-de-lion *ou* pissenlit, de dompte-venin, d'ellébore noir *ou* blanc, d'ésule, de fabago, de fenouil, de fraisier, de fraxinelle, de galanga grand et petit, de genseng, de gentiane, de glaïeul, de guimauve, d'hermodacte, d'impératoire, d'iris commun, de jusquiame, de livèche, de mandragore, de méum, de nard celtique, de nard indien, de nénufar, de pa-

Suite des Notes.

reirabrava, de patience, de pivoine, de polypode de chêne, de pyrèthre, de quinquina, de ratanhia, de saponaire officinale, de saxifrage, de scabieuse, de sénéka *ou* polygala de Virginie, de serpentaire de Virginie, de soldanelle *ou* chou-marin, de souchet, *autres* que celles du souchet comestible (*cyperus esculentus*), de squine, de strychnos, de tanaisie, de thapsie, de tormentille, de turbith végétal, de valériane, de victoriale *et* de zédoaire. La racine dite *saponaire d'Egypte* suit le régime du garou.

(8) La vendange, c'est-à-dire le raisin simplement écrasé dans les cuves, ne paye que la moitié; et le moût, c.-à-d. le jus du raisin sortant du pressoir, que les deux tiers du prix du vin ordinaire ou de liqueur, selon l'espèce.

(9) Petits morceaux, éclats et déchets d'ivoire; pourvu qu'il n'y ait pas parmi ces débris des morceaux encore propres à être employés par les tourneurs et les tabletiers : ceux-ci devraient être soumis au droit des dents d'éléphant en morceaux du poids de 1 k. et audessous.

(10) C'est le résidu du noir ou charbon d'os employé dans les raffineries de sucre pour décolorer les sirops.

Les résidus des matières diverses sont traités comme les matières mêmes, lorsqu'on peut en reconnaître la nature, et, dans le cas contraire, repoussés par la prohibition.

(11) Espèce de cendre de soufre non entièrement soluble dans l'eau bouillante, où elle dépose des matières hétérogènes. On lui applique le droit du sulfate de potasse, proportionnellement à ce qu'elle en contient, et qu'on fait déterminer par un chimiste du lieu, mais sous soumission de payer le supplément de droit que pourrait exiger l'examen fait sur des échantillons qu'on adresse à l'administration.

(12) Ce sont les résines des pins, des sapins et du mélèze. La poussière de pin, que l'on nomme aussi *soufre végétal*, et qui, en fait, n'est pas une résine, suit le même régime que le *lycopode*. On appelle *térébenthine* un produit résineux qui provient de plusieurs arbres du genre des pins, sapins, etc. La térébenthine *liquide*, à laquelle on donne le nom de *térébenthine au soleil*, a été épurée par le tamisage: elle est d'un jaune tirant quelquefois sur le blanc. La térébenthine *compacte* est le produit qu'on obtient en faisant fondre la résine molle après en avoir retiré la térébenthine *de soleil* : elle est grise et a l'aspect d'une pâte. On range dans la première de ces classes, c'est-à-dire, parmi les térébenthines liquides, les térébenthines dites *de Suisse, de Venise et de Chio*.

DÉNOMINATION DES MARCHANDISES.	UNITÉS sur lesquelles portent les DROITS.	DROITS D'ENTRÉE par navires français.	DROITS D'ENTRÉE par navires étrangers et par terre.	DROITS de SORTIE.
		F. C.	F. C.	F. C.
RÉSINES indigènes; brai gras et goudron.....	100 k. BB	3 50	5 50	
épurées, térébenthine liquide.	id.	31	34 10	
compacte..	id.	8	8 80	
distillées, essence de térébenthine..................	id.	25	27 50	
résidu de distillation, brai sec. colophane, résine d'huile...	id.	5	5 50	
RÉSINE de laque. *V.* Laque.				
à parfumer les appartements (1).				
RÉSINEUX exotiques, de toutes sortes (2).				
des pays hors d'Europe.	100 k. NB	exempt.	13	
des entrepôts.	id	8	13	
RESSORTS de voiture. *V.* Fer, acier ouvré.				
RHUBARBE. *V.* Racines médicinales.				
RHUM. *V.* Boissons distillées, eau-de-vie de mélasse.				
RIZ (A), en grains, des ports de 1er embarquement de l'Inde et de la côte occidentale d'Afrique......	100 k.	50	9	
d'ailleurs, hors d'Europe....	id.	2 50	9	
d'Europe................	id.	4	9	
des entrepôts..............	id.	6	9	
en paille, des ports de 1er embarquem. de l'Inde et de la côte occidentale d'Afrique.........	id.	25	4 50	
d'ailleurs, hors d'Europe....	id.	1 25	4 50	
d'Europe................	id.	2	4 50	
des entrepôts.............	id.	3	4 50	
ROCOU préparé, par mer, des pays hors d'Europe..	100 kil.	exempt.	4	
des entrepôts.	id.	2	4	
par terre.................	id.	....	4	
ROGUES de morue et de maquereau de pêche française......	....	exemptes.	....	
de pêche étrangère.......	100 k. B	50	50	
RUBANNERIE et rubans. *V.* Tissus selon l'espèce.				
RUCHES à miel renfermant des essaims vivants....	par ruche.	exemptes.	exemptes.	
pleines renfermant du miel sans mouches. *V.* Miel.				
SABLE à fabriquer le verre ou la faïence. *V.* Pierres et terres servant aux arts et métiers.				
SABOTS de bétail (B)........................	100 k. BB	10	1	20
de bois garnis de fourrure. *V.* Merc. commune.				
SACS vides et neufs en toile. Comme le tissu dont ils sont formés.				
SAFRAN (stigmate de la fleur du crocus)..........	100 kil.	exempt.	3	
SAFRANUM. *V.* Carthame.				
SAFRE. *V.* Oxydes de cobalt purs ou siliceux (safre).				
SAGOU et salep des colonies françaises d'Amérique.	100 k. B	0 50	....	
de l'Inde (3)...................	100 k. BB	50	20	
d'ailleurs, hors d'Europe..........	id.	10	20	
des entrepôts................	id.	15	20	
SALPÊTRE, nitrate de potasse. *V.* Sels, nitrate.				
SALSEPAREILLE. *V.* Racines médicinales.				
SANDARAQUE. *V.* Résineux exotiques à dénommer..				
SANG-DRAGON. *V.* Résineux exotiques à dénommer.				
SANG de bétail (4) et fiel de bœuf clarifié.	100 k. BB	exempt.	exempt.	2 25
SANGLES en pièces de toute sorte. *V.* Passementerie suivant l'espèce.				
SANGSUES	1000 en n.	exemptes.	exemptes.	
SAPHIRS. *V.* Pierres gemmes à dénommer.				
SAPIN (bois de). *V.* Bois à construire.				
SARCOCOLLE, kino et autres sucs végétaux desséchés non dénommés (Voir résineux exotiques.)				
SARDINES ou sarraches. *V.* Poissons de mer.				
SARRETTE..	100 k. BB	Exempte.	Exempte.	
SASSAFRAS (racines et bois de). *V.* Bois odorants.				
SAUMONS (5). *V.* Poisson d'eau douce ou de mer.				
SAVONNETTES en savons ordinaires. *V.* Savons ordin. parfumés. *V.* Parfumeries.				
SAVONS ordinaires, blancs, rouges, marbrés ou noirs.	100 k. B	prohibés.	prohibés	
SCIES (6) circulaires de plus de 0m. 20 de diamètre.	id.	175	186 20	
de 0m. 20 de diamètre et au-dessous..................	id.	200	212 50	
autres ayant 146 centimètres de longueur ou plus, mais d'épaisseur d'usage....	100 k. NB	110	118	
ayant moins de 146 c. de longueur et jusqu'à 50 cent. exclusivement.......	id.	175	186 20	
de 50 cent. et au-dessous....	id	200	212 50	
SELLERIE grossière, bâts non garnis de cuir......	la pièce.	50	50	
en cuir et autres.	100 k. B	prohibée.	prohibée.	

NOTES.

(1) Cette résine, contenue dans des cornets à bouleau, provenant des forêts de Russie, et ayant subi une préparation, on serait fondé à lui appliquer la taxe des résineux exotiques venant des entrepôts. Mais, par exception, il en a été admis au droit des résines indigènes brutes de combustion (5. 50 le quintal).

(2) La classe des résineux exotiques ne comprend pas les résines chargées d'acide benzoïque; celles-ci sont des baumes.

(3) Le sagou exotique est en grains irréguliers, blanchâtres, demi-transparents, difficiles à broyer sous la dent, sans odeur et d'une saveur fade. Le sagou factice que l'on fabrique en Europe avec de la fécule de pomme de terre est assimilé aux pâtes d'Italie. — Le salep est une racine ronde ou oblongue, qui, bouillie, a la transparence et l'aspect d'une gomme.

(4) Tout sang liquide, sec ou cuit, à l'exception du sang de bouc, compris parmi les substances propres à la médecine.

(5) Le saumon conservé par la méthode Appert, ou par tout autre procédé analogue, suit le régime des poissons secs, salés, fumés ou marinés, selon l'espèce.

(6) Les scies peuvent entrer par mer en colis de tous poids, mais sans mélange d'espèces payant des droits différents. Les scies qui ont moins d'une ligne d'épaisseur sont soumises au plus fort droit. — La longueur des lames de scie doit être prise d'une extrémité à l'autre, sans égard aux tenons qui servent à les monter. Toutefois, ces tenons ne doivent pas être d'une longueur disproportionnée. — Les *scies non dentelées* payent comme les scies dentelées, suivant les dimensions.

(A) Les riz de toute origine peuvent être distillés. (Décret du 11 février 1857.)

(B) Les importations par terre comme par navires français.

DÉNOMINATION DES MARCHANDISES.	UNITÉS sur lesquelles portent les DROITS.	DROITS D'ENTRÉE par navires français.	DROITS D'ENTRÉE par navires étrangers et par terre.	DROITS de SORTIE.
		F. C.	F. C.	F. C.
SELS (1) marin, sel de saline et sel gemme, bruts ou raffinés autres que blancs :				
par terre, par la frontière de Belgique.	100 k. BB	....	2	
par les autres frontières...	id.	....	50	
par mer, des colonies et des autres établissements français..	100 k. B	Exempts.	....	
d'ailleurs, par la Manche et l'Océan...............	100 k. BB	1 75	2 25	
par la Méditerranée.......	id.	50	1	
raffinés blancs :				
par terre, par la frontière de Belgique.	id.	....	2 75	
par les autres frontières....	id.	....	50	
par mer, des colonies et des autres établissements français..	100 k. B	Exempts.	....	
d'ailleurs, par la Manche et l'Océan...............	100 k. BB	2 75	3 25	
par la Méditerranée.......	id.	50	1	
ammoniacaux bruts en poudre, *de quelque nature que ce soit*............	1 k. NB	50	50	
raffinés en pains............	id.	1	1 10	
nitrate de potasse ou de soude, par mer, des pays hors d'Europe............	100 k. NB	Exempt.	4	
du crû des pays d'Europe	id.	id.	4	
d'ailleurs....	id.	2	4	
par terre, du crû des pays d'Europe.	id.	....	Exempt.	
autres......	id.	....	4	
hydrochlorate ou muriate de potasse........	id.	15	16 50	
sulfates de potasse (*sel de duobus*) (2)......	id.	10	11	
de soude (*sel de Glauber*), par mer, des pays hors d'Europe..........	100 k. BB	Exempt.	4	
du crû des pays d'Europe..........	id.	id.	4	
d'ailleurs......	id.	2	4	
par terre, du crû des pays d'Europe..	id.	....	Exempt.	
autre..........	id.	....	4	
de magnésie (*sel d'Epsom*)..........	id.	70	76	
d'alumine (*alun*) brûlé *ou* calciné..	id.	89 40	97 20	
de toute autre espèce.........	100 k. BB	25	28	
de baryte (*spath pesant*), en masse ou en poudre (*)................	id.	Exempts.	1	25c.100k.
de fer (*couperose verte*)............	id.	6	6 60	Exemptes
de cuivre (*couperose bleue*)..........	id.	31	34 10	
de zinc (*couperose blanche*)..........	id.	31	34 10	
double de fer et de cuivre, dit vitriol d'admonde et de Salzbourg......	id.	18 50	20 30	
alun brûlé ou calciné.............	100 k. NB	89 40	97 20	
de toute autre espèce.............	100 k. BB	25	28	
oxalate acide de potasse (*sel d'oseille*)........	100 k. NB	70	76	
tartrates, acide de potasse très-impur (*lie de vin*).	100 k. BB	Exempte.	Exempte.	
impur (*tartre brut*) (3).				
par mer, des pays d'Europe.........	100 k. BB	Exempt.	4	
du crû des pays d'Europe..........	id.	id.	4	
d'ailleurs......	id.	2	4	
par terre, du crû des pays d'Europe..	id.	....	Exempt.	
autres.........	id.	....	4	
(*cristaux de tartre*) (4).	100 k. BB	25	27 50	
pur (*crème de tartre*) (5)	id.	30	33	
de potasse (*sel végétal*)........	100 k. NB	70	76	
de soude et de potasse (*sel de seignette*)................	id.	70	76	
acétate de potasse (*terre foliée*) et de soude..	100 k. NB	70	76	
de fer concentré à un degré quelconq. (6).	100 k. BB	40	44	
liquide..................	id.	Exempt.	Exempt.	
de plomb (*sel de saturne*)............	id.	70	76	
de cuivre non cristallisé (*vert-de-gris*) humide	100 k. BB	13	14 30	
sec...	id.	31	34 10	
cristallisé (*verdet cristallisé*)	100 k. NB	41	45 10	
d'alumine......................	100 k. B	prohibé.	prohibé.	
arséniate de potasse..................	100 k. NB	70	76	
carbonate de magnésie..................	id.	200	212 50	
de potasse, par mer, des pays d'Europe....................	100 k. BB	Exempt.	4	
du crû des pays d'Europe.........	id.	id.	4	
d'ailleurs.......	id.	2	4	
par terre, du crû des pays d'Europe.	id.	....	Exempt.	
autres..........	id.	....	4	
de baryte natif (7).............	100 k. BB	Exempt.	2	
de plomb, céruse (8)............	id.	20	22	
blanc de plomb (9).....	id.	30	33	
blanc d'argent (10).....	id.	35	38 50	
borax brut natif (11) de l'Inde...........	100 k. NB	Exempt.	6	
d'ailleurs..................	id.	3	6	

NOTES.

(1) Tous les sels s'expédient sous plomb, à l'exception des suivants : tartrates, acide de potasse très-impur; carbonate de baryte natif; sulfates de fer et de baryte.

Les sels destinés à la pêche lorsque ses produits sont livrés à la consommation intérieure, doivent, sauf pour la pêche d'Irlande et au Dogger Bank, 50 c. par 100 kil.

(2) Les résidus de la fabrication de l'acide nitrique et de l'acide sulfurique suivent le régime du sulfate de potasse. Mais lorsque le résidu d'acide sulfurique n'a pas été lessivé, le droit n'est perçu que sur la quantité de sulfate qu'il est reconnu contenir : provoquer toujours dans ce cas l'expertise légale. — Lessivé, le résidu d'acide sulfurique, sel blanc très-poreux, soluble dans l'eau bouillante, représente du sulfate de potasse pur. — Non lessivé, il a l'apparence d'une cendre de soufre.

(3) Le tartre brut destiné à être réexporté, après avoir été converti en crème de tartre ou en acide tartrique, est admis, sous des conditions déterminées, en franchise des droits (ordonnances royales des 28 novembre 1846 et 2 février 1848).

(4) Produit d'un blanc jaunâtre, ou d'un rouge vineux.

(5) Sel en cristaux très-blancs et demi-transparents.

(6) On ne doit considérer comme concentrés que les produits présentés sous forme sirupeuse ou pâteuse.

(7) Le carbonate de baryte natif est translucide à l'égal de la corne. On le distingue à son poids, à sa texture fibreuse, à sa couleur verdâtre. — La prohibition frappe les sulfates et carbonates de baryte artificiels, c'est-à-dire, ceux qui proviennent exclusivement de combinaisons chimiques.

(8) Ne pas laisser entrer sous le nom de céruse du sulfate de plomb qui est prohibé. D'un autre côté, ne pas laisser déclarer comme sulfate de baryte ou de craie de la céruse dont le droit est beaucoup plus élevé. (Consulter au besoin la Circulaire 833.)

(9) Quand il n'a reçu aucune préparation ultérieure, le blanc de plomb est en écailles lamellées de 2 à 5 millim. d'épaisseur, d'une surface raboteuse et grisâtre, d'une cassure lisse, d'un blanc azuré.

(10) On l'importe en petits pains rectangulaires du poids de 250 gr. environ et enveloppés de papier. La pâte de ce blanc est fixe et serrée, d'un blanc très-pur; sa cassure est bien nette.

(11) Le borax brut, destiné au raffinage, peut être importé au droit de 50 cent. ou de 2 fr. par 100 kil. brut, selon que le navire est français ou étranger, à charge de réexporter, dans l'année, le même poids de borax naturel raffiné.

(*) Les importations par terre sont assimilées à celles par navires français.

DÉNOMINATION DES MARCHANDISES.	UNITÉS sur lesquelles portent les DROITS.	DROITS D'ENTRÉE par navires français.	DROITS D'ENTRÉE par navires étrangers et par terre.	DROITS de SORTIE.
		F. C.	F. C.	F. C.
Sel artificiel de l'Inde	100 k. NB	50	125	
d'ailleurs	id.	100	125	
mi-raffiné de l'Inde	id.	65	162 50	
d'ailleurs	id.	130	162 50	
raffiné	id.	180	191 50	
chromates de plomb (1)	id.	75	81 20	
de potasse (*)	id.	150	160	
sels de cobalt de toute sorte	100 k. BB	Exempts	Exempts.	
sel médicinal de Kreutnach	id.	10	11	
non dénomm. V. Produits chimiq. non dénomm.				
Semoule en pâte (2)	id.	20	22	
en gruau	100 kilog.	(A)	(A)	
Séné. V. Feuilles médicinales.				
(follicules de). V. Fruits médicinaux.				
Sénevé. V. Épices préparées ou fruits médicinaux, selon l'espèce.				
Sépia. V. Couleurs non dénommées.				
Serans ou peignes à pointes de fer ou de cuivre	100 k. NB	80	86 50	
à pointes d'acier	id.	200	212 50	
Serinettes. V. Instruments de musique.				
Serpents. V. Instruments de musique.				
Siamoise (3). V. Tissus de pur fil et de coton.				
Similor. V. Cuivre doré.				
Sirops des colon. franç. au delà du cap de Bonne-Espérance	100 k. NB	37 (B)	....	25 c. 100 k.
d'Amérique (4)	id.	40 (B)	....	id.
de Chine, Cochinchine, Philippines, Siam	id.	48	68	id.
des autres contrées de l'Inde	id.	50	68	id.
d'ailleurs, hors d'Europe	id.	53	68	id.
des entrepôts	id	63	68	id.
Sistres. V. Instruments de musique.				
Smalt. V. Cobalt vitrifié.				
Snack (cornes de). V. Cornes de cerf.				
Socs de charrue (5) finis. V. Instruments aratoires.				
Soies en cocons (6)	100 k. BB	exemptes.	exemptes.	30 c. le k.
écrues grèges, y compris les douppions	1 k. NN	05	05	
moulinées, y compris les douppions	id.	10	10	
teintes pour tapisserie, en pelotons d'un demi-kilogr. ou moins, ou en écheveaux ou bobines dont le poids n'excède pas 3 décagrammes	1 k. NN	3 06	3 30	1
toutes autres	1 k. NN	3 06	3 30	6 (D)
bourre en masse écrue	100 k. BN	exempte.	1	30 c. le k.
teinte	1 k. NN	0 10	0 10	id.
cardée frisons peignés, et toute autre que ouate	1 k. BB	0 10	0 10	id.
en feuilles et gommée, ouate	100 k. N	63	67 60	id.
filée. — *Fleuret* écrue ou azurée	1 k. NN	1	1 10	05
teint	id.	3	3 30	05
de porc ou de sanglier. V. Poils.				
Son de toute sorte de grains	100 k. BB	05	50	
Sorbet	100 k. NB	74	80 20	
Soude de toute sorte. V. Alcalis.				
(acétate, nitrate, sulfate, tartrate de). V. Sels.				
Soufre non épuré (*minerai compris*), des colonies françaises	100 k. BB	01	....	
des autres lieux de production	id.	10	1	
d'ailleurs	id.	60	1	
épuré, en *canons* ou *autrement* (7)	id.	1	1 50	
sublimé (*fleur de soufre*)	id.	2	2 50	
Souliers (8). Prohibés.				
Sparte et sparterie. V. Joncs et roseaux, chapeaux, cordages, nattes et tresses, vannerie suivant l'espèce.				
Spath. V. Pierres et terres servant aux arts.				
Spermacéti. V. Blanc de baleine.				
Statues en bois (9). V. Ouvrages en bois non dénommés.				
en bronze. V. Ouvrages en cuivre non dénommés.				
en marbre. V. Marbre sculpté.				
antiques. V. Objets de collection.				
Stil de grain (*pâte jaune d'argile et de nerprun*)	100 k. BB	25	27 50	
Storax. V. Baumes.				
Styrax, storax liquide. V. Baumes.				
Succin brut ou en grains simplement percés et enfilés en chapelets	id.	exempt.	exempt.	
taillé. V. Mercerie fine.				

NOTES.

(1) Est en poudre d'un jaune très-riche et très-brillant à l'état neutre; orangé à l'état de sous-chromate. On a cherché à introduire du chromate de plomb en le déclarant comme stil de grain, jaune de Cassel ou de Roi. (Voir, pour déjouer cette fraude, les Circulaires 1125 et 1142.)

(2) La semoule en pâte est granulée. Celle en gruau est une simple farine qui sert à fabriquer la semoule en pâte.

(3) La siamoise est une étoffe rayée ou à carreaux de plus. coul.; s'il s'en présentait en pur fil, elle devrait comme la toile de lin imprimée.

(4) On ne doit pas admettre comme sirops ceux qui, exclusivement employés en médecine, rentrent dans la classe des médicaments composés. Ceux mélangés d'alcool sont traités comme liqueurs.

(5) Les socs de charrue ébauchés au martinet doivent être traités comme fer rond, d'après la dimension des parties les plus amincies, attendu qu'ils n'ont pas plus de valeur que ce fer, et qu'avant de pouvoir être employés, le maréchal doit y ajouter l'acier nécessaire et leur donner la dernière main-d'œuvre.

(6) On appelle soie écrue les soies grèges ou moulinées qui n'ont subi aucune préparation de teinture. Les soies *écrues* sont, de leur nature, jaunes ou blanches, suivant les cocons dont elles ont été tirées; elles sont dures au toucher; mais ce caractère disparaît lorsqu'elles ont été décrusées, opération qui consiste à enlever à la soie la gomme dont elle est imprégnée, et qui représente environ 25 p. 0/0 de son poids. La soie *décrusée* est, dans le silence de la loi, assimilée aux soies écrues, quand elle n'a reçu aucune teinture; dans le cas contraire, on doit la soumettre au droit des soies teintes.

La soie grége est la soie telle que le ver l'a produite; on l'a mise seulement dans l'eau bouillante, afin de pouvoir la tirer plus facilement de dessus les cocons et la dévider. Un fil de soie grége réunit, suivant le degré de finesse qu'on veut obtenir, depuis 3 jusqu'à 20 brins, c'est-à-dire qu'il faut, pour les former, ce même nombre de cocons. Les brins, tant par le dévidage que par une opération préparatoire qu'on leur fait subir, contractent une adhérence parfaite et ne peuvent plus être séparés. La soie grége est en écheveaux plus ou moins forts et pliés de différentes manières, suivant l'usage des pays d'où elle est importée.

Le fil de soie grége *en douppions* est formé de 10 à 12 brins ou cocons.

On désigne par soies moulinées les soies qui, gréges et par conséquent encore écrues, ont reçu par le moulinage la préparation nécessaire pour les rendre propres à être mises en œuvre; elles prennent alors les noms d'*organsin*, *trame*, *poil*, *grenadine*, *rondelette*, *etc.* Ce qui les distingue entre elles, c'est, outre le nombre de fils dont elles sont formées, le plus ou le moins de tors donnés à la soie. — L'*organsin* est ordinairement formé de 2 ou 3 fils ou bouts réunis par 2 tors; il est employé, comme chaîne, dans la fabrication des étoffes. — La *trame* est aussi composée de 2 ou 3 bouts, mais qui n'ont reçu qu'un léger tors; elle est employée comme trame pour les étoffes, et sert aussi pour la passementerie et la bonneterie. — Le *poil* n'a qu'un seul bout très-tordu; il sert pour la rubannerie, la passementerie et la broderie. — L'*ovalée* a de 3 à 16 bouts légèrement tordus; elle s'emploie pour la fabrication des lacets, des broderies et pour la couture des gants. — La *mi-perlée* n'a que 2 bouts légèrement tordus. — La *grenadine*, la *soie perlée* (espèce de grenadine de qualité inférieure) et la *rondelette* ou *rondelettine*, sont formées de 2 bouts très-tordus; elles servent, la première, pour faire des effilés ou des dentelles grossières, et les deux autres pour la passementerie et la fabrication des boutons.

(7) Les allumettes ordinaires, simplement soufrées, sont assimilées au soufre épuré. Celles chimiques sont classées comme mercerie commune.

(8) La prohibition des souliers à l'entrée s'étend même sur les souliers de femme dont les empeignes sont en étoffe.

(9) Celles qu'on importe pour les musées impériaux sont exemptes de tous droits; mais il

Suite des Notes.

faut que la destination soit justifiée. Il en est de même pour les statues qui proviennent de l'école française à Rome.

(*) Consulter les Circulaires 1125 et 1142 au sujet du chromate de potasse.

(A) Mêmes droits que les far., selon l'espèce.

(B) La soie à coudre ne doit que 10 c. par kil. à la sortie.

DÉNOMINATION DES MARCHANDISES.	UNITÉS sur lesquelles portent les DROITS.	DROITS D'ENTRÉE. par navires français.	par navires étrangers et par terre.	DROITS de SORTIE.
		F. C.	F. C.	F. C.
SUCRE (1) non raffiné et non assimilé au raffiné, des colonies françaises au delà du cap de Bonne-Espérance	100 kil.	19	....	
des colonies françaises d'Amérique.	id.	22	....	
d'ailleurs, hors d'Europe	id.	28	39	
des entrepôts	id.	34	39	
raffiné des colonies françaises, au delà du cap de Bonne-Espérance	id.	21 50	....	
d'Amérique	id.	24 50	....	
d'ailleurs	id.	Prohibé.	Prohibé.	
de lait (2). V. Sucre non raffiné.				
SUCS tannins. V. Tannins.				
SUIE de cheminée. V. Alcalis, cendres vives.				
de résine. V. Noir de fumée.				
SUIF. V. Graisses.				
SULFATES. V. Sels.				
de quinine. V. Produits chimiq. non dénommés.				
SULFURES d'arsenic, en masse (orpin, orpiment et réalgar) (3)	100 k. BB	8	8 80	
de mercure en pierres, naturel ou artificiel (cinabre)	100 k. NB	150	160	
pulvérisé (vermillon)	id.	200	212 50	
SUMAC ou fustet, écorces, feuilles et brindilles, par navires français et par terre	100 k. BB	exempt.	....	
par navires étrangers	id.	....	1	
moulu (4)	id.	15	16 50	
TABAC en feuilles ou en côtes pour la Régie, des pays hors d'Europe	id.	exempt.	10	
des entrepôts	100 k. BB	5	10	
pour compte particulier.	100 k. B	prohibé.	prohibé.	
cigares et autres tabacs fabriqués, pour la régie, des pays hors d'Europe.	100 k. BB	exempt.	15	
des entrepôts	id.	7	15	
pour compte particulier (5)	....	prohibés.	prohibés.	
TABATIÈRES d'écaille, d'ivoire. V. Tabletterie non dénommée.				
TABLEAUX, les toiles. V. Objets de collection; les cadres ou bordures. V. Meubles.				
TABLETTERIE, billes de billard en ivoire	1 k. NB	4	4 40	
peignes d'ivoire	1 k. NB	4	4 40	
d'écaille	id.	5	5 50	
non dénommée (6)	id.	prohibée.	prohibée.	
TABLETTES de bouillon (7). V. Médicaments composés non dénommés.				
TAFIA. V. Boissons distillées.				
TALC brut (8)	100 k. BB	exempt.	1	
TAMARINS. V. Fruits médicinaux.				
TAMBOURS et tambourins pour enfants. V. Bimbelot.				
TAMIS de crin. V. Mercerie commune.				
TAM-TAM. V. Instr de mus., chapeaux chinois.				
TAN. V. Ecorces à tan.				
TANNINS, sucs liquides ou concrets extraits des végétaux	100 k. BB	exempts.	2	
TAPIOKA. V. Pâtes d'Italie et autres granulées.				
TAPIS. V. Tissus selon l'espèce.				
TARTRATES. V. Sels, tartrates.				
TARTRE. V. Sels, tartrates.				
TAUREAUX (A)	par tête	3	3	
taurillons	id.	1	1	
TÉRÉBENTHINE. V. Résines indigènes.				
TERRES pyriteuses, dites cendres noires, cendres de Tropey, etc, par navires français et par terre	100 k. BB	exemptes.	....	
par navires étrangers	id.	....	1	
TERRES alumineuses (10). V. Sels, sulfate d'alumine de toute autre espèce.				
argileuses ou glaises, communes (11). V. Matériaux à dénommer.				
TERRE de Cologne. V. Noir minéral de Cologne.				
foliée de tartre. V. Sels, acétate de potasse.				
à foulon. V. Pierres et terres servant aux arts à dénommer.				

NOTES.

(1) Les droits du tarif sont applicables non-seulement au sucre de cannes, mais encore à tous les sucres provenant de végétaux quelconques, tels que la betterave, la pomme de terre, le palmier, l'érable, le cocotier, le sucre de lait. — Empêcher l'importation de sucres raffinés réduits en poudre sous la dénomination de sucres au-dessus du premier type. — La matière sirupeuse qui provient du coulage des sucres pendant leur transport est admise au droit du sucre de nuance égale au plus au premier type. Il en est de même du vesou. Voir au besoin, sur le service des sucres, l'instruction génér. donnée par la Circul. 172 (1853).

(2) Matière semblable à un sel, compacte, grisâtre, cristallisée, retirée par évaporation du petit-lait. C'est un produit d'Europe, fabriqué principalement en Suisse et en Russie; il peut entrer par tous les ports et bureaux ouverts aux marchandises payant plus de 20 fr. par 100 kil.

(3) La tarification dont il est ici question ne s'applique qu'à l'orpiment en masses. Quant à l'orpiment ou orpin *pulvérisé*, qui est en poudre ou en grains, et qu'on appelle aussi dans le commerce *jaune de Cassel*, *jaune de roi* ou *jaune royal*, il rentre dans la classe des *couleurs non dénommées*.

(4) On y assimile le redoul et le pudis. Le sumac ou fustet moulu est d'un vert jaunâtre et d'une saveur astringente. Les feuilles brisées dans les emballages doivent être traitées comme feuilles entières.

(5) Il est dérogé à cette disposition pour les provisions de tabac de santé et d'habitude importés pour l'usage personnel des destinataires. Les droits à percevoir dans ce cas sont fixés ainsi qu'il suit :

Cigares et cigarettes....... 24 00 } par kil. et
Tabac en poudre, en carottes ou autrem. fab.. 10 00 } sans addit. du décime.

Les quantités importées ne doivent pas dépasser 10 kil. par destinataire. Elles ne peuvent être admises que par les bureaux ouverts au transit. (Décrets du 11 décembre 1851 et du 20 janvier 1852.)

Les restants de provisions déclarées par les voyageurs, à leur arrivée de l'étranger, sont admis, sous le payement du droit, par les douanes de première ligne de la frontière de terre et par toutes les douanes maritimes, lorsqu'ils ne dépassent pas un kilogramme de tabac ou cinq cents cigares. Les chefs locaux peuvent aussi autoriser l'expédition en transit de ces restants de provisions : mais on n'applique ni l'une ni l'autre de ces facilités aux tabacs apportés par les conducteurs de voitures publiques, qui sont appelés, par leur service, à franchir journellement la frontière.

Le bureau d'importation appose les vignettes de la Régie sur les tabacs et les cigares ou cigarettes introduits en vertu du décret du 11 décembre 1851 et du 20 janvier 1852. On affranchit de cette formalité les cigares formant la provision de route des voyageurs, et les petites parties de tabac en poudre ou en feuilles dont le poids ne dépasse pas un kilogramme.

Toute quantité de cigares ou de tabac, circulant sans être revêtue de vignettes ou sans être accompagnée de la quittance des droits, est passible de la saisie.

(6) On range ici tous les petits ouvrages ou meubles de main en écaille, ivoire ou nacre, corne, os, bois fins, noix de coco, non repris à la mercerie. — Les crosses de parapluies et de parasols, les manches de couteaux, de brosses et de fouets, les queues de billard, les touches de piano et les trictracs sans pieds, les cannes montées, sont rangés parmi les objets de tabletterie. Les cannes de jonc, garnies de pommes d'or et d'argent, sont admises comme joncs; les pommes comme bijouterie.

(7) Un kilog. de ces tablettes représente 25 kilog. de viande.

(8) On assimile au talc brut *en masse* la *verrine* d'Allemagne ou *brillant*, qui consiste en petits fragments de verre soufflé, très-mince, dont on se sert pour saupoudrer les images et pour décorer des surtouts de table. Il y a de la verrine de différentes couleurs.

Suite des Notes.

(9) Jusqu'à présent cette dénomination ne s'applique de plein droit qu'aux sucs tannins extraits du châtaignier et du sumac. On importe les premiers du Piémont et les derniers de Sicile. S'il en était présenté d'autres, on devrait informer l'Administration et lui présenter des échantillons.

(10) Il n'est ici question que de celles qui contiennent 80 à 90 p. 0/0 d'alun, qu'on peut extraire par les procédés les plus simples : elles viennent d'Espagne, du pays de Liége, etc.

(11) Celles embarquées comme lest doivent payer les droits de sortie.

(A) Pour ceux des États sardes, voir l'Appendice après le Tableau des droits.

DÉNOMINATION DES MARCHANDISES.	UNITÉS sur lesquelles portent les DROITS.	DROITS D'ENTRÉE par navires français.	DROITS D'ENTRÉE par navires étrangers et par terre.	DROITS de SORTIE.
		F. C.	F. C.	F. C.
TERRE du Japon. *V.* Cachou.				
de Lemnos. *V.* Pierres et terres, etc., bol d'Arménie.				
TETS et blocailles (1). *V.* Fer (fonte de) brute.				
THÉ des pays de production hors d'Europe.......	100 k.	75	250	
d'ailleurs.....	id.	200	250	
THÉRIAQUE. *V.* Médicaments composés non dénommés.				
THERMOMÈTRES. *V.* Instruments de calcul.				
TIGES de bottes. *V.* Peaux préparées.				
TIGES. *V.* Jones d'Europe à dénommer.				
de millet propres à la confection des balais..............................	100 k. BB	exemptes.	exemptes.	
TISSUS de matières mélangées (2), confectionnés (3).				
de bourre de soie, façon cachemire........	1 k. N	prohibés.	prohibés.	
de coton (4), nankin de l'Inde..........	1 k. NB	1	id.	
d'ailleurs.	....	prohibé.	id.	
dentelles fabriquées à la main et aux fuseaux (5)..................	la valeur.	5 p. o/o.	5 p. o/o.	
tulle avec applications d'ouvrages en dentelle de fil...............	id.	id	id.	
tous autres..	100 k. B	prohibés.	prohibés.	
TISSUS de crin. — Toile à tamis (*rapatelle*).......	100 k. NB	41	45 10	
passementerie..................	id.	150	160	
chapeaux..................	la pièce.	25	25	
tous autres sans exception........	100 k. B	prohibés.	prohibés.	
TISSUS d'écorce, purs ou mélangés, en fibres de palmier, dits *pagnes* ou *rabanes* de 8 fils ou moins. ...	mèt. carré	45	45	
au-dessus de 8 fils............	100 k. NB	(A)	(A)	
autres...........	100 k. B	prohibés.	prohibés.	
TISSUS de bourre de soie (*fleuret*).— Étoffes pures..	1 k. NN	7	7 70	
mêlées d'or ou d'argent fin...	id.	10	11	
faux.	1 k. N	prohibées.	prohibées.	
TISSUS de bourre de soie (*fleuret*). — Couvertures.	100 k. NN	204	216 70	
tapis, même mêlés de fil.....	id.	306	323 50	
bonneterie..	1 k. NN	6	6 60	
passementerie et rubans.....	100 k. NN	800	817 50	
TISSUS de laine, couvertures (6)...............	100 k. NB	200	212 50	
tapis de pieds, simpl., à chaîne de fil de lin ou de chanvre, dont l'envers présente un canevas.				
moquettes veloutées dont le canevas présente, dans l'espace d'un décimètre, au moins 40 carreaux en hauteur et 50 en longueur, par Dunkerque et Lille	id.	250	250	
par tous autres bureaux.......	id.	300	317 50	
autres moquettes..............	id.	300	317 50	
tapis de pieds, simpl., autres tapis, soit de pure laine, soit mêlés de fil, mais sans canevas à l'envers (7)...	id.	500	517 50	
à nœuds, à chaîne, autre que de fil de lin ou de chanvre.	id.	500	517 50	
à chaîne de fil, de lin ou de chanvre.	id.	300	317 50	
burail et crépon de Zurich (8)..	id.	200	212 50	
toile à blutoir sans couture (9).	id.	200	212 50	
bonneterie..................	100 k. B	prohibée.	prohibée.	

NOTES.

(1) Les débris d'ouvrages en fonte appelés *têts et blocailles* sont admis aux droits de la fonte brute, en vertu de permissions spéciales, délivrées sur la demande du ministre du commerce, quand ils ne sont évidemment plus propres qu'à la refonte et sont destinés pour les forges situées dans le rayon frontière.

(2) Les tissus de matières mélangées sont prohibés à l'entrée, à l'exception de ceux uniquement composés de fil, mêlé de soie, de laine ou d'écorce. — A la sortie, les tissus mélangés doivent être traités comme tissus purs de la principale matière dont ils sont formés.

(3) Les tissus confectionnés en habillements, courte-pointe, draperies de croisée ou rideaux, etc., suivent le régime de l'étoffe principale dont ils sont formés. — Voir pour les exceptions l'artic. *Effets à usage.*

(4) Non-seulement les tissus de coton pur sont prohibés, mais encore ceux d'autres matières dans lesquelles il entre une partie quelconque de coton.

(5) Voici les indications les plus sûres pour reconnaître le tulle de la dentelle : en saisissant un des fils du tulle et en tirant à soi, on peut l'avoir dans toute la longueur de la pièce diagonalement aux lisières. Si l'on introduit une épingle dans une maille de tulle quel qu'il soit, on l'élargit facilement, tandis que les dentelles ne laissent pas échapper leurs mailles, celles-ci étant nouées. Les mailles de tulle offrent dans leur contexture une complète uniformité qui n'existe pas dans les dentelles. On s'en aperçoit difficilement à l'œil nu, mais on peut aisément le reconnaître avec une loupe.

(6) Les couvertures proprement dites, c'est-à-dire, des tissus à longs poils, beaucoup plus épais que le drap, et qui, fabriqués en morceaux de différentes dimensions, mais dont chacun forme un tout complet, servent comme objets de literie ou pour couvrir les chevaux. Les tissus de l'espèce fabriqués *en pièces* comme les draps, et propres par conséquent à être affectés aux mêmes usages que ceux-ci, rentrent dans la classe des tissus de laine dont l'importation est prohibée. Les couvertures affectées à l'usage des chevaux conduits en laisse, et portant des traces de service, sont admises au droit de 15 pour 100 ; celles usées entrent en franchise.

(7) Les tapis en laine autres que les tapis de pieds, et, par exemple, les tapis de table, rentrent dans la classe des tissus de laine *non dénommés* dont l'entrée est prohibée.

Les tapis de pieds se divisent, d'après le tarif, en deux classes, savoir : les tapis *simples* et les tapis à *nœuds.*

On range parmi les tapis *simples* : 1° les tapis à chaîne de fil de lin ou de chanvre, dont l'envers présente un canevas et qu'on appelle *moquettes ;* parmi elles figurent les moquettes qui présentent un mélange de coton, soit dans le canevas qui forme l'envers, soit dans la chaîne propr. dite ; 2° les autres tapis à tissu simple et sans canevas à l'envers, qu'ils soient de pure laine ou de laine mêlée avec d'autres matières. Dans cette dernière classe figurent les tapis serrés dont l'envers présente des *côtes*, parce que la laine, formant velours, entoure la trame sans être nouée.

Les tapis *à nœuds* sont ceux dans lesquels chaque brin de lainage, qui forme le dessin, est fixé à la chaîne par un nœud, ce qui leur donne beaucoup de solidité. Ces tapis sont fabriqués à haute ou à basse lisse, d'un seul morceau, de façon à présenter par leur dessin un ensemble : tels sont les tapis d'Aubusson et ceux du Levant. Les tapis assemblés avec encadrement symétrique sont assimilés aux tapis de pieds à nœuds. On assimile également aux tapis de l'espèce à *chaîne de fil* : 1° la serge cirée *imprimée*, soit en pièces, soit en petits tapis ; 2° la toile cirée dont l'envers est formé d'une couche de laine tontisse.

Suite des Notes

Les *tapisseries* proprement dites, tissus croisés, en laine pure ou mélangée d'autres matières, fabriquées, à la manière des tapis, à haute ou à basse lisse, par conséquent d'un seul morceau formant dans son ensemble un dessin, de la nature de celles dites *des Gobelins* et *de Beauvais*, sont soumises aux mêmes droits que les tapis de pieds à nœuds.

Les ouvrages en tapisserie faits à la main et à l'aiguille sur canevas sont prohibés.

Les tapis et tapisseries *de toute sorte*, faisant partie du mobilier des individus qui viennent s'établir en France, sont admis, comme meubles, au droit de 15 p. 0/0 de la valeur, lorsqu'ils portent des traces évidentes d'usage et qu'ils ne sont pas importés comme objets de commerce. — On assimile aux tissus à nœuds à chaîne de fil la serge cirée imprimée, soit en pièces soit en tapis, et la toile cirée dont l'envers est formé d'une couche de laine tontice.

(8) L'admission du burail et crépon de Zurich est restreinte au seul bureau de St-Louis.

(9) Les draps manchons sans couture, destinés au service des machines à papier continu, sont traités comme les toiles à blutoir. Ces draps sont très-larges, fort épais, et servent soit à faire mouvoir les cylindres, soit à sécher le papier, en communiquant à celui-ci la chaleur qu'ils reçoivent en passant sur un cylindre non mobile.

(A) Mêmes droits que les toiles de lin, selon l'espèce.

DÉNOMINATION DES MARCHANDISES.	UNITÉS sur lesquelles portent les DROITS.	DROITS D'ENTRÉE par navires français.	DROITS D'ENTRÉE par navires étrangers et par terre.	DROITS de SORTIE.
		F. C.	F. C.	F. C.
Tissus de laine—passementerie et rubanerie de pure laine blanche.	100 k. NB	190	202	
teinte...	id.	220	233 50	
mélangée de fil, laine et poil..	id.	220	233 50	
autres, de toute sorte (1).	100 k. B	prohibés.	prohibés.	
Tissus de lin ou de chanvre, toile unie (2) écrue,		FR.		
de moins de 8 fils.	100 k. NB	60		
de 8 fils........	id.	80		
de 9 fils inclus. à 12 exclusiv...	id.	126		
de 12 fils.	id.	144		
de 13 fils inclus. à 16 exclus..,	id.	201		
de 16 fils.	id.	267		
de 17 fils.	id.	287		
de 18 et 19.....	id.	297		
de 20 fils.......	id.	342		
au-dess. de 20 fils.	id.	467		
blanche ou mi-blanche (3) de moins de 8 fils.	id.	90		
de 8 fils.	id.	116		
de 9 fils inclusiv. à 12 exclusiv..	id.	191		
de 12 fils......	id.	219		
de 13 fils inclus. à 16 exclus...	id.	306		
de 16 fils......	id.	417		
de 17 fils.	id.	457		
de 18 et 19 fils..	id.	477		
de 20 fils.......	id.	567		
au-dess. de 20 fils.	id.	817		
toile unie teinte de moins de 8 fils..	id.	90		
de 8 fils........	id.	116		
de 9 fils inclus.. à 12 exclus...	id.	146		
de 12 fils......	id.	167		
de 13 fils inclus. à 16 exclus...	id.	216		
de 16 fils.......	id.	289		
de 17 fils.	id.	317		
de 18 et 19 fils..	id.	329		
de 20 fils.	id.	380		
au-dessus de 20.	id.	537		
toile unie imprim. (4). de moins de 8 fils.	id.	90		
de 8 fils.	id.	116		
de 9 fils inclus.. à 12 fils exclus.	id.	191		
de 12 fils.	id.	219		
de 13 fils inclus. à 16 exclus...	id.	306		
de 16 fils.	id.	417		
de 17 fils......	id.	457		
de 18 et 19 fils..	id.	477		
de 20 fils.	id.	567		
au-dessus de 20..	id.	817		
toile unie à matelas, sans distinction de finesse.	id.	212		
cirée (5), de moins de 8 fils.	id.	70		
de 8 fils inclus. à 13 exclus....	id.	120		
de 13 fils inclus. à 20 exclus...	id.	170		
de 20 fils et au-d	id.	220		
peinte sur enduit pour tapiss.	id.	184	195 70	
toiles croisées grossières dite *treillis*, écrues	id.	60		
autres.	id.	90		
coutils, pour tenture ou literie.	id.	212		
pour vêtem., écr.	id.	322		
autres.....	id.	364		
linge de table (6) ouvragé écru, de 16 fils ou moins.	id.	267		
de 17 fils.........	id.	287		
de 18 et 19 fils....	id.	297		
de 20 fils.........	id.	342		
de plus de 20 fils...	id.	467		
blanc, de 16 fils ou moins	id.	417		
de 17 fils.......	id.	457		
de 18 et 19 fils...	id	477		
de 20 fils.......	id.	567		
de plus de 20 fils.	id.	817		
damassé écru, de 16 fils ou moins,	id.	320 40		

NOTES.

(1) Ce sont notamment les draps, alépines, camelots, damas, étamines, mousselines, stoffs; les châles et mouchoirs; les tapis autres que de pieds; les flanelles, molletons, pannes, ratines.

(2) Les toiles de toute sorte peuvent être importées par les bureaux de mer en colis de tous poids, mais sans mélange des espèces payant des droits différents. Il est défendu d'importer dans le même colis des toiles différentes, telles que des toiles écrues, blanches, damassées; mais rien ne s'oppose à ce qu'on puisse importer dans le même colis des toiles de 8 à 12 fils, de 12 à 16 fils, etc.

Aux termes de la loi du 6 mai 1841 et de l'ordonnance royale du 26 juin 1842, tout fil qui, dans l'espace de 5 millimètres, apparaît *plus ou moins découvert*, doit être compté comme fil entier. — Toutefois, comme cette règle peut paraître rigoureuse, elle ne sera appliquée qu'après plusieurs épreuves. (Circulaire n° 1850.)

Sont passibles de la surtaxe applicable aux toiles *teintes* les toiles *écrues*, *blanches*, *mi-blanches* ou *imprimées* ayant, dans la chaîne ou la trame, un ou plusieurs fils de couleur (Loi du 6 mai 1841). — Sont admises comme écrues les toiles grisâtres auxquelles il a été donné une teinte plus foncée que leur couleur naturelle au moyen du noir de fumée, de l'ardoise pilée ou par tout autre procédé consistant dans la simple immersion du fil ou de la toile dans de l'eau colorée.

(3) Les toiles qui ne conservent pas la couleur prononcée de l'écru payent comme toiles blanches. On doit considérer comme telles les toiles non blanchies en pièces, mais fabriquées avec des fils plus ou moins lessivés.

(4) La toile peinte, excepté la toile peinte sur enduit pour tapisserie, qui est spécialement tarifée, et la siamoise, qui est une toile rayée par le tissage, suivent le régime de la toile imprimée.

(5) Les toiles cirées et vernies des deux côtés, dont le droit ne peut être déterminé à l'aide du compte-fil, étant les plus fines, payeront le droit le plus élevé. — Les toiles *de coton* et *percales*, quoique vernies, n'en sont pas moins prohibées à l'entrée. — Les toiles cirées, avec marbrures ou dessins, doivent être traitées comme la toile peinte sur enduit pour tapisserie.

(6) Le linge de table est divisé en deux classes : Linge *ouvragé* et Linge *damassé*.

Le linge ouvragé se fabrique avec des métiers ordinaires, c'est-à-dire sans tirage et par le seul jeu diversement combiné de la chaîne et de la trame, ce qui ne produit sur toute la surface de la serviette ou de la nappe, encadrement compris, qu'un même résultat de fabrication fort simple, toujours répété, tel que ceux qu'on appelle dans le commerce *œil-de-perdrix*, *damier*, *rosette*, *quadrillé*, *grain d'orge*, *etc.*

On entend par linge *damassé* celui qui, étant travaillé *lisse* comme le damas de soie, et sans aucun des fils saillants qu'on remarque dans le linge ouvragé, se fabrique avec des métiers à la tire ou à l'aide de ceux dits *à la Jacquart*, ce qui permet d'obtenir des dessins variés et compliqués, par exemple, des fleurs, des bouquets, des ornements, etc. Les nappes et serviettes damassées ont presque toujours un encadrement plus ou moins riche, mais sans dessin différent de celui du fond.

On ne doit admettre comme *écru* que le linge de table qui n'a reçu aucun degré de blanchiment, soit avant, soit après le tissage, et qui conserve la couleur prononcée de l'écru.

Les taxes indiquées par le Tarif ne sont applicables qu'au linge de table en pièces ou en coupons. Pour celui qui a été coupé et ourlé, voir *Effets à usage*.

DÉNOMINATION DES MARCHANDISES.	UNITÉS sur lesquelles portent les DROITS.	DROITS D'ENTRÉE par navires français.	DROITS D'ENTRÉE par navires étrangers et par terre.	DROITS de SORTIE.
		FR.		F. C.
Tissus de lin ou de chanv., linge dam. écru de 17 fils.	100 k. NB	344 40		
de 18 et 19 fils..	id.	356 40		
de 20 fils.......	id.	410 40		
de plus de 20 fils.	id.	560 40		
blanc, de 16 fils ou moins	id.	500 40		
de 17 fils.......	id.	548 40		
de 18 et 19 fils..	id.	572 40		
de 20 fils	id.	680 40		
de plus de 20 fils.	100 k. NB	980 40		
mouchoirs (1)......	id.	(A)	(A)	
batiste et linon (2)......	1 k. NB	25	27 50	
dentelles (3)......	la valeur.	5 p. °/°.	5 p. °/°.	
tulle......	100 k. B	prohibé.	prohibé.	
bonneterie......	100 k. NB	200	212 50	
passementerie et rubans de fil écrus, bis ou herbés......	id.	80	86 50	
mélangés de blanc.	id.	120	128 50	
blancs......	id	120	128 50	
teints en tout ou en partie.	id.	150	160	
rubans à jour......	id.	500	517 50	
tissus épais pour tapis de pieds, en fils de lin ou de chanvre teints, de moins de 8 fils aux cinq millim (4)......	100 k. NB	75	75	
Tissus de poil — châles de cachemire (5) fabriqués à la main dans les pays hors d'Europe, longs de toute dimension et carrés de 180 centimètres et au-dessus (6).......	la pièce.	100	100	
carrés de moindre dimension........	id.	50	50	
écharpes de cachemire fabriquées à la main dans les pays hors d'Europe (7)........	la pièce.	50	50	
autres......	100 k. B	prohibés.	prohibés.	
couvertures ou tapis	100 k. NB	50	55	
bonneterie de castor......	id.	400	417 50	
d'autres poils.......	id.	200	212 50	
autres de toutes sortes.........	100 k. B	prohibés.	prohibés.	
Tissus de phormium tenax, d'abaca et de jute (8)....				
écrus, de moins de 8 fils......	100 k. NB	77	83 30	
de 8 fils......	id.	90	97	
de 9 fils inclusiv. à 12 exclusiv.....	id.	129	137 90	
de 12 fils et au-dessus......	id.	Droits des tissus de lin ou de chanvre.		
blanchis, de moins de 8 fils......	id.	107	114 80	
de 8 fils......	id.	126	134 80	
de 9 fils inclusiv. à 12 exclusiv...	id.	194	206 20	
de 12 fils et au-dessus......	id.	Droits des tissus de lin ou de chanvre.		
teints, de moins de 8 fils......	id.	107	114 80	
de 8 fils	id.	126	134 80	
de 9 fils inclusiv. à 12 exclusiv.....	id.	149	158 90	
de 12 fils et au-dessus......	id.	Droits des tissus de lin ou de chanvre		
Tissus de soie (9) de toute origine, foulards écrus (10), de l'Inde......	1 k. NN	6	8	
d'ailleurs	id.	7	8	
imprimés de l'Inde........	id.	12	15	
d'ailleurs	id.	14	15	
crêpes unis des pays d'origine, en droiture......	id.	20	25	
d'ailleurs......	id.	25	30	

NOTES.

(1) Les mouchoirs de fil avec encadrement de coton sont admissibles aux droits, lorsque la largeur du liséré n'excède pas trois centimètres.

On a souvent cherché à introduire des mouchoirs de batiste au droit des mouchoirs de fil ; s'il y avait doute, il faudrait adresser des échantillons à l'administration. Les mouchoirs de poche avec broderies en coton sont prohibés.

(2) Ces droits sont applicables aux batistes et linons unis, brochés à dessins continus ou encadrés, pour mouchoirs. — Les linons se distinguent des autres tissus, en ce que chaque fil de la trame est lié par deux fils de chaîne qui tournent autour de celui-ci et qui le retiennent, de manière à former un carreau régulier. Lorsque le linon est fin, ce travail ne se remarque qu'à la loupe.

(3) La *guipure* est traitée comme dentelle, lorsqu'elle est présentée en bandes ; si elle était importée sous forme de fichus, bonnets, etc., on appliquerait le droit qui affecte les articles de modes. Le tulle de coton reste toujours prohibé.

(4) On y assimile les tapis en tissu d'abaca, de jute, d'aloès, qu'ils soient ou non teints : les petits tapis d'appartement en filaments de coco, avec ou sans bordures en laine, montés sur canevas en fil de chanvre ; quant aux paillassons de filaments de coco avec canevas en cordes, ils suivent le régime de la vannerie.

(5) Les seuls châles de cachemire dont l'entrée soit autorisée sont ceux qui, fabriqués à la main dans les pays hors d'Europe, sont connus sous le nom de *cachemires de l'Inde*. La prohibition prononcée par la loi du 7 juin 1820 a été maintenue à l'égard des autres, et notamment à l'égard des châles similaires fabriqués en Europe.

L'importation des châles de cachemire n'est permise, aux termes de la loi du 2 juillet 1836, que par les seuls bureaux qui sont ouverts au transit des marchandises prohibées. Ils ne peuvent ainsi être introduits que par les bureaux de Bayonne, Béhobie, Bellegarde, Blancmisseron, Bordeaux, Boulogne, Calais, Cette, Dunkerque, Forbach, Frauenberg, Grosbliederstroff, le Havre, Huningue, Jougne, Lauterbourg, Lille *par le chemin de fer*, Longwy, Marseille, Nantes, les Pargots, Perpignan *par le Perthus*, les Rousses, Saint-Blaise, Saint-Louis, Saint-Malo, Saint-Servan, Saint-Valery-sur-Somme, Sierck, Strasbourg, Trois-Maisons, Valenciennes *par le chemin de fer*, Verrières-de-Joux, Wissembourg, et, *à titre provisoire*, Roubaix et Tourcoing (*stations du chemin de fer*).

(6) L'effilé en forme de frange qui garnit les bordures reste en dehors du calcul de la dimension du châle. Pour mesurer les châles de cachemire, on doit les déployer sur une table et appliquer le mètre sur le tissu. Toute autre manière de procéder est interdite. Les châles et écharpes brodés en or et argent, fin ou faux, ou de toute autre matière, suivent le régime des cachemires.

(7) Le droit imposé sur les écharpes ne s'applique qu'à celles dont la surface n'excède

Suite des Notes.

pas celle des châles carrés de 180 centimètres. Les écharpes de dimensions supérieures doivent être assujetties aux droits des châles carrés de grande dimension.

(8) Les tissus fabriqués avec le phormium tenax, l'abaca et le jute, sont les seuls tissus dont il soit ici question. Ils sont, en général, de qualité très-commune. Les toiles servent principalement pour la minoterie : on les emploie aussi pour doubler les tapis et pour l'emballage des marchandises.

Le tarif de ces tissus est basé, comme celui des toiles de lin ou de chanvre, sur le nombre de fils que présente le tissu en chaîne, c'est-à-dire, en longueur, dans l'espace de 5 millimètres. Tout fil qui, dans cet espace, apparaît *plus ou moins découvert*, doit, ainsi que cela résulte des termes de la loi, être compté comme fil entier. — Voir aussi, pour cet article, la *Circulaire* n° 2035.

(9) La prohibition établie par la loi du 7 juin 1820 sur les tissus de soie de l'Inde ou de tout autre pays hors d'Europe n'atteint plus ceux de ces tissus qui sont importés *directement* des pays d'origine. Elle doit continuer, au contraire, d'avoir son effet pour les tissus de l'espèce qui arrivent d'ailleurs que des pays d'origine ou qui en sont importés indirectement, c'est-à-dire, après escale dans un autre pays. Il suit de là que les tissus de soie de l'Inde, de la Chine, ou de tout autre pays hors d'Europe, ne peuvent, dans aucun cas, être importés pour la consommation par la frontière *de terre*, et qu'ils ne sont pas non plus admissibles aux droits, lorsque, importés *par mer*, ils arrivent de pays autres que ceux où ils ont été fabriqués, et, par conséquent, d'un entrepôt quelconque.

Ces dispositions restrictives ne s'appliquent ni aux foulards, ni aux crêpes.

(10) Les *foulards écrus* destinés à l'impression et qui sont admis temporairement doivent être mis en entrepôt ou réexportés dans le délai de trois mois. Les pièces de foulards doivent être déclarées par nombre, mesure et poids net, et chaque déclaration doit comprendre le nombre de pièces qui doivent faire l'objet d'une seule expédition et d'une même réexportation. Ils doivent être importés par les ports de Marseille, Bordeaux, Nantes, le Havre, Rouen, Boulogne, Calais et Dunkerque, et par les bureaux de Lille, Forbach, Strasbourg, Saint-Louis. Ils pourront aussi être retirés des entrepôts de Paris et Lyon, où ils seraient arrivés par la voie du transit. Leur exportation devra s'effectuer par les mêmes ports et bureaux.

Les foulards damassés écrus et imprimés sont assimilés provisoirement aux foulards imprimés.

(A) Mêmes droits que la toile selon leur espèce.

DÉNOMINATION DES MARCHANDISES.	UNITÉS sur lesquelles portent les DROITS.	DROITS D'ENTRÉE par navires français.		DROITS D'ENTRÉE par navires étrangers et par terre.		DROITS de SORTIE.	
		F.	C.	F.	C.	F.	C.
TISSUS de soie, crêpes brodés ou façonnés, des pays d'origine, en droiture	1 k. NN	34		45			
d'ailleurs	id.	40		50			
Autres que les foulards et les crêpes de l'Inde et de tout autre pays hors d'Europe : des pays d'origine, en droiture	1 k. NN	Mêmes droits et même régime que les tissus similaires d'origine européenne.					
d'ailleurs	....	prohibés.		prohibés.			
d'Europe : étoffes pures unies (1), autres que les foulards	id.	16		17	60		
façonnées	id.	19		20	90		
brochées de soie	id.	19		20	90		
d'or ou d'argent fin	id.	31		34	10		
faux	1 k. N	prohibées		prohibées			
mêlées de fil sans autres mélanges	1 k. NN	13		14	30		
et d'or ou d'argent fin	id.	17		18	70		
faux	1 k. N	prohibées		prohibées			
couvertures	100 k. NN	204		216	70		
tapis, même mêlés de fil	id.	306		323	50		
gaze de soie pure (2)	1 k. NN	31		34	10		
mêlée de fil	id.	17		18	70		
mêlée d'or ou d'argent fin	id.	62		67	60		
faux	1 k. N	prohibée.		prohibée.			
tulle	1 k. N	prohibé.		prohibé.			
dentelles de soie, dites *blondes*	la valeur.	15 p. o/o.		15 p. o/o.			
d'or fin	1 k. NN	200		212	50		
d'argent fin	id.	100		107	50		
d'or ou d'argent faux	id.	25		27	50		
bonneterie	100 k. NN	1200		1217	50		
passementerie d'or ou d'argent fin	1 k. NN	30		33			
faux	id.	3		3	30		
de soie pure	id.	16		17	60		
passementerie de soie mêlée d'or ou d'argent fin	id.	25		27	50		
faux	id.	8		8	80		
d'autres mat	id.	8		8	80		
rubans, même de velours	100 k. NN	800		817	50		
en feuilles, de paille, d'écorce, de sparte, etc.	mèt. carré		45		45		
TOILE de lin ou de chanvre. *V.* Tissus de lin.							
à blutoir. *V.* Tissus de laine.							
de coton. *V.* Tissus de coton.							
de crin. *V.* Tissus de crin.							
cirée. *V.* Tissus de lin ou de coton suiv. l'esp.							
métallique de fer (3)	id.	75		81	20		
d'acier	id.	150		160			
de cuivre ou de laiton	id.	150		160			
à tamis de soie. *V.* Tissus de soie, gaze.							
TÔLE en fer. *V.* Fer platiné ou laminé.							
en acier. *V.* Fer carburé, acier.							
vernie. *V.* Ouvrages en fer ou acier.							
TOMBAC. *V.* Cuivre doré.							
TOPAZES. *V.* Pierres gemmes à dénommer.							
TORTUES	la valeur.	exemptes.		exemptes.			
(écailles de). *V.* Ecaille.							
TOULOUCOUNA (noix de). *V.* Fruits oléagineux.							
TOURBE carbonisée ou crue	le m. cube	exemptes.		exemptes.			
TOURMALINES. *V.* Pierres gemmes à dénommer.							
TOURNESOL en drapeaux. *V.* Maurelle.							
TOURS d'horloger (4). *V.* Outils de pur acier.							
TOURTEAUX de graines oléagineuses. de lin et de coton	id.	Exempts.		Exempts.			50
autres	id.	Exempts.		Exempts.		2	25
TRAITS d'argent, d'or. *V.* Or ou argent tiré.							
TRIANGLES. *V.* Instruments de musique.							
TRIPOLI. *V.* Pierres et terres servant aux arts.							
TRUFFES fraîches, marinées ou sèches	100 k. NB	exemptes.		exemptes.			
TUILES plates, bombées, faîtières. *V.* Materiaux.							
TULLES. *V.* Tissus suivant l'espèce.							
TURQUOISES. *V.* Pierres gemmes à dénommer.							
TYMPANONS. *V.* Instruments de musique.							
VACHES (A	par tête.	1		1			50
VANILLE, des colonies françaises	1 k. N	exempte.					
des pays situés à l'ouest du cap Horn (5)	id	2	50	5	50		
d'ailleurs	id.	5		5	50		
VANNERIE à dénommer (6), en quelque végétal que ce soit, brut	100 k. BB	6		7			
pelé	id.	12		14			
coupé	id.	20		21			
tissus de vannerie (7)	mèt. carré		45		45		
VEAUX (8)	par tête.		25		25		
VÉGÉTAUX filamenteux. *V.* Filamenteux végétaux.							

NOTES.

(1) Par étoffes pures unies, on entend les tissus pleins et maniables comme draps de soie, velours, taffetas croisés, lévantine, reps, satin, damas, gros de Tours, gros de Naples, ce qui les distingue, d'une part, des tapis et couvertures, et de l'autre, des tissus à jour ou gommés, comme la gaze, le crêpe, le tulle et le marly.— Les taffetas et autres étoffes de soie, cirés ou gommés, sont traités comme les étoffes unies.

(2) Pour celle des Etats sardes, *V.* l'Appendice après le Tableau des droits.

(3) Les toiles métalliques vernissées, peintes ou coloriées, ainsi que celles ouvrées, sont prohibées comme ouvrages en métaux.

(4) Lorsque les tours d'horloger sont composés de bâtis en bois, de divers accessoires, tels que mandrins, poulies, etc., roues d'engrenage, ils rentrent alors dans la classe des machines et mécaniques à dénommer.

(5) On assimile à la vanille les fèves odorantes dites *Tonka* ou *Tongo*. Ces fèves, qui servent à parfumer le tabac, proviennent de la Guyane, où elles sont connues sous le nom de *noix de gaïac*, ou plutôt de *coumarou*.

(6) La vannerie *non dénommée* se compose d'ouvrages tressés soit en osier, saule et autres bois, soit en jonc, paille, palme, roseau, sparte et autres plantes, rameaux ou écorces flexibles : elle comprend notamment les paniers, couffins, corbeilles, cabas, mannes, claies, barcelonnettes, paillassons, ruches vides, etc. Les petits ouvrages en fibres d'aloès, paille ou autres végétaux, qui par la nature ou la perfection du travail sortent de la classe des ouvrages ordinaires de vannerie, font partie de la mercerie fine.

(7) Les tissus de l'espèce de ceux dont il s'agit ici, destinés à servir pour les chapeaux de femme, contiennent le plus souvent, outre la paille, d'autres matières textiles, telles que la soie, le crin, etc. Lorsque ces matières sont simplement employées pour soutenir les brins de paille ou pour donner de l'élasticité au tissu, elles n'en changent pas le régime. Mais lorsqu'elles se trouvent dans une proportion notable ; par exemple, quand elles forment des raies ou rubans plus ou moins larges, alternant avec la paille, etc., alors on leur applique le régime des tissus fabriqués avec la matière qui constitue le mélange. Si c'est de la soie, on perçoit le droit imposé sur les étoffes de soie mêlée de fil; s'il s'agit, au contraire, de crin ou de coton, la marchandise doit être repoussée en vertu de la prohibition qui affecte les tissus composés, en tout ou en partie, de l'une ou de l'autre de ces matières.

(8) Pour ceux des États sardes, *V.* l'Appendice après le Tableau des droits. Sont réputés veaux les jeunes sujets dont la mâchoire est étroite, et dont les dents de lait larges n'ont pas encore commencé à s'user, ce qui a lieu vers six mois.

DÉNOMINATION DES MARCHANDISES.	UNITÉS sur lesquelles portent les DROITS.	DROITS D'ENTRÉE par navires français.		DROITS D'ENTRÉE par navires étrangers et par terre.		DROITS de SORTIE.
		F.	C.	F.	C.	F. C.
VÉLIN. *V.* Peaux préparées.						
VELOURS de laine. *V.* Tissus de laine non dénommés.						
de soie. *V.* Tissus de soie.						
de coton. *V.* Tissus de coton non dénomm.						
VERDET. *V.* Sels, acétate de cuivre.						
VERJUS. *V.* Boissons fermentées.						
VERMEIL (vernis) rouge....	100 k. NB	41		45	10	
argenterie dorée. *V.* Orfévrerie.						
VERMICELLE. *V.* Pâtes d'Italie.						
VERMILLON, sulfure de mercure. *V.* Sulfures.						
VERMOUTH. *V.* Vins de liqueurs.						
VERNIS de toutes sortes, sauf le vermeil....	id.	82		88	60	
VÉRONIQUE. *V.* Feuilles médicinales à dénommer.						
VERRE cassé. *V.* Groisil.						
VERRERIE. *V.* Verres et cristaux.						
VERRES et cristaux, miroirs grands (*glaces*)(1), non étamés, de plus de 3 millimètres d'épaiss., ayant en superficie 50 décimèt. ou moins.	mèt. carré	15		15		
50 déc. exclus. à 100 déc. inclus....	id.	22	50	22	50	
100 déc. exclus. à 200 déc. inclus....	id.	28		28		
200 déc. exclus. à 300 déc. inclus....	id.	40		40		
300 déc. exclus. à 500 déc. inclus....	id.	50		50		
plus de 500 decimètres....	id.	60		60		
de 3 millimètres d'épaiss. ou moins, ayant en superficie 50 décim. ou moins..	id.	10		10		
50 déc. exclus. à 100 déc. inclus....	id.	15		15		
100 déc. exclus. à 200 déc. inclus....	id.	18	66	18	66	
200 déc. exclus. à 300 déc. inclus....	id.	26	66	26	66	
300 déc. exclus. à 500 déc inclus....	mèt. carré	33	33	33	33	
plus de 500 décimètres....	id.	40		40		
VERRES étamés, de plus de 3 mill. d'épaiss., ayant en superficie 50 déc. ou moins....	id.	16	50	16	50	
50 déc. exclus. à 100 déc. inclus....	id.	24	75	24	75	
100 déc. exclus. à 200 déc. inclus....	id.	30	80	30	80	
200 déc. exclus. à 300 déc. inclus....	id.	44		44		
300 déc. exclus. à 500 déc. inclus....	id.	55		55		
plus de 500 décimètres....	id.	66		66		
de 3 millim. d'épaiss. ou moins, ayant en superficie 50 déc. ou moins....	id.	11		11		
50 déc. exclus. à 100 déc. inclus....	id.	16	50	16	50	
100 déc. exclus. à 200 déc. inclus....	id.	20	53	20	53	
200 déc. exclus. à 300 déc. inclus....	id.	29	33	29	33	
300 déc. exclus. à 500 déc. inclus....	id.	36	66	36	66	
plus de 500 décimètres....	id.	44		44		
petits (2), *sans distinction d'épaisseur*....	100 k. NB	100		107	50	
verres à lunettes ou à cadran, bruts....	100 k. BB	10		11		
taillés et polis.	100 k. NB	200		212	50	
bouteilles pleines (3) (outre le droit des liquides).	le litre.		15		15	
vides....	100 k. B	prohibées.		prohibées.		
verrerie, de toute autre sorte que celle ci-dessus (4).	id.	id.		id.		25 c. 100 k.
VITRIFICATIONS en grains percés....	1 k. NB	1		1	10	
en masses ou en tubes, à tailler....	1 k. N.	3		3	30	
taillés en pierres à bijoux..	id.	6		6	60	
émail....	id.	2		2	20	
VERT-DE-GRIS *V.* Sels, acétate de cuivre.						
VERT de montagne (carbonate de cuivre)....	100 k. BB	31		34	10	
VESCE (Graines de). V. Jarosse.						
VESSIES autres que celles de cerf et de poisson...	100 k. BB	exemptes.		exemptes.		
natatoires de poisson, brutes et simplement desséchées (5)....	id.	exemptes.		exemptes.		
de cerf. *V.* Moëlle et vessies de cerf.						
VÊTEMENTS. *V.* Effets à usage.						
VÉTIVER. *V.* Racines médicinales à dénommer.						
VIANDES fraîches de boucherie....	id.		50		50	
de gibier (6) et volailles....	id.	exempte.		exempte.		
salées de porc, lard compris....	id.		50		50	
autres....	id.		50		50	
(extrait de) en pains....	1 k. NB	1		1	10	
VIELLES simples et organisées. *V.* Instrum. de mus.						
VIF-ARGENT. *V.* Mercure.						
VINAIGRES ordinaires. *V.* Boissons fermentées.						
VINS. *V.* Boissons fermentées.						
de Champagne ou imitation de Champagne (7).						
VINS. *V.* Boissons fermentées.						
VIOLES et violons. *V.* Instruments de musique.						
VIPÈRES....		exemptes.		exemptes.		
VITRIFICATIONS. V. Verres et cristaux.						
VITRIOL rouge ou rubifié, dit colcotar. *V.* Oxyde de fer.						
blanc, bleu, vert. *V.* Sels, sulfates.						
(Huile de). *V.* Acide sulfurique.						

NOTES.

(1) Ne sont considérées comme glaces que les pièces de verre poli; celles non polies, quelle qu'en soit l'épaisseur, rentrent dans la classe du verre à vitre. Les cadres supportent le droit de 15 p. 100.

(2) On entend par *petits* miroirs ceux qui en longueur comme en largeur ont moins de 40 centimètres. Cette dénomination comprend les miroirs non encadrés et les miroirs de toilette, de poche, etc., montés en fer-blanc, en cuivre, en bois ou en carton; mais dans ce dernier cas il faut que le miroir forme l'objet principal, car lorsqu'il n'est qu'un accessoire, comme, par exemple, quand il est ajouté à des coffrets, des nécessaires, etc., il doit être traité ou comme *tabletterie* ou comme *meubles*, suivant la nature de l'objet dont il dépend. Il y a exception, toutefois, pour les coffrets en bois commun avec damier, miroir et serrure grossière en cuivre, lesq. font partie de la *mercerie comm.*

(3) La taxe établie sur les bouteilles pleines n'est pas applicable aux flacons *de cristal* contenant des liquides, la loi n'ayant entendu déroger à la prohibition d'entrée qu'à l'égard des bouteilles, fioles ou flacons *en verre*. Cependant, lorsqu'il s'agit de petits flacons indispensables pour le transport de certaines substances, telles, par exemple, que des essences, et que ces flacons ne sont évidemment qu'un *accessoire*, on peut, même quand ils seraient en cristal, les admettre au droit imposé sur les bouteilles.

On ne doit dans aucun cas, pour l'application de la taxe sur les bouteilles pleines, exiger le transvasement des liquides : il est toujours facile, au moyen de vases semblables, d'établir le poids des récipients par approximation, ou d'en vérifier la contenance. Les bouteilles pleines importées des colonies sont admises en franchise.

(4) Il n'y a d'exception à la prohibition générale dont sont frappées à l'entrée les fabrications en verre ou en cristal non spécialement dénommées dans le *Tableau des droits*, qu'à l'égard : 1° des vases, tubes et bocaux susceptibles, par leur nature, d'être rangés parmi les instruments de chimie ; 2° des verres à peintures *fines*, des verres antiques dits *de Venise* et des vieux vitraux, lesquels sont compris dans la classe des *Objets de collection hors commerce*; 3° des jouets d'enfants, qui rentrent dans la classe de la *bimbeloterie*; 4° des verres *grossièrement* peints, classés dans la *mercerie commune*; 5° des maillons en verre pour métier à tisser, et des tissus en grains de verre, qui font partie de la *mercerie fine* ; 6° des boutons en verre et en cristal, lesquels sont rangés parmi les boutons *fins* ; et 7° du verre filé, qui est assimilé aux *vitrifications en grains percés pour broderies*.

Les tissus de fil de verre suivent le régime de la verrerie *non dénommée*, et sont par conséquent prohibés à l'entrée. Il en est de même du verre broyé et réduit en poudre, ainsi que des globules de verre pour fleurs et fruits artificiels. Le verre simplement concassé rentre dans la classe du *groisil*.

(5) Les vessies natatoires de poissons ne sont pas solubles dans l'eau, où, au contraire, elles se boursouflent, se gonflent, et reprennent leur forme primitive.

(6) La viande de gibier est prohibée à l'entrée et à la sortie, pendant tout le temps où la chasse n'est pas permise. (Loi du 3 mai 1844.)

(7) Les vins de Champagne ou imitation de Champagne sont consid. comme vins de liqueur.

DÉNOMINATION DES MARCHANDISES.	UNITÉS sur lesquelles portent les DROITS.	DROITS D'ENTRÉE par navires français.	DROITS D'ENTRÉE par navires étrangers et par terre.	DROITS de SORTIE.	NOTES
		F. C.	F. C.	F. C.	
VOILES de navire. *V.* Embarcations.					(1) Ceux dont la caisse est en métal doivent être traités comme machines non dénommées. Ceux montés sur ressorts sont prohibés comme voitures. (2) Petites concrétions de carbonate calcaire, d'un blanc rosé, et qui servent en pharmacie à faire des poudres absorbantes. (3) Mêmes conditions d'admission que pour les cuivres en feuilles destinés au même usage. Voir au besoin circulaire 433 (1856).
VOITURES suspendues, garnies ou peintes........	la valeur	prohibées.	prohibées.		
à échelles, chariots, tombereaux, etc....	id.	15 p. 100.	15 p. 100.		
VOLAILLE..............................	id.	exempte.	exempte.		
VULNÉRAIRES. *V.* Herbes médicinales à dénommer.					
WAGONS de terrassement, à caisse en bois et roues en fonte (1)............................	100 k. NB	20	22		
WISKY. *V.* Boissons distil., eaux-de-vie non dénom.					
YEUX d'écrevisse (2)......................	100 k. BB	exempts.	exempts.		
ZINC, pierres calaminaires (minerai), par navires français et par terre...............	id.	exempt	....		
par navires étrangers..................	id.	....	1		
calamine grillée (pulvérisée ou non)........	id.	10	1 50		
de 1re fusion, en masses brutes, soit saumons, barres ou plaques, p. nav. franç. et p. terre.	id.	10	....		
par navires étrangers..	id.	....	1 50		
laminé...............................	100 k. NB	50	55		
ouvré................................	100 k. B	prohibé.	prohibé.		
en feuilles, destin. au doublage des nav. (3).	id.	exempt	....		
limaille, par navires français et par terre....	100 k. BB	exempt.	....		
par navires étrangers............	id.	....	1		
ZOSTÈRE MARINE. *V.* Plantes alcalines.					

DISPOSITIONS RELATIVES A L'ILE DE CORSE.

Les produits du sol et de l'industrie française expédiés du continent à destination de la Corse ne sont soumis à aucun droit de sortie, et n'acquittent aucun droit à leur entrée dans l'île. Des décrets déterminent provisoirement les produits du sol et des fabriques de la Corse qui peuvent être admis sur le continent en exemption de droits, ainsi que les conditions de cette admission.

Sont, dans l'état actuel de la législation, admis à jouir de l'immunité:

1° Les articles dénommés ci-après: chevaux, bœufs et moutons, tortues, sangsues, viande fraîche de boucherie, peaux brutes, laines en masse, crins et poils, soie en cocons, cire jaune non ouvrée, suif brut, miel, engrais, oreillons, sang de bétail, anguilles et dorades salées provenant de l'étang de Chiurlino, huile extraite des poissons marinés en Corse, cornes, os et sabots de bétail bruts, froment, seigle, maïs, orge et avoine, pommes de terre, haricots, lupins et pois chiches, châtaignes et leurs farines, alpiste et millet, citrons et oranges frais, cédrats salés à l'eau de mer, figues et raisins, amandes en coques ou cassées, olives et noix communes, graines de lin, de pin et de garance, huile d'olive, herbes, fleurs et graines de lavande, mousse marine, bois à brûler et à construire, charbon de bois, perches et échalas, merrains de chêne et de châtaignier, osier en bottes, liége brut ou simplement râpé, calebasses vides, joncs de marais, écorces de tilleul pour cordages, lin et chanvre bruts en tiges, garance en racine, écorce de pin et de chêne-liége, mortina et lichens tinctoriaux, légumes verts, fourrages, plants d'arbres, agaric brut, bulbes et oignons, chardons cardières, drilles, grignon, marbres et granits bruts, vins et vinaigres de vin, eaux minérales, fromages de lait de brebis, dits de *Bruccio*; alcools d'asphodèle, de cactus et autres, vieilles ferrailles, fers forgés en massiaux ou prismes; acier en barres naturel ou de cémentation.

Ces articles doivent être accompagnés d'acquits-à-caution, qui ne sont délivrés que sur la présentation et le dépôt de certificats d'origine émanés des autorités locales. Pour les huiles et pour les céréales, ces certificats ne sont valables que lorsqu'ils ont été revêtus du visa du préfet, accordé d'après l'avis du directeur des douanes.

2° Les marchandises suivantes: brai sec, chanvre et lin teillés et peignés, coussinets en fonte pour chemin de fer, eau-de-vie de baies d'arbousier, fer étiré en barres de toutes dimensions, lorsque l'origine en est constatée, au vu d'échantillons, par les commissaires experts du gouvernement; fontes en masses pesant plus de 15 k., goudron, groisil, marbres polis et ouvrés, pâtes alimentaires dites pâtes d'Italie, poissons de mer salés dans les ateliers situés à la résidence des receveurs des douanes, potasses, soies grêges, soude naturelle, tartre brut, marbres sciés, livres imprimés dans l'île de Corse, les résines de toutes sortes, les peaux tannées et apprêtées, les fers forgés en marliaux ou prismes, les fontes moulées, les aciers en cémentation, les essieux bruts pour locomotives ou voitur., les écorces de chêne vert. qui doivent être pareillement accompagnées d'acquits-à-caution, dont la délivrance par les douanes de la Corse est subordonnée à des conditions particulières qui ont été déterminées par l'article 7 de la loi du 6 mai 1841.

3° Enfin, les feuilles sèches recueillies en Corse et triturées, mais sous la condition qu'elles seront expédiées sous les formalités prescrites par le paragraphe 1er de l'article 10 de la loi du 21 avril 1818, c'est-à-dire, avec acquits-à-caution délivrés sur certificats des magistrats des lieux de récolte, attestant leur origine.

Toutes autres marchandises et denrées envoyées de l'île de Corse sur le continent français doivent être assujetties à leur entrée aux droits du tarif général, comme si elles étaient importées de l'étranger même.

Les produits de la Corse, dont l'admission en franchise sur le continent est autorisée, ne peuvent être importés que par les ports de Toulon, La Seyne, Marseille, Antibes, Cannes, Cette, Agde, Bayonne, Bordeaux, Nantes, Saint-Malo, le Havre, Honfleur, Rouen et Dunkerque. Toutefois, les coussinets en fonte pour chemin de fer et les marbres polis et ouvrés seront également admissibles par les bureaux d'Arles et de Bouc.

Le Tarif général des douanes est applicable en Corse, sauf les modifications suivantes :

DÉNOMINATION DES MARCHANDISES.	UNITÉS sur lesquelles portent les DROITS.	DROITS D'ENTRÉE par navires français.	DROITS D'ENTRÉE par navires étrangers.	DROITS de SORTIE.	NOTES.
		F. C.	F. C.	F. C.	
ANIMAUX vivants, bœufs..................	par tête.	1	1	1	
taureaux..................	id.	1	1		
bouvillons.................	id.	30	30		
vaches.....................	id.	30	30	50	
génisses...................	id.	30	30		
veaux......................	id.	15	15		
béliers, brebis et moutons......	id.	25	25	25	
agneaux....................	id.	10	10		
boucs et chèvres............	id.	exempts.	exempts.		
chevreaux..................	id.	id	id.		
porcs, pesant plus de 15 kilogr..	id.	0 25	0 25		
15 kilogr. ou moins (cochons de lait).	id.	0 10	0 10		

DÉNOMINATION DES MARCHANDISES.	UNITÉS sur lesquelles portent les droits.	DROITS D'ENTRÉE. par navires français.	par navires étrangers.	DROITS de SORTIE.
		F. C.	F. C.	F. C.
Bois communs, à brûler, en bûches et en fagots (1)	le stère.	exempts.	exempts.	40
à construire, des colonies françaises et du Sénégal, de toutes espèces	id.	id.	id.	
bruts	id.	05	10	50
sciés, de plus de 80 mill. d'épaiss.	id.	05	10	25
de 80 mill. et au-dessous	100m. de l.	05	1	15
DENRÉES coloniales, etc. * — Tabac en feuilles	100 k. NB	60	65 50	
fabriqué	id.	100	107 50	
autres	....	(A)	(A)	
FARINEUX alimentaires, riz	100 k. BB	1	1 10	
châtaigues	id.	1	3	25
semoule en pâte	id.	15	16 50	
en gruau (grosse farine).	100 k.	(B)	(B)	
MÉTAUX, minerai de fer	100 k B	exempt.	25	prohibé.
PÊCHE, poissons de pêche étrangère	id.	15	16 50	exempts.
marinés, des colonies françaises..	id.	10	....	id.
de l'étranger	id.	25	27 50	
PRODUITS et dépouil. d'anim., viande de porc salée*.	100 k. BB		50	
fromages de Sardaigne (2)	id.	5	5 50	
autres	id.	10	11	
RIZ	100 k. B	1	1 10	
CHATAIGNES	id.	1	3	
TEINTURES et tanins, écorce (seconde) du chêne-liége, brute ou non moulue.	100 k. B	10	10	prohib. (c)
feuilles de myrte	100 k. BB	exemptes.	exemptes.	50
TISSUS de lin ou de chanvre *, dentelles	la valeur.	2 1/2 p. %	2 1/2 p. %	
autres	....	(A)	(A)	
de fleuret	1 k. NN	1	1 10	

NOTES.

(1) Les bois en bûches ne payent que 0,10 par stère à la sortie.

(2) La tarification spéciale dont il est ici question n'est applicable qu'aux fromages venant *de l'île de Sardaigne* même. Ceux qui sont importés de toute autre partie des États sardes doivent être assujettis à la taxe générale qui affecte, à l'entrée en Corse, les fromages étrangers.

(A) Moitié des droits portés au tarif général pour tous les articles compris sous cette dénomination.

(B) Mêmes droits que les farines selon l'espèce.

(C) Aux termes de l'ordonn du 26 juin 1842 et de la loi du 9 juin 1845, la prohibition de sortie établie à l'égard de la seconde écorce du chêne-liége n'atteint pas les expéditions qui sont dirigées de l'île de Corse sur les ports de l'Algérie soumis à la domination française; mais, comme l'a expliqué la circulaire n° 1921, ces expéditions ne peuvent avoir lieu que sous la garantie d'un acquit-à-caution, afin qu'on puisse s'assurer que les écorces ainsi exportées ont accompli leur destination, c'est-à-dire qu'elles n'ont pas été conduites ailleurs que dans l'un des ports de nos possessions en Afrique en faveur desquels il est dérogé à la prohibition.

Pour toutes les marchandises taxées *au poids*, autres que celles qui figurent au tableau ci-contre, on doit, mais *pour l'entrée* seulement, réduire *à moitié* la portion du droit qui excède 5 fr. par 100 kil., conformément à ce qui est prescrit par l'art. 6 de la loi du 21 avril 1818.

Aux termes de l'article 7 de la même loi, la surtaxe de navigation doit être proportionnellement réduite pour les droits ainsi modifiés, c'est-à-dire qu'après que le droit principal a été établi, suivant la base indiquée dans le paragraphe précédent, la surtaxe doit être calculée proportionnellement à la quotité de ce droit, de la manière déterminée par l'article 7 de la loi du 28 avril 1816.

Dans l'application de ces règles, et ainsi que le prescrit l'art. 8 de la loi du 21 avril 1818, on doit ramener les centimes à des nombres décimaux, soit en abandonnant ceux qui n'excèdent pas 5, soit en forçant les autres.

Par exception à ces dispositions, l'huile d'olive, les légumes secs et leurs farines, les caractères d'imprimerie, le papier, l'encre d'impression, ainsi que les machines à imprimer sur caractères, la térébenthine et l'essence de térébenthine, les peaux fraîches et sèches. les fontes brutes, les fers en barres, les aciers en barres, les fromages blancs de pâte molle, les ferrailles étrangères, doivent acquitter les droits portés au tarif général.

Les marchandises réexportées *par navires français*, des entrepôts de l'État à destination de la Corse, doivent à leur arrivée dans l'île être traitées, sous le rapport des surtaxes, comme elles l'auraient été à la sortie de ces mêmes entrepôts, en raison de leur provenance primitive, si, au lieu d'être dirigées sur la Corse, elles avaient été déclarées pour la consommation. Toutefois, dans le cas où ces marchandises auraient été originairement importées en France par navires étrangers, elles devraient être considérées à leur arrivée en Corse comme provenant des entrepôts d'Europe.

Quant aux marchandises étrangères réexportées des entrepôts de l'État à destination de la Corse *par navires étrangers*, elles doivent supporter la surtaxe de navigation afférente aux importations par navires étrangers, quel que soit le pavillon sous lequel elles ont été primitivement importées.

Les dispositions des traités de navigation et de commerce sont, de tous points, applicables en Corse, au même titre et sous les mêmes conditions que dans les autres parties de l'empire.

RESTRICTION D'ENTREE *et* DE SORTIE. — Les marchandises qui, dans le tableau ci-dessus comme au tarif général, sont marquées d'un astérisque * ne peuvent être importées en Corse que par les seuls bureaux de Bastia, Bonifacio, Ajaccio, Calvi, l'île Rousse, Macinaggio, Porto-Vecchio Propriano. Saint-Florent et Centuri. En outre, et aux termes de l'article 12 de la loi du 7 juin 1820, les marchandises dénommées dans l'article 22 de la loi du 28 avril 1816, ne peuvent être admises *par ces mêmes bureaux* que lorsqu'elles y arrivent sur des bâtiments de 20 tonneaux et au-dessus : ces marchandises sont celles qui sont marquées de deux astérisques ** au *Tableau des droits* du tarif général.

L'importation des laines en Corse est restreinte aussi aux bureaux ci-dessus désignés par l'application de la restriction d'entrée résultant de l'article 1er de la loi du 17 mai 1826.

DISPOSITIONS RELATIVES A L'ALGÉRIE.

Les droits du tarif général des douanes sont applicables à toutes les marchandises importées en France, sauf les exceptions prononcées par la loi du 11 janvier 1851 et le décret du 11 février 1860, en ce qui concerne l'admission en franchise des droits dans les ports de l'empire, des produits naturels et fabriqués de l'Algérie, énumérés ci-dessous dans les tableaux A, B et C.

Toutefois l'application de la franchise est subordonnée à la condition que les marchandises arriveront par navires français, directement des ports d'Alger, Mers-el-Kébir, Oran, Philippeville, Bone, Mostaganem, Cherchell, Djemmaâ-Ghazoua., Dellys, Bougie, Gigelly, Arzew, Stora et La Calle.

Egalement, la franchise ne sera accordée que dans les ports ouverts à l'importation des marchandises taxées à plus de 20 fr. par 100 k.

Les transports entre la France et l'Algérie ne peuvent s'effectuer que par navires français, sauf le cas d'urgence et de nécessité absolue pour un service public.

TABLEAU *A*.

Produits naturels de l'Algérie pour lesquels la franchise est accordée à leur entrée en France.

Animaux vivants de race chevaline, bovine, ovine, etc. — Antimoine métallique (régule). — Argent brut.

Bambous. — Bois communs de toutes sortes, bruts, équarris ou sciés. — Bois d'ébénisterie indigène. — Bois de cactus. — Boyaux frais et salés.

Céréales en grains. — Cire brute de toutes sortes. — Cochenille. — Conserves alimentaires. — Corail brut de pêche algérienne. — Cornes de cerf. — Coton et laine. — Crins. — Cuivre pur ou allié de première fusion en masses, barres ou plaques, laminé en barres ou en planches.

Dents d'éléphant. — Drilles. — Drinn en feuilles.

Eaux de fleurs d'oranger. — Écorces à tan. — Écorces propres à la médecine. — Étain brut, battu ou laminé.

Farines de céréales. — Fers : fonte brute non aciéreuse en masses pesant 15 kilogr. ou plus; étiré en barres plates, carrées ou rondes; platiné ou laminé : noir (tôle); étamé (fer-blanc), plombé, cuivré ou zingué; acier : en barres de toutes espèces; en tôle de toutes espèces. — Feuilles de palmier-nain. — Feuilles propres à la médecine. — Filaments végétaux bruts ou n'ayant subi qu'une préparation analogue au teillage. — Fleurs propres à la médecine. — Fontes brutes, aciéreuses. — Fourrages de toutes sortes. — Fruits de table frais, secs ou tapés et confits de toutes espèces. — Fruits oléagineux de toutes sortes.

Garance en racine, verte ou sèche, moulue. — Gibier, volailles et tortues. — Gommes pures indigènes. — Graines à ensemencer. — Graines d'alpiste. — Graines de sorgho entières. — Graines oléagineuses de toutes sortes. — Graisses de bœuf et de mouton (suif brut). — Graisses de poisson de pêche algérienne. — Groisil, ou verre cassé.

Henné en feuilles pour la teinture. — Herbes propres à la médecine. — Huiles d'olives et de graines grasses.

Indigo.

Kermès en grains.

Laines en masse. — Légumes frais et secs. — Lichens tinctoriaux. — Liége brut ou simplement râpé.

Marbre brut. — Miel. — Minerais de toutes sortes.

Nerfs de bœuf et d'autres animaux.

Ognons de scille marine. — Olives en saumure ou à l'huile. — Opium. — Or brut. — Oreillons. — Orge perlé. — Os, sabots et cornes de bétail.

Pain et biscuit de mer. — Patates. — Peaux brutes. — Pelleteries. — Plomb brut. — Plumes de parure. — Plumes d'oiseaux à écrire. — Poil de Messine. — Poils en masse. — Poissons de mer frais, secs, salés ou fumés, provenant de la pêche algérienne. — Pommes de terre. — Poudre d'or.

Racines propres à la médecine. — Résines d'exsudation brutes : résine molle, poix galipot ; épurées : térébenthine, résidus de distillation, brai sec, colophane, résine d'huile. — Ruches à miel renfermant des essaims vivants.

Safran. — Sangsues. — Sels de marais ou de saline et sels gemme ou fossile, sauf *perception du droit de consommation applicable au sel français.* — Soies et œufs de vers à soie. — Soies moulinées. — Soufre non épuré (minerai compris). — Sparte en tiges brutes et battues.

Tabac en feuilles destiné à la régie. — Terres savonneuses.

Zinc laminé.

TABLEAU *B.*

Produits fabriqués en Algérie qui seront admis en franchise en France.

Acide stéarique ouvré (bougies stéarines, etc.). — Alcool de toute sorte. — Armes de luxe damasquinées.

Bijouterie d'or, de vermeil ou d'argent. — Blagues à tabac, brodées or, soie et argent, sur cuir ou tissu. — Bourses en soie, façon de Tunis. — Bracelets et cordons en passementerie arabe. — Brosserie de palmier-nain ou de drinn.

Cannes en bois de myrte et autres. — Carmin. — Carton. — Ceintures algériennes en laine. — Chachias en velours. — Chandelles. — Chapeaux du Sahara en paille ou sparte avec plumes d'autruche. — Chapelets arabes. — Cire ouvrée (bougies, etc.). — Cordages en sparterie et fil d'aloès. — Coussins en cuir ou en velours brodés d'or et d'argent. — Coussins en drap, le drap valant moins de 4 fr. le kilogr.

Eaux d'oranger. — Echarpes algériennes de coton, de laine et de soie brochées d'or. — Essences odorantes de jasmin, de géranium, et toutes autres. — Éventails brodés d'or et d'argent, en plumes d'autruche, en paille. — Extrait colorant de la graine et de la plante de sorgho à l'état liquide.

Farines de céréales. — Ferrailles. — Fichus de soie lamés d'or et d'argent. — Fils de crin, de palmier nain, d'alpha et d'aloès. — Futailles vides.

Gandouras (espèce de grandes tuniques sans capuchon, en laine mélangée de soie, la laine entrant pour moins de moitié dans le mélange.

Haïcks, burnous en laine ou mélangés de laine et de soie.

Instruments de musique arabes.

Joaillerie algérienne.

Lanternes mauresques. — Librairie en feuilles. — Liége ouvré (en bouchons, etc.). — Livres, brochures.

Mémoires et autres écrits imprimés en Algérie. — Meubles de toutes sortes.

Nattes de crin, de palmier nain, d'alpha et d'aloès. — Noir animal.

Objets d'histoire naturelle. — Œufs d'autruche peints et garnis. — Orfèvrerie d'or, de vermeil ou d'argent. — Ouvrages en bois de toutes sortes. — Ouvrages en marqueterie indigène ou en mosaïque arabe.

Paniers à ouvrage en écorce et laine, ou en fil d'aloès. — Paniers et corbeilles de nègres avec franges et tressages en drap. — Pantoufles pour hommes et pour femmes unies ou brodées, or et argent, sur cuir et sur velours. — Papier. — Parfumeries : eaux distillées et de senteur : alcooliques, sans alcool ; vinaigres parfumés ; pâtes liquides ou en pain ; savons liquides, en poudre, en pains ou boules ; poudres de senteur ; pommades de toutes sortes ; fards ; pastilles odorantes à brûler. — Passementerie arabe, laine et soie, or et soie, tout or (la laine entrant pour moins de moitié dans le mélange). — Pâtes alimentaires. — Pâtes à papier. — Peaux préparées. — Pelleteries ouvrées. — Pipes en bois ornées de cuivre. — Plateaux en cuivre ciselé. — Poissons marinés à l'huile. — Porte-cigares, porte-monnaie brodés, or ou argent, sur cuir ou sur velours. — Potasse brute. — Poteries grossières, faïence commune. — Poupées en costumes indigènes.

Sellerie indigène.

Tapis algériens mélangés de laine et d'écorce. — Tapis algériens étroits de grosse laine. — Tresses de crin, de palmier nain, d'alpha et d'aloès. — Tuyaux de pipes.

Vannerie. — Vinaigres. — Vins ordinaires et liqueurs.

TABLEAU *C.*

Droits à percevoir à l'importation en France sur les produits algériens ci-après.

Produits			Les 100 kilogr.	
Soude naturelle			3 fr.	00 c.
Savons autres que de parfumerie, blancs ou marbrés composés d'alcalis et d'huile d'olive ou de graines grasses ou mélangés de graisses animales.		(L'huile entrant pour moitié au moins dans le mélange des corps gras).	6	80
		(L'huile entrant pour moins de moitié)	5	»
Id.	Id.	de graisses animales pures	5	»
Id.	Id.	de graisses animales mélangées de résine	3	35
Peaux tannées, corroyées, hongroyées ou autrement apprêtées, teintes ou vernies			5	»
Id. mégies, chamoisées ou maroquinées			10	»
Liqueurs alcooliques, l'hectolitre			12	50

IMPORTATIONS EN ALGÉRIE.

Les produits du sol et de l'industrie de l'empire, à l'exception des sucres, et les produits étrangers nationalisés en France par le payement des droits, seront admis en Algérie en franchise des droits d'entrée, sur la présentation de l'expédition de douane délivrée à leur sortie de France et constatant leur origine.

Les produits étrangers, à l'exception de ceux mentionnés au § 4 ci-après, les produits des colonies françaises, et le sucre provenant des fabriques de France acquitteront à l'importation les droits portés au tarif suivant.

TABLEAU DES DROITS D'ENTRÉE ET DE SORTIE APPLICABLES EN ALGÉRIE (1)

DÉNOMINATION DES MARCHANDISES.	UNITÉS SUR LESQUELLES portent les droits ou qui doivent être énoncées dans les déclarations.	ENTRÉE			SORTIE	
		TITRES de perception.	DROITS à l'importation en Algérie (2). par navires français.	par navires étrangers.	TITRES de perception.	DROITS (3)
CHEVAUX. Étalons, juments. — mulets et mules.	Par tête.	11 janvier 1851.	Exempts.	Exempts.	11 janvier 1831.	Exempts
autres	....	*Voir* le Tarif général.			10 juin 1857.	
BESTIAUX. Taureaux, bœufs, bouvillons, veaux.—vaches et génisses.—béliers, brebis, moutons, agneaux. — porcs.—cochons de lait. — boucs, chèvres, chevreaux	Par tête.	11 janvier 1851.	Exempts.	Exempts.	id.	id.
BATIMENTS de mer (II)	id.	*Voir* le Tarif général.				
SOIES. En cocons	100 k. BB	16 juillet 1855.	exemptes	exemptes.	6 mai 1841. 24 octobre 1848. 26 juillet 1856.	30 c. le k.
écrues, gréges, y compris les doupions	1 k. NN	2 juillet 1836.	5	5	2 juillet 1836. 26 juillet 1856.	3 00
moulinées, y compris les douppions.	id.	id.	10	10	2 juillet 1836. 11 janvier 1851.	2 00
teintes, en cuit pour tapisserie, quand elles sont en pelotons pesant au plus un demi-kilogramme, ou en petits écheveaux ou en bobines dont le poids n'excède pas 3 décagr.	id.	15 mars 1791. 3 frimaire an v.	3 06	3 30	2 juillet 1836. 11 janvier 1851	1 00
à coudre, le poids de chaque écheveau ou de chaque bobine n'excédant pas 3 décagr.	id.	15 mars 1791. 3 frimaire an v.	3 06	3 30	2 juillet 1836. 11 janvier 1851.	10
toutes autres	id.	15 mars 1791. 3 frimaire an v.	3 06	3 30	2 juillet 1836. 11 janvier 1851.	6 00
bourre, en masses, écrue	100 k. BB	26 juillet 1856.	exempte.	1	24 octobre 1848.	30 c. le k.
teintes	1 k. NB.	id.	10	10	26 juillet 1856.	id.
cardée, en feuilles et gommée. —Ouate.	100 k. N. B.	28 avril 1816.	62 00	67 60	id.	id.
frisons peignés	1 k. NB	26 juillet 1856,	10	10	id.	id.
toute autre	id.	id.	10	10	id.	id.
filée (fleuret), écrue ou azurée	id.	id.	1	1 10	2 juillet 1836. 11 janvier 1851.	05
teinte	id.	id.	3 00	3 30	id.	id.
RIZ du Piémont, en grains, par navires français	100 k. B.	10 février 1851.	3	....	id.	prohibée.
par navires sardes	id.	id.	....	8	id.	id.
par navires étrangers	id.	15 avril 1832.	....	9	id.	id.
en paille... par navires français	id.	10 février 1851.	1 50	....	id.	id.
par navires sardes	id.	id.	....	4	id.	id.
par navires étrangers	id.	2 juillet 1836.	....	4 50	id.	id.
autre	id.	*Voir* le Tarif général.				
FRUITS de table frais. Citrons, oranges et leurs variét.	100 k. BB	11 janvier 1851.	Exempts.	Exempts.	id.	Exempts.
noix de coco	id.	id.	id.	id.	id.	id.
carobe ou carouge	id.	id.	id.	id.	id.	id.
autres, exotiques	id.	id.	id.	id.	id.	id.
indigènes	id.	id.	id.	id.	id.	id.
GRAINES à ensemencer. De jardin et de fleurs	id.	id.	id.	id.	id.	id.
de garance, de pastel et de chardons cardères.	id.	id.	id.	id.	id.	id.
forestales	id.	id.	id.	id.	id.	id.
de coton	id.	id	id.	id.	id.	id.
de prairie	id.	id.	id.	id.	id.	id.
SUCRE non raffiné, des colonies françaises et des fabriques de la métropole	100 k. NB	11 janvier 1851.	10 00	....	11 janvier 1851.	Exempt.
étranger, des entrepôts de France, importé primitivement par navires français des pays hors d'Europe	id.	23 mai 1860.	21	....	23 mai 1860	id.
des entrepôts, ou importé primitivement en France par navires étrangers	id.	id.	25 50	....	id.	id.
d'ailleurs	id.	*Voir* le Tarif général.		....	id.	id.
raffiné, en France	id.	23 mai 1860.	20	....	id.	id.
dans les colonies françaises et ailleurs	id.	*Voir* le Tarif général		....	id.	id.

Voir les notes indiquées par les renvois à la suite des dispositions relatives à l'Algérie, page 73.

DÉNOMINATION DES MARCHANDISES.	UNITÉS SUR LESQUELLES portent les droits ou qui doivent être énoncées dans les déclarations.	ENTRÉE. TITRES de perception.	ENTRÉE. DROITS à l'importation en Algérie (2) par navires français.	ENTRÉE. DROITS à l'importation en Algérie (2) par navires étrangers.	SORTIE. TITRES de perception.	SORTIE. DROITS (3).
CAFÉ. Des entrepôts de France	100 k. NB	16 décemb. 1843. 11 janvier 1851.	12 00	....	11 janvier 1851.	Exempts.
d'ailleurs que des entrepôts de France	id.	16 décemb. 1843. 11 janvier 1851.	15 00	16 50	id.	id.
PIMENT en grains ou moulu	100 k.	5 septemb. 1855.	15	16 50	id.	id.
BOIS À BRULER	Le stère ou le cent en nombre, selon l'espèce.	11 janvier 1851	Exempts	Exempts.	id.	id.
CHARBON de bois et de chènevottes	Le mètre cube.	id.	id.	id.	id.	id
BOIS à construire, de pin et de sapin, bruts et simplement équarris ou sciés	Le stère ou les 100 m. de long., selon l'espèce.	id.	id.	id.	id.	id.
d'orme, brut et simplement équarri	id.	id.	id.	id.	id.	id.
de noyer, scié, en planches ou plateaux de 1 mètre 46 centimètres ou plus de longueur, et ayant 27 millimètres ou plus d'épaisseur	id	id	id.	id.	6 mai 1841.	30 fr. les 100 kil. B
dans tout autre état	id.	id.	id.	id.	id.	25 fr. le stère.
autres, bruts et simplement équarris ou sciés	id.	id.	id.	id.	11 janvier 1851.	Exempts.
mâts	La pièce.	id.	id.	id.	id.	id.
mâtereaux	id.	id.	id.	id.	id.	id.
espars	id.	id.	id.	id.	id.	id.
pigouilles	id.	id.	id.	id.	id.	id.
manches de gaffe	id.	id.	id.	id.	id.	id.
manches de fouine et de pinc. à goud	id.	id.	id.	id.	id	id.
PERCHES	Le mille en nomb.	id.	id.	id.	id.	id.
ECHALAS	id.	id.	id	id	id.	id.
BOIS en éclisses	Les mille feuilles.	id.	id.	id.	id.	id.
BOIS feuillard	Le mille en nomb.	id.	id	id.	id.	id.
MERRAINS de chêne et autres	id.	id.	id	id.	id.	id.
OSIER en bottes	100 k. BB	id.	id.	id.	id.	id.
ECORCES À TAN, de sapin non moulues	100 k. B	16 juillet 1855.	exemptes.	exemptes	id.	Prohib(3)
moulues. — Tan	id.	28 avril 1816.	50 cent.	50 cent.	id.	id.
autres non moulues	id.	16 juillet 1855.	exemptes.	exemptes.	id.	id.
moulues. — Tan	id.	28 avril 1816.	50 cent.	50 cent.	id.	id.
LÉGUMES VERTS	100 k. BB	11 janvier 1851.	Exempts.	Exempts.	id.	id.
FOIN, PAILLE ET FOURRAGES	id.	16 décemb. 1843. 11 janvier 1851.	50 cent.	50 cent	id.	Exempts.
PLANTS d'arbres	id.	id.	Exempts.	Exempts.	id.	id.
DRILLES	100 k. B	16 juillet 1855.	id.	I	id.	Prohib.(3)
TOURTEAUX de graines oléagineuses. De lin	100 k. BB	id.	id.	Exempts.	29 juillet 1850. 11 janvier 1851.	0 30
autres	id.	id.	id.	id.	9 juin 1855. 11 janvier 1851.	2 25
CHAUX	id.	11 janvier 1851.	Exempts.	Exempts.	id.	Exempts.
ARDOISES	Le mille ou le cent en nombre, selon l'espèce.	id.	id.	id.	id.	id.
PIERRES à bâtir (4)	100 k. BB	id.	id.	id.	id.	id.
POUZZOLANE	id.	id.	id	id.	id.	id.
BITUMES SOLIDES, purs	id.	id	id.	id.	id.	id.
mêlés de terre	id.	id.	id.	id,	id.	id.
mastic bitumeux	id.	id.	id.	id.	id	id.
HOUILLE crue (charbon de terre)	id	id.	id.	id.	id.	id.
TABACS en feuilles ou en côtes, venant des entrepôts de France	id.	1er sept. 1856.	20		id.	id.
venant de l'étranger	id.	id.	25	27 50	id.	id.
fabriqués (10)	id.	id.	40	44	id.	id.
FER (Minerai de)	....	Voir le Tarif général.				
fonte brute aciéreuse de Styrie ou de Carinthie, sans distinction de poids	100 k. BB	26 juillet 1856.	4	4 40	id.	id.
non aciéreuse, en masses pesant 15 kilogrammes ou plus	id.	id.	2	2 20	id.	id.
autres	....	Voir le Tarif général.				
étiré, sans distinction de mode de fabrication, en barres plates de 458 mill. et plus, la largeur multipliée par l'épaisseur	100 k. BB	26 juillet 1856.	5	5 50	id.	id.
de 213 millimètres inclusivement à 458 exclusiv., la larg. mult. par l'épaisseur	id.	id.	6	6 60	id.	id.
de moins de 213 mill. id.	id.	id.	7	7 70	id.	id.
en barres carrées de 22 millimètres et plus sur chaque face	id.	id.	5	5 50	id	id.
de 15 millimètres inclusivement à 22 exclusivement, sur chaque face	id.	id.	6	6 60	id	id.
de moins de 15 mill. id	id.	id.	7	7 70	id.	id

Voir les notes indiquées par les renvois à la suite des dispositions relatives à l'Algérie, page 73.

DÉNOMINATION DES MARCHANDISES.	UNITÉS sur lesquelles portent les droits ou qui doivent être énoncées dans les déclarations.	ENTRÉE.			SORTIE.	
		TITRES de perception.	DROITS à l'importation en Algérie (2) par navires français.	par navires étrangers.	TITRES de perception.	DROITS(3).
FER ÉTIRÉ en barres rondes de 15 millimètres et plus de diamètre	100 k. BB	26 juillet 1856.	6	6 60	11 janvier 1851.	Exempts.
de moins de 15 millimètres de diamètre.	id.	id.	7	7 70	id.	id.
en barres à rainures, *dites* Rails	id.	id.	Mêmes droits que les fers étirés, selon leurs dimensions.		id.	id.
forgé, en massiaux ou prismes	....	*Voir* le Tarif général.				
platiné ou laminé, noir. — Tôle	....	*Voir* le Tarif général.				
étamé. — Fer-blanc	100 k. BB	29 août 1855.	20 00	22	id.	id.
de tréfilerie	....	*Voir* le Tarif général.				
Acier (fer carburé),						
en barres	100 k. BB	26 juillet 1856.	15 00	16 50	id.	id
en tôle, de toute espèce	id.	29 août 1855.	25 00	27 50	id.	id.
filé, de toute espèce	id.	id.	35 00	38 50	id.	id.
limailles et pailles	....	*Voir* le Tarif général.				
ferrailles (débris de vieux ouvrages en fer et en fonte)	....	id.	id.	id.	id.	id.
Mâchefer	....	id.	id.	id.	id.	id.
CUIVRE (Minerai de)	100 k. B	26 juillet 1856.	Exempt.	1 00	id.	Prohib.(1)
pur, de 1re fusion, en masses, barres, plaques, ou en objets détruits.						
des entrepôts de France, importé primitivement par navires français des pays hors d'Europe	100 k. BB	9 juin 1845. 11 janvier 1851.	00 05	....	id.	id.
des entrepôts de France, importé primitivement par navires français ou navires étrangers	id.	2 juillet 1836. 11 janvier 1851.	1 00	....	id	id.
de l'étranger, des pays hors d'Europe	id.	2 juillet 1836. 9 juin 1845. 11 janvier 1851.	0 05	1 50	id.	id.
des entrepôts	id.	2 juillet 1836. 11 janvier 1851.	1 00	id.	id.	id.
en tout autre état	....	*Voir* le Tarif général.				
allié de zinc de 1re fusion, en masses, barres, plaques, ou en objets détruits	100 k. BB	2 juillet 1836. 11 juin 1845. 11 janvier 1851.	Mêmes droits que le c. pur.	Mêmes droits que le c. pur.	id.	id.
en tout autre état	....	*Voir* le Tarif général				
allié d'étain	....	id.	id.			
doré	....	id.	id.			
argenté	....	id.	id.			
limaille	....	id.	id.			
ETAIN (Minerai d')	....	id.	id.			Exempts
brut	100 k. BB	11 janvier 1851.	Exempt.	Exempt.	id.	id.
battu ou laminé	id.	id.	id.	d.	id.	id
ZINC, pierre calaminaire (minerai)	....	*Voir* le Tarif général.				
calamine grillée, pulvérisée ou non	....	id.	id			
de 1re fusion, en masse brutes, soit saumons, barres ou plaques	100 k. BB	11 janvier 1851.	Exempt.	Exempt.	id.	id.
laminé	id.	id	id	id.	id.	id
limailles	....	*Voir* le Tarif général.				
SEL MARIN, sel de saline et sel gemme	100 k. BB	16 décemb. 1843. 11 janvier 1851.	3 00	3 30	id.	id.
POTERIE de grès fin (5), en blanc, platerie	id.	16 décemb. 1843. 11 janvier 1851.	27 50	30 20	id	id.
creux	100 k. NB	16 décemb 1843. 11 janvier 1851.	55 00	60 20	id.	id.
imprimée, platerie	id.	16 décemb. 1843. 11 janvier 1851.	50 50	55 00	id.	id.
creux	id.	16 décemb. 1843. 11 janvier 1851.	77 50	83 80	id.	id
peinte et décorée	id	16 décemb. 1843 11 janvier 1851.	137 50	146 80	id	id.
CARREAUX en faïence	100 k. BB	11 janvier 1851.	Exempts	Exempts.	2 juillet 1836.	40 00
FIL de mulquinerie	....	*Voir* le Tarif général.			11 janvier 1851.	100 k. B
TISSUS DE COTON (6) purs ou mélangés d'autres matières que la soie ou la laine,						
unis et croisés, dits calicots, percales, jaconas, coutils, printanière, etc.,						
écrus, de moins de 15 fils	1 k. NB	16 décemb 1843. 11 janvier 1851.	0 85	90	id.	Exempts
de 15 fils inclusivement à 20 fils exclusivement	id.	16 décemb. 1843. 11 janvier 1851.	1 30	1 40	id.	id.
de 20 fils inclusivement à 25 fils exclusivement	id.	16 décemb. 1843. 11 janvier 1851.	2 90	3 10	id.	id.

Voir les notes indiquées par les renvois à la suite des dispositions relatives à l'Algérie, page 73

DÉNOMINATION DES MARCHANDISES.	UNITÉS SUR LESQUELLES portent les droits ou qui doivent être énoncées dans les déclarations.	ENTRÉE.			SORTIE.	
		TITRES de perception.	DROITS à l'importation en Algérie (2) par navires français.	par navires étrangers.	TITRES de perception.	DROITS (3).
TISSUS DE COTON écrus de 25 fils et au dessus....	1 k. NB	16 décemb. 1843. 11 janvier 1851.	8 00	8 80	11 janvier 1851.	Exempts.
blancs, de moins de 15 fils..............	id.	16 décemb. 1843. 11 janvier 1851.	0 95	1 00	id.	id.
de 15 fils inclusivement à 20 fils exclusivement..............	id.	16 décemb. 1843. 11 janvier 1851.	1 40	1 50	id.	id.
de 20 fils inclusivement à 25 fils exclusivement..............	id.	16 décemb. 1843. 11 janvier 1851.	3 00	3 30	id.	id.
teints ou imprimés de moins de 15 fils...	id.	16 décemb. 1843. 11 janv. 1851.	8 35	9 15	id.	id.
de 15 fils inclusivement à 20 fils exclusivement..............	id.	16 décemb. 1843. 11 janvier 1851.	1 70	1 80	id.	id.
de 20 fils inclusivement à 25 fils exclusivement.............	id.	16 décemb. 1843. 11 janvier 1851.	2 50	2 70	id.	id.
de 25 fils et au-dessus..........	id.	16 décemb. 1843. 11 janvier 1851.	5 00	5 50	id.	id.
de 25 fils et au dessus...	id.	16 décemb. 1843. 11 janvier 1851.	12 10	13 30	id.	id.
mouchoirs écrus......................	id.	16 décemb. 1843. 11 janvier 1851.	3 15	3 45	id.	id.
blancs..........................	id.	16 décemb. 1843. 11 janvier 1851.	3 35	3 65	id.	id.
teints ou imprimés......... ...	id	16 décemb. 1843. 11 janvier 1851.	4 00	4 40	id.	id.
mousselines, gazes, organdis, etc. unis ou brochés, écrus de moins de 12 fils.	id.	16 décemb. 1843. 11 janvier 1851.	2 00	2 20	id.	id.
de 12 fils inclusivement à 16 fils exclusivement.....	id.	16 décemb. 1843. 11 janvier 1851.	11 65	12 80	id	id.
de 16 fils et au-dessus.	id.	16 décemb. 1843. 11 janvier 1851.	32 95	36 20	id.	id.
blancs, de moins de 12 fils...	id.	16 décemb. 1843. 11 janvier 1851.	2 15	2 35	id.	id
de 12 fils inclusivem. à 16 fils exclusivem.	id.	16 décemb. 1843. 11 janvier 1851.	12 25	13 45	id.	id
de 16 fils et au-desus.	id.	16 décemb. 1843, 11 janvier 1851.	33 75	37 10	id.	id.
teints ou imprimés, de moins de 12 fils.......	id.	16 décemb. 1843. 11 janvier 1851.	3 55	3 90	id	id.
de 12 fils inclusivem. à 16 fils exclusivem.	id.	16 décemb. 1843 11 janvier 1851.	17 00	18 70	id.	id
de 16 fils et au-dessus.	id.	16 décemb. 1843. 11 janvier 1851.	45 40	49 90	id.	id
brodés, écrus, de moins de 12 fils......	id.	16 décemb. 1843. 11 janvier 1851.	4 00	4 40	id.	id
de 12 fils inclusivement à 16 fils exclusivement...	id	16 décemb. 1843. 11 janvier 1851	23 30	25 60	id.	id.
de 16 fils et au-dessus...	id.	16 décemb. 1843. 11 janvier 1851.	65 90	71 60	id.	id
blancs, de moins de 12 fils.....	id.	16 décemb. 1843. 11 janvier 1851	4 30	4 70	id.	id.
de 12 fils inclusivement à 16 fils exclusivement.	id.	16 décemb. 1843. 11 janvier 1851.	21 50	26 90	id.	id.
de 16 fils et au-dessus. ...	id.	16 décemb. 1843. 11 janvier 1851.	67 50	73 30	id	id.
teints ou imprimés de moins de 12 fils.........	id	16 décemb. 1843. 11 janvier 1851.	7 10	7 80	id.	id.
de 12 fils inclusiv. à 16 fils exclusiv.	id.	16 décemb. 1843. 11 janvier 1851.	31 00	37 40	id.	id
de 16 fils et au-dessus	id.	16 décemb. 1843. 11 janvier 1851.	90 80	97 80	id.	id.
tulles et dentelles, écrus..............	id.	16 décemb. 1843. 11 janvier 1851.	65 90	71 60	id.	id.
blancs................	id.	16 décemb. 1843. 11 janvier 1851.	67 50	73 30	id.	id.
teints ou imprimés. ..	id	16 décemb. 1851. 11 janvier 1851.	90 80	97 80	id.	id.
purs ou mélangés d'autres matières que la soie ou la laine, couvertures, bonneterie, rubannerie et passementerie, écrues..................	id.	16 décemb. 1843. 11 janvier 1851.	0 85	0 90	id.	id.
blanches..................	id.	16 décemb. 1843. 11 janvier 1851.	0 95	1 00	id.	id.
teintes ou imprimées......	id.	16 décemb. 1843. 11 janvier 1851.	1 70	1 80	id.	id.
mélangés de soie, de moins de 16 fils...	id.	16 décemb. 1843. 11 janvier 1851.	8 40	9 20	id.	id.

Voir les notes indiquées par ces renvois à la suite des dispositions relatives à l'Algérie, page 73

DÉNOMINATION DES MARCHANDISES.	UNITÉS sur lesquelles portent les droits ou qui doivent être énoncées dans les déclarations.	ENTRÉE. Titres de perception.	ENTRÉE. Droits à l'importation en Algérie (2) par navires français.	ENTRÉE. Droits à l'importation en Algérie (2) par navires étrangers	SORTIE. Titres de perception.	SORTIE. Droits(3).
Tissus de coton mél. de soie, de 16 fils et au-dess.	1 k. NB	16 décemb. 1843. 11 janvier 1851.	18 60	20 40	11 janvier 1851.	Exempts.
nankin	....	*Voir* le Tarif général.				
Tissus de laine (7), purs ou mélangés d'autres matières que la soie,						
foulés et drapés (draps) valant par mètre moins de 10 francs	1 k. NB	16 décemb. 1843. 11 janvier 1851.	6 90	7 50	id.	id.
10 fr. inclusivement à 20 fr. exclusivement.	id.	16 décemb. 1843. 11 janvier 1851.	9 15	10 05	id.	id.
20 fr. inclusivement à 30 fr. exclusivement.	id.	16 décemb. 1843. 11 janvier 1851.	11 70	12 80	id.	id.
30 francs et au-dessus	id.	16 décemb. 1843. 11 janvier 1851.	16 90	18 50	id.	id.
– foulés, légèrement foulés ou non foulés (casimir, mérinos, mousseline, nouveautés, etc.) valant par mètre moins de 10 francs	id.	16 décemb. 1843. 11 janvier 1851.	6 60	7 20	id.	id.
10 fr. inclusivement à 20 fr. exclusivement.	id.	16 décemb. 1843. 11 janvier 1851.	6 90	7 50	id.	id.
20 fr. inclusivement à 30 fr. exclusivement.	id.	16 décemb. 1843. 11 janvier 1851.	7 90	8 60	id.	id.
30 fr. et au-dessus	id.	16 décemb. 1843. 11 janvier 1851.	10 80	11 80	id.	id.
mélangés de soie	id.	16 décemb. 1843. 11 janvier 1851.	25 85	28 40	id.	id.
couvertures ordinaires	id.	16 décemb. 1843. 11 janvier 1851.	2 40	2 60	id.	id
à raies de couleur	id	16 décemb. 1843. 11 janvier 1851.	4 20	4 60	id.	id.
bonneterie orientale	id.	16 décemb. 1843. 11 janvier 1851.	9 15	10 5	id.	id.
autre	id.	16 décemb. 1843. 11 janvier 1851.	6 90	7 50	id.	id.
châles	id.	16 décemb. 1843. 11 janvier 1851.	Mêmes droits que les tissus non foulés, selon l'espèce.		id.	id.
passementerie et rubannerie	....	*Voir* le Tarif général.				
tapis	....	id.				
burail et crépon de Zurich	....	id.				
toile à blutoir, sans couture	....	id.				
Carton en feuilles, de simple moulage ou pâte de papier	100 k. N	28 avril 1816. 27 mars 1817.	150 00	160 00	id.	Proh. (3).
autre	....	*Voir* le tarif général.				
Contrefaçons (9)	100 k. B	16 décemb. 1843. 11 janvier 1851.	Prohibées	Prohibées	id.	Exempts.
Armes de guerre	....	16 décemb. 1843. 11 janvier 1851.	Prohibées	Prohibées	id	id.
Munitions de guerre, poudre à tirer	....	16 décemb. 1843. 11 janvier 1851.	id.	id.	id.	Proh. (3).
capsules de poudre fulminante.	....	16 décemb. 1843. 11 janvier 1851.	Prohibées	Prohibées	id.	Proh. (3).
projectiles	....	16 décemb. 1843. 11 janvier 1851.	id.	id.	id.	id.
Bois de fusil en noyer achevés ou ébauchés	La valeur.	15 mars 1791.	15 p. °/o.	15 p. °/o.	6 mai 1841. 11 janvier 1851.	30 f. 00 les 100 k. B.
Toutes autres marchandises prohibées à l'entrée en France. Des entrepôts de France	id.	16 décemb. 1843. 11 janvier 1851.	20 p. °/o.	20 p. °/o.	11 janvier 1851.	
de l'étranger	id.	16 décemb. 1843. 11 janvier 1851.	25 p. °/o.	25 p. °/o.	id.	Exemptes
tarifées à l'entrée en France.	....	11 janvier 1851.	Droits applicables dans les ports français de la Méditerran.		id.	id.

NOTES.

(1) Le tableau des droits applicables en Algérie ne concerne que le commerce par mer. On ne peut introduire par terre que les marchandises dont l'admission en franchise par cette voie a été autorisée par l'arrêté du gouverneur général du 15 janvier 1844, par le décret du 11 août 1853, et par le décret du 5 juin 1856, relatif aux objets originaires de la régence de Tunis et du Maroc. (Voir le tableau ci-dessus.)

Les décimes additionnels sont exigibles, 1° sur tous les produits tarifés à la sortie; 2° sur les produits qui sont soumis à l'entrée aux conditions du Tarif métropolitain ou à des droits déterminés par la loi du 11 janvier 1851. On n'affranchit des décimes additionnels, et à l'entrée seulement, que les produits tarifés primitivement par l'ordonn. du 16 décemb. 1843.

Tous les produits importés en Algérie étant passibles, en règle générale, des droits en vigueur dans les ports français de la Méditerranée, les exceptions établies à cet égard par la loi du 11 janvier 1851 ne concernent que les marchandises nommément désignées soit par cette loi, soit par l'article 9 de l'ordonnance du 16 décembre 1843. Les produits dont le régime dans la métropole se règle sur celui de marchandises de la nature de celles qui jouissent en Algérie de la franchise ou d'une modération de droits doivent être assujetties à l'entrée en Algérie aux conditions du Tarif métropolitain. Il en est ainsi notamment pour les sirops, les confitures au sucre, les fontes aciéreuses, le mâchefer, etc.

Les produits exempts de droits doivent être déclarés, à l'entrée et à la sortie, selon les unités énoncées au Tarif général de France (loi du 11 janvier 1851, article 2). Soit ou non que dans le tableau des droits exigibles en Algérie les classifications du Tarif métropolitain aient été rappelées, on doit veiller à ce que les unités indiquées par ce tarif soient reproduites dans les déclarations.

Les modérations de droits et les assimilations de pavillon établies par les traités de commerce ne sont pas applicables en Algérie. Les produits des pays avec lesquels la France a conclu des conventions commerciales sont passibles en Algérie des conditions générales du tarif, soit que l'importation ait lieu directement, soit qu'elle s'effectue par la voie des entrepôts de la métropole. Il n'y a d'exception que pour le riz des États sardes, qui, d'après une prescription spéciale du traité du 5 novembre 1850, est admissible en Algérie au droit résultant de ce traité pour les importations en France. Sont, en outre, admissibles en franchise en Algérie, d'après le même traité, les bois à construire et à brûler, les merrains, les feuillards, le charbon de bois et les matériaux à bâtir (chaux et pierres à bâtir). Si l'exemption de droits dont ces produits jouissent en vertu de la loi du 11 janvier 1851 était retirée à titre général, elle devrait être maintenue jusqu'à l'expiration du traité, pour les importations effectuées des États sardes sous pavillon français ou sarde, et à charge de justification régulière d'origine.

(2) Les marchandises étrangères réexpédiées des entrepôts de France par navires français sont soumises en Algérie au droit qui leur est applicable, d'après leur provenance primitive, lorsqu'elles ont été originairement importées par navires français. Celles dont la réexpédition a pareillement lieu sous pavillon français, et qui sont arrivées primitivement en France par navires étrangers, acquittent le droit afférent aux importations des entrepôts par navires français (Décision ministérielle du 16 janvier 1851).

Si, par mesure exceptionnelle, des navires étrangers étaient admis à transporter de France en Algérie des marchandises étrangères, il y aurait lieu de percevoir le droit des importations sous pavillon étranger.

Un décret du 25 juin 1860 a ouvert à la frontière sud de l'Algérie, depuis Géryville jusqu'à Biskra, à l'importation en franchise de droits des produits naturels et fabriqués originaires du Sahara et du Soudan (Voir pour les conditions d'admission, le décret et la circulaire des douanes n° 658).

(3) Les droits exigibles à la sortie de l'Algérie doivent être perçus sur les produits algériens qui sont réexportés des entrepôts de la métropole. On ne soumet qu'à la taxe de réexportation, à la sortie de ces entrepôts, les produits algériens qui sont exempts de droits à la sortie de l'Algérie. Le commerce sera autorisé à placer en entrepôt ceux de ses produits qui seront destinés à la réexportation.

Il peut être dérogé, à titre temporaire, par des décrets de l'empereur, à la prohibition de sortie des drilles, du carton de simple moulage, des écorces à tan, du minerai de cuivre, et des armes, munitions et projectiles de guerre. Dans ce cas, les droits du tarif de la métropole sont exigibles (Loi du 11 janvier 1851, article 7).

(4) PIERRES A BATIR. L'exemption de droits établie par la loi du 11 janvier 1851, pour les pierres à bâtir, doit être appliquée tant aux pierres proprement dites qu'aux moellons, pavés et déchets de pierres.

(5) POTERIE DE GRÈS FIN. Cette dénomination désigne tant la poterie de grès fin que la poterie de terre de pipe (*faïence fine ou faïence anglaise*).

On entend par *platerie* les plats, les assiettes et les objets analogues, et par *creux* tous les autres ustensiles en poterie.

(6) TISSUS DE COTON. Ainsi que cela a lieu, d'après le Tarif métropolitain, pour les tissus de lin ou de chanvre, le tarif des tissus de coton, à l'entrée en Algérie, est basé sur le nombre de fils que la chaîne de l'étoffe présente dans l'espace de 5 millimètres. Tout fil qui dans cet espace apparaît plus ou moins découvert doit être compté comme fil entier (Ordonnance du 16 décembre 1843).

Lorsqu'il s'agit de tissus brochés, ouvragés ou damassés, le *compte-fils* doit être appliqué sur la partie unie de l'étoffe.

Pour les mousselines à raies, le *compte-fils* est appliqué successivement sur le *fond* du tissu et sur les *raies*. La moyenne du degré de finesse que l'on obtient de la sorte sert de base à la perception.

On traite comme blancs les tissus de coton amidonnés ainsi que ceux qui ont reçu une préparation à la chaux.

Les mousselines rayées ou brochées avec des fils de couleur doivent être considérées comme teintes.

(7) On traite comme tissus de pure laine les haïcks en laine présentant, en forme d'encadrement, des raies en soie de 11 millimètres de largeur au plus. Il ne doit pas y avoir plus de sept de ces raies.

(8) CHALES DE LAINE. Il ne s'agit que des châles de laine pure ou mélangés de matières autres que le duvet de cachemire (Ordonnance du 16 décembre 1843). Les châles de cachemire sont soumis en Algérie aux droits du tarif métropolitain.

(9) La dénomination de *contrefaçons* désigne tous les ouvrages qui ont été reproduits par les procédés de la typographie, de la lithographie ou de la gravure. Elle est aussi applicable tant à la librairie qu'aux estampes, à la musique gravée, etc. (Loi du 6 mai 1841, et ordonnance du 10 décembre 1843).

(10) Les droits sur les tabacs ne sont pas passibles des déc. addition.

(11) Les bâtiments étrangers de 80 tonn. et au-dessous peuvent être admis en Algérie à une francisation spéciale, qui leur permet de naviguer dans les eaux de cette colonie sous le pavillon français et en franchise de droits.

DROITS APPLICABLES A DIVERSES MARCHANDISES A LEUR IMPORTATION PAR LES FRONTIÈRES DE TERRE DE TUNIS ET DU MAROC.

DÉSIGNATION DES MARCHANDISES.	UNITÉS sur lesquelles portent les droits.	DE LA TUNISIE. F.	C.	DU MAROC. F.	C.	DÉSIGNATION DES MARCHANDISES.	UNITÉS sur lesquelles portent les droits.	DE LA TUNISIE. F.	C.	DU MAROC. F.	C.
BONNETS de laine (bonneter. orient.).	1 k. N	4	50	2	25	LAINES en masse, en suint, et pélades					
BRENSCHIA de Constantinople......	id.	15		7	50	à la chaux, communes.	1 k. N.	5		5	
BURNOUS en laine. Tissu non foulé						fines...........	id.	10		10	
valant par mètre moins de 10 f.	id.	3	30	1	65	lavées, communes.	id.	10		10	
en tissu de laine mélangée						fines.....	id.	22	50	22	50
de soie................	id.	13		6	50	PEAUX ouvrées (babouches)......	100 k. N	50		25	
CEINTURES en laine mélangée de soie.	id.	13		6	50	préparées	100 k. B	20		10	
DATTES, fruits secs ou tapés	id.	8		4		SCHEMBIR Tissu de soie et étoffe					
EL-ADJAH en tissus de coton mélangé						pure unie.........	1 k N	8		4	
de soie, de moins de seize fils.	id.	4	20	2	10	TURBANS en tissu de coton mélangé					
de seize fils et au-dessus....	id.	9	30	4	65	de soie, de moins de seize fils.	id.	4	20	2	10
HAÏCHS en laine avec filets de soie..	id.	3	30	1	65	de seize fils et au-dessus.....	id	9	30	4	65
en tissu de laine mélangée de						Autres marchandises...........	....	Prohibées		Prohibées	
soie..................	id.	13		6	50	MULES, mulets, bestiaux..........	....	Exempts.		Exempts.	

L'embarquement et le départ des productions coloniales françaises et des marchandises étrangères prises dans les ports de France devront être justifiés par les manifestes de sortie, certifiés par la douane, et indiquant les marques et numéros des colis, ainsi que le poids, l'espèce et l'origine des objets.

Sont et demeurent prohibés en Algérie les sucres raffinés à l'étranger, et, quelles qu'en soient la provenance et l'origine, les armes, munitions et projectiles de guerre, les contrefaçons en matière de librairie, de typographie, de gravures et de musique gravée.

Exportations de l'Algérie.

Les marchandises expédiées à destination d'un port français, sous les formalités prescrites en France pour le cabotage, seront affranchies des droits de sortie.

Restrictions d'entrée.

Les marchandises imposées en Algérie à la valeur, ou à un droit de plus de 15 fr. par 100 kilogrammes, ne pourront être importées que par les ports d'Alger, Mers-el-Kébir, Oran, Tenez, Philippeville et Bône.

Sauf l'exception relatée ci-dessous aux dispositions générales, toute importation par terre est prohibée, sous peine :

1° De la confiscation des objets saisis et des moyens de transport ;

2° D'une amende de 1,000 à 3,000 francs, et d'un emprisonnement d'un à six mois.

Cabotage.

Les marchandises provenant de l'Algérie, celles qui y auront été admises en franchise, et celles qui, passibles des droits, les auront acquittés, pourront être transportées en franchise de tout droit d'entrée et de sortie d'un port à un autre de l'Algérie, moyennant les formalités prescrites en France pour le cabotage.

Dispositions générales.

Des arrêtés du gouverneur général de l'Algérie, délibérés en conseil d'administration, et approuvés par notre ministre secrétaire d'État au département de la guerre, pourront désigner, parmi les ports de l'Algérie où il n'existe pas d'établissements de douane, ceux dont les provenances seront admises en franchise dans les autres ports de cette possession, en ce qui concerne les objets ci-après :

Grains, légumes verts, lait, beurre, œufs, volailles, gibier, bois à brûler, charbon de bois, bois de construction, matériaux à bâtir et savon noir.

Toutes les autres marchandises, venant de ces ports ou y allant, seront traitées comme venant de l'étranger ou y allant.

DISPOSITIONS RELATIVES AUX ETATS SARDES.

DÉSIGNATION DES MARCHANDISES.	UNITÉS sur lesquelles portent les droits.	TITRES de PERCEPTION.	DROITS. F. C.
TARIFS D'ENTRÉE.			
MODÉRATION DE DROITS APPLICABLES A DIVERS PRODUITS DES ÉTATS SARDES, EN VERTU DU TRAITÉ DU 5 NOVEMBRE 1850 ET DES CONVENTIONS ADDITIONNELLES DES 20 MAI 1851 ET 14 FÉVRIER 1852 (1).			
Céruse, par navires français	100 k B	19 juillet 1851. 5 juillet 1836. 9 juin 1845. 10 février 1851.	13 33
par navires sardes et par terre	id.	5 juillet 1836. 9 juin 1845. 10 février 1851.	14 66
Corail taillé, mais non monté, par navires français	1 k. N.	28 avril 1816. 10 février 1851.	8 00
par navires sardes et par terre	id.	28 avril 1816. 10 février 1851.	8 80
Fruits de table frais, citrons, oranges et leurs variétés, par navires français	100 k. B.	27 mars 1817. 10 février 1851. 19 juillet 1851.	4 00
par navires sardes	id.	27 mars 1817. 10 février 1851. 19 juillet 1851.	4 40
carrobe ou carouge, par navires français	id.	28 avril 1816. 10 février 1851. 19 juillet 1851.	0 25
par navires sardes	id.	28 avril 1816. 10 février 1851. 19 juillet 1851.	1
autres, indigènes, par navires français	id.	30 avril 1806. 10 février 1851. 19 juillet 1851.	Exempts.
par navires sardes	id.	30 avril 1806. 10 février 1851. 19 juillet 1851.	1 76
exotiques (2), par navires français	id.	28 avril 1816. 10 février 1851. 19 juillet 1851.	Exempts.
par navires sardes	id.	28 avril 1816. 10 février 1851. 19 juillet 1851.	3 52
Gaze de soie pure, importée par terre	1 k. N.	10 février 1851.	29 30
Livres, gravures et lithographies, musique gravée et autres ouvrages d'art et d'esprit (3).	*Voir* le Tarif général.		
Mules et mulets, importés par navires français ou sardes, et par terre	Par tête.	10 février 1851.	6 00
Peaux brutes, petites, fraîches ou sèches, de bélier, brebis et mouton, revêtues de leur laine	*Voir* le Tarif général.		
d'agneau, quel que soit le mode d'importation, revêtues de leur laine, pesant plus d'un kilogramme	id.	id.	Exemptes.
un kilogramme ou moins	100 k. B.	14 février 1852.	id.
dépouillées de leur laine	id.	id.	id.
de chevreau, quel que soit le mode d'importation	id.	id.	id.
autres, importées par navires français ou sardes, et par terre	id.	10 février 1851.	id.
Fromages blancs, de pâte molle, par la frontière de Savoie	id.	14 février 1852.	3 30
Soies en cocons	id.	id.	Exemptes.
écrues, grèges ou moulinées, y compris les douppions	1 kil. N.	id.	id.
Huile d'olive, par navires français ou sardes, ou par terre	100 k. B.	20 décembre 1854.	10 00
Poissons marinés ou à l'huile par navires français	100 k. N.	15 septembre 1856.	25 00
par navires sardes	id.	id.	27 50
Riz (5), en grains, par navires français et par terre	100 k. B.	10 février 1851.	3 00
par navires sardes	id.	id.	8 00
en paille, par navires français et par terre	id.	id.	1 50
par navires sardes	id.	id.	4 00
DROITS APPLICABLES AUX FRUITS DE TABLE FRAIS DE LA PRINCIPAUTÉ DE MONACO (6).			
Fruits de table frais, par navires français	id.	30 décembre 1850. 10 février 1851. 19 juillet 1851.	Droits applicables aux fruits des Etats sardes importés sous pavillon franç.
par navires de la principauté de Monaco	id.	30 décembre 1850. 10 février 1851. 19 juillet 1851.	Id., importés sous pavillon sarde.
par navires étrangers	*Voir* le Tarif général.		
TARIF DE SORTIE (7).			
Mules et Mulets, exportés à destination des États sardes	Par tête.	10 février 1851.	Exempts.
Soies écrues, grèges ou moulinées, y compris les douppions, exportées à destination des États sardes	1 k. N.	14 février 1852.	id.

(1) (2) (3) (4) (5) (6) (7) Voir les Notes indiquées par ces renvois à la suite des dispositions relatives aux produits des Etats sardes page 76.

NOTES.

(1) MODE D'APPLICATION DU TRAITÉ. Les produits sardes désignés dans le traité du 5 novembre 1850, dans la convention additionnelle du 20 mai 1851, et dans le traité du 14 février 1852, n'ont droit au régime de faveur que ces traités déterminent qu'autant qu'ils ont été importés en droiture et que l'origine en est régulièrement justifiée (*Décret du* 10 *février* 1851, et traité du 14 février 1852).

Le transport direct s'établit par la production des manifestes, connaissements, factures et lettres de voiture, suivant le cas (*Ordonnance du 8 mai* 1846, *art. 1er*). On peut, en outre, pour les importations par mer, lorsqu'il y a doute sur les circonstances de la navigation, exiger, en vertu des règlements généraux, le rapport de mer des capitaines.

L'origine des produits est justifiée par des attestations de l'agent consulaire de France au port de départ lorsqu'il s'agit d'importations par mer, et, en ce qui concerne les importations par terre, au moyen de certificats délivrés par les autorités locales (A) (*Ordonnance du 8 mai* 1846, *art. 1er*). —Voir la note (5) ci-après, pour les justifications relatives au riz importé par terre.

On soumet aux conditions générales du Tarif, *quel que soit le mode de transport*, les produits des États sardes à l'égard desquels des modérations de droits n'ont pas été établies par les traités des 5 novembre 1850 et 14 février 1852.

Il en est de même pour les produits énumérés dans les traités : 1° lorsqu'ils sont importés par navires étrangers ; 2° lorsqu'il s'agit d'un mode de transport qui n'a pas été expressément désigné par le décret du 10 février 1851. — Consulter le tableau. Toutes les fois que, d'après ce tableau, il n'y a pas lieu d'appliquer une taxe de faveur, les droits du Tarif général sont exigibles.

Le traité du 5 novembre 1850 sera exécutoire à dater du 1er mars 1851. Il est valable pour quatre ans, et à l'expiration de ce délai il continuera d'avoir son effet jusqu'à ce qu'il ait été régulièrement dénoncé (*Art.* 19 *du traité*). Tant qu'il restera en vigueur, aucune aggravation de Droits ne pourra être établie sur les produits du sol et de l'industrie des États sardes (*Art.* 15 *du traité*). La convention additionnelle du 20 mai 1851 aura la même durée que le traité (*Art. 4 de la convention*). Il en sera ainsi du traité du 14 février 1852 (art. 8 du traité).

(2) FRUITS FRAIS EXOTIQUES. Il ne s'agit, pour l'application du traité du 5 novembre 1850, que des fruits dont la production est commune à l'Europe et aux pays hors d'Europe, mais que le Tarif désigne sous la dénomination de *fruits exotiques*. De ce nombre sont particulièrement les grenades.

(3) CONTREFAÇONS D'OUVRAGES SARDES. Les livres en langue italienne ne peuvent être importés pour l'acquittement des droits, ou pour le transit, que par les bureaux ouverts à l'entrée de la librairie en langue française (*Décret du* 10 *février* 1851).

La nationalité des *ouvrages d'art et d'esprit* provenant de Sardaigne doit être établie au moyen de certificats délivrés par les intendants généraux et les intendants de province. Ces certificats donnent la liste complète des ouvrages, avec l'indication du titre et du nombre des exemplaires ; ils constatent que les ouvrages sont tous édition non contrefaite et propriété sarde, ou qu'ils ont été nationalisés en Sardaigne par le payement des droits d'entrée. Les mêmes justifications sont obligatoires pour les ouvrages d'art et d'esprit, *rédigés en langue italienne*, qui sont importés de tout autre pays que la Sardaigne. Les certificats doivent alors émaner de la principale autorité de la ville la plus voisine du lieu d'expédition, et énoncer que les ouvrages sont tous publication non contrefaite d'ouvrages sardes (*Article 2 de la convention du 5 novembre* 1850).

La vérification des titres de nationalité est faite concurremment par la douane et par les inspecteurs-vérificateurs de la librairie (*Même convention, art.* 3).

Tout ouvrage d'art ou d'esprit provenant des États sardes, ou rédigé *en langue italienne*, doit être retenu par la douane lorsqu'il n'est pas accompagné d'un certificat de nationalité en due forme. Procès-verbal de la retenue est rédigé, et il en est envoyé immédiatement une expédition au consul de Sardaigne par le receveur du bureau d'entrée. Une seconde expédition est adressée directement à l'Administration, qui la fait parvenir aux parties intéressées. Celles-ci ont 50 jours pour se pourvoir. A l'expiration de ce délai, s'il n'a été signifié aucune réclamation au bureau d'entrée, les ouvrages sont laissés à la disposition des importateurs (*Convention du 5 novembre* 1850, *art.* 4, *et circulaire du* 12 *février* 1851, *n°* 2425).

Par *ouvrages d'art et d'esprit* on entend les publications d'écrits, de composition musicale, de dessin, de peinture, de gravure, de sculpture, et toutes autres productions analogues (*Convent. du 28 août* 1843, *art. 1er*).

(A) Ce sont les syndics des communes Les certificats qui en émanent doivent être revêtus du timbre communal.

(4) L'importation des fontes aciéreuses de Savoie ne peut avoir lieu que par les bureaux de Chaparcillan et d'Entre-Deux-Guiers, et jusqu'à concurrence de 1,200,000 kil. par an. (Traité du 14 février 1852, art. 6, et décret du 23 juin 1852.) Ne sont considérées comme fontes aciéreuses de Savoie que celles qui ont été produites dans le bassin de l'Arc et dans le bassin de l'Isère. (Même traité, art. 7.)

(5) RIZ. Pour le riz importé des Etats sardes par terre, on peut, jusqu'à nouvel ordre, ne pas exiger de certificat d'origine. Il suffit que les acquits de sortie des douanes sardes soient représentés.

On admet aux droits applicables dans la métropole, et sous l'accomplissement des mêmes conditions, le riz importé en Algérie par navires français ou par navires sardes.

(6) FRUITS DE LA PRINCIPAUTÉ DE MONACO. L'origine des fruits de table frais de la principauté de Monaco doit être justifiée par les certificats de l'agent consulaire de France au port de départ, et par des expéditions régulières de sortie émanant des douanes de la principauté. Il faut, en outre, que le transport direct ait été établi par la production des manifestes et des connaissements (*Ordonnance du 8 mai* 1846). Au besoin, on exigerait le rapport de mer des capitaines.

(7) VIVRES ET PROVISIONS DE BORD. Les vivres et provisions de bord, embarqués *à titre d'avitaillement*, sur les navires sardes, sont exempts des droits de sortie.

DISPOSITIONS RELATIVES A LA BELGIQUE.

Par suite du traité du 17 novembre 1849, des conventions du 22 août 1852, du traité du 27 février 1854, et de la convention spéciale du 18 avril 1859 avec la Belgique, les modérations de droits suivantes sont assurées aux produits ci-après, à leur importation en France :

DÉSIGNATION DES MARCHANDISES.	UNITÉS sur lesquelles portent les droits.	DROITS. fr. c.
Marchandises de toutes sortes importées par mer, directement de Belgique, sous pavillon belge	Mêmes régime et droits que pour les importations par navires français.	
Caractères d'imprimerie neufs, par navires français ou belges et par terre (A)	100 k. B	30 00
Cartes géographiques (A) id.	id.	20 00
Carton en feuilles (A) id.	id.	25 00
Encre à imprimer id.	id.	25 00
Gravures et lithographies (A) id.	id.	20 00
Livres en langue française (A) id.	id.	20 00
Musique gravée (A) id.	id.	20 00
Papier, sauf celui pour tenture (A) id.	id.	25 00
Planches gravées pour l'impression sur papier autre que le papier de tenture (A) id.	id.	20 00
Houblon id.	id.	40 00
Tissus de coton, par navires français ou belges et par terre, cotonnettes, de moins de 15 fils	1 k. N.	1 25
de 15 fils et plus	id.	2 25
étoffes à pantalons croisées ou façonnées en coton pur, de 30 fils ou moins	id.	1 00
de plus de 30 fils	id.	1 50
mélangé de lin, de 40 fils ou moins	id.	1 25
de plus de 40 fils	id.	2 50
de laine, sans distinction de finesse	id.	1 50
Chapeaux de paille grossiers, par navires français ou belges et par terre	la pièce.	0 40
Écossines brutes ou simplement équarries, autrement que par le sciage; importées de la mer à Blaucmisseron.		exemptes.

(A) Exempt du double décime par application du traité du 27 février 1854.

DÉSIGNATION DES MARCHANDISES.	UNITÉS sur lesquelles portent les droits.	DROITS.
Machines et mécaniques importées par terre	Droits applicables aux importations par mer sous pavillon français.	
Matériaux, chaux, par navires français ou belges et par terre		exempts.
ardoises pour toiture, par terre	1000 au nomb.	4 00
bruts ou simplement équarris autrement que par le sciage; de la mer à Blancmisseron	id.	exempts.
Miroirs grands, glaces non étamées ayant en superficie, 50 décim. ou moins	le mètr. carré.	11 50
50 à 100	id.	16 50
100 à 200	id.	21 50
200 à 300	id.	31 50
300 à 500	id.	41 50
plus de 500	id.	51 50
étamées, ayant en superficie, 50 décim. ou moins	id.	12 50
50 à 100	id.	18 00
100 à 200	id.	23 50
200 à 300	id.	34 50
300 à 500	id.	45 50
plus de 500	id.	56 50
Poterie de terre de pipe, faïence fine ayant la couleur naturelle de la pâte, assiettes et plats	100 k. B	33 00
autres pièces	id.	66 00
imprimée, assiettes et plats	id.	60 00
autres pièces	id.	90 00
peintes, dorées ou ornées, assiettes et plats, autres pièces	id.	165 00
Tresses de paille fines, par navires français ou belges et par terre	1 k. N	2 75
Marchandises spécifiées en l'art. 22 de la loi du 28 avril 1816, importées par Lille ou Valenciennes	Droits applicables aux provenances des entrepôts d'Europe par navires français.	

DÉSIGNATION DES MARCHANDISES.	DROITS					
	jusqu'à concurrence de 2 millions de kil. inclusivement.		de 2 millions à 3 millions de kilogr. inclusivement.		au delà de 3 millions de kilogrammes.	
	Unités sur lesquelles portent les droits.	Quotité des droits.	Unités sur lesquelles portent les droits,	Quotité des droits.	Unités sur lesquelles portent les droits.	Quotité des droits
FILS DE LIN OU DE CHANVRE, MESURANT AU KILOGR.						
Simples.		fr. c.		fr. c.		fr. c.
Écrus. 6,000 mètres ou moins	100 k. B.	17 60	100 k. B.	29 70	100 k. B.	35 75
plus de 6,000 m.; pas plus de 12,000	id.	26 40	id.	39 60	100 k. N.	46 20
plus de 12,000 m.; pas plus de 24,000	id.	44 00	100 k. N.	65 25	id.	75 85
plus de 24,000 m.; pas plus de 36,000	100 k. N.	76 00	id.	104 85	id.	119 25
plus de 36,000 mètres	id.	89 60	id.	132 65	id.	154 15
Blanchis, *à quelque degré que ce soit.* 6,000 m. ou moins	100 k. B.	28 60	100 k. B.	43 90	100 k. N.	51 55
plus de 6,000 m.; pas plus de 12,000	id.	39 60	100 k. N.	55 70	id.	63 75
plus de 12,000 m., pas plus de 24,000	100 k. N.	61 30	id.	87 55	id.	100 65
plus de 24,000 m.; pas plus de 36,000	id.	102 20	id.	137 90	id.	155 75
plus de 36,000 mètres	id.	139 00	id.	182 05	id.	203 55
Teints. 6,000 m. ou moins	100 k. B	39 60	id.	51 50	id.	57 45
plus de 6,000 m.; pas plus de 12,000	100 k. N.	50 60	id.	63 30	id.	69 65
plus de 12,000 m.; pas plus de 24,000	id.	71 80	id.	92 80	id.	103 30
plus de 24,000 m.; pas plus de 36,000	id.	112 70	id.	141 60	id.	156 05
plus de 36,000 mètres	id.	160 00	id.	186 25	id.	199 35
Retors.						
Écrus. 6.000 m. ou moins	100 k. B.	24 20	100 k. B.	36 30	100 k. B.	42 35
plus de 6,000 m.; pas plus de 12,000	id.	39 60	100 k. N.	52 55	100 k. N.	59 00
plus de 12,000 m.; pas plus de 24,000	100 k. N.	69 70	id.	90 70	id.	101 20
plus de 24,000 m.; pas plus de 36,000	id.	120 10	id.	148 95	id.	163 35
plus de 36,000 mètres	id.	152 60	id.	195 65	id.	217 15
Blanchis, *à quelque degré que ce soit.* 6.000 m. ou moins	100 k. B.	41 80	id.	54 15	id.	60 30
plus de 6,000 m.; pas plus de 12,000	100 k. N.	57 10	id.	72 30	id.	79 90
plus de 12,000 m.; pas plus de 24,000	id.	90 70	id.	118 00	id.	131 65
plus de 24,000 m.; pas plus de 36,000	id.	149 50	id.	188 85	id.	208 50
plus de 36,000 mètres	id.	217 70	id.	260 75	id.	282 25
Teints. 6,000 m. ou moins	100 k. N.	52 80	id.	64 40	id.	70 20
plus de 6,000 m.; pas plus de 12,000	id.	67 60	id.	80 20	id.	86 50
plus de 12,000 m.; pas plus de 24,000	id.	101 20	id.	122 20	id.	132 70
plus de 24,000 m.; pas plus de 36,000	id.	160 00	id.	188 85	id.	203 25
plus de 36,000 mètres	id.	228 20	id.	251 85	id.	263 65

Ces droits ne sont applicables qu'aux importations effectuées par les bureaux d'Armentières, de Baisieux, de Blancmisseron, de Condé, d'Halluin, de Lille et de Valenciennes.

DÉNOMINATION DES MARCHANDISES.	UNITÉS sur lesquelles portent les droits.	QUOTITÉ DES DROITS jusqu'à concurr. de 2 mill. de kil. inclusiv.		au delà de 2 millions de kilogram.	
		F	C.	F.	C.
Tissus de lin ou de chanvre, toile unie, écrue, de moins de 8 fils...	100 k. N	25	50	60	
de 8 fils...........	id.	30	60	80	
de 9 fils incl. à 12 excl.	id.	55	25	126	
de 12 fils..........	id.	63	75	144	
de 13 fils incl. à 16 excl.	id.	89	25	201	
de 16 fils..........	id.	127	50	267	
de 17 fils..........	id.	144	50	287	
de 18 et 19 fils......	id.	153		297	
de 20 fils..........	id.	191	25	342	
au-dessus de 20 fils..	id.	297	50	467	
Tissus de lin ou de chanvre, toile unie, blanche, mi-blanche ou imprimée....de moins de 8 fils....	id.	51		90	
de 8 fils...........	id.	61	20	116	
de 9 fils incl. à 12 excl.	id.	110	50	191	
de 12 fils..........	id.	127	50	219	
de 13 fils incl. à 16 excl.	id.	178	50	306	
de 16 fils..........	id.	255		417	
de 17 fils..........	id.	289		457	
de 18 et 19 fils.....	id.	306		477	
de 20 fils..........	id.	382	50	567	
au-dessus de 20 fils..	id.	595		817	
Tissus de lin ou de chanvre, toile unie, teinte, de moins de 8 fils....	id.	51		90	
de 8 fils..........	id.	61	20	116	
de 9 fils incl. a 12 excl.	id.	72	25	146	
de 12 fils..........	id.	83	30	167	
de 13 fils incl. à 16 excl.	id.	102		216	
de 16 fils..........	id.	145	69	289	
de 17 fils..........	id.	170		317	
de 18 et 19 fils	id.	179	99	329	
de 20 fils..........	id.	223	12	380	
au-dessus de 20 fils..	id.	357		537	
Tissus de lin ou de chanvre, toile unie, à matelas, sans distinction de finesse..........	id.	118	15	212	
Tissus de lin ou de chanvre, toile croisée, grossière, dite treillis,					
écrue..............	100 k. N	25	50	60	
autre..............	id.	51		90	
coutil, pour tenture ou literie.	id.	127	07	212	
pour vêtements, écru..	id.	225	25	322	
autre.	id.	269	87	364	
Tissus de lin ou de chanvre, linge de table ouvragé,					
écru, de moins de 16 fils...	id.	136		267	
de 16 fils.	id.	127	50	267	
de 17 fils..........	id.	144	50	287	
de 18 et 19 fils......	id.	153		597	
de 20 fils	id.	191	25	342	
de plus de 20 fils....	id.	297	50	467	
blanc, de moins de 16 fils....	id.	269	87	417	
de 16 fils...........	id.	255		417	
de 17 fils	id.	209		457	
de 18 et 19 fils.....	id.	306		477	
de 20 fils...........	id.	382	50	567	
de plus de 20 fils....	id.	595		817	
Tissus de lin ou de chanvre, linge de table damassé,					
écru, de moins de 16 fils..	id.	136		320	40
de 16 fils...........	id	153		320	40
de 17 fils	id.	173	40	344	40
de 18 et 19 fils......	id.	183	60	356	40
de 20 fils...........	id.	229	50	410	40
de plus de 20 fils....	id.	357		560	40
blanc, de moins de 16 fils...	id.	269	87	500	40
de 16 fils..........	id.	306		500	40
de 17 fils..........	id.	346	80	548	40
de 18 et 19 fils......	id.	367	20	572	40
de 20 fils	id.	459		680	40
de plus de 20 fils....	id.	714		980	40
Tissus de lin ou de chanvre, mouchoirs................	id.	Mêmes droits que la toile, selon l'espèce.			
Tissus épais pour tapis de pied, en fils de lin ou de chanvre teints, de moins de 8 fils aux 5 millim..	id.	42	07	75	

Ces droits ne sont applicables qu'aux importations effectuées par les bureaux d'Armentières, d'Avesnes, de Baisieux, de Bavay, de Blancmisseron, de Condé, de Givet, de Lille, de Maubenge. d'Orchies, de Rocroi, de Tourcoing et de Valenciennes.

DISPOSITIONS RELATIVES AUX PAYS-BAS.

En vertu du traité du 25 juillet 1840, et de la loi du 25 juin 1841, les modérations de droits sont accordées aux produits ci-après importés des Pays-Bas.

DÉNOMINATION DES MARCHANDISES.			UNITÉS s. lesquelles portent les droits.	DROITS.
Fromages de pâte dure de Hollande, par navires français et hollandais.			100 kil.	10 fr. 00 c.
Céruse de Hollande.			id.	13 33
Marchandises spécifiées en l'art. 22 de la loi du 28 avril 1816 (1), importées des Pays-Bas	Par la frontière de terre.	Par la voie du Rhin et de la Moselle, sous pavillon franç. ou hollandais, et présentés aux bureaux de Strasbourg ou de Sierck.	....	Droits applicables aux provenances des entrep. d'Europe par nav. franç.
		Par tous autres bureaux..............	....	Droits du Tarif général.
Toutes autres marchandises......................	Par mer.	Sous pavillon hollandais..........	....	Droits applic. aux importations par nav. franç.

(1) Il s'agit des denrées coloniales : sucre, café, cacao, indigo, thé, poivre et piment, girofle, cannelle et cassia lignea, muscade et macis, cochenille et orseille, rocou, bois de teinture et d'ébénisterie, cotons en laine, gommes et résines autres que d'Europe, ivoire, caret et nacre de perle, nankin des Indes.

Autres pays avec lesquels la France a conclu des traités qui accordent un régime de faveur aux produits et aux navires de ces pays.

	COMMERCE.	NAVIGATION.
Angleterre. — Produits de toutes origines, importés par navires anglais, directement ou de ses possessions en Europe..................	Mêmes droits que pour les import. par nav. franç.	Droit de tonnage : 1 fr. par tonneau.
D'ailleurs..................	Conditions du Tarif général.	
Brésil. — Produits originaires et importés directement du Brésil par navires brésiliens. .	Mêmes droits que pour les import. par nav. franç.	Assimilation au pavillon français pour les droits de tonnage et de navigation.
Deux-Siciles. Id. des Deux-Siciles par nav. de ce royaume.	Id.	Id.
Portugal. Id. du Portugal par navires portugais. . . .	Id.	Id.
Russie. — Produits originaires et importés directement de la Russie par navires russes. .	Id.	Id.

		COMMERCE.	NAVIGATION.
République du Chili. du Paraguay.	Produits de toutes origines importés directement de ces républiques par navires du pays.	Mêmes droits que pour les importat. par nav. franç.	Assimilation au pavillon français pour les droits de tonnage et de navigation.
de Bolivie.	Produits originaires et importés directement de cette république par navires du pays.	Id.	Id.
de Costa-Rica.	Id.	Id.	Id.
de l'Équateur.	Id.	Id.	Id.
des États-Unis.	Id.	Id.	Droit de tonn., 5 f. p. tonn.
Dominicaine	Id.	Id.	Assimilation de pavillon.
de Guatemala.	Id.	Id.	Id.
du Mexique.	Id.	Id.	Id.
de la Nouvelle-Grenade.	Id.	Id.	Id.
Orientale de l'Uruguay.	Id.	Id.	Id.
de Venezuela.	Id.	Id.	Id.
Nicaragua.	Id.	Id.	Id.
Salvator	Id.	Tarif général.	Id.
Iles Sandwich	Id.	Mêmes droits que pour les importat. par nav. franç.	Id.
Danemark. — Produits de toutes origines importés par navires danois.		Tarif général.	Droit de tonnage, 2 f. 10 c. par tonneau.
Toscane. — Produits originaires et importés directement de la Toscane par nav. toscans.		Id.	Assimilation de pavillon.
Principauté de Monaco. — Produits originaires et importés directem. par nav. du pays.		Assimilation aux produits d'origine sarde.	Id.
Haïti. — Perse. — Liberia. — Honduras.		Traitement de la nation la plus favorisée pour les produits sous le pavillon.	

DISPOSITIONS *relatives aux produits importés des établissements français situés au delà du cap de Bonne-Espérance (autres que ceux de l'Inde) et de l'Océanie.*

DÉNOMINATION DES MARCHANDISES.	UNITÉS s. lesquell. portent les droits.	DROITS.	DÉNOMINATION DES MARCHANDISES.	UNITÉS s. lesquell. portent les droits.	DROITS.
Modérations de droits réservées aux produits des établissements français situés au delà du cap de Bonne-Espérance.			*Tarifications applicables, quelle que soit l'origine des produits.*		
SUCRE non raffiné, du 1er type, et nuances inférieures.	100 kil. N.	39 00	GRAINES oléagineuses, de ricin.	100 kil. B.	15 00
au-dessus du 1er type.	id.	42 00	de sésame.	id.	0 40
raffiné.	id.	46 20	d'œillette et de colza.	id.	0 20
CACAO, fèves et pellicules.	id.	49 50	de lin et autres.	id.	0 10
CAFÉ.	id.	50 00	HUILES de palme, de coco, de Touloucouna et d'Illipé.	id.	1 50
GIROFLE, clous (fleurs).	1 kil. N.	0 30	POIVRE, thé, indigo.	....	(1)
griffes (pédoncules).	id.	0 07	PRODUITS non spécifiés ci-dessus, naturels.	....	(2)
VANILLE de Mayotte seulement.	id.	exempte.	fabriqués.	....	(3)
COTON en laine.	100 kil.	id.			
non égréné.	100 kil. B.	0 07			

(1) Droits du Tarif général.
(2) Les 4/5 des droits applicables à la provenance la plus favorisée, autre que les colonies françaises et les pays situés au-delà des îles et passages de la Sonde. — (3) Conditions du Tarif général.

Pays avec lesquels la France a conclu des traités ou conventions pour la garantie réciproque des ouvrages d'art et d'esprit.

	DATE DES TRAITÉS.		DATE DES TRAITÉS.
Portugal (en outre garantie des marques de fabrique).	12 avril 1851.	Espagne	15 novembre 1853.
Hanôvre.	20 octobre 1851.	Principauté de Schwartzbourg-Souderhaussen	7 décembre 1853.
Angleterre.	3 novembre 1851.	Principauté de Schwartzbourg-Rudolstadt.	16 décembre 1853.
Brunswick	8 août 1852.	Principauté de Waldeck et Pyrmont.	4 février 1854.
Canton de Genève.	30 octobre 1858.	Belgique.	22 août 1852 et 27 février 1854.
Grand-Duché de Hesse.	18 septembre 1852.	Grand-Duché de Bade.	8 avril 1854 et 2 juillet 1857.
Landgraviat de Hesse.	2 octobre 1852.	Pays-Bas.	29 mars 1855.
Principauté de Reuss (branche aînée).	24 février 1853.	Hambourg.	2 mai 1856.
Duché de Nassau	2 mars 1853.	Saxe	19 mai 1856.
Principauté de Reuss (branche cadette).	30 mars 1853.	Grand-Duché de Luxembourg.	6 juillet 1856.
Électorat de Hesse.	7 mai 1853.		
Grand-Duché de Saxe-Veimar-Eisenach.	17 mai 1853.		
Grand-Duché d'Oldenbourg	1er juillet 1853.		

TARIF DES CÉRÉALES.

(RÉTABLI PAR LE DÉCRET DU 7 MAI 1859.)

Pour l'application des droits d'entrée et de sortie sur les céréales, les départements frontières sont divisés en quatre classes, subdivisées en sections, conformément au tableau ci-après :

CLASSES.	SECTIONS.	DÉPARTEMENTS.	MARCHÉS RÉGULATEURS.
1re	Unique	Pyrénées-Orientales, Aude, Hérault, Gard, Bouches-du-Rhône, Var, Corse.	Toulouse, Gray, Lyon, Marseille.
2e	1re	Gironde, Landes, Basses-Pyrénées, Hautes-Pyrénées Ariège et Haute-Garonne.	Marans, Bordeaux et Toulouse.
	2e	Jura, Doubs, Ain, Isère, Basses-Alpes, Hautes-Alpes.	Gray, Saint-Laurent près Mâcon, le Grand-Lemps.
3e	1re	Haut-Rhin, Bas-Rhin.	Mulhouse, Strasbourg.
	2e	Nord, Pas-de-Calais, Somme, Seine-Inférieure, Eure, Calvados.	Bergues, Arras, Roye, Soissons, Paris, Rouen.
	3e	Loire-Inférieure, Vendée, Charente-Inférieure.	Saumur, Nantes, Marans.
4e	1re	Moselle, Meuse, Ardennes, Aisne.	Metz, Verdun, Charleville, Soissons.
	2e	Manche, Ille-et-Vilaine, Côtes-du-Nord, Finistère, Morbihan.	Saint-Lô, Paimpol, Quimper, Hennebon, Nantes.

LE PRIX DE L'HECTOLITRE DE FROMENT ÉTANT DANS LES CLASSES				FROMENT, ÉPEAUTRE ET MÉTEIL. DROITS D'ENTRÉE sur les grains importés par navires		sur les farines importées par navires		DROITS DE SORTIE sur les	
PREMIÈRE.	DEUXIÈME.	TROISIÈME.	QUATRIÈME.	français et par terre.	étrangers.	français et par terre.	étrangers.	grains.	farines.
au-dessus	au-dessus	au-dessus	au-dessus	l'hectolitre.	l'hectolitre.	100 kilog.	100 kilog.	l'hectolitre.	100 kilog.
de 28 fr. c.	de 26 fr.	de 24 fr.	de 22 fr.	— 25	— 25	— 50	— 50	A.	A.
28 à 27 f. 01 c.	26 à 25 f. 01 c.	24 à 23 f. 01 c.	22 à 21 f. 01 c.	— 25	1 50	— 50	2 16	6 —	12 —
27 26 01	25 24 01	23 22 01	21 20 01	— 25	1 50	— 50	2 16	4 —	8 —
26 25 01	24 23 01	22 21 01	20 19 01	1 25	2 50	3 50	5 16	2 —	4 —
25 24 01	23 22 01	21 20 01	19 18 01	2 25	3 50	6 50	8 16	— 25	— 50
24 23 01	22 21 01	20 19 01	18 17 01	3 25	4 50	9 50	11 16	— 25	— 50
23 22 01	21 20 01	19 18 01	17 16 01	4 75	6 —	14 —	15 66	— 25	— 50
au-dessous de 22 f. 01 c.	au-dessous de 20 f. 01 c.	au-dessous de 18 f. 01 c.	au-dessous de 16 f. 01 c.	Les droits ci-dessus seront augmentés de 1 fr. 50 c. par chaque franc de baisse.		Les droits ci-dessus seront augmentés de 4 fr. 50 c. par chaque franc de baisse.		— 25	— 50
				SEIGLE.					
au-dessus	au-dessus	au-dessus	au-dessus	l'hectolitre.	l'hectolitre.	100 kilog.	100 kilog.	l'hectolitre.	100 kilog.
de 28 fr.	de 26 fr.	de 24 fr.	de 22 fr.	— 15	— 15	— 32 1/2	— 32 1/2	B.	B.
28 à 27 f. 01 c.	26 à 25 f. 01 c.	24 à 23 f. 01 c.	22 à 21 f. 01 c.	— 15	1 40	— 32 1/2	1 98 1/2	3 60	7 80
27 26 01	25 24 01	23 22 01	21 20 01	— 15	1 40	— 32 1/2	1 98 1/2	2 40	5 20
26 25 01	24 23 01	22 21 01	20 19 01	— 75	2 —	2 27 1/2	3 93 1/2	1 20	2 60
25 24 01	23 22 01	21 20 01	19 18 01	1 35	2 60	4 22 1/2	5 68 1/2	— 15	— 32 1/2
24 23 01	22 21 01	20 19 01	18 17 01	1 95	3 20	6 17 1/2	7 83 1/2	— 15	— 32 1/2
23 22 01	21 20 01	19 18 01	17 16 01	2 85	4 10	9 10	19 76	— 15	— 32 1/2
au-dessous de 22 f. 01 c.	au-dessous de 20 f. 01 c.	au-dessous de 18 f. 01 c.	au-dessous de 16 f. 01 c.	Les droits ci-dessus seront augmentés de 90 cent. par chaque franc de baisse.		Les droits ci-dessus seront augmentés de 2 f. 92 c. 1/2 par chaque franc de baisse.		— 15	— 32 1/2
				ORGE.					
au-dessus	au-dessus	au-dessus	au-dessus	l'hectolitre.	l'hectolitre.	100 kilog.	100 kilog.	l'hectolitre.	100 kilog.
de 28 fr.	de 26 fr.	de 24 fr.	de 22 fr.	— 12 1/2	— 12 1/2	— 30	— 30	C.	C.
28 à 27 f. 01 c.	26 à 25 f. 01 c.	24 à 23 f. 01 c.	22 à 21 f. 01 c.	— 12 1/2	1 37 1/2	— 30	1 96	3 —	7 20
27 26 01	25 24 01	23 22 01	21 20 01	— 12 1/2	1 37 1/2	— 30	1 96	2 —	4 80
26 25 01	24 23 01	22 21 01	20 19 01	— 62 1/2	1 87 1/2	2 10	3 76	1 —	2 40
25 24 01	23 22 01	21 20 01	19 18 01	1 12 1/2	2 37 1/2	3 90	5 56	— 12 1/2	— 30
24 23 01	22 21 01	20 19 01	18 17 01	1 62 1/2	2 87 1/2	5 70	7 36	— 12 1/2	— 30
23 22 01	21 20 01	19 18 01	17 16 01	2 37 1/2	2 62 1/2	8 40	10 16	— 12 1/2	— 30
au-dessous de 22 f. 01 c.	au-dessous de 20 f. 01 c.	au-dessous de 18 f. 01 c.	au-dessous de 16 f. 01 c.	Les droits ci-dessus seront augmentés de 75 cent. par chaque franc de baisse.		Les droits ci-dessus seront augmentés de 2 fr. 70 c. par chaque franc de baisse.		— 12 1/2	— 30
				MAÏS.					
au-dessus	au-dessus	au-dessus	au-dessus	l'hectolitre.	l'hectolitre.	100 kilog.	100 kilog.	l'hectolitre.	100 kilog.
de 28 fr.	de 26 fr.	de 24 fr.	de 22 fr.	— 13 3/4	— 13 3/4	— 30	— 30	D.	D.
28 à 27 f. 01 c.	26 à 25 f. 01 c.	24 à 23 f. 01 c.	22 à 21 f. 01 c.	— 13 3/4	1 38 3/4	— 30	1 56	3 30	7 20
27 26 01	25 24 01	23 22 01	21 20 01	— 13 3/4	1 38 3/4	— 30	1 96	2 20	4 80
26 25 01	24 23 01	22 21 01	20 19 01	— 68 3/4	1 93 3/4	2 10	3 76	1 10	2 40
25 24 01	23 22 01	21 20 01	19 18 01	1 23 3/4	2 48 3/4	3 90	5 56	— 13 3/4	— 30
24 23 01	22 21 01	20 19 01	18 17 01	1 78 3/4	3 03 3/4	5 70	7 36	— 13 3/4	— 30
23 22 01	21 20 01	19 18 01	17 16 01	2 61 1/4	3 86 1/4	8 40	10 06	— 13 3/4	— 30
au-dessous de 22 f. 01 c.	au-dessous de 20 f. 01 c.	au-dessous de 18 f. 01 c.	au-dessous de 16 f. 01 c.	Les droits ci-dessus seront augmentés de 82 cent. 1/2 par chaque franc de baisse.		Les droits ci-dessus seront augmentés de 2 fr. 70 c. par chaque franc de baisse.		— 13 3/4	— 30
				SARRASIN.					
au-dessus	au-dessus	au-dessus	au-dessus	l'hectolitre.	l'hectolitre.	100 kilog.	100 kilog.	l'hectolitre.	100 kilog.
de 28 fr.	de 26 fr.	de 24 fr.	de 22 fr.	— 10	— 10	— 25	— 25	E.	E.
28 à 27 f. 01 c.	26 à 25 f. 01 c.	24 à 23 f. 01 c.	22 à 21 f. 01 c.	— 10	1 35	— 25	1 91	2 40	6 —
27 26 01	25 24 01	23 22 01	21 20 01	— 10	1 35	— 25	1 91	1 60	4 —
26 25 01	24 23 01	22 21 01	20 19 01	— 50	1 75	1 75	3 41	— 80	2 —
25 24 01	23 22 01	21 20 01	19 18 01	— 90	2 15	3 25	4 91	— 10	— 25
24 23 01	22 21 01	20 19 01	18 17 01	1 30	2 55	4 75	6 41	— 10	— 25
23 22 01	21 20 01	19 18 01	17 16 01	1 90	3 15	7 —	8 66	— 10	— 25
au-dessous de 22 f. 01 c.	au-dessous de 20 f. 01 c.	au-dessous de 18 f. 01 c.	au-dessous de 16 f. 01 c.	Les droits ci-dessus seront augmentés de 60 cent. par chaque franc de baisse.		Les droits ci-dessus seront augmentés de 2 f. 25 c. par chaque franc de baisse.		— 10	— 25
				AVOINE.					
au-dessus	au-dessus	au-dessus	au-dessus	l'hectolitre	l'hectolitre.	100 kilog.	100 kilog.	l'hectolitre.	100 kilog.
de 28 fr.	de 26 fr.	de 24 fr.	de 22 fr.	— 08 3/4	— 08 3/4	— 27 1/2	— 27 1/2	F.	F.
28 à 27 f. 01 c.	26 à 25 f. 01 c.	24 à 23 f. 01 c.	22 à 21 f. 01 c.	— 08 3/4	1 23 3/4	— 27 1/2	1 93 1/2	2 10	6 60
27 26 01	25 24 01	23 22 01	21 20 01	— 08 3/4	1 33 3/4	— 27 1/2	1 93 1/2	1 40	4 40
26 25 01	24 23 01	22 21 01	20 19 01	— 43 3/4	1 68 3/4	1 92 1/2	3 58 1/2	— 70	2 20
25 24 01	23 22 01	21 20 01	19 18 01	— 78 3/4	2 03 3/4	3 57 1/2	5 23 1/2	— 08 3/4	— 27 1/2
24 23 01	22 21 01	20 19 01	18 17 01	1 13 3/4	2 38 3/4	5 22 1/2	6 88 1/2	— 08 3/4	— 27 1/2
23 22 01	21 20 01	19 18 01	17 16 01	1 66 1/4	2 91 1/4	7 70	9 36	— 08 3/4	— 27 1/2
au-dessous de 22 f. 01 c.	au-dessous de 20 f. 01 c.	au-dessous de 18 f. 01 c.	au-dessous de 16 f. 01 c.	Les droits ci-dessus seront augmentés de 52 cent. 1/2 par chaque franc de baisse.		Les droits ci-dessus seront augmentés de 2 fr. 47 c. par chaque franc de baisse.		— 08 3/4	— 27 1/2

A. Le droit de sortie sera augmenté de 2 fr. sur les grains et de 4 fr. sur les farines, par chaque franc de hausse.
B. Le droit de sortie sera augmenté de 1 fr. 20 c. sur les grains et de 2 fr. 60 c. sur les farines, par chaque franc de hausse.
C. Le droit de sortie sera augmenté de 1 fr. sur les grains et de 2 fr. 40 c. sur les farines, par chaque franc de hausse.
D. Le droit de sortie sera augmenté de 1 fr. sur les grains et de 2 fr. 40 c. sur les farines, par chaque franc de hausse.
E. Le droit de sortie sera augmenté de 80 c. sur les grains et de 2 fr. sur les farines, par chaque franc de hausse.
F. Le droit de sortie sera augmenté de 70 c. sur les grains et de 2 fr. 20 c. sur les farines, par chaque franc de hausse.

LÉGISLATION ET TARIFS

DES

COLONIES ET POSSESSIONS FRANÇAISES.

LÉGISLATION.

Les colonies françaises sont régies généralement par des lois et règlements uniformes sinon dans tous leurs détails, du moins dans leurs bases essentielles. La législation ne peut, en cas d'urgence, être changée que par décrets rendus en la forme de règlements d'administration publique.

Par les mots *Colonies françaises* on n'entend, pour l'application du tarif, que les colonies à culture, c'est-à-dire l'île de la Réunion, la Guyane française, ce qui comprend l'île de Cayenne, la Martinique et la Guadeloupe avec ses dépendances, savoir : Marie-Galante, la Désirade, les Saintes et la partie française de l'île Saint-Martin. Elles sont régies seules par le régime dit *Pacte colonial*, dont les prescriptions principales consistent dans la réserve exclusive à la France du droit d'approvisionner ses colonies de tous les objets quelconques dont elles ont besoin ; dans la défense aux colonies de vendre leurs produits à d'autres pays qu'à la métropole ; dans la réserve aux navires français du transport de tous les objets d'échange entre les colonies et la France. Toutefois cette législation, absolue d'abord dans son application, a dû subir depuis quelques modifications, et notamment pour les colonies la facilité de recevoir certaines marchandises par navires étrangers, et de leur laisser exporter des sirops, des tafias et même des sucres raffinés.

Les autres possessions françaises sont : en Amérique, Saint-Pierre et Miquelon : — en Afrique, le Sénégal, Gorée et Albréda, Assinie, le Gabon, le Grand-Bassam ; — en Asie, Pondichéry et Karikal, côte de Coromandel ; — Mahé, côte de Malabar, Yanon, côte d'Orixa, Chandernagor, au Bengale : — en Océanie, Tahiti, Noukahiva, la Nouvelle-Calédonie et l'île des Pins.

Ces possessions sont, sous le rapport du tarif des douanes de la métropole, soumises à un régime très-différent de celui réservé aux colonies françaises.

Voici maintenant les dispositions spéciales à chaque colonie ou établissement pour les marchandises qui y sont importées ou qui en sont exportées.

MARTINIQUE.

1° *Ports ouverts au commerce français et étranger.* — Saint-Pierre, — Fort de France, — la Trinité, — du Marin.

2° *Commerce direct avec la France.* — Exclusivement réservé aux navires français de 40 tonneaux au moins.

3° *Produits coloniaux.* — Ne peuvent être exportés que pour la France, sauf les sirops, les tafias, les vins et liqueurs d'oranges ou d'autres fruits coloniaux, le rocou.

4°, 5°, 6°, 7° et 8° *Marchandises étrangères admises.* — Sont de deux sortes : celles qui peuvent faire concurrence à des produits français, celles que la France ne saurait fournir à la colonie. Les premières sont soumises à des droits, les autres sont reçues en franchise. Lorsque ces marchandises viennent d'Europe ou des pays non européens sur la Méditerranée, elles ne sont admises que par navires français. Si elles ont été chargées dans les entrepôts de la métropole, elles jouissent de la réduction de droits d'un cinquième. — Toutes les marchandises importées peuvent être ensuite réexportées en franchise de droits.

9° *Liquidation des droits.* — Pour les droits au poids, au nombre, à la mesure : d'après les vérifications faites des déclarations des capitaines.— Pour les droits à la valeur : d'après les mercuriales officielles établies mensuellement ou semestriellement. — Pour les articles non compris aux mercuriales : d'après les valeurs portées aux acquits-à-caution, ou aux factures représentées, augmentées de 25 %.

10° et 11° *Exportations.* — Les sucres, les sirops et les tafias payent seuls un droit de sortie qui tient lieu de l'impôt foncier. Pour les deux premiers c'est 4 %, pour les autres 3 % de leur valeur, déterminée tous les dix jours par une mercuriale.

12° *Entrepôts.*— Il existe deux entrepôts à la Martinique, l'un à Saint-Pierre, l'autre à Fort-de-France. Ils sont ouverts pour toutes les marchandises. Celles d'Europe ou des pays méditerranéens ne sont admises qu'apportées par bâtiments français, soit directement des lieux de production, soit des entrepôts métropolitains.

Les marchandises étrangères, dont l'admission pour la consommation est interdite, peuvent, après avoir été expédiées des entrepôts de France sur ceux de la colonie, être admises en payant les droits du tarif général.

Les marchandises entreposées peuvent être réexportées pour l'étranger par tous pavillons.

Celles destinées pour la France doivent être expédiées sous les formalités applicables aux mutations d'entrepôt.

Les marchandises repoussées de la consommation coloniale ne peuvent être apportées dans les entrepôts, ou en être réexportées que par navires de 25 tonneaux au moins.

Les fers et aciers étrangers non ouvrés, expédiés de la métropole, ne sont passibles que du cinquième des droits du tarif général. — Par application, les ouvrages fabriqués en France, avec des métaux admis sous le régime de l'admission temporaire, sont admis au cinquième du droit afférent à la matière première.

TARIFS.

DROITS D'ENTRÉE.

Marchandises françaises. . . . . exemptes.

Marchandises étrangères. . . . . admises à l'importation.

A

MARCHANDISES.	UNITÉS.	DROITS.	MARCHANDISES.	UNITÉS.	DROITS.
		fr. c.			fr. c.
Animaux vivants (1) :			*Tabac* préparé.	100 kil.	120 00
mules et mulets, par navires français.	par tête.	15 00	*Mouchoirs* de l'Inde en coton teint en fil, sans apprêt, dits madras ou paliacats.	la pièce de 8 mouchrs.	8 00
par navires étrangers.	id.	30 00	glacés ou cylindrés à chaud, dits vandapolam et mazulipatam.	id.	4 00
chevaux, bœufs.	id.	25 00	*Toiles* à voiles écrues, de lin et de chanvre, ayant en chaine moins de 8 fils dans 5 millim.	100 kil.	60 00
vaches, taureaux, taurillons, génisses, ânes.	id.	12 50	*Cuirs* verts en poil, non tannés.	la pièce.	0 35
veaux, porcs, moutons, chèvres.	id.	4 00	*Charrues*.	id.	25 00
tous autres.	id.	1 00	*Chapeaux* de paille, dits panamas.	id.	5 00
Bois : feuillard.	le millier.	10 00	*Voitures*, moulins à égrener le coton, pompes en bois non garnies, chaudières en fonte et pot n.	valeur.	15 %
merrains.	id.	6 00	*Houes* et pelles.	la douzc.	4 00
aissantes.	id.	0 75	*Serpes* et coutelas.	id.	3 00
planches et autres.	100m longr.	1 25	*Rames* et avirons.	1m de long.	0 05
Goudron minéral.	100 kil.	0 05	*Légumes* secs et leurs farines (2), par navires étrangers.	l'hectol.	2 00
végétal.	id.	0 75	*Maïs* en grains et en farine (2), p. navir. étrang.	id.	2 00
Charbon de terre.	id.	0 10	*Riz* (2) de toutes provenances, compris ceux		
Fourrages verts et secs.	id.	0 50			
Froment en grains (2), par navires étrangers.	id.	2 00			
Graines potagères, fruits de table.	id.	6 00			
Morues et autres poissons salés.	id.	3 00			
Sel.	id.	5 00			
Tabac en feuilles.	id.	60 00			

(1) Les animaux destinés à la reproduction sont admis en franchise.
(2) Régime applicable jusqu'au 30 juin 1866 (Loi du 24 juillet 1860).

(Suite du tableau *A*.)

MARCHANDISES.	UNITÉS.	DROITS.
		fr. c.
chargés dans les entrepôts français, par navires étrangers	100 kil.	0 25
Farine de froment, par navires étrangers	l'hectol.	2 00
Viandes salées de tous pays, importées par tous les pavillons	100 kil.	0 50
Vins étrangers à la France.		
par navires franç.	l'hectol.	0 25
par navires étrang.	id.	5 00
Vanille par navires franç.	le kil.	5 00
par navires étrang.	id.	10 00
Arachides	Droits du tarif général.	

MARCHANDISES.	UNITÉS.	DROITS.
		fr. c.
Boucauts en bottes avec leurs fonds	la pièce.	0 25
Socs et couteaux de charrue par nav. franç.	id.	0 25
par nav. étrang.	id.	2 50
Bananes, ignames, patates, oranges, citrons, farine de manioc	....	exempts.
Guano par nav. franç. des lieux d'origine et des entrep. franç.	....	id.
d'ailleurs	100 kil.	0 50
par navires étrangers	id.	1 00
Pièges à rats	la douz^e^.	3 00
Volailles	....	exemptes.

B

Marchandises étrangères admises par tous pavillons en franchise de droits.

Baumes et sucs médicinaux, bois d'ébénisterie et bois odorants, cire brute, cochenille, cocos et coques de, cuivre brut, curcuma, dents d'éléphant, écailles de tortue, étain brut, fanons de baleine, gingembre, gomme, grains d'amome, grains durs à tailler, indigo, joncs et roseaux, kermès, légumes verts, laque naturelle, muscades, nacre, or et argent, os et cornes de bétail, peaux sèches brutes, plomb brut, poivre, potasse, quercitron, quinquina, racines, écorces, herbes, feuilles et fleurs médicinales, substances animales propres à la médecine et à la parfumerie, sumac.

C

Marchandises importées en droiture, par navire français, des établissements français de la côte occidentale d'Afrique.

Bœufs, ânes, chèvres, moutons	par tête.	0 fr. 50 c.
Riz	par 100 kil.	0 50
Arachides	Id.	1 00

D

Marchandises provenant de Pondichéry et des autres établissements français de l'Inde, par navire français.

Toileries de l'Inde. — Toiles de coton écrues ou blanchies, dites *coujous* ou *salempoor*. — Percale bleue, dite *sandrecana*. — Toiles à carreaux et mouchoirs, dits *Burgos*. — Pantalons et chemise de toile grossière. — Toiles à voile . . . . 20 %

Toiles dites *Guinées*	Id.	15 %
Meubles et jouets d'enfants	Id.	10 %
Huile de coco	100 kil.	4 %
Riz	Id.	exempt.
Sacs de gomis	100 en nomb.	0 50
Pantoufles de Pondichéry	valeur.	12 %

Les mêmes, importées des entrepôts de France, jouissent de la réduction d'un cinquième des droits.

TARIF DES DROITS DE NAVIGATION (1).

DÉSIGNATION des droits.	DROITS par tonneau.	DROITS par bâtiment.	DROITS par acte.
	fr. c.	fr. c.	fr. c.
Tonnage : bâtiments franç. venant de France ou de ses possessions.	....	....	....
bâtiments venant de l'étranger, de long cours et de grand cabotage, avec chargement : pour la consommation ou l'entrepôt.	2 90		

DÉSIGNATION des droits.	DROITS par tonneau.	DROITS par bâtiment.	DROITS par acte.
	fr. c.	fr. c.	fr. c.
Tonnage (suite) :			
avec 2/3 de chargement en bois	1 60		
sur lest	0 20		
de petit cabotage : chargés	1 15		
sur lest	0 20		
Droit de congé (bât. franç.) de passeport (bât. étrang.)	....	....	6 00
Permis de charger et décharger au mouillage	....	5 00	
Droit de francisation, au-dessous de 100 tonneaux	0 09		
de 100 et moins de 200 tonn.	....	18 00	
de 200 à 300 tonn.	....	24 00	
pour chaque 100 tonneaux en plus	....	6 00	

(1) Les navires français venant de l'étranger qui opèrent des déchargements successifs dans divers ports de la colonie, ne payent les droits qu'au premier port d'abord. Les navires étrangers les payent au contraire dans tous les ports où ils font opération de commerce.

DROITS DE PILOTAGE.

TONNAGE.	Par bâtim^ts^ français venant de la France ou de ses possessions.	Par bâtiments venant de l'étranger.
	fr. c.	fr. c.
30 tonneaux et au-dessous	14 60	17 50
31 à 60	20 15	35 00
61 à 100	43 75	52 50
101 à 150	52 50	78 75
151 à 200	70 00	96 25
201 à 250	87 50	113 75
251 à 300	105 00	131 35
301 à 350	122 50	148 75
351 et au-dessus	140 00	166 25

DROITS OU TAXES DIVERS.

Droit de mouillage provisoire, navire français. . . . par navire 12 »

Droits de phare à Port-de-France. Long cours ou grand cabotage . . . . Id. 10 »
petit cabotage . . . . Id. 3 »

Droits d'interprète, bâtiment étranger, varient de 10 à 60 francs par navire, selon leur contenance. — Division comme droit de pilotage pour le tonnage.

Droit d'amarrage sur les corps-morts à Saint-Pierre :
Par bâtiment : Au long-cours. . . par voyage. 20 »
Au grand cabotage Id. 5 »
Au petit cabotage. Id. 3 »

Droit d'entrepôt. — Magasinage. — Par an, sans fraction, 1 % de la valeur des marchandises.
Par plomb. — Mutations d'entrepôt. . . . 0 50

DROITS D'OCTROI

PERÇUS A L'ENTRÉE DES DENRÉES CI-APRÈS D'APRÈS MERCURIALE.

Aissantes blanches, le millier, 0 fr. 25 ; aissantes du nord, 0 fr. 40 animaux vivants par tête : ânes et ânesses, 1 fr. ; bœufs, taureaux, vaches, 3 fr. ; veaux, bouvillons, taurillons, génisses, 2 fr. ; chevaux, juments et poulains, 10 fr. ; porcs, 0 fr. 50 ; béliers, moutons, agneaux, boucs, chèvres, chevreaux, 0 fr. 35 ; beurre, le frequin, 0 fr. 75 ou le kil. 0 fr. 05 ; bière en barrique baril, le litre 0 fr. 02 ; ou les 12 bouteilles, 0 fr. 25 ; biscuits, la caisse, 0 fr 50 ou le baril, 0 fr. 25 ; bœuf salé, 1 fr. 50 ou le kil. 0 fr. 02 ; bois d'ébénisterie, 2 p. °/o de la valeur ; bois du nord, les 100 mètres 1 fr. ; bois blanc, 0 fr. 75 ; brai et goudron, les 100 kil. 0 fr. 25 ; briques, le millier 1 fr. ; bougie stéarique, de cire et autres, la caisse de 12 kil., 0 fr. 50 ; chandelles, la caisse 0 fr. 30 ; chaux, la futaille 0 fr. 20 ; carreaux en terre, le millier 1 fr. ; carreaux en marbre ou autres pierres, 2 fr. ; clous divers, le baril 0 fr. 50 ; conserves, alimentaires 5 p. °/o de la valeur ; cordages de toutes sortes, les 100 kil. 1 fr. ; couleurs (peinture), 2 fr. 50 ; cuivre laminé, 5 fr. ; eau-de-vie de vin, l'hectolitre 5 fr. ; de genièvre, 5 fr. ; de cerise (kirsch), 10 fr., essence de térébenthine, les 100 kil., 2 fr. 50 ; farine de froment, le baril 1 fr. 50 ; farine de maïs, 0 fr. 50 ; fromages de toute sorte, le kilo 0,02 ; fers en barres, les 100 kil. 1 fr. ; fruits de table verts et secs 2 fr. ; confits à l'eau-de-vie, la caisse 0 fr. 20 : oléagineux (amandes, noix, noisettes, olives fraîches et arachides), les 100 kil. 2 fr. ; graisse de poisson, le k. 0 fr. 01 ; gruaux et fécules, les 100 kil. 0 fr. 50 ; huile d'olives en paniers, les 12 bouteilles, 0 fr. 30 ; huile en cave, les 12 probans, 0 fr. 10, en futailles, les 100 kil. 2 fr. 50 ; huile de graines, 2 fr. ; jambon le kilo 0 fr. 02 ; légumes secs les 100 kil., 0 fr. 50 ; légumes verts, 0 fr. 20 ; liége ouvré 5 fr. ; liqueurs, le litre 0 fr. 05 ; maïs en grains, l'hectolitre 0 fr. 20 ; merrains, le millier, 1 fr. ; mouchoirs de madras, la pièce de 8 mouchoirs, 0 fr. 56 ; mouchoirs des Indes, 0 fr. 25 ; orfévrerie de bijouterie et horlogerie, 2 1/2 p. °/o de la valeur ; parfumerie, par franc 0 fr. 05 ; pâte d'Italie, le kilo 0 fr. 02 ; pommes de terre les 100 kil. 0 fr. 10 ; poissons salés, fumés et en saumure (la morue exceptée), le kilo 0 fr. 01 ; porc salé, le baril 1 fr., idem le kilo ; riz, les 100 kil. 0 fr. 75 ; saindoux, le kilo 0 fr. 02 ; salaisons assorties, la caisse, 0 fr. 25 ; savon, 0 fr. 25 ; sel marin, les 100 kil. 0 fr. 50 ; sirops, confitures et bonbons, 5 fr. ; sucre raffiné, le kilo 0 fr. 10 ; suif brut, 0 fr. 02 ; tabac fabriqué, les 100 kil. 25 fr. ; tabac en feuilles, 5 fr. ; tissus de coton, de laine 1/2 p. °/o, de la valeur ; de chanvre, de lin, de soie 1 p. °/o de la valeur ; autres tissus, idem ; tuiles plates et faîtières, le millier 1 fr. ; vins de Provence, en barrique, la barrique 2 fr. 50 ; en caisses, paniers ou dames-jeannes, la caisse, paniers, ou dames-jeannes, 0 fr. 25 ; vins de Bordeaux en barrique, la barrique 3 fr. 50 ; en caisses, paniers, dames-jeannes, la caisse, panier, dame-jeanne, 0 fr. 30 ; vins de liqueur de Champagne, le panier de 12 bouteilles 3 fr. ; de Madère, le litre 0 fr. 20 ; vins de liqueur, autres, le litre 0 fr. 10 ; viandes apprêtées 5 p. °/o de la valeur ; vinaigre, l'hectolitre 0 fr. 25 ; voitures suspendues, l'unité 20 fr. ; autres marchandises non dénommées ci-dessus, par franc, 0 fr. 02.

Le droit est liquidé sur le poids net pour toutes les marchandises tarifées par kilo ou par 100 kilos.

GUADELOUPE.

1° Les ports ouverts au commerce français ou étranger sont ceux de la Pointe-à-Pitre, de la Basse-Terre, du Moule, du Grand-Bourg, de Marie-Galante, du Port-Louis.

2 à 8° Même régime qu'à la Martinique ;

9° Même régime qu'à la Martinique, sauf pour les marchandises non reprises aux mercuriales, qui payent à la valeur déclarée et peuvent être préemptées.

10° Droits de sortie ; sucres et sirops . . . . par 100 k. 2 fr.
cafés . . . . par 100 k. 3

11° Sont admis en franchise à la Guadeloupe et dépendances, les animaux vivants, le sel, les potiches en terre grossière, le beurre frais, la fécule de dictame, le maïs, les paillassons venant de la partie française de l'île Saint-Martin.

12° Deux entrepôts existent : l'un à la Basse-Terre : l'autre à la Pointe-à-Pitre ; même régime qu'à la Martinique.

TARIFS.

D'importation : de navigation, comme à la Martinique.

Droits de pilotage comme à la Martinique, seulement l'échelle commence.

Bâtiments de 70 à 100 tonneaux franç. . . . . 43 fr. 75 c.
de 60 à 100 tonneaux étrang. 52 50

Puis les gradations continuent :

Droits de phare, par tous les bâtiments français ou étrangers, au long cours ou au grand cabotage, au 1er port d'abord seulement. 0 fr. 30 c.

Droits d'interprète : pour les bâtiments étrangers au-dessous de 60 tonneaux. 5 00

Varient ensuite de 30 à 135 fr. selon le tonnage.

A la Basse-Terre et à Marie-Galante ces droits sont augmentés de moitié en sus.

Droit de mouillage provisoire (72 heures) par navire, 11 fr.

Droit d'amarrage sur les corps morts : au Moule seulement, par tonneau, 0 f. 30.

Droits d'entrepôt, comme à la Martinique.

DROITS D'OCTROI.

Aissantes blanches, le mille en nombre 0 fr. 25 ; du nord, idem 0 fr. 40 ; ardoises, idem 1 fr. ; avoines en graines, par hectolitre 0 fr. 25 ; beurre salé par frequin ou 20 kil. net 1 fr. ; bœufs vivants, par tête 2 fr. ; bière l'hectolitre, 2 fr. ; biscuits de mer, par 100 kil. net 1 fr. ; bois blanc, par 100 mètres, 0 fr. 75 ; bois du nord, idem 1 fr. ; bougies par 100 kil. net, 5 fr. brai, goudron et térébenthine, idem 0 fr. 25 ; briques non réfractaires, le mille en nombre 1 fr. ; carreaux en terre cuite, idem 1 fr ; carreaux de marbre, idem 3 fr. ; carreaux d'autres pierres, idem 2 fr. ; chandelles, suif brut (graisses de bœuf et de mouton), par caisse ou 12 kil. 50 net, 0 fr. 30 ; chaux éteinte, par 100 kil. 0 fr. 05 ; chevaux entiers, hongres, juments et poulains, par tête 10 fr. ; clous divers, par 100 kil. net 0 fr. 50 ; bordages divers, idem 2 fr. 50 ; cuivre laminé en feuilles, idem 5 fr. ; eaux-de-vie de toute sorte, l'hectolitre 10 fr. ; essence de térébenthine, par 100 kil. net, 2 fr. 50 ; farine de froment, par baril de 90 kil. net 1 fr ; farine de maïs et autres que de manioc, l'hectolitre 0 fr. 75 ; fer en barres, par 100 kil. net 1 fr. ; fromages de toutes sortes, idem 2 fr. 50 ; fruits confits au vinaigre, 3 fr. ; à l'eau-de-vie, la caisse de 12 pobans, 1 fr. ; salaisons assorties, 3 fr. ; fruits de table secs ou tapés, par 100 kil. net, fr. ; fruits de table, cocos, le mille en nombre 2 fr. ; autres par 100 k. net 0 fr. 25 ; huile d'olives, par panier de 12 bouteilles, 0 fr. 30 ; par caisse de 12 pobans 0 fr. 10 ; huile d'olives et de graines grasses en fûts par 100 kil. net 2 fr. 50 ; légumes secs, fèves, par hectolitre 0 fr. 25 ; autres, idem 0 fr. 50 ; légumes verts, par 100 kil. net 0 fr. 20 ; légumes salés ou confits et conserves, idem 3 fr. ; légumes, l'hectolitre 4 fr. ; maïs en grains, idem 0 fr. 35 ; pâtes d'Italie, par 100 kil. net, 2 fr. ; peaux brutes, la pièce 0 fr. 25 ; teintures assorties et blanc de zinc préparé, par 100 kil. net, 2 fr. 50 ; poissons marinés ou à l'huile, et conservés, idem 2 fr. poissons salés ou fumés autres que morue, idem 1 fr. ; pommes de terre, idem 0 fr. 20 ; porcs et cochons de lait, par tête 1 fr. ; riz en grains par 100 kil. net, 0 fr. 75 ; saindoux, idem 3 50 ; savons autres que ceux de parfumerie, idem 2 fr. ; son, idem 0 fr. 50 ; sucre raffiné, 2 fr. ; tabacs en feuilles, idem 3 fr. ; fabriqués, idem 25 fr. ; tuiles le mille en nombre, 1 fr. ; viandes salées de bœuf, le baril de 90 kil. net 1 fr. 75 ; viandes salées de porc et lard en planches idem 2 fr. 50 ; jambons, viandes apprêtées et conserves, idem 4 fr. ; vins ordinaires de côtes, l'hectolitre 0 fr. 75 ; de Bordeaux en simple fût, idem 1 fr. 25 ; en cercle et double fût, idem 3 fr. 50 ; vins de liqueurs, idem 10 fr. ; vinaigre, idem 0 fr. 60.

ILE SAINT-MARTIN.

Les produits français sont admis en franchise au port de Marigot. — Ceux étrangers entrent également librement, à l'exception des armes et munitions de guerre, sucres bruts, mélasses, rhums, tafias, coton en laine, sel marin, potiches en terre grossière, paillassons, fécule de dictame et maïs de Barbarie, qui sont prohibés.

L'exportation est également libre pour tous les produits, sauf les sucres, mélasses, rhums et tafias, les charbons de bois et le bois à brûler.

Les droits d'octroi sont les mêmes qu'à la Guadeloupe.

Il n'existe aucun droit de port ou de navigation.

GUYANE FRANÇAISE.

Le commerce direct avec la France ne peut se faire que par navires français.

Le port de Cayenne est ouvert à tous les bâtiments français et étrangers qui peuvent y charger, pour toute destination, les denrées du crû de cette colonie, et y apporter des marchandises de toute provenance, en payant les droits. — Il existe un entrepôt à Cayenne ; mais l'administration peut en refuser l'entrée à certaines marchandises, à son gré, la faculté de l'entrepôt fictif étant accordée à Cayenne à tous les negociants.

Les droits d'entrée sont perçus sur la valeur des marchandises, prises dans la colonie, d'après les mercuriales arrêtées tous les six mois, ou d'après les factures représentées et forcées de 50 °/o. — La douane peut exercer le droit de préemption.

TARIF D'ENTRÉE.

Marchandises françaises venant directement de France ou des colonies françaises, par navires français, et produits non prohibés du crû de ces colonies importés par navires français . . . . 2 °/o

Bacaliau, bœuf salé, beurre et saindoux, bois de sapin, blanc de baleine, chandelles, charbon de terre, chaux éteinte, farine de froment, de seigle ou de maïs, fers bruts, bois feuillard, goudron et brai, poissons salés, harengs saurs, huile de poisson, légumes frais et secs, merrains, porc salé, riz, sel, suif, tabac en feuilles . . . . 5 °/o

Autres marchandises non dénommées. . . . . 10 °/o

Fers et aciers étrangers non ouvrés venant des entrepôts de France, par navires français.		2 °/o
Mouchiors madras.	le mouchoir.	1 »
Vins étrangers, par navires français	l'hectolitre.	» 25
par navires étrangers	Id.	5 »
Viandes salées venant de l'étranger.	100 kil.	0 50

Chaudières fabriquées en France avec de la fonte étrangère, droit du tarif général sur la fonte.

Sont prohibées pour la consommation.

Venant des colonies françaises par bâtiments français : sucre brut et terré, café, coton en laine, cacao, cannelle, girofle, muscade, poivre, indigo, rocou non préparé, liqueurs spiritueuses, à l'exception des eaux-de-vie et liqueurs de France et de la Martinique, du kirsch et du genièvre.

Venant de l'étranger ou par bâtiments étrangers : poudre à tirer, sucre raffiné, coton filé, tissus de laine, de coton, de soie, de chanvre, vêtements confectionnés, y compris les chapeaux et les chaussures.

Sont admis en franchise de droits.

Sous tous pavillons et de toutes provenances : animaux vivants, métaux précieux, instruments d'agriculture introduits à titre d'essai, machines et mécaniques nécessaires à l'industrie coloniale, chaux vive, objets d'histoire naturelle.

Par navires français venant directement de France : farines et farineux alimentaires, légumes frais et secs, bœuf et porc salés, morue et poissons salés, harengs saurs, chaudières à sucre, outils et instruments aratoires.

DROITS DE SORTIE

		par navire franç.	par navire étrang.
Sucre brut ou terré.	100 kil.	0 70	1 30
Café	id.	2 50	5 58
Coton	id.	2 00	3 58
Rocou.	id.	3 00	3 00
Girofle	id.	2 35	4 90
— (Clous de)	id.	0 10	0 40
Tafia.	1000 litres.	0 50	0 50
Cacao.	100 kil.	0 45	1 80
Mélasse	1000 kil.	0 50	0 50
Peaux de bœuf.	chaque.	0 05	0 20
Bétail.		Prohibé.	Prohibé.

Marchandises étrangères prohibées :
- provenant de saisie. . . . . la valeur. 2 %
- sortant de l'entrepôt fictif. . . . . id. 1/4 %

Bois, poivre, cannelle, piment, gingembre, vanille, indigo, muscades, curcuma, simarouba, objets d'histoire naturelle, tortues, œufs frais, Exempts.

DROITS DE NAVIGATION.

Droits de francisation :

Bâtiments de 100 tonneaux et au-dessous.	par bâtiment.	60 »
101 à 200	id.	75 »
201 à 300.	id.	90 »
au-dessus de 300 tonn. par 100 tonn. en sus.		15 »

Droit de congé. — Voyage de long cours. . . . . Par bâtiment. 20 »
de grand et petit cabot. id. 15 »

Droits accessoires :
Pilotage à l'entrée. — Si le navire mouille en grande rade ou dans le port, varie de 30 à 90 francs par bâtiment, selon le tonnage, depuis 50 à 399 tonneaux ; puis au-dessus s'agmente de 15 fr. par chaque 100 tonneaux.
en rade. — Appel d'un pilote et non entrée dans le port.
- Chaque marée. . . . . 10 »
- Changement de mouillage. . . . . 6 »
- Séjour à bord, par jour . . . . 6 »
- (Plus la nourriture.)

Pilotage de la petite rade à la pointe de Macouria, par navire, quel que soit le tonnage. . . 30 »
à la sortie. — Mêmes droits qu'à l'entrée.

DROITS DE MAGASINAGE.

Bois de teinture et ébénisterie	1000 kil.	4 »
Tabac en feuilles.	Le boucaut pesant plus de 600 kil.	3 »
	moins de 600k.	2 »
Morue en bacaliau	le boucaut.	1 »
Rhum et tafia.	le fût au-dessus de 300 litres.	1 »
	de 2 à 300 litres.	» 75
	de moins de 200 litres.	» 40
Sucre.	la barrique.	1 »
	le tierçon.	» 80
	le sac ou balle.	» 25

Les autres marchandises payent des droits qui varient de 15 c. à 75 c., selon leur nature et leur volume.
La durée du magasinage est d'une année.

ILE DE LA RÉUNION.

Ports ouverts au commerce : Saint-Denis, Saint-Paul, Saint-Pierre.
Rades ouvertes. La Possession, Saint-Gilles, Saint-Leu, Étang-Salé, Manapany, Sainte-Rose, Saint-Benoît, Champ-Borne, Bois-Rouge, Sainte-Suzanne, Sainte-Marie.

TARIF D'ENTRÉE.

Marchandises françaises. . . . . exemptes.
Sauf eaux-de-vie et spiritueux, par hectol. . 50 francs.

MARCHANDISES ÉTRANGÈRES DE TOUTES PROVENANCES.

MARCHANDISES.	DROITS. Unités.	par navires français.	par navires étrangers.
		fr. c.	fr. c.
Animaux vivants :			
chevaux, de petite taille. . .	par tête.	10 00	30 00
ordinaires	id.	20 00	50 00
mulets	id.	10 00	30 00
bœufs, vaches, taureaux, bouvillons, taurillons génisses.	id.	exempts.	30 00
veaux, béliers, brebis, moutons, boucs, chèvres, porcs, ânes	id.	id.	5 00
agneaux et chevreaux	id.	id.	3 00
sangsues	le mille.	1 00	5 00
autres animaux vivants . . .	valeur.	exempts.	10 %
Produits et dépouilles d'animaux.			
Viandes salées ou séchées	100 kil.	0 50	0 50
Peaux brutes, non tannées.	la pièce.	0 30	15 01
Laines pour matelas	valeur.	20 %	30 %
Crins bruts et ploes	100 kil. B	2 00	10 00
Graisse de mouton, suif, saindoux.	id.	8 00	15 00
Fromages.	id.	15 00	25 00
Beurre salé.	id.	5 00	10 00
Guano, des lieux d'origine, et des entrep. franç.	id.	exempt.	1 00
d'ailleurs.	id.	0 50	1 00
Pêches :			
Morue et autres poissons salés (1) .	id.	2 50	7 00
Huîtres fraîches.	le mille.	exemptes.	2 00
Graisses et huiles de poisson . . .	100 kil.	40 00	45 00
Blanc de baleine et de cachalot. . .	id.	20 00	25 00
Matières dures à tailler			
Os et sabots d'animaux.	id.	exempts.	10 00
Farineux alimentaires :			
Céréales : froment en grains (2). .	l'hectol.	id.	2 00
en farines (2). .	100 kil.	id.	2 00
maïs, en grains (2)	l'hectol.	id.	2 00
en farine.	100 kil.	id.	2 00
grains, dhales, embériques.	l'hectol.	2 00	5 00
riz de toutes provenances, y compris ceux chargés dans les entrep. franç. (2).	100 kil.	exempt.	0 25
légumes secs et leurs farines (2).	id.	id.	2 00
grains perlés et mondés. .	100 kil. B	12 00	17 00
Fruits et graines :			
Fruits de table	id.	6 00	12 00

(1) Ceux des îles Saint-Paul et Amsterdam : ceux préparés à l'île de la Providence, importés par nav. fr., sont admis en franchise.
Les poissons secs sont assimilés aux poissons salés.
(2) Régime applicable jusqu'au 30 juin 1866 (Loi du 24 juillet 1860).

MARCHANDISES.	DROITS. Unités.	par navires français.	par navires étrangers.
		fr. c.	fr. c.
Fruits oléagineux, graines de lin et de l'Inde (1).	100 kil. B	1 50	7 00
Graines à ensemencer, de jardin et de fleurs.	id.	1 00	9 00
Denrées coloniales :			
Confitures de toutes sortes.	100 kil. N	80 00	100 00
Thé.	le kil. N	1 50	6 00
Tabac en feuilles.	100 kil. B	15 00	25 00
fabriqué	id.	20 00	30 00
Vanille.	le kil.	10 00	15 00
Sucs végétaux :			
Résines	id.	1 00	5 00
Huiles (2) de capéjut des îles Molusque	le kil. N	2 50	8 00
de coco	100 kil. B	8 00	12 00
de palma-christi	id.	25 00	30 00
Opium.	100 kil. N	200 00	212 50
Espèces médicinales :			
Graine de moutarde	100 kil. B	5 00	10 00
Bois communs :			
de construction : feuillards. . .	le mille.	10 00	15 00
merrains . . .	id.	2 00	5 00
aissantes . . .	id.	0 75	1 00
planches . . .	100m long'.	1 00	2 00
Teintures et tannins ;			
Feuilles et écorces pour la teinture et la tannerie.	100 kil. B	1 00	9 00
Produits et déchets divers :			
Fourrages verts et secs.	id.	0 50	15 00
Son, de tous grains	l'hectol.	0 50	4 00
Avoine et orge	id.	2 00	6 00
Plants d'arbres.	100 kil. B	exempts.	5 00
Pierres, terres, combustibles, minéraux :			
Matériaux : briques et carreaux. .	le mille.	4 00	9 00
tuiles, plates.	id.	4 00	9 00
bombées	id.	10 00	15 00
faîtières	id.	15 00	20 00
tuyaux en terre cuite.	id.	25 00	30 00
tomettes.	id.	25 00	30 00
soufre, non épuré	100 kil. B	0 75	6 00
houille	id.	exempte.	5 00
Produits chimiques :			
Acides : citrique.	id.	2 00	7 00
sulfurique.	id.	10 00	15 00
Sels, marin et gemme	id.	5 00	10 00
sulfate d'alumine	id.	25 00	30 00

(1) Les arachides et les pistaches de terre leur sont assimilées.
(2) Les huiles d'Illipé et d'arachides importées de l'Inde par navires français payent les droits du tarif métropolitain.

MARCHANDISES.	DROITS. Unités.	par navires français. fr.	c.	par navires étrangers. fr.	c.
Couleurs :					
noir à souliers	100 kil. N	120	00	130	00
animal	100 kil. B	7	00	12	00
Compositions diverses :					
Epices préparées :					
Moutarde et curcuma de l'Inde	id.	25	00	32	00
Soui et sauces anglaises	id.	15	00	20	00
Boissons fermentées :					
vins	l'hectol.	0	25	5	00
bière et porter	id.	6	00	11	00
Vitrifications :					
Poteries de terre	100 kil. B	6	00	11	00
porcelaine	100 kil. N	120	00	130	00
Tissus :					
de coton, nankin, venant directement de l'Inde ou de Chine	le kil. N	1	00	5	00
d'ailleurs	id.	4	00	5	00
d'écorces: pagnes de 8 fils	la pièce.	0	90	1	00
de plus de 8 fils.	id.	1	80	2	00
rabanes	le cent.	2	00	3	00
de lin et de chanvre, toiles à voiles écrues dont la chaine a moins de 8 fils dans 5 millimètres	100 kil. N	30	00	35	00
de poils : cachemires, châles longs et carrés de 1 m. 80 et plus	la pièce	100	00	120	00
moindres et écharpes	id.	50	00	70	00
de soie : foulards unis, écrus de l'Inde et de la Chine.	le kil. N	6	00	8	00

MARCHANDISES.	DROITS. Unités.	par navires français. fr.	c.	par navires étrangers. fr.	c.
Tissus : foulards (suite) :					
d'ailleurs	le kil. N	7	00	8	00
imprimés : de l'Inde, etc.	id.	12	00	15	00
d'ailleurs	id.	14	00	15	00
crêpes : unis des pays d'origine	id.	20	00	25	00
d'ailleurs	id.	25	00	30	00
brodés et façonnés :					
des pays d'origine	id.	34	00	45	00
d'ailleurs	id.	40	00	50	00
Ouvrages en matières diverses :					
Chapeaux de fibres de palmiers.					
grossiers.	la pièce.	0	25	1	00
fins	id.	0	75	2	00
Nattes de jonc et d'écorces, persiennes en rotin, paniers en rotin	valeur.	6	°/₀	10	°/₀
Cordages de Kair et de Bastin	100 kil. B	2	00	12	00
Chaudières de fontes et potin et moulins à égrener	valeur.	15	°/₀	25	°/₀
Charrues	la pièce.	25	00	35	00
Ouvrages en métaux: houes, pelles.	la douze.	4	00	8	00
tuyaux en tôle et fonte.	100 kil. B	40	00	45	00
crachoirs de l'Inde	la pièce.	1	50	2	00
Ouvrages en bois, pompes non garnies	valeur.	15	°/₀	25	°/₀
rames et avirons.	le mètre.	0	05	0	30
Serpes et coutelas	la douze.	3	00	4	00
Voitures	valeur.	20	°/₀	30	°/₀
Sacs de gounis	le cent.	5	00	5	50
Objets hors de commerce	valeur.	1	°/₀	2	°/₀

MARCHANDISES IMPORTÉES DE MAYOTTE, MASCATE, MADAGASCAR.

Les marchandises désignées au tableau précédent venant de Mayotte, remise des 3/4 des droits.

De Mascate et Madagascar, remise des 1/2 des droits, lorsqu'elles sont importées par navires français ou par ceux de l'Iman de Mascate.

MARCHANDISES IMPORTÉES DE LA CHINE.

Babarets en bois laqué avec dessins en or du Japon, balais en crins de coco, manches de bambou, bateaux chinois en racine de bambou avec sculpture; les mêmes en ivoire; bandéges en bambou peint et autres objets de tabletterie ou de mercerie, en bois, en ivoire, en nacre; importés par navires français, 12 p. °/₀ de la valeur.

MARCHANDISES IMPORTÉES DES ÉTABLISSEMENTS FRANÇAIS DANS L'INDE.

Par navires français.

Toiles de coton : pantalons et chemises en toile grossière, valeur. . . . . 20 p. °/₀
Toiles *guinées*, valeur. 15 —
Mouchoirs, dits *paliacats*, la pièce de 8. . . . . 8 fr.
— *vandapolam*, *mazulipatam*, la pièce. . . 4 00
Meubles, jouets d'enfants, bracelets et colliers en composition friable, instruments de musique et costumes indiens en bois ou carton, valeur. . . . . 10 °/₀
Huiles de coco et d'Illipé, 100 kil. B. . . . . 4 fr.
Sacs de gomis, le cent. . . . . » 50
Pantoufles, sandales, babouches de Chine, valeur. . . . . 12 p. °/₀

MARCHANDISES DE TOUTES PROVENANCES.

Admissibles en franchise par navires français, et aux droits du tarif de la métropole par navires étrangers.

Badiane, baumes médicinaux, bois d'ébénisterie et odorant, borax, cachou, camphre brut, cannelle, cire non ouvrée, cochenille, coques de coco, cuivre brut, cumin, curcuma, dents d'éléphant, écailles de tortue, étain brut, fanons de baleine, gingembre, gommes, gousses tinctoriales, graines d'amome, grains durs à tailler, indigo, joncs et roseaux, kermès, laque naturelle, légumes verts, lichens, millet, nacre, or et argent, peaux sèches et brutes, poivre et autres condiments, potasse, quercitron, quinquina, rocou, racines, écorces, fleurs, herbes médicinales, sagou, salep, séné, substances animales propres à la médecine et à la pharmacie, sumac.

MARCHANDISES IMPORTÉES DES ENTREPOTS MÉTROPOLITAINS.

Tarifées. — Droits des importations de l'étranger.

Prohibées (eaux-de-vie exceptées). — Droits du tarif général de France.

Fers et aciers, bruts, ou ouvrés en France. — Un cinquième des droits du tarif général sur la matière brute.

TARIF DES DROITS DE NAVIGATION.

Droits de tonnage.

		Nav. ch.	Nav. sur lest.
Français. —	Venant d'ailleurs que des possessions britanniques en Europe.	Exempts.	
	Venant de ces possessions, le tonneau.	2 »	0 fr. 20 c.
	Caboteurs, venant de Maurice.	1 »	0 fr. 20 c.
Étrangers. —	De Mascate.	Exempts.	
	Caboteurs, venant de Maurice.	1 »	0 fr. 20 c.
	Tous autres.	2 »	0 fr. 20 c.

Les droits sont dus par les navires étrangers dans tous les ports où ils font des opérations de commerce.

Droits de congé et passeport.

Français (congé), l'acte. 6 fr.
Etrangers (passeport), de Mascate, caboteurs de Maurice, et navires anglais venant des possessions britanniques autres que l'Inde, l'acte . . . . 6 fr.
Tous autres, l'acte. . . . . 20 fr.

Permis de charger ou de décharger.

Français, par navires. Exempts.
Etrangers, par navires. 5 fr.

Droits de francisation.

Bâtiments. — Au-dessous de 100 tonneaux, le tonneau. 0 fr. 09 c.
De 100 et moins de 200 tonn., le navire. . 18 » »
De 200 à 300 tonneaux, le navire. . . . . . 24 » »
Chaque 100 tonneaux en sus, le navire. . 6 » »

TAXES ACCESSOIRES.

Pilotage.

Français. — Caboteurs de Maurice :
Au-dessous de 100 tonneaux, le tonneau. . . 0 fr. 50 c.
Au dessus de 100 tonneaux, le tonneau. . . 7 » 50 »
Etrangers. — Au-dessous de 100 tonneaux, le tonneau. . 1 » »
Au-dessus de 100 tonneaux, le tonneau. . 15 » »

Mouillage provisoire.

Français. — . . . . Exempts.
Etrangers. — Le navire. . . . . 11 » »

Droit de phare.

Tous navires, le tonneau . . . . 0 » 20 »

Droit d'aiguade.

Tous navires, le kilolitre. . . . . 2 »

Expéditions.

Acte de francisation	2	50
Manifeste	1	
Permis, passavants, acquits de payement	»	15
Acquits-à-caution	»	50

TARIF DE SORTIE.

Denrées et productions coloniales, sauf les sucres, les cafés et les cotons. Pour l'étranger et par nav. étrang. 2 fr. par 100 kil. ou par hectol. de liquide.

Il est perçu à titre de taxe coloniale 3 1/2 % de leur valeur sur les produits ci-après :

Sucre, café, girofle, clous, griffes et essences, muscades et macis, coton, légumes secs, pommes de terre et oignons, miel, chocolat, sacs de vacoa.

Primes.

Les primes ci-après sont accordées à l'exportation :

Soie grége, doupions non compris, le kil.	16 fr.
Vanille (par quantité de 5 kil. au moins), le kil.	5 »

ENTREPOTS.

Un entrepôt réel est établi au port Saint-Denis; les marchandises provenant d'Europe ou des pays situés sur la Méditerranée doivent y être apportées par navires français. Les réexportations s'effectuent par tous pavillons, sauf bien entendu pour la France.

L'entrepôt fictif est accordé aux marchandises françaises et aux huiles destinées à la fabrication des savons.

Les droits de magasinage sont très-élevés à l'entrepôt de Saint-Denis, où il n'est pas admis de dépôt représentant moins d'un dixième de tonneau d'encombrement. Les droits sont toujours perçus pour quinze jours au moins. Ils sont de deux sortes selon que les marchandises vont à la consommation ou à l'exportation. Les premiers varient de 1 fr. 50 à 10 fr. par mois et par tonne; les seconds de 1 à 8 fr. selon l'espèce des produits entreposés.

RÉFACTION DES TARES.

Des tares légales sont admises pour la perception des droits à la sortie. Elles sont fixées comme suit :

Sucre : balles de 50 k. à 60 k. en sacs doubles de vacoa, par balle. et dans cette proportion, quand les balles excèdent 65 kilos.	3 k.
Café : balles de 50 kil., en sacs double de vacoa	2 k. 50
Girofle : balles de 30 k. —	2
balles de 30 à 50 —	3

Et dans cette proportion, quand les balles pèsent plus à l'entrée, on applique les tares légales du tarif général de France, si le commerce les réclame.

SÉNÉGAL ET SES DÉPENDANCES.

Navigation. — Entre la France et le Sénégal, compris l'île de Gorée et les possessions françaises, réservée aux navires français ainsi que le commerce dans le fleuve du Sénégal.

Importations. — Marchandises françaises, marchandises étrangères venant des entrepôts de France, et non dénommées ci-après, admises à Saint-Louis au droit de 2 % de leur valeur.

Cigares	10 %
Poutrelles en fer et autres pour construction	exemptes.
Vins étrangers de toute espèce importés de l'étranger par navires franç., l'hectolitre	0 fr. 25
Fruits, légumes frais, pierres des Canaries, importés par nav. français	exempts.
Viandes salées de toutes provenances, venant même de l'étranger par navires franç., 100 kil.	0 fr. 50

Exportations. — Produits de la colonie, sauf les arachides et les cafés Rio-Nunez et Rio-Pongo, exportés par nav. franç. valeur 2 %.

DROIT DE NAVIGATION.

Pilotage : navires venant d'Europe, les premiers 100 tonn.	1 fr.	00 c.
excédant	0	75
caboteurs, par tonneau	0	75
Ancrage : bâtiments venant de France, par tonneau	0	50
Francisation : au-dessous de 100 tonn. par bâtiment	9 fr.	»
de 100 à 199 tonn.	18	»
de 200 à 299 tonn.	24	»
en sus de 300, par chaque 100 tonn.	6	»
Congés : bâtiments de long cours, par voyage	6	»
caboteurs, par année	6	»

GORÉE.

Les marchandises de toute espèce et de toute provenance, à l'exception des toiles Guinée, peuvent être importées à Gorée et en être exportées en franchise par navires français ou étrangers. Ces derniers sont assujettis seulement au payement d'un droit fixe de 50 c. par tonneau de jauge.

COMPTOIRS

D'ASSINIE, GABON, GRAND-BASSAN.

Sous le régime de la franchise.

OCÉANIE.

Les marchandises admises à la consommation dans la colonie ont à payer pour droits :

Importées par bât. franç. ou assimilés . . . . 5 % de leur valeur.
par bât. étrangers . . . . 10 %

Sont affranchis de ces droits :

Les denrées alimentaires; les bestiaux vivants; les volailles; les graines potagères; l'huile de coco et les produits des îles voisines de Tahiti; les bois et planches propres aux constructions civiles; les objets nécessaires à la réparation, à l'armement, à l'entretien des navires; les machines, outils, instruments destinés à l'industrie et à l'agriculture; les meubles, instruments, vêtements, livres à l'usage des personnes qui viennent se fixer dans la colonie.

Il n'existe pas de droits de sortie.

Tout navire entrant dans le port doit dans les 24 heures de son arrivée, remettre son manifeste original, à peine de 500 fr. d'amende. Tous les colis doivent être désignés séparément au manifeste, sous peine de la même amende. Les marchandises non inscrites ou faussement déclarées au manifeste sont confisquées avec amende de 1,000 fr. Le navire peut être retenu pour la sûreté de ces amendes.

Toute marchandise entrant dans la colonie doit être déclarée à la douane dans les trois jours qui suivent l'arrivée du navire.

Aucun débarquement ne peut avoir lieu qu'avec un permis, avant le lever et après le coucher du soleil. Il en est de même des embarquements.

Si des marchandises sont faussement déclarées comme poids, nombre ou mesure, l'excédant est assujetti au payement du triple droit, s'il excède le vingtième pour les métaux et le dixième pour les autres denrées.

Tout excédent de colis est saisi avec amende de 300 fr.

L'entrepôt fictif est accordé. Ne peuvent en jouir les marchandises avariées ou sujettes à coulage. Le droit d'entrepôt est fixé à 1 % de la valeur des marchandises par année.

Il est accordé des réfactions de droits pour les marchandises avariées par événement de mer.

Aucun navire ne peut sortir du port sans passe-port ou permis.

DROITS DE NAVIGATION.

Tonnage : bâtiments français, par tonn.	0 fr.	50 c.
étrangers, par tonn.	1	»

Sont exemptés de ce droit les navires baleiniers : les navires en relâche forcée, ceux qui ne séjourneront pas plus de 24 heures dans la colonie.

Ce droit n'est exigible qu'au port de premier abord.

Expédition : navires français ou assimilés	12 fr.	50 c.
étrangers	20	»
Passe-port ou permis : par navire étranger	5	»
Pilotage : vaisseaux et frégates de guerre, étrangers	120	»
corvettes	90	»
navires d'un rang inférieur	60	»
de commerce, par mètre de tirant d'eau	12	»
tout mouvement de navire en rade	20	»

Il existe à Papeete des cales de halage et d'abattage où on trouve tous les objets nécessaires au radoub des bâtiments. Les taxes ont été fixées.

Location par jour, du quai d'abattage :

Navires au-dessous de 100 tonneaux	15 fr.
De 100 à 200 tonneaux	25
De 201 à 301 tonneaux	35
De 301 à 400 tonneaux	40
Chaque 50 tonneaux en sus.	10

Location par jour de la cale de halage :

	Jour du halage.	Jours suivants y compris celui de la mise à l'eau.
	—	—
Navires au-dessous de 100 tonneaux	80 fr.	40 fr.
De 100 à 200 tonneaux	120	60
De 201 à 300 tonneaux	180	90
De 301 à 400 tonneaux	240	120
Chaque 10 tonneaux en sus.	10	5

PRIX DES JOURNÉES D'OUVRIERS.

Contre-maître	12 fr. 50 c.
Ouvriers	10 fr.
Plongeurs	15 fr.
Manœuvres	4 fr.

ILES SAINT-PIERRE ET MIQUELON.

Les marchandises de toute origine importées par navires français sont admises en exemption de droits.

Celles étrangères, importées par navires étrangers, ont à payer 1 p. %. de leur valeur, sauf les bestiaux, le bois de chauffage, le capelan et le hareng, les sels destinés à l'approvisionnement des navires.

Aucun navire ne peut aborder sans avoir un manifeste énonçant en toutes lettres les caisses, balles, barils, boucauts, etc., du chargement, avec les marques et numéros. Il doit être déposé dans les 24 heures de l'arrivée.

Tous les produits de pêche étrangère sont prohibés à l'importation.

Toute marchandise non déclarée est saisie avec amende de 15 à 100 fr. Les bâtiments armés pour la pêche ne peuvent embarquer de marchandises.

DROITS ET TAXES DE NAVIGATION.

Sont exempts des droits de navigation :

Les bâtiments au-dessous de 30 tonneaux;

Ceux armés dans la colonie pour la pêche ou le cabotage;

Ceux étrangers entièrement chargés de bois de chauffage ou de bestiaux.

Les bâtiments pêcheurs français ne payent les droits qu'une fois, à leur arrivée de France.

DROITS.

Tonnage.

	Bâtiments français.	Bâtiments étrangers.
Au-dessus de 30 tonneaux : par tonn. . .	0 fr. 25 c.	0 fr. 60 c.

Pilotage.

De 30 à 40 tonneaux : par navire.	6 fr. 75 c.	20 fr.	
De 30 à 150 tonneaux : Id.	11	00	
De 40 à 70 tonneaux : Id.	00 00	30	00
De 150 et au-dessus Id.	13 50	00	00
De 80 et au-dessus : Id.	00 00	40	00

Feu et santé (pour chaque).

Par bâtiment.	10 fr. 00	10 fr. 00

Ponton.

Par jour et par tonneau.	0 fr. 20 c.	0 fr. 30 c.

Corps morts de la rade.

Par bâtiment et par jour.	5 fr. 00	10 fr. 00

MAYOTTE ET DÉPENDANCES.

Sont placés sous le régime de la franchise absolue.

ÉTABLISSEMENTS FRANÇAIS DANS L'INDE.

Les denrées et marchandises de toutes provenances sont admises, sans distinction de pavillon et en franchise de droits, dans les ports français de l'Inde : mais le commerce direct entre ces ports et la France ne peut se faire que sous pavillon national.

Les navires de tous pavillons sont soumis aux droits ci-après :

Tonnage et manifeste.

Pondichéry, Karibal, Mahé : par tonn. . . 0 fr. 20 c.

Phare.

Pondichéry. Id. . . . 0 fr. 15 c.

Batelage.

Pondichéry. Id. . . . 4 fr. 88 c.

Les huiles d'origine française exportées des établissements français dans l'Inde pour la métropole sont soumises à un droit de sortie de 0 fr. 05 c. par velte.

Les droits de phare sont dus, qu'il y ait débarquement ou non débarquement des marchandises.

FIN DES TARIFS DES COLONIES FRANÇAISES.

MONNAIES, POIDS ET MESURES DE LA FRANCE.

Monnaies. — L'unité de compte est le franc, 100 cent. Les monnaies, or ou argent, sont à 9000/1000es. Les pièces que l'on frappe actuellement, et qui seules ont cours légal, valent : or, 100 fr., 40 fr., 20 fr., 10 fr., 5 fr. ; argent, 5 fr., 2 fr., 1 fr., 50 c., 20 c. ; cuivre, 10 centimes, 5 centimes, 2 centimes, 1 centime.

Les poids et mesures sont réglés par le système métrique décimal, dont l'unité fondamentale est le mètre, dix millionnième partie du quart du méridien terrestre. Voici les principaux poids et mesures du système métrique.

Poids : kilogramme, 1000 grammes ; le gramme, le poids d'un volume d'eau distillée, égal au cube de la 100e partie du mètre.

Mesures. — De longueur. — Mètre, 1000/1000e.

De superficie. — Are, carré de 10 mètres de côté, 100 mètres carrés.

De solidité. — Stère de 1 mètre de côté.

De capacité. — Hectolitre, mesure ayant pour volume 100 décimètres cubes.

A LA MÊME LIBRAIRIE SE TROUVE

L'ANNUAIRE-ALMANACH

(DIDOT-BOTTIN)

DU COMMERCE, DE L'INDUSTRIE

DE LA

MAGISTRATURE ET DE L'ADMINISTRATION

OU

ALMANACH DES 500,000 ADRESSES

DE PARIS, DES DÉPARTEMENTS ET DES PAYS ÉTRANGERS

Contenant pour Paris :

La Maison de l'Empereur, — le Corps diplomatique, — le Sénat, — le Corps législatif, — le conseil d'État, — la haute cour de justice, — les Ministères, — l'Administration et la nouvelle organisation des vingt arrondissements de Paris, — les adresses de ses habitants classées par rues et numéros de maisons, par ordre alphabétique et par professions;

Pour les départements et les pays étrangers :

La liste des principaux négociants, manufacturiers, commerçants et industriels.

Cet ouvrage, de 2600 pages, renferme, entre autres renseignements, les taxes applicables aux dépêches télégraphiques de Paris, pour les départements et les pays étrangers, — la taxe du port des lettres à destination ou provenant des colonies et des pays étrangers, — les monnaies, poids et mesures des divers pays de la terre.

Une table géographique et une table des matières très-détaillée complètent d'une manière très-heureuse ce vaste répertoire.

Paris. — Typographie de Firmin Didot frères, fils et Cie, rue Jacob, 56.

www.ingramcontent.com/pod-product-compliance
Lightning Source LLC
Chambersburg PA
CBHW050602210326
41521CB00008B/1077